学びあう絵本と育ちあう共同行為としての読み聞かせ

赤 羽 尚 美 著

風 間 書 房

まえがき

　本書は，2015年度フェリス女学院大学人文科学研究科にて博士（文学）の学位を授与された博士学位論文「絵本と育児（育自）――子どもと大人，それぞれの発達」に加筆及び修正を行い，2017年度フェリス女学院大学博士論文刊行費助成を受けて刊行されたものです。ここに記してお礼を申し上げます。

　博士論文執筆及び本書の刊行に際しては，白百合女子大学大学院文学研究科修士課程在籍時よりご指導を頂戴した田島信元教授，フェリス女学院大学人文科学研究科博士後期課程にて，指導教授として5年間にわたって児童文学研究への道を拓いてくださった藤本朝巳教授，副審査官としてご指導を頂いた由井哲哉教授と富樫剛教授に感謝を申し上げます。

　さらに，本書にまとめた研究の過程では幼稚園，保育所の先生方と多くの保護者の皆様からご協力を頂き，絵本の読み聞かせの研究を深めることができました。特に，予備研究の段階では，杉崎陽子さんに，26回にわたって家庭での読み聞かせの撮影にご協力を頂きました。そして，東洋大学国際文化コミュニケーション学科准教授竹内美紀さん，フェリス女学院大学非常勤講師永井雅子さん，お二人が主催する絵本研究会の皆様には，常に温かい励ましやご助言を頂戴しました。本研究を通じて出会った全ての皆様に改めて感謝の意を記し，ここにお礼を申し上げます。

　育児経験のない私が，本書のテーマとなっている絵本に関心を持ったのは，子どものために絵本を読む経験によるものではなく，児童学を学ぶ過程で必然的に出会った児童文学がきっかけとなっています。つまり，私にとっての絵本は，子どもの頃に読んでもらった経験を除けば，最初から子どものための読み物ではなく，私自身の学びの対象であり，子どもの頃から変わらず自

分自身のために読む本でした。大人になって読む絵本は，子どもの頃とは違った味わいがあり，子ども時代には知らなかった海外の古い絵本などは，手に取れる美術品のように感じられました。その魅力に心を奪われて，研究への道が拓かれたといえます。

　また，居住地の育児支援活動では，さまざまな親子との出会いがあり，子どもの発達や子育てなどの悩みに応じる必要から，臨床心理士を目指して白百合女子大学大学院文学研究科に進み，発達臨床心理学を専攻しました。修士時代の二年間は，心理学研究の基礎から臨床心理学実習まで幅広く学び，絵本の読み聞かせと子どもの発達との関連が修士論文研究のテーマとなりました。

　修士課程修了後の2012年に，臨床心理士資格を取得して5年が経ちましたが，この間に，カウンセラーとして医療や学校での仕事に従事する傍ら，心理学から一転して文学領域での絵本研究を始めました。その理由は，読み聞かせを推進する立場にありながら，その重要な手段となる絵本について問われると，十分に応えられないことが歯痒くもあり，また，子どもに絵本を読む必要のある大人が，絵本の楽しみ方を十分に知らないことが残念に思えたからです。私が，絵本をとおして子どもたちの育ちの過程や養育者の気持ち，現代の育児事情など社会問題に至るまで考える気付きを得たように，絵本を読む時間は，親子の貴重な学びあいのひと時となることを伝えたい思いが，心理学と児童文学を交差させる研究の原動力になりました。

　今や絵本は学問の対象となり，「子どもだけの本ではない」という認識のもとに研究が進められています。一方で，人生で二度目に絵本を手にとるであろう幼い子どもの養育者について，どのような思いを持って絵本を読むのかを問うと，研究ばかりが一人歩きしているようにさえ感じられます。さらに，読み聞かせが子どもに必要な良い経験であるとわかっていても，その益に授かれない親子や，ストレスを感じながらも，無理にでも子どもに聞かせようと絵本を読む養育者もいます。

読み聞かせの効果測定では，対象とならなかったこのような家庭の経験も取りあげ，養育者の読み聞かせや絵本への認識を問うことが，今後の研究の発展へとつながることを期待し，絵本を子どもに読み，そのことばとともに心身の温もりを伝える文化が，決して廃れないことを願っています。

目　　次

まえがき……………………………………………………………………… i

第Ⅰ部　本研究の主題と絵本の意義………………………………… 1
序　　論……………………………………………………………………… 3
　1節　本研究の目的と課題…………………………………………… 3
　　⑴　研究の背景①─少子化と育児力の低下……………………… 3
　　⑵　研究の背景②─親子間の発達・母子相互作用の重要性…… 5
　　⑶　研究の背景③─社会的相互作用を促す道具の重要性……… 6
　　⑷　先行研究の評価と課題………………………………………… 8
　2節　方　　法………………………………………………………… 14
　3節　本研究の意義・期待される結果……………………………… 15
第1章　絵本とは何か………………………………………………… 17
　1節　絵本のはじまり………………………………………………… 17
　2節　絵本の定義……………………………………………………… 20
　　⑴　絵本の機能……………………………………………………… 20
　　⑵　絵本の変遷─西欧……………………………………………… 21
　　⑶　絵本の変遷─日本……………………………………………… 30
　　⑷　絵本とは何か─定義の再考…………………………………… 35
　3節　絵本研究の動向………………………………………………… 42
　　⑴　学問としての絵本……………………………………………… 42
　　⑵　紀　要　論　文………………………………………………… 43
　　⑶　研　究　書……………………………………………………… 46

第2章　子ども観の成立と現代社会への展開 ……………………… 53

1節　アリエスの分析 ………………………………………………… 53
(1) アリエスが発見した「子ども」……………………………… 53
(2) 無垢と教育 ……………………………………………………… 57

2節　子ども観と教育・文学への展開 ……………………………… 59
(1) ピューリタニズムの影響から新たな教育思想へ ………… 59
(2) 文学作品と子ども ……………………………………………… 61
(3) 教育と子どもへの関心 ………………………………………… 64
(4) 「子ども」の対象の広がり …………………………………… 65

3節　子どもの文化の発達—児童文学と子どもの学び ………… 69
(1) ニューベリーの貢献 ………………………………………… 69
(2) 子どもの文学にみる新しい子ども観の展開 ……………… 72

4節　現代の子ども観と近代以降の子どもの人権 ……………… 74
(1) 子どもの権利思想 …………………………………………… 74
(2) 教育制度の確立 ……………………………………………… 75
(3) 工場法の制定 ………………………………………………… 77
(4) 子どもの権利の新しい流れ ………………………………… 78

5節　現代の子ども観と大人の感情 ……………………………… 81
(1) 大人と子どもの関係の変化 ………………………………… 81
(2) ポストマンの指摘—アメリカのメディアと子ども期の消失 … 82
(3) 日本の子ども観とメディアの影響 ………………………… 87
(4) 子宝としての子ども ………………………………………… 89
(5) 二つの子どものイメージ …………………………………… 90
(6) 子どもらしい子ども ………………………………………… 92
(7) 理想と現実—優等生の勝利 ………………………………… 93
(8) 失われた子ども時代 ………………………………………… 94

第Ⅱ部　絵本を介した養育者と子どもの社会的相互活動 …………………… 97
第3章　絵本の読み聞かせと子どもの発達 …………………………………… 99
　1節　読み聞かせとは ……………………………………………………………… 99
　2節　読み聞かせと子どもの発達に関する先行研究—理論的背景 ……… 102
　　(1)　乳児のコミュニケーション機能 …………………………………………… 102
　　(2)　Vygotskyの精神発達理論 ………………………………………………… 103
　　(3)　対話性—Bakhtinの発話の概念 …………………………………………… 107
　　(4)　Brunerのコミュニケーション学習 ……………………………………… 110
　3節　絵本の読み聞かせに関する先行研究 …………………………………… 115
　　(1)　集団保育・教育場面での絵本の読み聞かせ研究 ……………………… 115
　　(2)　家庭を対象とした読み聞かせ研究 ………………………………………… 119
　　(3)　障害児教育・心理臨床的分野での読み聞かせ研究 …………………… 129
　　(4)　絵本の内容や要素・特徴に焦点化した研究 …………………………… 132
第4章　理論および中心的先行研究の評価について ……………………… 135
　1節　読み聞かせの研究におけるBrunerの貢献—共同注意の重要性 …… 135
　2節　読み聞かせ活動の機能と構造 …………………………………………… 140
　　(1)　読み聞かせによる母子行動の変化と言語発達 ………………………… 141
　　(2)　仮説モデルの検証研究と意義 ……………………………………………… 143
　　(3)　共同研究プロジェクトの展開(1) …………………………………………… 149
　　(4)　共同研究プロジェクトの展開(2) …………………………………………… 151
　3節　3歳前の子どもにとっての絵本とは何か—心理学的立場の絵本論 … 157
　　(1)　乳児が絵本と出会うまで …………………………………………………… 157
　　(2)　絵本との出会い ……………………………………………………………… 159
　　(3)　読み聞かせとことばの広がり ……………………………………………… 161
　　(4)　心理学的絵本論—ブルーナの絵本の例 ………………………………… 167
　　(5)　絵本を媒介する心理学的研究と文学的研究 …………………………… 173
　4節　本調査研究の意義 ………………………………………………………… 175

第5章 調査研究① 家庭での絵本の読み聞かせ活動と子どもの社会性の発達との関連について ………………………………… 179

は じ め に ……………………………………………………………………… 179

1節 家庭内の読み聞かせ活動の実態と子どもの社会的スキルとの関連 ……………………………………………………………………… 181

　(1) 方　　法 …………………………………………………………… 181
　(2) 結　　果 …………………………………………………………… 183
　　1) 結果1：変数の性質：因子分析による尺度の検討 ……………… 183
　　2) 結果2：調査対象家庭の幼児の社会的スキル ………………… 183
　　3) 結果3：調査家庭のプロフィール ……………………………… 185
　　4) 結果4：調査家庭の読み聞かせ状況 …………………………… 186
　　5) 結果5：読み聞かせ状況と子どもの社会的行動との関連 ……… 188
　　6) 結果6：読み聞かせ活動の維持・発展と子どもの社会性発達における因果モデルの推定 …………………………………… 191
　(3) 質問紙調査の考察 ………………………………………………… 192
　　1) 考察1：家庭での読み聞かせの状況について ………………… 192
　　2) 考察2：読み聞かせの状況と子どもの社会的行動の発達との関連 ……… 198

2節 読み聞かせ場面の観察と母親へのインタビュー ……………………… 201

　(1) 方　　法 …………………………………………………………… 202
　(2) 結果と考察 ………………………………………………………… 205
　　1) 結果と考察1：0歳児の事例　早期導入の読み聞かせ ………… 205
　　2) 結果と考察2：2歳児の事例　ことばの獲得時期における読み聞かせの導入 …………………………………………… 215
　　3) 結果と考察3：4歳児の事例　身辺自立の時期における読み聞かせの導入 …………………………………………… 230
　　4) 結果と考察4：4歳児の事例　安定期の読み聞かせ（好きな絵本）…… 240
　　5) 結果と考察5：3歳児の事例　安定期の読み聞かせ（難しい絵本

　　　　　　　　　　　　　　　　　　　　　　　　目　次　ix

　　　　　　への挑戦）……………………………………………… 249
　　　6）結果と考察6：読み聞かせの停滞　2歳児の事例…………… 268
　3節　調査研究①の総合考察…………………………………………… 282
第6章　調査研究②　幼児の保護者の絵本観と養育ストレスとの
　　　　関連について………………………………………………… 289
　はじめに…………………………………………………………………… 289
　1節　目的と方法………………………………………………………… 291
　　⑴　目　　的…………………………………………………………… 291
　　⑵　方　　法…………………………………………………………… 291
　2節　結果1：調査家庭のプロフィールについて…………………… 292
　3節　結果2：読み聞かせと絵本観について ……………………… 295
　4節　結果3：養育ストレス感について ……………………………… 297
　5節　結果4：読み聞かせと育児ストレス…………………………… 300
　6節　調査研究②の考察………………………………………………… 302
　　⑴　考察1：幼児の家庭の読み聞かせ状況と親の絵本に対する認識………… 302
　　⑵　考察2：絵本の読み聞かせと養育ストレス感……………………… 307
第7章　調査研究③　幼児の保護者の養育ストレスと読み聞かせとの
　　　　因果関係について…………………………………………… 313
　はじめに…………………………………………………………………… 313
　1節　方　　法…………………………………………………………… 313
　2節　結果1：子どもの行為に対する認知尺度……………………… 314
　3節　結果2：調査家庭のプロフィール ……………………………… 317
　4節　結果3：調査家庭の読み聞かせ状況と子どもの行動認知の
　　　　　　　　検討………………………………………………………… 318
　5節　結果4：読み聞かせと養育ストレス感………………………… 319
　6節　結果5：養育ストレス感と子どもの行動認知の関連性………… 322
　7節　結果6：読み聞かせ状況と養育ストレス感の因果関係の推定…… 323

8節　調査研究③の考察……………………………………………… 324

第Ⅲ部　本研究の展開と結論……………………………………………… 329
第8章　大人が絵本を楽しむための実践活動……………………………… 331
　はじめに………………………………………………………………… 331
　1節　目的と方法………………………………………………………… 332
　　⑴　目　　的………………………………………………………… 332
　　⑵　方　　法………………………………………………………… 332
　2節　結果と考察1：参加者の構成と参加状況……………………… 335
　3節　結果と考察2：事前アンケート調査…………………………… 336
　4節　結果と考察3：毎回のアンケート調査………………………… 342
　5節　結果と考察4：最終回終了後のアンケート調査……………… 344
　6節　結果と考察5：参加者の感想と自由記述……………………… 347
　7節　「大人が絵本を楽しむための実践活動」の総合考察………… 352

結　　論…………………………………………………………………… 359
第9章　本研究の概要……………………………………………………… 361
　1節　本研究を始めた経緯……………………………………………… 361
　2節　本研究の背景と目的……………………………………………… 363
　　⑴　背　　景………………………………………………………… 363
　　⑵　目的1：文学的視点からの絵本研究………………………… 365
　　⑶　目的2：親子の発達的読み聞かせ活動の維持・発展と負の側面………… 367
　　⑷　目的3：養育者の絵本の楽しみ方を深めるための絵本勉強会の可能性… 367
　3節　本研究の結果と示唆……………………………………………… 368
　　⑴　目的1：文学的視点からの絵本研究について……………… 368
　　⑵　目的2：親子の発達的読み聞かせ活動の維持・発展と負の側面について… 373
　　⑶　目的3：養育者の絵本の楽しみ方を深めるための絵本勉強会の可能性

　　　　　　　　　　　　　　　について……………………………………………………………… 380
第10章　本研究の結論と意義 ……………………………………………… 385
　1節　本研究の結論……………………………………………………… 385
　2節　本研究の意義……………………………………………………… 389

註 ………………………………………………………………………………… 393
引用・参考文献 ………………………………………………………………… 411
あとがき ………………………………………………………………………… 431

第Ⅰ部　本研究の主題と絵本の意義

序　　論

1節　本研究の目的と課題

　本研究は，読み聞かせと絵本について，複合的な視点を持って論じることを目的としている。絵本は，主に乳幼児期から小学校低学年くらいの子どもに大人が読んであげることが多く，読み聞かせとは分かち難い関係にある。しかし，読み聞かせと絵本は，どちらも子どもに関わる研究テーマでありながら，発達的な視点から読み聞かせを研究する心理学と，文学作品としての絵本を従来の文学研究からアプローチする児童文学には隔たりがあるといえる。本研究では，読み聞かせ活動によることばのやりとりが，発達的な母子相互作用を促すことに注目する心理学的アプローチに，読み聞かせ活動の道具となる絵本について文学的研究からのアプローチを加え，幼児期の子どもとその養育者にとっての読み聞かせと絵本の意義を考察することを目的としている。

　また，本研究では，絵本をやりとりの手段とする読み聞かせにとって，「楽しさ」が重要であることを明らかにし，社会的相互活動とみなされる親子の読み聞かせ活動をとおした両者の相互発達を促すための情報を提供することを目的としている。なお，本研究の背景には，育児や子どもが育つ環境を考える上で，次に述べるような社会的背景，および先行研究がある。

(1)研究の背景①—少子化と育児力の低下

　先進国を中心とした少子高齢化が深刻な社会問題となって久しい。日本では，合計特殊出生率が1989年に1.57を記録し，丙午年にあたる1966年の1.58

を下回ったために「1.57ショック」と騒がれた。政府はエンゼルプランを始めとして少子化対策プラスワンなど，各種の少子化対策を試みてきたが，合計特殊出生率は1990年代以降も減り続け，2005年に過去最低の1.26を記録した。その後，2013年度には1.43まで回復したが，日本は欧米諸国と比べても依然として低い水準にある[1]。このような少子化の進行は，年金，医療，福祉などの社会保障に影響を及ぼし，社会的な不安が増すと同時に，兄弟姉妹など異年齢の子ども同士の切磋琢磨の機会を減らすなど，子どもの発達への影響が懸念されている（郭，2011）。

　また，園田（2012）が指摘しているように，少子化や核家族化，地域とのつながりの希薄化といった状況が，親が育児知識や技術を習得する困難をもたらし，育児不安という現象が生じることは否めない。つまり，親が親として健全に成長する機会が，少子化などの社会現象や育児不安によって損なわれていると考えられる。育児不安は，「主に育児の際の精神的不安定さの総称」（園田，2012，p.41）とされ，具体的な育児の疲労感や負担感を表す育児ストレスを含むものと考えられている。育児不安は，虐待につながるリスク要因ともなり，1980年代以降の研究において，育児ストレスと母子保健の関連や女性のライフコースとの関連など多くの研究がなされてきた（e.g. 中村・高橋，2013；中村，2011；渡邉，2011）。これらの研究は，育児不安の背景には母親の育児への過剰な負担感や孤立感があるほか，子ども側に生得的に備わった気質や発達的な問題などがあることを指摘し，父親を初めとした周囲のサポートの必要性を述べている。

　以上のような研究は，日本においては育児のために家庭にとどまる女性が，社会との断絶などによって子育てへの不安を増すばかりでなく，仕事を持つ女性にも家庭と就労の両立への不安や負担があることを示唆している。このことは，子どもを持つ男性が，親であることと職業を持つことを両立し続け，社会とのつながりを持つことが比較的容易であることと対照的である。育児の重荷を抱えがちな母親の育児不安は，子どもへの虐待につながるリスク要

因であり，父親などの近親者や社会的な支援を増強するとともに，母親が大人とは異なる子どもという存在をおおらかに受け入れ，子どもとの関わりに楽しみを見出すことも必要といえる。

(2)研究の背景②―親子間の発達・母子相互作用の重要性

小林（1993）は，わが子を虐待する親ばかりではなく，わが子をかわいいと思えないとはっきり言う母親が少なくないことを指摘し，母子相互作用の重要性を述べている。母子相互作用は，「子育ての現場の中でのスキンシップを介しての行動のやりとりによって，子どもが母親に対する愛情，あるいは愛着（アタッチメント）を育て，同時に母親がわが子への母性愛を育て」（小林，1993，p.56），親子間の相互発達を促す。つまり，育児は母子相互作用による育ちあう行為であることを意味し，小林が「育児は育自」（p.55）というように，親子は心身の触れあいをとおして，子は親への愛着を土台として成長し，親は子への愛情を育みながら親らしく発達していくといえる。

親の発達については，「はじめから親だった人はいない」（岡本，2013，p.41）と述べる岡本が，"親になる"ということへの移行と発達的変化があるにも関わらず，親の発達そのものに焦点を当てられることが少ないことを指摘している。岡本他（2014）は，妊娠期の母親の胎動日記や生後の母子コミュニケーションを代弁という視点から分析し，子が親を育てる側面を踏まえた親子間の発達を明らかにしている。

ヒトの発達は，旧来子どもに視点を当てて研究されてきた。しかし，発達は子どもから成人に達する段階で終わるのではなく，Erikson（1968，1959 小此木訳 1986）が主張したように，社会的な関係の中で生涯にわたって続く人格的発達の過程といえる。岡本（2013），岡本他（2014）が，子を持って親となる大人の意識変化や親らしさの成長過程に着目したように，昨今は関係性の中で生じる相互発達の視点から，大人の成長・発達に関する研究が進んでいる。親が我が子への理解を深め，親として発達していく過程には，既に

妊娠期から始まっている母子の心身の触れあいがあり，生後のことばやスキンシップを介したコミュニケーションが必要であることが明らかといえよう。

(3)研究の背景③―社会的相互作用を促す道具の重要性

　親と子の間に生じる発達は，ヒトは一生涯発達し続けるという発達心理学の領域で注目を浴びているテーマである。田島は，発達心理学が「発達の生物性と文化性」，「生態学的文脈の中の発達」，「親と子の共同行為についての実証的吟味の必要性」の三つの発達科学的視点を持ってヒトの発達を論じてきたことを概観し，とりわけ親子の共同行為として始まる発達に着目している（田島，2013a）。

　ヒトは生存を可能にする生物学的一次能力を持って，ポルトマンのいう生理的早産の状態で未熟なまま誕生するが，この未熟さが他者からの世話や助けを必要とし，学習・発達を促す共同行為が形成される。田島によれば，発達の過程では，言語能力を初めとする生活世界に適応するための二次能力が，一次能力である生物的な神経システムの発達のもとに，個体の意識的な活動と文化や教育に依存して派生するが，個人差も大きいとされる (p.2)。このことは，養育を放棄された子どもたちの事例からも明らかであり，大人を介した適切な働きかけが子どもの精神機能の発達に必須であると同時に，潜在能力を引き出す社会的環境の重要性が理解されよう[2]。

　さらに，田島はヴィゴツキーやバフチンの発達理論を用いて，ことばを獲得するためには，文化を体現する大人や年長者との社会的相互作用が重要であり，Wertsch (1991) が主張するように，親と子の共同行為を媒介する文化的道具が必要であると論じている。Wertschは，バフチンの理論から，媒介手段である言語や記号を多種多様な品目を含む道具箱と位置付けて見る必要性を説き，「文化的道具論」を展開している。文化的道具論は，言語や記号が文化によって同じ文脈で異なる用い方をされたり，異なる文脈で同じ道具が使用されたりすることなど，人間の認識の個人差を社会や文化，制度

的な文脈の観点から説明している（p.3）。

　田島はこれらの理論的背景に基づいて，ことばは社会的道具であり，母子相互作用を生じる非言語的，言語的な共同行為が，子どもの自主性や積極性をはじめとする社会情動的な発達を促す結果，子どもの精神内対話が活性することによって，ことばや認識を形成していくと考えている。そして，ヴィゴツキーの発達理論を基盤としたCole（1996）の読書リテラシー獲得モデルを援用して，歌や絵本を介した親子の記号的媒介的相互行為が，人間の思考・学習の重要な道具となる言語リテラシー獲得に至る構造を説明し，歌い聞かせ・読み聞かせ活動による段階的な発達モデルを実証している（田島他，2010；岩崎他，2010，2011）。

　親の声による歌い聞かせや絵本の読み聞かせの効果は，田島・中島・岩崎と日本公文教育研究会（以下，KUMON）の長期的な共同研究で実践的立場から明らかにされ，乳幼児期における「親子のきずな」の重要性が指摘されている（板橋他，2012）。また，KUMONは，歌い聞かせと絵本の読み聞かせを中核とした子育て支援活動プログラム「こそだて　ちえぶくろ」[3]を2007年度より無償で提供し，2012年5月末までに12000名を超える公文式指導者がこれを実施し，全国で16万組の親子が参加した大規模な活動を展開してきた。板橋他は，「こそだて　ちえぶくろ」を経験した母親が歌い聞かせや読み聞かせを習慣化したり，そうした親子の触れあいを楽しんだりする傾向があり，子どもに対する対応や子育てへの自信を育くんでいくことを示唆している。また，ことばのやりとりを中心とした「Baby Kumon」プログラム[4]を利用した0歳代から2歳代の親子の調査では，母親がプログラムをとおして子どもと関わる成功体験を積むことにより，子育てに対する自己効力感を得て，育児への認識や態度に好影響を及ぼすことが示唆されている（板橋・田島，2013）。

(4) 先行研究の評価と課題

　以上のように，乳幼児期からの歌や絵本などのことばを介した親子のコミュニケーション活動は，子どもの認知的発達を促すばかりではなく，大人にも親としての自信や育児に対する楽しさをもたらす成長発達の場となっている。こうした親子の共同行為は，遷延する少子化や育児不安などが育児へのストレスを生みだし，親としての成長の機会を阻んだり，子どもの心身の発達に重大な影響を及ぼしたりすることが懸念される中，着目すべき点であると考えられる。

　これら一連の研究では，歌や絵本が共同行為の手段として扱われ，ことばを共有することをとおして活性化する子どもの認知・思考活動や，子どもの認知的発達にともなう親の発達的変化が実証されたといえる。つまり，歌や絵本の機能の一部が，共同行為の記号媒介物として，子どもや大人の発達に関わって分析されてきたといえよう。

　しかし，心理学の分野では，読み聞かせという行為が研究対象となってはいるが，絵本の内容や構成，特性など絵本自体に踏み込む研究や，読み手となる大人の絵本受容を問う研究は少なく，焦点は言語や社会性の発達など「子ども」に向けられることが多い。この状況は，絵本は「子どものための読み物」という一般的な認識の下に，子どもと絵本がセットになって捉えられているためと考えられるが，読み聞かせは親子で新たな意味を再生産する共同行為であることを踏まえると，読み手の絵本受容論の発展も必要といえよう。

　絵本というメディアについて考えてみると[5]，亀谷（2002）が懸念しているように「絵本という視覚メディアが各年齢層にどういうかたちでうけとめられているか，それ以前に，絵本という表現ジャンルがどのような芸術・文化領域に位置づき認知されているのかを考えると，かなり曖昧である」（p.1）という課題も生じる。この点について，今井（2014）は，絵本の視覚表現が

子どものためなのか，そうではないのかを問い，イラストレーターが子どもだけを意識しているわけではないにも関わらず，絵本は子どものための本と認識されることが，絵本の位置を曖昧にしていると述べている。言い換えれば，絵本の絵は，表現の中心的存在でありながら，ことばを補うものという見方が強く，故に，絵本はことばが未発達な子どものための本という見方がされるといえるのではないだろうか。

　子どもたちは，大人と比して，確かに絵本の絵をよく読み，耳から聞くことばと照合したり想像したりする。このことは，子どもに絵本を読んだことがある大人であれば，経験的に理解できるだろう。一方で，読み手である大人の多くは，子どもの指摘によって改めて絵の意味を考えさせられることもあるように，一般的には文字を頼って内容を理解しようとし，絵は文字の添え物として「見るだけ」となりがちである。

　ところで，軽視される傾向があるのは，絵だけであろうか。絵本の内容は，文字と絵との相互作用による深い意味を持つことが多いが，大人は優しさや思いやりのような概念，友だちとの関わり方など，子どもの成長に必要な部分だけに注目し，これらを未習得な子どもの読み物とみなす傾向もありそうである。絵本は，大人が既に習得している概念や知識を絵本の主人公が例を示しながら子どもに教えるもの，すなわち子どもの学びのための本と認識されてはいないだろうか。こうした大人の絵本観は，これまでの実証研究ではあまり取りあげられてこなかった。絵本は，大人から子どもに手渡す本であり，幼児期では大人の関わりを必要とすることを鑑みれば，養育者の絵本受容のあり方を問い，その絵本観の変容を促す必要もあると考えられる。

　また，佐々木（1989）が「児童心理学と児童文学は，近接領域にありながら，歴史的に見るならば，お互いが有効に交流し合えた時代をほとんど持ち得なかった。…すぐれた内外の児童文学には，文学者のするどい感性により子ども達の悩み，悲しみ等が実に豊かに描かれている。このような文化財を，児童心理学者はもっと子ども理解のために活用すべきである」(p.18) と指

摘したように，研究分野の非連続性が課題とされてきた[6]。また，福沢（1991）は，明治・大正期には童話や児童文学に関する心理学的研究があったにも関わらず，その後は少数の研究者にしか関心を持たれない特殊な領域として位置づけられてきたと述べている。1970年代頃からは，次第に絵本や童話に関する心理学的研究が本格的に行われるようになったが（e.g. 高木, 1984；高木・丸野, 1979；内田, 1975），教育分野と関連する子どもの物語理解や「読み」に関する調査・実験的な研究が多い。鳥越も児童書の創作に影響を及ぼす児童心理学者の子どもへの理解が，精神分析や実験的な手法に偏る傾向に疑問を掲げ（1989, p.20），日本の絵本研究に寄与する心理学的アプローチの少なさを指摘している（1993, p.7）。

　鳥越（1993）によれば，絵本は他の文化・芸術領域と同様に学問的な研究対象として捉えるに値するものであり，文芸学，作家・作品論，文学史，文献・書誌学の4領域からなる従来の文学的研究領域に読者論を加えたアプローチが可能であるとしている。読者論は，読者が作品を読むときの反応や受容の仕方に注目する研究領域であり，読者反応批評や受容論ともいわれるが，絵本は幼い子どもの反応を実験したり調査したりするために利用しやすいといえるだろう。

　横田（2001）は，読者反応批評は特定の理論や批評方法ではなく，現象学，解釈学，精神分析学，構造主義などを用いて，読者によるテクストの意味生産過程の分析であると考え，「テクストのなかの読者」（p.180）「文化・社会のなかの読者」（p.183）「現実の読者」（p.184）の三つの分析の方向性をあげている。横田が述べるように，特定の理論や批評方法に限定しない読者論は，心理学研究からのアプローチも可能にし，作品内の子どもの精神分析的な解釈を試みた木部（2007）などもあるが，多くは「現実の読者（子ども）」が研究対象となっている。極論すれば，心理学研究では，物語の中の読者や出来事は虚像であるから分析の対象にならず，物語世界に喚起されて生じる目に見える読者の言動のみが解釈されがちであるといえる。読み聞かせの場合，

子どもの反応は読み手を介した物語世界との相互作用であったり，あるいは物語世界を介した読み手との相互作用であったりするが，子どもへの理解をより深めるためには，介在者となる文化・社会的知識を持つ大人読者は勿論，作用を促すテクストの中の子どもを含む絵本そのものへの関心を持つ必要もあるといえよう。

　亀谷（2002）は，鳥越（1993）が評価し得る「読者論」の研究成果として佐々木（1975）を提示しているが，心理学的な読者論への評価は厳しいと述べている。鳥越が心理学的な読者論として評価した佐々木（1975）は，自身の育児における実践的記録から3歳前の幼児の絵本受容のあり方を論じている。佐々木は5ヶ月で絵本に反応を示した長女の幼稚園入園前までの絵本の記録をまとめ，乳児期から幼児期初期にかけた子どもの絵本の読みとり方を心理学的視点から分析し，大人とは異なることを明らかにしている。佐々木の研究の意義は，長女が気に入っていた絵本が，なぜ子どもの興味をひくのか，子どもの心に何を与えるのかについて，絵本の内容に踏み込んだ分析がなされていることである。取り分け，子どもが絵本を楽しむ要素は絵の読みとり方にあること，加えて，親が子どもの生活に基づいた興味や関心に合わせて絵本を読むことの大切さを，長期の実践と観察によって質的に示唆したことは重要といえる。

　親が子どもに合わせて絵本を読むことは，必ずしも絵本の作り手が表現したことばや絵をそのまま読むことではなく，大人が成長とともに変化していく子どもの視点で絵本に関わっていくことである。つまり，幼児期の子どもと絵本を読むことは，親と子のオリジナルな「やりとり」であり，子どもが読み手との関係で能動的に意味を獲得し，子どもの行為によって親の理解や意味も変化するヴィゴツキー理論にみる共同行為による意味の再生産過程といえる。

　佐々木の研究は，文学論的要素を踏まえた絵本の心理学的事例研究といえるが，約3年にわたる絵本を介した親子のやりとりをまとめた横断的研究は，

絵本研究と児童心理学研究が結びつく可能性の一つを開いたといえるだろう。このような親子の読書行為をとおした絵本の役割への注目は，高橋（1991）や村中（1998）による12冊の絵本を用いた親と子ども，絵本の3項関係を踏まえて分析した事例研究などに見られる[7]。

しかし，鳥越（1993），亀谷（2002）が指摘するように，絵本に関連する心理学的アプローチとして本格的な研究は少なく，1970年代以降，保育や教育と関連した報告は多くみられるようになったが，読者論が本来目指すところの読者（子ども）への理解には不足感がある。田島他（2010），岩崎他（2010,2011），板橋他（2012），板橋・田島（2013）などの一連の研究は，この物足りなさを理論的背景から科学的な分析を行って補い，絵本の読み聞かせ活動による母子の発達的変化を実証した点で意義があると考えられる。

また，海外の児童文学分野では，1960年代ないし1970年代以降のニュー・クリティシズムのような科学的理論による客観的な作品分析から，作品を超えてテクストの意味を読者に委ねるポスト構造主義への展開を経て，読者反応理論が台頭してきた（谷本，2001）。谷本によれば，心理学批評は読者反応理論の一部として，「人間の心のなかに隠された無意識を発見したことを中心にすえる心理学批評が，作品論をはじめとしてめざましい成果をあげ…現代の批評に心理学がはたす役割は大きい」（pp.168-169）と考えられている（e.g. Daniels, 1990）。このような流れの中で，モーリス・センダックをはじめとして，ジョン・バーニンガム，アンソニー・ブラウン，レイモンド・ブリッグズなどをはじめとする英米の作家によるポストモダンタイプといわれる絵本が創作されるようになり[8]，それらの作品における読者の読み取りへの研究も深まってきたといえる（e.g. Watson & Styles, 1996；Sipe & Pantaleo, 2008）。

さらに，Nikolajeva（2014）が，絵本も含めた文学作品の認知批評（cognitive criticism）という立場を示し[9]，認知批評は読書とリテラシーと文学をまたがる学際的なアプローチであることを主張している。Nikolajevaは，

認知批評は認知心理学，認知言語学，社会言語学，心理言語学などを創作分野に対する認知的アプローチの先駆者として，脳科学，神経心理学なども取り入れて急速に展開していると述べ，他分野の参入に積極的であることを示唆している。しかし，Bruner（1990）が読者反応理論から認知批評へ橋渡しをしたといわれているにもかかわらず，子どもの作品への認知的関与や，作品が幼い読者に与える影響については，単一的な研究課題の視野を越えたものは少ないことが指摘されている[10]。

今や絵本は，児童文学や保育・教育学，心理学の領域を超えて，医学や社会学，女性学などさまざまな学問領域からのアプローチがなされ，関心を集めるメディアとなった。さらに，絵本は子どものものという認識が覆されつつあり，一般の読者においても絵本を楽しむ大人が増えている。日本では，このような絵本受容の広まりから，さまざまな領域からの横断的な共同研究や情報交換を行うために，絵本学会が1997年に設立された（石井，2011）。絵本は市民権を得た文化として，長く生活の中に存在していたが，日本でも学会設立を機にして，学問として捉える見方が成立したといえるだろう。

しかし，絵本学は亀谷（2002）の指摘にもあるように，絵本という表現ジャンルが芸術や文化の領域でどのように認知されているのかは曖昧であり，第二代絵本学会会長を務めた中川（2011）も「絵本学」はまだ完成しているわけではないと述べている。美術を専門とする中川は，絵本をブック・アート・メディアとして捉え，視覚表現が絵本の重要な要素でありながら，美術的な視点からの理解が不足していることを指摘している。このことは，絵本は，一般的にことばの理解を助ける「子どものための本」と認識されてきたことと関係しているだろう。

一方で，若い女性などをはじめとする読者層の広がりは，作り手にとってもテーマや内容の多様化を可能にし，明らかに大人をターゲットとしていると思われる作品も登場するようになった[11]。このように，絵本に対する認識は変わりつつあるが，絵本の最多読者層は幼い子どもとその親であることは

今も変わらない事実であり，絵本は人が人生の最初に，大人から読んでもらうことによって与えられる読み物であることは普遍であろう。絵本は誰が読んで，誰が楽しんでもよいが，絵本について考える時，読者は誰なのか，読者は何を求めているのかを問うことは，絵本や読み聞かせについて研究する上で重要な視点といえる。

　本研究は，幼児期の子どもを持つ保護者を対象とした絵本の読者論を，心理学的研究方法により実証的に展開し，今一度，絵本を一番必要としているであろう子どもと育児期の大人読者にとっての絵本や読み聞かせの意義について，文学的視点も踏まえて考察することを目的としている。幼児への虐待が年々増加し，育児ストレスが懸念される社会的文脈の中で，絵本を介した親子の共同行為が果たす役割と，絵本の道具としての機能や期待される役割を明らかにすることにより，読み聞かせと絵本の可能性およびそれらに不可欠な要素について知見を深めることができると考えている。

2節　方　　法

　本論文は3部形式とする。第Ⅰ部では，読み聞かせ活動の担い手となる絵本について文学研究の視座から概観し，絵本と密接に関連する子ども観を概観する。まず，第1章は，絵本とは何かを問い，絵本の起源，絵本の定義，そして現代の絵本研究について述べる。第2章では，近代子ども観の成立から現代の子ども観への変遷を概観し，子どもは絵本から何を学び，親子のやりとりの手段としての絵本が果たす役割は何かを考察する。

　次に第Ⅱ部は，第Ⅰ部で述べる子ども観や絵本の定義から「やりとり」に注目し，絵本をコミュニケーションの手段として利用した，親子の相互行為としての読み聞かせ活動に視点を向ける。そこで，第3章および第4章にて，読み聞かせに関する中心的理論と先行研究について述べ，第5章調査研究①では，幼児期の子どもを持つ家庭での読み聞かせ状況と子どもの社会性の発

達，および読み聞かせが親子の共同行為としてどのように展開していくのかについて述べる。

　続く第6章調査研究②では，読み聞かせ状況と母親の育児ストレスとの関連を分析し，第7章調査研究③では，調査研究②の結果に基づいて，読み聞かせと育児ストレスの因果関係を検証する。これらの調査研究をとおして，読み聞かせが子どもと大人に及ぼす影響について，絵本の読みとりという文学的受容論を加えて，読み聞かせ活動の発達的変化と楽しみながら行うことの重要性を心理学研究の視座から考察する。

　第Ⅲ部では，大人が子どもとともに絵本を読みあいながら，それぞれに学び，楽しみ，成長していくための試みとして行った実践活動を報告し，新たな研究課題と本論文の結論を述べる。まず第8章では，これまでの調査の展開として，育児期の養育者の絵本に対する認識を広げることが，大人の絵本の楽しみ方を豊かにする可能性について予備的研究を行い，読み手への支援のあり方を検討する。

　次に第9章と10章では，本研究の結論として総合考察を行う。まず，9章では，本研究の概要をまとめ，本研究の経緯，背景と目的を述べる。最後に，第10章では，本研究の結論と意義を「絵本」「やりとり」「楽しさ」をキーワードとして総合的に考察する。

3節　本研究の意義・期待される結果

　現代の絵本を取り巻く環境を概観すると，創作や研究の立場からは読者を子どもだけに限定せず，絵本は種々の創作が試みられ，多くの研究領域から注目されている。しかし，絵本の最多読者層は幼い子どもであり，絵本は大人を介して与えられるため，幼い子どもにとっての絵本は，一般的に「大人が読んであげるもの」と思われている。したがって，親は，読み聞かせによって子どもと同じく最多読者層にならざるを得ないが，創作者が期待し，

研究者が考えるように「絵本は子どもだけのものではない」と感じているだろうか。このような養育者の絵本観に関する研究は，あまり取り上げられていない。

　また，多忙な育児はストレスをもたらし，子どもと読みあう絵本が癒しともなる一方で，親にとっては「読んであげないといけない本」としてストレスを増すこともあるだろう。筆者は，そのような幼児を持つ親たちの育児事情を文脈的背景として，絵本がどのように受容され，機能し得るかを明らかにすることにより，読み聞かせや絵本に必要な要素を再認識することができると考えている。

　本研究の意義は，以下の通りである。発達心理学研究や児童文学研究が，幼い子どもと親たちに一層関心を寄せる機会となり，その結果として，子どもへの理解が深まると同時に，親と子の双方の健全な育ちあいを助ける読み聞かせや絵本研究の発展に役立つことを期待するものである。

第1章　絵本とは何か

1節　絵本のはじまり

　絵本の起源は，人が目で見たものや，人が心に共通のイメージを描き，情報を共有する視覚的コミュニケーションともいえる営みを為したものの中に見られる。例えば，旧石器時代後期のラスコーやアルタミラの洞窟壁画は，現存する人類最古の絵画といわれ，写実的な動物などが生き生きと描かれている（中川，2011）。中川によれば，これらには文字は書かれていないが，ことばの役割を担うと思われる記号的な絵も描かれており，狩猟を中心としたその時代の文化や信条が，高い芸術的手腕によって表現されている。

　また，古代エジプト期に描かれた『死者の書』は，「世界最古の絵本」といわれる巻物形式の書物であり（中川，2011，p.2），死者の霊魂が死後の国に入るまでの過程や道標などが，絵とヒエログリフ（象形文字）やヒエラティック（神官文字）で書かれ，葬儀用品の中に収納されたものである[12]。巻物という形式は，物ごとの道筋や経緯を時間の順に並べて記し，限られたスペースの中に納めるためには都合が良かったのではないだろうか。

　佐野（2004）によれば，絵と文字が書かれた巻物は，日本では絵巻物として奈良時代から制作され，日本の絵画形式の一つとなった。『絵因果経』は，最古の絵巻物といわれ（p.32），横長の用紙の下段に経文が記され，上段に経文を絵解きする絵が配置されている。平安時代になると，経典のほかに『源氏物語』などを描いた物語絵巻や，説話を扱った『信貴山縁起絵巻』などが制作され，詞書と絵が交互に配置される形式のものが多くみられるようになった。佐野は，『源氏物語』の絵合帖に，貴い人々が「竹取物語絵巻」

や「宇津保物語絵巻」を出して，美しさを競い合う記述があることを明らかにし，美麗な装丁の物語絵巻は「〈お宝〉としての性格を付与するメディア」（p.28）でもあったと述べている。

　佐野によると，王朝の物語絵画は，貴族の女性たちを読者として冊子や絵巻などの作品形式があったが，絵巻が物語のメディアとして特に発達した。その理由は，既存の物語に絵が加わることで，物語世界を一層豊かに語り，貴族のつれづれの日々を楽しませるだけではなく，美術品ともいえる絵巻物は，女性たちの審美眼を養う教育的役割を果たしたためと考えられる。絵巻は，絵本と同じように手指で操ることで物語が進むメディアであるが，絵や詞書のほか，表紙や軸も合わせてトータルにデザインされた視覚的表現メディアである点も，現代の絵本に通じる特徴であるといえるだろう。

　絵巻物は，平安時代末期から鎌倉時代にかけて全盛期を迎え，『鳥獣人物戯画』のように詞書の無い作品や，『華厳宗祖師絵伝』のように絵の中にセリフを書き入れる画中詞を採用した作品などが見られるようになった（pp. 43-44, p.46）。このことは，限られた画面の中に，絵と詞書の組み合わせやその表現様式のヴァリエーションが広がっていることを示し，現代の絵本にも同様の現象が見られるといえる。

　また，絵巻物のサイズは，通常机上で見るため，天地のサイズが30センチ程のものが多いが[13]，時代が下がり室町時代になると，「小絵」とよばれる天地が15センチ〜17センチほどの絵巻が登場した。小絵は「狐草子」や「硯破草子」のように正統な絵師による表現がみられ，内容には教訓的な要素も含まれていることから，貴顕の人間形成にとって重要な役割を果たしたと考えられている（並木，2004）。並木によれば，小絵は室町時代後半になると民衆にも普及して，滑稽な「お伽草子」などを題材とする作者不詳の素朴な画風の作品が制作されるようになった。小さく簡素な形態は，価格の面からも多くの人の手に届くことを可能にすると考えられるが，物語絵を鑑賞する階層の広がりによって，教育的な内容ばかりではなく庶民的に楽しめる物語が

増えていったといえる。このように，物語るメディアは，時代や語りの対象（受容者）によっても扱う題材や内容，大きさなどを変えていくことがうかがわれる。

また，絵巻物とは異なる形式の一枚絵の物語絵画もあった。『華厳宗祖師伝絵巻』をはじめとした高僧の伝記絵巻は，教義の浸透を図るためというよりは祖師を讃える性格が強く，直接的に布教に用いられるものではなかった（並木，2004）。しかし，室町時代には，新興の宗教など各宗派の布教活動が活発になり，信仰を効率よく大衆に広めるためには，多数の人の鑑賞に不向きな巻物とは異なる様式も必要になった。並木によれば，布教や民衆の教化を目的とする絵解きは，古くは貴族の屋敷や社寺に備えられた障屛画や壁画などを用い，高層によって貴人に対して行われたが，鎌倉時代中頃から身分の低い僧による大衆芸能へと変わるにつれて，画面形式は携帯に便利な掛軸形式へと変わった。このような変化は，物語絵が注文主や語り手の願いや意図を反映して作られ，社会的な文脈の中でメディアとしての機能を果たすべく，連綿と変容していくことを示しているといえよう。

日本の物語絵画は，絵巻や掛幅，障屛画などのほかにも，色紙，扇面，冊子，衝立絵，襖絵など大小さまざまの画面形式があるが，観る対象や時代や文脈などに応じて変化するものであることがわかる。そして，物語絵画は，物語に普遍である出来事を組み立てるための時間軸と因果律を，平面的な絵巻や掛幅を初めとする限られた画面形式の中で工夫しながら表現し，効果的に伝えてきたといえる。つまり，これら物語絵画の様式は異なるが，全て情報の伝え手と受け手の言語的なやりとりを補うために絵が用いられ，絵が両者の認識を埋め合わせることにより，ことばを媒介する社会的な意味の受け渡しや再生が行われたと考えられる。

以上のように，後で述べる現在みられる形式の絵本が確立する以前にも，人は絵と文字を組み合わせてさまざまな形式で物語を表現し，情報や文化などを伝えることに親しんできた。つまり，見ること，語ることは，人にとっ

て本質的な行為であり,日々の営みに楽しみをもたらしたり,人の成長を促したりしながら,長い歴史の中で人の心を魅了し続けてきたといえるだろう。また,作品は制作者の意図を含んでいるが,作品の主題や意味を考えると同時に,誰のために作られ,どのように享受され,見たり聞いたりすることをとおして,どのような社会的機能を果たすかという受容の議論が必要であると考えられる。

2節　絵本の定義

(1)絵本の機能

　第1節では,絵本の起源を振り返り,絵本は人の本質的な行為が生み出した視覚的コミュニケーションという営みから展開してきたことを述べた。絵本の起源にある『死者の書』や絵巻物類などは,見えないことばを文字にすることで見えるものにし,見えている絵もまた,見るものに同じイメージを読みとらせる二つの機能を併せ持っていた。三宅(1997)が指摘するように,文学と絵画は人にイメージを創り出すという点で深く関わっており,絵と文の組み合わせは人間の好奇心をかきたて,世界のどの文明にも共通するものとして古い時代から存在していた。

　このように,絵本は長い歴史を持つ絵と文の組み合わせを基盤として発展してきたものであり,その定義についても「絵と文を有機的に組み合わせて作った本」(三宅, 1997, p.50)と考えられている。三宅は,続けて「絵と文の出会いや,絵と文がとけあうおもしろさから,絵だけでは味わえない世界,文だけでは生じえない世界に,読者を誘ってくれる」(p.50)とも述べている。言い換えれば,絵本は,絵画と文学が融合した物語るメディアであり,絵と文という本来性質の異なるメディアが,深い関わりを持ってまとまった表現世界を生み出し,見る者に語りかけるメディアと言えるだろう。した

がって，絵本は子どもとの関わりで論じられることが多いが，大人にとっても好奇心や想像力を湧き立たせ，共通の認識や感情を分かちあうコミュニケーション・メディアとして機能するものといえる。この点は，大人と子ども，あるいは言語や生活など文化の異なる者同士を結ぶ機能として，今日の多様化，多義化した複雑な社会において，益々重要になっていると考えられる。

　以上のように，絵本は，古よりこの視覚的コミュニケーション機能を基盤に発展してきた。「機能」という側面は，絵本の定義を考える時に，その特性を示すものとして重要な視点である。三宅は，絵本の持つ機能について，ものを認識する，情報を伝える，言葉を覚えるなどの「教育的な機能」「物語を伝える伝承的機能」「独自のアート機能」(p.3) があると述べている。そこで，絵本が辿ってきた変遷をこれらの機能と関連付けながら振り返り，多くの子どもや大人を魅了してきた絵本の持つエッセンスを取り出してみたい。

(2)絵本の変遷――西欧

　現在「絵本」と呼ばれるメディアは，後に第2章で述べる「子ども観」との関連が深い。子ども時代という認識は，近代に入って成立した概念であるといわれ，それ故，大人とは異なる「子ども」という存在が見出されなかった中世以前に，「子どものための絵本」は無かったといえるだろう。しかし，三宅（1995）は，イギリスで最初の印刷本をつくったキャクストン（1420?-91）の本には木版のさし絵が入っていることから，幼い読者も絵本のように『きつねのレナード』（1484）や『イソップ物語』（1484）を見た可能性を指摘している。したがって，絵が挿入された本は，中世後期には子どもと関わりを持ちながら存在していたともいえるが，三宅によれば，子どもをはっきりと意識した印刷物の登場は，イギリスでは17世紀後半からといわれる (p.5, p.56)。

子どもの絵本は，最初は宗教書や言葉と物を結び付ける認識絵本から始まり，物の名前や文字を覚えるための手がかりとして絵を挿入したものであった（pp.56-57）。つまり，見た者に共通のイメージを読みとらせる絵の機能を活かし，ことばと文字を組み合わせて子どもの理解を助ける「教育的な機能」を利用した絵本である。このような絵本の代表は，子どもを対象とした世界最初の絵本といわれる *Orbis Pictus*（『世界図絵』）であり，コメニウス（Johannes Amos Comenius, 1592-1670）が子どもに知識を授けるための教科書として，1658年に出版した本である。コメニウスは『世界図絵』の序文の中で，幼い時期から絵を喜び，楽しもうとする子どもの特性を考慮して，子どもの知識の庭から文字だけで学ぶ苦痛を取り除くことに価値があるという考えを示し，絵の有用性を述べている[14]。すなわち，コメニウスは学びにおける楽しさを重視し，絵が事物への子どもの主体的な関わりを助けて，教育的な機能を補完することから，子どもには絵入りの本が望ましいと考えたといえよう。

　中川（2011）は「世界のしくみを楽しく効果的に教えるためには，文字だけではなく，絵とイメージの力がいかに大切か」（p.6）ということに思いが及ぶようになり，そうした絵の力を子どもたちに最初に使ったのがコメニウスだったと述べている。このように，絵本は，子どもの自由教育を主張したロック（John Locke, 1632-1704）やルソー（Jean-Jacque Rousseau, 1712-78）の教育論よりもはるか以前から，子どもの身近に存在し，後に広がる近代的な教育思想をふまえた学びを可能にしていた。絵本の「教育的な機能」は，楽しさをもたらす絵の視覚性を学びに利用したものであるが，子どもの特性にあわせて，学びへの関心を引き出す「楽しさ」が強調されたことは重要であると考えられる。

　三宅（1997）によれば，コメニウスに始まる絵本は，その後，図鑑や科学の絵本へと発展し，次には物語絵本の発達が見られるようになった。そして，18世紀には，T.W著 *A Little Book for Little Children*『小さい子どものため

の小さい本』（1704頃），トマス・ボーマン（Thomas Boreman）の Gigantic Histories〈大きなお話の本〉10冊セット（1740-43），ジョン・ニューベリー（John Newbery, 1713-67）の *A Little Pretty Pocket-Book*『小さなかわいいポケットブック』（1744）など，「楽しみ」と「教育」が合体した子どもの本が出版された（キネル，1995 さくま・福本・こだま訳 2001, p.52）。

特に，世界で初めての児童書出版店をロンドンで開いたニューベリーは，18世紀の子どもの本を集大成したといわれ，おまけや統一感のある製本の工夫など，教育よりは楽しいアイディアを施した絵本を子どものために作っていった（三宅，1995）。また，中産階級の中・下層がかろうじて購入可能な価格を設定し，児童書の普及と商品としての価値を築いた彼の功績は，後続の児童書出版に勢いを与え，「楽しさ」重視の子どもの本を作る後ろ盾になった。しかし，三宅は子どもに必要な道徳や知恵を子どもの興味を引きながら教えようとするニューベリーの本を評価する一方で，絵（カット）は当時としては美しかったが，独創性や新規さに欠けることを指摘している（p.59）。18世紀には昔話や fairy tale などを題材とする廉価なチャップブックも人気を博していたが，印刷や体裁は幼稚なものであったともいわれ（キネル，1995 さくま他訳 2001），現代的な絵本に達するまでには多くの課題が残されていたといえよう。

三宅（2011）によれば，今日的な意味で「絵本」といえるものが相次いで出版されたのは19世紀に入ってからである。三宅（1995）は，ニューベリーの出版業を引き継いだジョン・ハリス（John Harris, 1756-1846）が出版した *The Comic Adventures of Old Mother Hubbard and Her Dog*『ハバードばあさんといぬのゆかいな冒険』（1805）を，教訓臭を取り払った新しいタイプの絵本といってよいと評価し，伝承の物語に創作を加えた詩物語の絵本が登場したと述べている。また，同じくハリスによる *The Butterfly's Ball And The Grasshopper's Feast*『ちょうちょうの舞踏会とバッタの宴会』（1807）は，これまでに見られなかった創作絵本として，現代まで続く物語系譜となる

「どこかにいって冒険し，またもとに帰ってくる」(三宅, 2011, p.39) という子どもにわかりやすい物語構造を提示している。

　物語絵本は，最初は古い伝承の詩や物語に挿絵をつけるところから始まり，次第に創作部分が加わって，オリジナルな絵本が作られるようになった。それらは，時代が下がって画家や版型が変わっても繰り返し出版されるロングセラーともなり，絵本が「物語を伝える伝承的機能」を担ってきたことがわかる[15]。しかし，この時代の物語絵本は，文章を担当する作家と挿絵をつける画家の共同作業によって作られていた点では，一人の作家が絵と文章を創作することが主流となっている現代絵本とは異なっている。

　現代の絵本が誕生するまでは，絵本は「教育的な機能」や「物語を伝える伝承的機能」を中心に，「楽しみ」や「わかりやすさ」というエッセンスが加えられ，「商品」として市場を形成していったが，絵本の絵と文の関係は，文章が主体で，絵は文章の補助的なものだった。したがって，絵本の絵は，作家の主題をわかりやすく説明する (illustrate) するものとして，fine art (ファイン・アート，芸術としての絵) ではなく，挿絵 (illustration) となって絵本の教育機能に楽しみや商品価値を付加する役割を持って発展していったといえるだろう[16]。

　19世紀後半には，絵の分量を多くするために有名な詩や物語の再話部分を短くしたトイ・ブックスが普及し，ウォルター・クレイン (Walter Crane, 1845-1915) やケイト・グリーナウェイ (Kate Greenaway, 1846-1901) が活躍し，美しい色刷りの絵本が作られた。絵が重視される傾向は，機械を使ったカラー印刷の発達に依るところが大きく，特にエドモンド・エヴァンズ (Edmund Evans, 1826-1905) による印刷は子どものための絵本に，はかり知れない進歩をもたらしたといわれる (ブリッグズ・バッツ，1995 さくま・福本・こだま訳2001)。

　クレインは，挿絵を付けた『くつ二つさん物語』について，「子どもたちは…明確な形と，明るく，はっきりとした色彩を好む。遠近観や奥行きなど

にわざわざこだわったりしない」(ブリッグズ，1995 さくま・福本・こだま訳 2001, p.224) と述べている。このことは，クレインが絵本は子どものためのものという認識のもとに，子どもの視点に立って創作していたことを示しているといえる。また，クレインの作品は細部まで手の込んだ装飾を特徴としているが，子どもの好みに加えて絵本を一つの芸術表現として捉え，美的に優れたものを与えようとしていたことがうかがえる。

　一方，グリーナウェイは「詩は，絵がなければ残らなかっただろうと言われているが，単純な言葉づかいとリズム，ユーモアで耳に快よく，子どもの経験と感情によくマッチして，楽しめるものである」(三宅，1995, p.115) と評価されている。グリーナウェイは，ノスタルジックな子どもを描き，理想化しすぎた子どもの描き方が批判されることもあったが，彼女が描いた子どもの衣服は「グリーナウェイドレス」と呼ばれ，ブームを呼んだ。かわいらしいドレスを着たやさしい雰囲気の子どもたちは，大人の描く理想ともいえるが，少女たちは，美しいドレスに憧れの思いを持って絵本を眺めたのではないだろうか。このようなグリーナウェイの絵本は，「ケイトの装飾性については，その装飾性ゆえに美しい世界が成立しているので，ただ素朴に，リアルにという展開では解明されない」(pp.114-115) と評価され[17]，西欧的な子ども観が成立し，子どもが絵本を楽しめる状況が整った中で，想像力を養う美の存在する絵本であったと考えられる。

　クレインとグリーナウェイは，子どもの絵本に美的な美しさを加えたが，エヴァンズ工房は，もう一人の優れたイラストレーター，ランドルフ・コールデコット (Randolph Caldecott, 1846-85) を生み出した。Smith (スミス，1953 石井・瀬田・渡辺訳1964) によれば，コールデコットは，文章を絵で物語る伝統の始まりと言われ，短い文章を解釈し，絵でふくらませて表現するという多様な読み方を可能にする技法を採用し，若くして亡くなるまでエヴァンズと共同で16冊の絵本を作った。それらは，マザー・グースなどの古い伝承童謡や愉快な詩などに絵を付けたもので，コールデコット独自の解釈が加えら

れているが,「かれのスケッチは,どの情緒もあやまつことなく,手にとるようにはっきりと示してくれる。かれのわらべうた絵本は,動きとユーモアと空想にみちたもので,ストーリー性という最も大切なものを高度に示している」(石井他訳 p.216)と絶賛されている。

つまり,コールデコットは,語りに伝えられた詩を解釈し,空想力やユーモアを発揮して既存の物語を絵によって豊かに展開し,絵を読む子どもの楽しみを広める絵本を作ったといえよう。ブリッグズ・バッツ(1995)は,「文章とイラストレーションを結びつける彼のセンスが,近代の絵本を作ったと言っても決して言いすぎではない」(さくま他訳 p.206)と述べ,後に続くビアトリクス・ポター(Beatrix Potter, 1866-1943)からモーリス・センダック(Maurice Sendak, 1928-2012)に至るまで,多くのイラストレーターに深く影響を及ぼしたことを指摘している。

また,三宅(1995)は,近代絵本の発展について,1860年代から80年代にかけては,大型で全ページ色刷りの子どもの本が大量に出されたが,絵の魅力は勿論のこと,内容や題材,絵と文章の関連などの質にも目を向けられる時期になったと述べている。この60年代から80年代は,イギリスでは絵本の第一期黄金時代を迎え,トイ・ブックスを中心に絵本が大量に市場に出回った時代である[18]。そして,19世紀後半は,絵本のイラストレーションへの関心が高まり,絵の持つ独自の「アート機能」が重視されるようになった。絵が,添え物としての立場から文と対等な立場へと発展し,絵本に「審美性」というエッセンスが重視されるにつれて,商品としての価値が高められていったと考えられる。また,絵と文の組み合わせによる表現方法が,コールデコットに至って相乗効果を生む絵本として確立し,絵も語りの機能を発揮して「物語を伝える伝承的機能」の発展をみたといえるだろう。

コールデコットに始まった手法は,「コールデコットの再来」と謳われたレスリー・ブルック(Leslie L. Brooke, 1862-1940)が,コールデコットと同様に昔話やわらべ詩にドラマチックな挿絵をつけたことをはじめとして,今日

までの絵本の伝統に受け継がれている（Smith, 1953, p. 121）。この流れの中で，新しい展開をもたらしたのが，ポターのデビュー作 *The Tale of Peter Rabbit*（1902）『ピーターラビットのおはなし』（石井訳1971）であった。

「ビアトリクス・ポターは，テキストもイラストも一人で本格的に行ったイギリス最初の絵本作家」として登場し，「…ページめくりの有効な活用，本の版型，意匠など，絵本作りの基本的要素すべてに神技に近い妙技を発揮して，究極の理想型ともいうべき絵本小宇宙の創作を実現した」（吉田，2011, p. 50）といわれるように，ポターが現代の創作絵本を開いたと考えられている。

ポターが，『ピーターラビットのおはなし』を初めとする23冊のミニチュア絵本を創作したことは周知のことであるが，作家が絵本全体を自らプロデュースすることで，20世紀に入って絵本作家に自己の視点に立った表現や創作の可能性を広げたといえる。ポターはコールデコットを嫉妬するほど称賛し（Potter & Taylor, 1992, p. 443），生涯にわたって彼のように描きたいと願っていたがうまくいかなかったとと述べているが（pp. 454-455），ポターの絵本作りの信念は，コールデコットに追いつくことばかりではなかったといえる。ポターは，デビュー作となった『ピーターラビットのおはなし』について，ハイアートとはいえないが，まずまずの出来栄えであり，だからこそ安価な価格で多くの子どもたちを喜ばせることができたと自負している[19]。

また，ポターの絵本作りは画家として絵だけに拘るのではなく，絵本の商品としての価値をトータルにプロデュースする視点を持ってなされていたともいえる。ポターは，出版社が大型の高価な本を売って利益を求めることに対して，ピーターのような小さなうさぎの絵本に6シリングは値しない，自分は1シリングの小さな絵本を数冊作りたいという考えを示している[20]。しかし，安くて大量に売れることだけが目的ではなく，子どもの喜びに値する価値があるという視点には妥協を見せず，コールデコットのイラストレーションを念頭に置いて創作に励んでいた。ポターは，自分とコールデコット

の絵を並べて口にするのは奇妙だと思われることを憚りながらも，次はピーターラビットよりもっと上手く描けると編集者に対して意欲を見せている[21]。

　以上のように，ポターは先人たちに倣って「物語を伝える伝承機能」と「独自のアート機能」をバランスよく取り合わせ，商品としての絵本に芸術性と大衆性の二つの視点を踏まえて，子どものために絵本を作ったといえる。このようなポターの絵本は，カナダの児童図書館活動や，アメリカの児童文学の指標に大きな影響を及ぼしたリリアン・スミス（Lillian H. Smith, 1887-1983）によって高く評価されている。

　Smith（1953）はポターの絵本について，「子どもの知性と想像力にものさしをあわせた世界を描きながらも，根本的な真実がある」こと，「簡潔な文章の物語は声に出して読むのに楽しく，小さな動物の特徴やイギリス湖水地方の田園風景を豊かに描き，誰も真似のできない物語世界を作った」ことを特徴にあげている[22]。ポターは，美しい自然の中に動物たちの生きる厳しさや，擬人化した動物たちをその生態に忠実に描き，事実とファンタジーが融合した独自の物語世界を自らの絵本の中に築き上げている。作品はさらに，ポターが払った多くの努力とその才能によって，子どもたちにとって美術館や博物館のような価値を持ちながらも手にとることができ，より多くの子どもがその物語世界と語りあえる大衆性を持っている。Smithが言うように，子どもたちは見ること，知ること，想像し，考えることを，日々の生活の中でポターの物語をとおして学ぶであろう。20世紀初頭，ポターは自分の作品世界に子どもの喜びとなる美しさや，時には過酷な真実をも表現し，明確に商品としてそれらが多くの子どもに享受されることを願って，現代絵本の基盤を築いたと考えられる。

　その後，1930年代は社会情勢への不安が漂う中で，子どもとその教育への関心は一層高まっており，カラー絵本が経済的に印刷できるオフセット・リトグラフなど印刷技術の向上によって，大型絵本が出版されて反響を呼んだ（和田，2011，p.52）。そして，大戦中の新刊絵本の出版は落ち込んだが，1940

年には低価格で美しい色彩を実現した知識絵本「パフィン・ピクチャーブックス」シリーズが創刊され（p.53），絵本は子どもの教育との関連で多様化していく。

　戦後は，60年代から70年代にかけて再び絵本の黄金時代が訪れ，戦後の混乱が落ち着きを見せる頃，戦時中に抑圧されていた文化が緩やかに開花し，第一次黄金時代とは異なる絵本作りが見られるようになった（藤本，2011）。この時期の絵本は，時代の変容を反映した内容や様式を持つタイプが目立つようになり，従来のスタイルから脱却した新しい傾向を示すそれらは，ポストモダニズム絵本と呼ばれる（生田，2013）。灰島（2011）によれば，ポストモダニズム絵本は，テーマやプロットよりも絵本という構造自体のおもしろさに着目して作られ，フィクションであることを意識させるメタフィクション性や間テキスト性，オープンエンド，細部への拘りなどを特徴としている。こうした絵本は，読み手の絵本観や絵本との関わりをも刷新することを必要とし，読み手が主体的に絵本の世界を読み解く，あるいは自分なりの物語を構築していく楽しさ見つけ出すことによって意味を成し，新しい機能を兼ね備えた絵本といえるだろう。

　以上，児童文学の発祥地といわれるイギリスの絵本の概要を振り返った。現代の絵本が成立するまでの過程では，絵本は「絵と文を有機的に組み合わせて作った本」という定義の中で，「教育的な機能」，「物語を伝える伝承的機能」，「独自のアート機能」が発揮されてきた。そして，それらの機能は「子どもの経験」，「楽しさ・喜び」，「わかりやすさ」，「芸術性・審美性」，「商品的価値と大衆性」などのエッセンスをともなって，絵本を変化させ発展を促してきたと考えられる。

　さらに，近年生じた新しいタイプの絵本は，絵本の物語や意味を「読む」ことから読み手が「創り出す」機能を備え，読者の絵本に対する認識や関わりを変えつつあり，絵本はますます多様性に満ちたメディアとなっている。

(3) 絵本の変遷―日本

　一方，日本の絵本の変遷については，三宅（1999）が，絵巻物などの物語絵画を前史として，小型の絵巻物から奈良絵本へと発展し，17世紀後半には印刷技術の発達とともに絵本がかなり普及していたと述べている（p. 44）。三宅によると，その後18世紀には，半紙を折りたたんで表紙を付けて綴じた赤本が普及し，伝統芸能を取り入れた大人向きの絵本といえる黒本・青本の他，浮世絵師などの有名作家による豪華な絵本も作られるようになった（p. 44）。永田（2013）は，子ども向けの絵草子は鈴木晴信が1765年に錦絵を創始し，多色摺り版画の普及を契機に作られるようになったが，児童観の未熟さと大衆画の評価の低さによって，書物の概念からは程遠いものであったと述べている（pp. 1-2）。

　香曽我部（2011）によれば，この流れは18世紀後半からの活発な木版印刷出版や江戸末期の西洋式活字活版法の導入によって，明治初期の明治赤本へと続いて昔話や簡略化した講談物，芝居噺などを内容とする子ども向けの絵冊子として定着した（p. 162）。日本の絵本が普及する過程では，印刷技術の発展はもとより，イギリスで18世紀末から19世紀初頭にチャップブックが大量に出版されたように，1枚の紙を折りたたんで小型本にする形式を経ているが（三宅，1995，pp. 9-12），洋の東西を問わず，当時の紙や運搬・流通の事情を考えると，民衆本として広がるためには薄く折りたたむ形式を経るとも考えられる。最初は作者不詳であった簡素な絵本が，次第に作者を特定できる「作品」となるにつれて，大きくなったり豪華になったりしながらヴァリエーションが増えることも日本とイギリスの共通点といえるだろう。

　続いて，1880年代になってグリムの翻訳が絵本化され，20世紀前半には巌谷小波による「お伽画帖」シリーズ（1908-09）や『中西屋日本一ノ画噺』全35巻（1911-15）などの子どもを対象とした画期的な絵本も現れた（三宅，1999）。

巌谷小波は「日本の児童文学の始祖」(鳥越, 1973, p.47) ともいわれ, 小波の『こがね丸』(1891) は, 当時の子どもたちに熱狂的に受け入れられ, 小波が児童文学に専念する契機となったことから, 本格的な子どもの本の歴史の始まりとみなされている。小波は伝承文学の再話から国語教育の分野に及ぶ活躍を見せたが, 鳥越 (1973) は小波の近代児童文学に対する貢献を認める一方で, 作品には小波の子ども観を反映した近代とは逆行する封建的なモラルが見られると述べている。

　このように, 日本では19世紀後半から子どものための本の出版が本格的に始まったといえるが, 子どものための出版活動が成立するためには, 印刷技術や出版資本の確立に加えて, 最大のファクターとなったことは「子どもの発見」であった (鳥越, 1973, p.44)。子ども観についての詳細は第2章に譲るが, 鳥越によれば, 自我の確立や個の解放と呼応して「子どもの発見」が起こり, それに連れだって初めて子どもの文学が生まれたヨーロッパに対し, 日本の場合は近代教育制度の普及や教育との強い関連の中で, 教育からの要請によって生まれた経緯があると考えられている (p.45)。

　次いで, 欧米の教育運動が日本に取り入れられ, 児童中心主義の教育が台頭した[23]。雑誌『赤い鳥』に見る新たな教育思想と児童観の確立を待って, 子どもを対象とした絵が主体の絵雑誌が出版されるようになり, 大正から昭和初期にかけて「絵本」と呼ばれる主なものとなった (永田, 2013, p.2)。三宅 (1995) によると, 絵雑誌は幼児教育制度の成立と合わせて子どもの生活の中に普及するようになり, 教育制度の目標にそって, 保育者が幼児にとってためになるお話しをしたり, 言語領域の望ましい経験を与えたりするために用いられた。

　この時期には,『赤い鳥』(1918-29, 1931-36) の他,『おとぎの世界』(1919-22),『金の船』(1919-29, 1922年より『金の星』に変更),『童話』(1920-26) など芸術性を重視した児童向け文芸雑誌の他,『子供之友』(1914-43),『日本幼年』(1915-23),『コドモノクニ』(1922-44) など, より質の高い絵画をメインにし

た幼年絵雑誌が刊行された[24]。なかでも『コドモノクニ』は，性別や年齢別に細分化され，幼稚園での直販方式によって普及し，代表的な存在の絵雑誌となった（中村，2011，p.168；三宅，1997，p.5）。

　大正期は，上記の他にも50種類以上の絵雑誌が創刊されたといわれるが，子どもの絵本を官民で協力して質の良いものにしていこうとした時代であったことが，文部省資料からもうかがえる。大正15年の文部省資料は，絵本の要件として「第一　藝術的でなければならない」「第二　道徳的に健全でなければならない」「第三　友誼的でなければならない」「第四　多方面でなければならない」「第五　衛生的でなければならない」ことをあげている（三宅，1997，p.6）。この資料は，絵本の「教育機能」を中心に「独自のアート機能」面も取り上げ，絵本は印刷や材料など衛生面に配慮のあることを勿論として，子どもにとって親しみの持てるものであり，幅広く生活経験となる芸術作品である必要を示している。

　三宅（1997）によれば，この当時の文部省による資料は，絵本が子どもの成長や生活に深い影響を与えるものであるのに，作る側にも買う側にも十分な理解がなされていないことを啓蒙するものであると考えられている。三宅は，絵本は国の政策と結び付きながら普及していったが，大人たちには幼児のための絵のついた本という認識以上のものはなく，幼児に大きな影響を与えると気付きながら，絵本が何であるか理論化できていなかったと指摘している（p.7）。絵本が普及して子どもの生活の一部となり，「絵本とは何か」に目が向けられたことは，同時に「子どもとは何か」への認識を持って，絵本の質を問う時代へと向かう始まりといえる。

　絵本の出版は昭和期に入るとさらに増え，1936年（昭和11年）から刊行された「講談社の絵本」シリーズで絵本の市民権は一気に大衆化した（鳥越，1973，p.141）。講談社の絵本（全203冊）は，皇太子（現天皇）に見てもらえる豪華絵本を目指したものといわれ，内容は漫画，物語絵本，戦争もの，偉人伝，武勇伝，知識絵本などに分類できるが，人気が高く出版数が多いのは漫

画であった（畠山，2011）。畠山（2011）は，「講談社の絵本」シリーズは画集的であることや「ベッタリ絵本」と批評される画面全面に色がかかっている形式が問題であるとされたが，一方で「①単行本形式の物語絵本の出現，②一流画家の起用，③一冊1テーマが画期的」（p.172）であったと述べている。

　講談社の絵本は，大量生産によって多くの子どもに楽しみを与えたが，「絵と文の組み合わせ」という定義から見ると，画面一面に広がる絵の分量の多さが目立ち，絵本という形式の中で，絵と文による語りを十分に機能させているものではなかったと考えられる。

　鳥越（1973）は，昭和期の絵本について，初期よりも（昭和）10年代，特に12年以降の戦中期に優れたものが出ていると述べ（p.141），『たべるトンちゃん』（金蘭社，1937）をその例にあげ，文章と絵を一人の作家が作る理想的な絵本作家として初山を評価している。イギリスでは，ポターが20世紀初めに理想的な絵本作りを実現していたが，日本の一人の作家による本格的な創作絵本は，30年ほど遅れていたことがわかる。初山の試みは，講談社の絵本シリーズの欠点を補うものでもあり，二色で描かれたシンプルな画面は，ぶたのトンちゃんが，とにかく何でも食べるおかしさがリズム感のある文章で語られている。最後は「トンカツや に かはれて ゆき たべられる とんちゃん に なりました おしまひ」というシュールな結末で突然終わるが，このようなユーモアは，ポターの絵本に通じる現実と空想の融合を想起させ，トンちゃんのような想像世界のかわいいぶたを，太らせてとんかつにして食べるという厳しい現実を和らげている。

　続いて，1953年からの翻訳絵本を主とした「岩波の子どもの本」シリーズは，海外翻訳絵本を積極的に取り入れ，鳥越（1993）は日本の絵本の流れを変える試みであったと評価している。鳥越によると，このシリーズは，石井桃子（1907-2008）を筆頭とする鳥越ら編集者と，社外協力者として光吉夏弥（1904-88）が中心となって企画され，光吉の新しい絵本観，そして英米文学を学んで帰国した石井の賛同によって展開された。

光吉の絵本観は、『生活美術』1943年9月号に掲載された「各國の一流繪本」(p.51) に見られる[25]。光吉は、海外の一流の絵本には、大人の考えた子ども向けの絵は存在せず、全て本格的な絵が描かれていると述べている。つまり、絵本というものは、幼稚な子ども騙しの本であってはならず、芸術的な絵があることを条件として、子どもに本物の美しさを与えるものであることが提言されたと考えられる。光吉はこのような達見を持って、10年後に「①絵本は消耗品だから、できるだけ安い、買いよいものにする。②版型を統一しページ数もほぼ同じにする」(近藤・棚橋, 1994, p.316) などの方針を決めて「岩波の子どもの本」シリーズをスタートした。

　海外絵本の翻訳は、欧米の絵本が左開き横組みであるのに対し、日本は右開きたて組という版の違いによる限界や失敗があったが、鳥越 (1993) はそうした試行錯誤的な試みが、日本絵本界全体にとって発展を促すバネにもなったと述べている (p.13)。また、絵本が家庭や教育施設で何度も繰り返し読まれることを前提としているため、豪華さよりも実用的であることを重視しつつ、講談社の絵本シリーズがもたらした日本人の「ベッタリ絵本」観を変え得る芸術性が考慮されたことは評価できるだろう。こうして、「岩波子どもの本」は現在に至って『ちいさいおうち』(バージニア・リー・バートン作, 石井桃子訳, 岩波書店, 1954) をはじめとする多くのロングセラーを生み出し、子どもたちの身近に存在し続けている。

　さらに、松居直 (1926-) が手掛けた月間予約絵本「こどものとも」が1956年に創刊となり、同誌からから選択された「こどものとも傑作集」が福音館書店より出版され、「岩波子どもの本」シリーズと並び世代を超えて子どもたちに親しまれている。「こどものとも」は、名作の絵本化も含め、物語に「スバラシイ絵」をつけて刊行され、瀬田貞二 (1916-79) など児童文学者を介して、外国の絵本の邦訳出版も積極的に行ってきた (三宅, 1997, p.9；前川, 1997, pp.320-331)。

　しかし、50年代から60年代は、「絵本は将来本をよむ人になるカギになる

という考えが主流であった」(p.10) といわれ，この傾向は，子どもが今ここにある時間を子どもらしく楽しむ「子どものため」という視点を越えて，「子どもの将来のため」に利益をもたらすという視点へと絵本の意義を移行させている。絵本の教育的な機能は，常に大人にとって関心が払われてきた点であるが，絵本は何よりも楽しいものだと主張されるようになっても，日本の近代化が進展する過程に見る功利主義的な意味づけをせざるを得なかったことがうかがえる。

その後，70年代に入って，良い絵本とは「確かな手ごたえのある世界がある絵本で，子どもが我を忘れて入り込める絵本」(三宅, 1993, p.10) へと視野を広げ，読者である子どもの体験という意味付けが重視されるようになった。絵本は，長い間，教育面から大人が与えるものという認識がなされていたが，70年代以降，子どもが主体的に関わっていく世界を提示し，子どもに潜在する感性や関心を引き出したり，受けとめたりするメディアとして期待されている[26]。

このように，日本の絵本は，イギリスの場合と同じように，絵と文の有機的な組み合わせによって，文が語り，そして絵が語り，装丁まで含めて全体として一つにまとまった作品となることが目指されたといえる。また，先に述べた絵本の三つの機能は，子どもの読み物という視点から「子どもの経験」，「楽しさ・喜び」，「わかりやすさ」，「芸術性・審美性」，「商品的価値と大衆性」などが検討されて，絵本のイメージを定着させてきたといえよう。そして，新しい時代が見え始めた頃，絵本もまた新しい機能を持ち始め，読者の積極的な関わりを要求し，コミュニケーション性やビジュアル性豊かな絵本が進出してきた。

⑷絵本とは何か—定義の再考

以来，半世紀あまりを経て，日本では昨今の絵本ブームを反映して，一層多種多様な絵本が創作されている。新刊絵本の出版部数は，ピークを迎えた

2006年度には1847点となり、その後やや減少傾向にあるものの、2008年には1792点の新しい絵本が出版された[27]。また、東京税関調査部の報告によると、海外絵本の輸入数量は2006年に国内推定発行部数を大きく上回り、2001年以降6年連続で過去最高を更新し、2008年の絵本輸入数量は2374万冊に達している。出版業界は、輸入絵本の増加の理由を①制作に手間のかかる『しかけ絵本』の人気にともない、人件費の安価な中国からの輸入が増加していること、②子どもの親ばかりではなく、若い女性などが癒しのためなどに購入していること、③英語教育の低年齢化にともない、英語教材としての絵本購入が増加していることなどをあげている[28]。

一方、イギリスは絵本の近代化を先導し、日本ばかりではなく、世界に影響を及ぼしてきたが、1990年代後半から出版不況や本の再販制度が崩壊し、停滞気味であった（灰島，2011，p.62）。灰島（2011）は、絵本の出版は売れ筋中心となり、活力が失われた感も見られたが、ベテラン作家による新しいタイプの絵本作りや、イギリス絵本の伝統を享受して育った若手作家の活躍によって、21世紀に入る頃から明るいニュースが届いていると述べている[29]。灰島によれば、20代の絵本作家が登場し、高く評価される作品を刊行していることから、イギリス絵本の未来は希望の感じられるものであるという。

こうした絵本出版の状況は、デジタル印刷技術やグラフィックデザイン、流通経済などの発達のほか、絵本を求める需要層の広がりを示しているといえよう。また、21世紀は情報の時代と言われ、パソコンや携帯によるインターネットの普及は目覚ましく、テレビやラジオ、書籍などの既存のメディアに変化をもたらしている。印刷や科学技術の発展は、絵本作家にも多種多様な表現や創作を可能にし、絵本はリテラシーが未熟な子どもの簡単な読みものだけではなく、ブック・アート・メディアとして美術的視点から注目される作品が見られるようになった[30]。

これまで述べてきたように、絵本は社会の発達や需要などの変化にともなって、扱うテーマや内容、形態が多様化するばかりではなく、絵本という

概念や認識にも変化が生じているといえる。加えて，第2章で述べる現代の子ども観が影響していることはいうまでもないが，この多種多様化した絵本は，何らかの定義としてまとめることができるだろうか。

永田は，現代絵本の変遷を論じる中で，絵本という用語について「一口に『絵本』といっても，その枠組みと解釈は人によって異なり，はっきりとした定義があるわけではない」（永田，2013，p.1）と述べている。絵本は，社会的な影響や子ども観などに関与して作られ，創作者も消費者も時代とともに変化していることを踏まえると，定義付けの基盤となる絵本観は，1970年代頃までだけでも①「教材として捉える絵本観」②「文学として捉える絵本観」③「ビジュアルを主体とした絵本観」④「児童文化の視点から捉える絵本観」などがある（p.5）。これらの絵本に対する認識は，幅広く絵本の特徴を論じることを可能にする一方で，絵本にとって決定的な要素を曖昧にする可能性もあるだろう。

そもそも，定義とは，①「ある概念の内容や，ある言葉の意味を，他の概念や言葉と区別できるように明確に限定すること」②「ある概念の内包を構成する諸属性のうち，本質的な属性を挙げることによって，他の概念から区別し，その内包を限定すること。普通，定義は当該概念の最近類と種差を挙げることによって成り立つ」といわれる[31]。

三宅（1997）は，シンプルに「絵と文を有機的に組み合わせて作った本」（p.50）と絵本を定義付けており，②に当てはめると，当該概念の「絵本」は，最近類が「本」であり，種差が「有機的に組み合わされた絵と文」となる。この定義は，「文」を文字で記されないものも含むことや写真なども「絵」に含めることなどを前提として妥当といえるが，挿絵本や昨今の絵本化したマニュアル書などを区別する概念としてはやや曖昧さがある。

そこで，「絵本とは何か」を考える時，この定義に基づき絵本の本質的属性となる種差をもう少し検討してみると，Bader（1976）が，アメリカの1970年代までの絵本という視点から提言をしている[32]。Baderの定義は，イ

ギリスの絵本に追随するだけではなく，大胆なテクニックを試みながら，巨大な絵本市場を急速に確立してきたアメリカ絵本の開拓精神を含んでいると考えられる。

　吉田（1999）は，絵本学会設立基調講演で，先のBaderの定義を取り上げて，「絵本とは何か」について次のように説明している。絵本は，第一にテキストとイラストレーションのトータルデザインであり，内容的・形態的な有機的統合体である。二つめは，絵本は生産品としてさまざまな工程を経て生産されるものであり，この特徴から，それぞれの生産過程の中に，絵本に関する大切な研究課題を含むことが読みとれる。三つめは，絵本は「コマーシャル・プロダクト」であるゆえに，良い絵本を作るだけでは不十分であり，読者の手に渡るための販売攻略が必要である。つまり，絵本は，商品的な価値と流通を問われなくてはならない。四つめは，絵本は社会的，文化的，歴史的ドキュメントとして，さまざまな研究分野からのアプローチが可能である。五つめとして，絵本は何よりも第一に「子どもにとって一つの経験となる」ことが重要であり，子どもに限らないが，読者の積極的な関わりを促し，「一期一会」の経験を与えるものである（pp. 222-226）。

　また，絵本は芸術形態として，絵とことばの相互依存，向き合う二つのページの同時提示，ページをめくることで生じるドラマを拠り所にするものであり，吉田は"On its own terms its possibilities are limitless"を「絵本は，それ自体として，無限の可能性を持つ」（pp. 222-223）と解釈している。

　このように，Bader（1976）は創作や芸術形態，生産や商品化，文化的財産としての視点および子どもの経験という視点などから，絵本には限りない可能性があることを述べている。Baderが示した「芸術形態」としての絵本は，三宅が絵本の機能として取り上げた「独自のアート機能」と「物語を伝える機能」が含まれ，「子どもにとって，一つの経験となるもの」という種差は，「教育的な機能」に触れているといえる。そして，Baderの定義には，イギリスと日本の絵本の変遷に見た「子どもの経験」「商品的価値と大衆性」

などのエッセンスが明示されている。

　さらに，吉田（1999）は，Bader の定義の中で，絵本の芸術形態として「向き合う二つのページの同時提示」をあげている点が注目に値する指摘であると述べている[33]。欧米の絵本は，一般的に横長の版型をとるので，作家は横長の画面を見開きいっぱいに利用してダイナミックな絵を描いたり，枠で区切った絵を並べたり，連続性を持って左右のページを構成する。

　この「向き合う二つのページの同時提示」は，多様な表現を可能とする絵本の一つの特徴として重要であるが，この特徴だけでは，小説や辞書などその他の本の形式を持つものと変わらない。また，ページをめくることでドラマが生じるのは小説も同じであろうし，絵とことばの相互依存は図鑑などにも見られる。

　しかし絵本は，「のど」と呼ばれる中心部から左右に分かれた見開きのページで表現され，作家はこの向かい合う二つのページを，有機的に組み合わされた絵と文が生みだす相互作用を演出する場として，有効に使って構成する。その結果，一連のドラマがページをめくることで動き出し，作家の意図が，ほかの書籍に比べて明らかに少ないページ数で作品として一つにまとまるわけで，この三つの芸術形態はどれも大切な絵本の要素である。言わば，これらの表現様式は，一つ一つがどれも等しく絵本の特徴として重要であり，どれか一つか二つが突出するのではなく，三つの芸術形態の全てが，作品全体の中で調和を持って共存することが絵本に求められるのではないだろうか。

　また，吉田（1999）が論じている「絵本は現代生活におけるたいせつなコミュニケーション・アートである」という点は，芸術形態とは別の視点から捉えた絵本の特徴の一つとして興味深い指摘である。絵本は，多くの場合，最初に大人から子どもに与えられ，読み聞かせという日常的な行為の中で両者の「やりとり」を生じさせるコミュニケーション機能を持っている。そして，この機能は，絵本が子どもの占有物であるという認識から，第Ⅱ部で述べる子どもと大人の双方に発達的影響を与え得るメディアという認識への転

換を促し，絵本の可能性を広げる重要な特徴といえる。

　正置（2013）もまた，Baderが「子どもにとっての一つの経験である」と言いきっている点を批判し，「絵本の中には，形態としては絵本ではあるが，対象は必ずしも子どもだけではない場合もありうるし，現に存在する」（p.84）と述べている。正置は，絵本が大人から与えられること，大人から読んで貰う点を考慮して，「絵本は，子どもにとってひとつの体験であり，かつ年長者と共にする体験である」（p.84）とBaderの定義に付加的な説明を加えている。これによって，絵本が大人と子どもをつなぎ，体験を共有するコミュニケーションツールであることが補足され，絵本に年長者，つまり大人という視点が明らかにされたといえる。

　しかし，先に述べた吉田の説明によれば，Baderの定義が大人読者を想定し，「絵本は子どもの占有物ではない」という見方を既に可能にすることを示している。絵本が社会，歴史的ドキュメントであることは，子どもとともに絵本を読みあう大人にも世界を知る学びの機会を与えるだろう。また，吉田が述べているように，絵本が生産品やコマーシャル・プロダクトであることや，トータルにデザインされた表現様式を持つことは，研究者のような大人にとって多様な研究課題を提示する学びの宝庫といえる。このように，絵本の持つ教育的な機能や表現様式に見る伝承的機能，独自のアート機能などは，本来子どもの発達や成長ばかりを促すためのものではないことが理解できる。

　一方，中川（2011）は「絵本とは自分の手指で関わり合う視覚表現媒体である」（p.14）とのみ定義し，絵本を「掌のメディア」（p.12）と称して，絵本の持つ視覚表現，芸術という側面と読者とのインタラクティブな関係に着目している。このインタラクティブ性は，「絵本が読者の表現をも予定している」（p.6）と考えられているように，絵本の視覚表現が，読者の反応を引き出すコミュニケーション機能を持つことによって生じるものといえる。

　Nikolajeva（2014）によれば，このコミュニケーション機能はArizpe &

Styles（2003），Pantaleo（2008）などの研究によって実証され，文字だけではなく絵によるイメージをともなう絵本は，幼い子どもの感情的な理解と反応を促すことが確認されている[34]。

また，こうした幼い読者の感情反応は，非常に速い脳の低回路（"low pass"）を通り，絵本の絵は「高回路」（"high pass"）を通る言語刺激よりも一瞬早く処理されることが LeDoux（1996），Evans（2001）などによって示唆され，子どもが絵を読んで反応する裏づけとなっている。そして，絵はことばよりも子どもにとって意味を得る助けとなって，読書経験が浅い読者の情緒的な知的さを高めるといわれる（Nikolajeva, 2014）[35]。

中川（2011）が主張するように，絵本は作者が完成させたものを読者に与えるだけではなく，読者が絵本を見ること，参加することによって成り立つインタラクティブ・メディアといえるが，絵本のインタラクティブ性は，絵本と読者の間だけではなく，親子やともに絵本を読みあう仲間の間でも生じる。

筆者は，勤務先の小学校で6年生の子どもたちが『ミッケ！ ゴーストハウスこわいけどおもしろいかくれんぼ絵本』を囲み，頭を突き合わせて活発なやりとりをしている場面を観察したことがある[36]。使い古された絵本は，一人一人にとって馴染みのある一冊として個々には違う経験を与えていただろうが，異なる文脈によってさまざまな対話を生み出し，楽しい経験を積み重ねることを可能にすると考えられる。

同じ絵本が，異なるグループや文脈によって違う使われ方をしたり，新たな経験として人と人を繋げたりすることは，ワーチ（1991 田島他訳 1995）のいう「相互行為を媒介する文化的道具」（田島，2013, p.3）として機能することを表している。そして，両手に納まる一つの世界を提示する「掌のメディア」は，人の生活に密着した対話型，参加型の芸術として，機能するといえるだろう。

吉田（1999）や中川（2011）が論じているように，絵本は単純なメディア

ではないと認識されながらも、一般的には子どもを読者として、文学性や教育性に関心が寄せられがちであった。しかし、20世紀半ば以降、現在に至って次々と発展的な絵本作りがなされる中、絵本に対する固定的な認識や価値観を広げ、絵本をメディアとしての機能や芸術的側面など多角的に論じる視点が生まれている。ますます多様化している絵本は、これだけの条件が揃えば絵本以外の何ものでもない、といえる決定的な定義付けを不可能にしているが、絵本の本質は問われ続けるべき課題といえよう。

　電子媒体など新しいメディアによるコミュニケーションが急速に進展する一方で、人と人の関係が希薄になることが懸念される今日、絵本は伝統と新しさへの可能性を秘めて、もっと広く社会に活用されるべきではないだろうか。筆者自身は、とりわけ個々の読み手にそれぞれの経験を与える絵本を介して、人と人が楽しさを分かちあう「やりとり」が生じることが、美術鑑賞や小説などの一人読みとは異なる絵本の醍醐味であると考えている。

3節　絵本研究の動向

(1) 学問としての絵本

　Bader (1976) が提示したように、絵本が独自の表現様式を持つ生産品、およびコマーシャル・プロダクトであり、社会や文化の歴史的産物であり、そしてコミュニケーション・アートであるという見方は、絵本が人の生活の中に根付くとともに、多くの課題をともなっていることを示している。こうした認識が、絵本を学問の対象とする必要性を生じさせ、日本では世界に先駆けて絵本学会が1997年に設立された。吉田 (1999) によれば、絵本は絵画や文学としての評価にとどまることなく、造形学、美学、美術史、哲学、記号学、論理学、教育学、言語学、心理学、文化人類学などの諸科学、また、デザイン、絵画、映画、演劇、文学、漫画そのほかさまざまな分野からの研

究協力が求められる新たな学問領域と考えられるようになった。

　絵本学が立ち上がって15年を経て,「絵本」をキーワードとした研究は,NII 学術情報ナビゲーター（以下，CiNii）だけでも1998年以降2014年までに約5000件の掲載があり,絵本が広く学問と関わりを持つようになったことがわかる。そこで，第Ⅱ部に入る前に，絵本がどのような研究の対象となっているかについて，絵本学という立場から見た現在の状況を，絵本学会機関誌『絵本BOOK END』（以下，『BOOK END』）の報告に基づいて振り返ってみる。

　『BOOK END』は，2002年に絵本学会より創刊された年刊誌である。本誌は，絵本が多くの人に身近な存在であり，必ずしも研究者だけの関心の対象ではないため，書店購入も可能な刊行誌であるが，絵本のバイブル的な存在として，さまざまな絵本に対する視点と考察がなされている絵本研究誌である。

　絵本研究の動向は，本誌では3名の学会員による「座談会」という形式でまとめられ，第4号（2007年）以降，毎年掲載されている。内容は，翻訳の研究書，作品・作家論，自伝，読者論，図録・画集，絵本リスト（ガイド），実践報告書，研究書，紀要論文，絵本制作，編集者の絵本論など多岐にわたり，昨今の絵本周辺の研究状況を知る手掛かりとなっている。ここでは，『BOOK END』第8号（2011年）から第10号（2013年）までの報告の中から，国内の紀要論文，研究書を取り上げて報告する。

⑵　紀　要　論　文

　ここ数年を見ると，紀要論文の増加が見られ，大きくは絵本自体の研究と絵本を手段と考える研究に分けられる（坂本・永田・丸尾，2012b, p.74）。まず，絵本自体の研究論文は，次のようなものがある。

　藤本（2010）は，絵本の図像学などを研究対象として，絵本の構造や表現手法といった視点から子どもの心に与える影響を論じ，良い絵本に必要な要素を提示している。絵本の構造や文字表現，絵画的表現の分析を行った例は，

『BOOK END』で紹介されているほかに，池田（2007）の文字表現と絵画的表現に着目した研究がある。池田は「子ども」という視点をとらず，文字無し絵本に焦点を当てながら，3冊の絵本を例にあげて文字表現と絵画的表現の役割を分析している。

　加藤（2010）は，絵本の歴史的過程に見る教育的視点などから，絵本が児童観と関連して作られてきたことを述べている。絵本と子ども観を関連させた研究論文は，日本の絵雑誌を用いた研究が比較的多く見られ，『BOOK END』で紹介された論文以外には，峠田（2011）の大正期から昭和初期の『赤い鳥』から253編を対象とした子どものイメージ分析などがある。また，南（2010）は欧米と日本の絵本に見られる子ども観の違いに視点を向け，絵本表現に見られる欧米のプロテスタンティズムによる子ども観を分析している。

　BOOK END は，絵本のデジタル化もまた昨今の新しい研究課題として注目している。BOOK END が取り上げた一例は，デジタルメディアで表現された絵本について考察を行った上岡（2009）であるが，CiNiiには10件ほどの電子絵本に関する情報が掲載されている。それらの出典は，情報処理学会，大学教育学部，医療誌などさまざまであるが，子どもの教育と情報産業の結び付きが目立ち，電子絵本の教育効果への関心が高い傾向が見られる。

　デジタル媒体への関心が見られる中，BOOK END は，佐々木（2009）[37]がトイブックスにおけるR.コールデコットのイラストレーションを分析し，古典に戻ってコールデコットの近代性を多方面から論じた点を高く評価している。また，佐竹（2012）は，『ピーターラビットのおはなし』を取り上げ，機械測定による色彩分析によって読み手の意識に及ぼす影響を考察し，ポターの絵本創作の秘法を明らかにしている。鳥越（1993）が，「絵本とは何かを考える時に，常に古典に立ち戻ることが大切だ」（p.271）と主張するように，新しいタイプの絵本が次々と生まれる中で，絵本の本随を確認していく視点は重要であるといえるだろう。

一方，絵本が何らかの手段として扱われる研究は，子どもの認知発達や母子相互作用などに関連するものが多い。BOOK END で取り上げられた研究は，田島他（2010），佐藤・内山（2012）などがある。それらは，いずれも絵本をやりとりの道具として扱い，子どものリテラシーの発達や，母親の働きかけと子どもの反応との関連による相互作用をとおした発達的効果を論じている。発達心理学的な視点からの研究は，第 3 章にて述べるためここでは省略するが，心理学領域の科学的な検証が，絵本研究誌に取り上げられ，文学領域で意味あるものと見なされていることは，二つの領域の隔たりを縮める傾向として評価できるだろう。

　教育分野は，従来から子どもと絵本の関連への関心が高く，多くの研究実績がある。山元（2011）はオーストラリアの母国語教育を参考に，読解力を促進する手段としてポストモダン絵本の利用を考察している。このような研究は，マルチメディアの時代を迎え，メディア・リテラシーの必要性が高まっている今日，新しい教育の手段として絵本の可能性を拓くものと考えられる。

　佐々木（由）（2011）は，中川李枝子と大村百合子のコンビによるロングセラー絵本『そらいろのたね』（福音館書店，1967年）を利用して，子どもの読みという内的世界を考察している。佐々木（由）は，受容論（読者論）という視点から子どもの育ちにおける物語の役割を再検討し，子どもの年齢による理解度と物語受容の差異を明らかにした。

　ジェンダー研究としては，矢島（2009）が，絵本というメディアを包括的に捉えて分析する傾向が強い従来の研究に新しい視点を加える試みを行い，一冊の絵本を取り上げて視覚的要素を多用した作品内でのジェンダー分析を行っている。矢島は，絵本の内容に外部のジェンダーバイアスを持ち込む量的な分析に偏らず，作品内の登場者間や物との関係をカテゴリー関連から生じる文脈で読み解く必要性を論じている。

　絵本は，多くが幼い子どもを読者対象として作られ，何度も見たり聞いた

りするメディアである故に，ジェンダーバイアスに限らず，子どもの認識や自己の形成に無意識的に及ぼす影響について，さまざまな分析の視点を持って検証する必要もあるといえよう。

ところで，落合（2011）が述べているように，ジェンダーセンシティブな絵本は確かに存在しており，従来の性役割を逸脱した登場者が活躍する絵本が少しずつ増えてきた[38]。力持ちや行動的な女の子，子どもの世話をする男性などが，異質な存在ではなく，至極当たり前の存在として認識されるためには，幼い頃からの絵本をとおした無意識的な体験が効果的かもしれない。

衛生学領域は，氾濫する絵本の安全性に警告を発している。佐二木・柳堀・小林（2010）は，幼児が絵本を口に含んだ際に漏出するBPAが，内分泌機能に影響する危険性を示し，印刷時のBPA使用を減らす必要性を主張している。絵本は，早期教育熱の高まりとともに，発達早期から利用されているが，子どもの発達に先立って，何よりも安全性は重視されなくてはならない。絵本学は，こうした衛生学や小児保健学の視点からも研究を進めていく必要があるといえよう。

(3) 研究書

絵本の研究書は，絵本論，作品・作家論，読者論，図録・画集，ブックリストなどさまざまであるが，ここでは，本研究に関連の深い絵本論と読者論に焦点を当て，『BOOK END』2011〜2013に紹介された主な文献を中心に述べる。

まず，絵本論では，中川・吉田・石井・佐藤（編）『絵本の事典』（朝倉書店，2011年）があげられる。本書は，絵本に関係する可能な限りの全学問分野を網羅し，絵本論の集大成ともいえる研究書となっている。中川（2011）は，本書の刊行に際して「絵本を楽しむために，また絵本を研究するために，必要欠くべからず事典」（p.76）と評価している。内容は，「絵本とは何か」を問うことから始まり，「絵本の歴史と発展」，「絵本と美術」，「世界の絵本」，

「絵本のいろいろ」、「絵本の視覚表現」、「絵本のことば」、「絵本と諸科学」、「絵本でひろがる世界」、「資料」で構成され、贅沢に織り込まれたカラーページが美しい充実した研究書である。

　テーマはお馴染のものが多いが、全章にわたって新しい情報を取り入れる方針で編まれ、特に三章「絵本と美術」は、これまでの絵本研究であまり顧みられなかった諸芸術の流れをとりあげている。絵本が、社会的な文脈の中で、芸術運動とも深く関わりを持って発展してきた過程を、第二章の「絵本の歴史と発展」と合わせて辿りつつ、第六章「絵本の視覚表現」で、その表現構造をさまざまな角度から知ることができる。

　そして、第七章は、絵本の構成要素として必須の絵と文のうち、ことばに焦点をあてている。音韻や文体のほか、翻訳などが取り上げられ、六章で説明されている絵本のタイポグラフィと合わせて、絵本という様式の中で工夫されていることばの面白さが理解されよう。

　また、第四章は二章で取り上げていない世界の国々の絵本を紹介し、個別の22ヶ国と、総括的に見たアフリカ大陸、中南米大陸の絵本にまつわる現状と、ほとんど知られていない良書の存在を明らかにしている。絵本研究がますます広がり、絵本を介した文化的交流によって世界がつながる可能性がある一方で、地域によっては研究者が不足しているという課題もある。

　第五章「絵本いろいろ」は、絵本のさまざまな呼称と解説がなされ、巷に溢れている絵本化現象をも問いながら、用語の使用や絵本の定義を今一度振り返る契機となっている。絵本というメディアが広く活用される中、やはり「絵本とは何か」は常に問われ続けるテーマである。

　第八章「絵本と諸科学」と第九章「絵本でひろがる世界」は、各専門分野から見た絵本観や、絵本が各領域の専門性を深める視点、社会や現場での実践活動などが紹介され、絵本の活用の広がりを知ることができる。学問は、根底を辿っていくと各分野が繋がりを持っているが、絵本も学問として多くの諸科学分野や実践領域と関連しながら、今後、一層発展していく可能性を

持っていることがうかがえる。

　中川（2011）は，本書の出版にあたって「絵本学」が大きな進歩を遂げたことを自負しつつ，用語や表記法の問題などが課題として残っていること，事典は完成したが絵本学はまだ完成していないことを強調している（p.79）。絵本学が発展する基盤となる本書は，絵本の研究に携わる者に必読の書であり，新しい視野を持って絵本を学ぶための道標であろう。

　絵本学が発展するためには，後継者の育成も重要である。生田・石井・藤本（編）（2013）は，絵本の教科書的存在として，絵本を学ぶための基礎を漏れなく掲載しているほか，コラムを設けて絵本への興味を広げる工夫が見られる。構成は，第Ⅰ部で絵本の学問的内容を扱い，第Ⅱ部は名作絵本紹介となっているが，名作である理由を述べるばかりではなく，保育者などの現場での実践に役立つ配慮がなされている。本書は，これから絵本を学ぼうとする大学生や，子どもに関わる保育者などにとって，理論を踏まえた実用的な入門書といえる。

　また，藤本（2015）は，ユリー・シュルヴィッツ（Uri Shulevitz, 1935-）の絵本論（*Writing with Pictures: How to Write and Illustrate Children's Books*, 1985）を参考にした絵本の表現技法を説明し，代表的な絵本作家の紹介も合わせた入門書を刊行している。

　さて，絵本がブームとなって久しいが，ブームというより既に恒常的な現象といえるだろう。こうした中，読者が絵本を選ぶ指針となる絵本の解説書が求められるが，絵本入門といえる絵本論は，さまざまなタイプが出版されている。

　吉田（2013）は，BOOK END で紹介された入門書の中から，香曽我部・鈴木（2012）をレヴューし，ほかの入門書と同様の絵本の基本概念や歴史，現在の絵本の状況などにとどまらず，「最新の絵本評論」と「100冊の絵本をよむ」という章を設けたことがユニークであると評価している。香曽我部・鈴木（2012）は，数多くの絵本を楽しみながら読むことが，絵本を学ぶこと

の始まりであると考えている。絵本は，先ずは手にとって楽しむことで価値を知ることができるが，おびただしい数の絵本を全て読むことは不可能といえる。絵本に興味を持つ人が，紹介された最初の100冊からさらに関心を深め，自ら選書をする力をつける手がかりとなることに期待したい。

　また，正置・灰島・川端（2013）は海外の絵本論の最も基本的な本とされるDoonanの *Looking at Pictures in Picture Books*（1992）を翻訳し，『絵本の絵を読む』（玉川大学出版部）として刊行した。本書は，教育関係者の実践に役立つ授業例などが紹介され，絵本の絵の読み方を中心とした解釈を深めるための方法および分析方法についての参考書といえる。原著の出版はやや古いが，正置他は，絵本論を書くための参考資料として必須の書であると評価している。

　一方，Nikolajeva & Scottの *How Picturebooks Work*（2006 川端・南訳 2011）は，応用的な絵本研究書といえるだろう。本書は，絵とことばの組み合わせという絵本の芸術性が，絵やことばの置き換え，翻訳などによって異なってしまう問題を提起している。また，テーマや結末が読み手に委ねられる曖昧な作品が増えた背景に社会現象があることを指摘し，人間の直面している困難な状況を表現した現代の絵本が多数例示されている。本書は，読者論ともいえるが，海外翻訳絵本が増え，絵本もグローバル化が求められる中，翻訳という古くて新しい課題を再認識しているといえるだろう。

　次に，読者論，あるいは受容論を取り上げる。坂本他（2012a）が2010年の絵本研究の動向を報告するにあたって，読者論は少なかったことを指摘しているように，2011年から2013年刊行の『BOOK END』を見ると，「読者論」の項目は2011年版のみである。読者論は，全体的に少ないようであるが，むしろ絵本リストや報告書の中に，読書対象を限定したり効果を謳ったりしている同様のものが見られる。

　BOOK ENDが取り上げた読者論は，NPOブックスタート編（2010）『赤ちゃんと絵本をひらいたら　ブックスタートはじまりの一〇年』（岩波書店），

長谷川(2010)『絵本が目をさますとき』(福音館書店)の二冊である。前者は，日本におけるブックスタートの導入と経緯を記している。ブックスタートは，1992年に英国で始まった子育て支援と読書推進運動であるが，日本ではNPOによって各地域事業として，主に子育て支援を目的として全国に広まっている。NPOブックスタートは，地域活動として成功した例を紹介し，日本でどのように発展してきたかを報告している。

長谷川(2010)は，『母の友』(福音館書店)に連載された読者と著者の書簡をもとに，絵本の読者論を展開している。長谷川は，長く子どもと絵本を読みあって来た経験から，評価が低いアンパンマンやノンタンなどの絵本を，子どもの視点に立って再考しているが，坂本他(2012a)によれば，長谷川の絵本観や評価の軸に課題があることを指摘している。

絵本は，幼い子どもにとって親をはじめ大人から与えられるものであるため，読み手は子どもの好みや子どもが喜ぶことだけではなく，自分なりの評価基準を持つことを求められる。しかし，大人は，一般的に目の前の子どもの反応を評価の基準の中心に据えがちである。長谷川(2010)が，そうした親の悩みに共感を示しつつ，子育て中の母親に寄り添った絵本を具体的に記している点は評価できるだろう。

その他，BOOK ENDでは，大人読者の絵本受容を論じている末盛(2010)，岡田(2011)などを「読者論」とは別のカテゴリーの中で紹介している。末盛は，絵本の編集者を経て，すえもりブックスを設立し，現皇后美智子妃が選出，英訳したまどみちおの詩をまとめた『どうぶつたち』(1992)の刊行など独自の出版活動を展開してきた。末盛(2010)は，絵本との関わりからつながった作家や人との出会いなどをとおして，心に深く残った絵本をまとめた自伝的内容を記しているが，大人の視点からみた絵本受容のありかたを論じているともいえる。

岡田は，元人材開発を担当していた一企業人であったが，子育て中の読み聞かせ経験から，絵本が社員研修に利用できることに気付き，現在は「絵本

のソムリエ」と称して各地で絵本セミナーを主催する異色の存在である。絵本は，大人にも読まれるようになったが，読者は女性であることが多い。岡田は，自己啓発やセラピーの手段に絵本を用いることにより，大人の独身男性にも絵本を楽しむ機会を提供しているといえる。岡田は，子どもとは異なる大人読者の絵本理解や受容のあり方をユーモラスに紹介しているが，絵本の面白さや価値に気づく大人を増やし，ますます絵本の受容層を広げる可能性を示しているといえるだろう。

　以上，コメニウスに始まるといわれる絵本は，350年を経て今や学問の対象として評価され，さまざまな研究課題を提示している。絵本は，これまでの絵本の歴史に見たように時代とともに変化し，今後も急速に普及した電子メディアやデジタル革命の影響を受けながら，一層多様化していくにちがいない。坂本他（2012a）が述べているように，ここ数年，文学的な立場からの読者論は少ない傾向であるが，読者層の広まりが明らかな今日，子ども観とともに発展してきた絵本に，大人読者という視点を加えて，両者の絵本受容のあり方を論じる必要があると考えられる。

第2章　子ども観の成立と現代社会への展開

今日普及している様式の絵本は，西欧で19世紀半ばから現代までの作品を含めて現代絵本と呼ばれてきたものと同じである。日本では「画帳」，「絵噺」などの名称が一般的であった明治期を経て，近代に入ってから現在使用されている意味での「絵本」という名称が一般化したが，現代絵本は，近代の子ども観の成立を受けて発展してきたと考えられている（石井, 2013）。

加藤（2010）が，絵本は親子，大人と子どもの関係の影響を受けて，大人や社会の要求する子ども観から作られ，結局は子ども観が問題であると指摘するように，絵本と子ども観は洋の東西を問わず深い関係にあるといえる。そこで，本章では「子ども観」の成立から現代の子ども観について概観する。

1節　アリエスの分析

(1)アリエスが発見した「子ども」

子どもという存在は，西洋では中世まで「小さな大人」であり，現代的な意味での子ども期に対する認識とは異なっていたといわれる。このことは，Ariès（アリエス, 1960 杉山(光)・杉山(恵)訳 1980）が，「中世には子供期という観念が存在しなかった」と主張したことで知られていることである[39]。北本（2009）は，社会史研究における子ども観の問題を検証し，アリエスの基本的なテーゼのうち，「このフレーズほど多くの反発を招き，またそれゆえ議論の的になったテーゼも珍しい」（p.22）と述べている。しかし，アリエスの研究は，「近代において，『子ども』に対する価値観と感情がどのように変容したかという問題は，伝統的な教育史学の盲点であった。この盲点を衝

いたのがアリエスの研究であった」（北本，1993，p.5）と評価されるように，子ども観の社会史研究の出発点と考えられている。

　北本（1993）によれば，アリエスは子どもの発育・発達や社会・文化的な形成作用の現象について，日常生活にみられるミクロな視点と共同体や国家などのマクロな視点を統合して捉えると同時に，生物学・自然学的領域と社会・文化的領域を複合した視点を持って，歴史の中で変容する子ども観を論じている。北本は，これらの統合的な視点と複合的な視点を「二重のまなざし」（1993，p.6）と述べている。

　統合的な視点とは，日常生活の構成物などのミクロ視点から捉える人々の子どもに対する認識と，その背後にある国家や共同体などマクロな社会を視野に入れて，「子どもの発育と発達や『一人前』に向けての社会・文化的な形成作用」（北本，1993，p.6）を相互に関連付けながら，人間形成における教育文化的意味を捉えるまなざしである。一方，複合的な視点とは，「子どもの社会化が行われる生物学・自然学的領域と社会・文化的領域の交差領域において人間性が形成される」（p.7）というまなざしである。北本は，「子どもは，『出生』『発育』という現象のなかにおかれることによって生物学の関心の対象となると同時に，『子育て』『しつけ』『教育』という社会文化的な現象をもひきおこすのである」（p.8）と述べ，アリエスの子ども観を説明している。

　従来，生死や生殖の領域は，文化以外の自然の性質に属し，変化しないとみなす社会的な意識が顕在していたが，アリエスは，生，死，性，出生は自然に属するとともに文化に属して変化するものであることを主張している（杉山（光）・杉山（恵）訳　日本語への序ⅰ）。そして，子どもが生殖という自然の営みによって誕生し，家庭や社会でどのように扱われ，人々の意識に存在していたかについて，人口構造や出生，および死亡率などの社会的指標による歴史的調査と，書物や文書，絵画など生活や文化的資料に基づいて分析された。

北本（2009）によれば，現代的な意味での子ども期（子どもらしさ）に対する感情様式は，フランスでは17世紀に変化の兆しをみた後，18世紀に顕著になったこと，そして中世ヨーロッパには，子ども期への現代的感覚による感情様式はなかったことがアリエスの論旨である。アリエスはこれらの論旨について，子どもの年齢や服装，おもちゃや気晴らしの歴史的変容，絵画などの分析の他，純真無垢な子ども像や子どもの保護に対する思想とイデオロギーの登場，そして家庭生活や学校生活への子どもの取り込みなどを，順次詳細に検討した（p.3）。

　例えば，アリエス（1960）は，17世紀になると，上流階級の子どもの服装は大人の服装とは区別され，子どもの時期に特有の服装が現れたと述べている（杉山（光）・杉山（恵）訳 1980，pp.50-51）。アリエスは，フランス古典主義時代に活躍したフィリップ・ド・シャンパーニュ（Philippe de Champaigne, 1602-74）の描いた家族の肖像画を例にあげ，幼年時代の子どもたちと学齢期の子どもの衣服が異なっていることを指摘している。このことは，子どもの身体的特徴や活動に適った服装があてがわれ，年齢意識や発達段階への関心が高まったことを表しているといえる。言いかえるならば，子どもが「小さな大人」ではなく，大人に向けて「成長発達していく存在」であることに注意が向けられるようになったことを意味しているといえるだろう。

　さらに，「…子供期の束の間の姿を絵画芸術によって保存するという慣習がもたれていたことが窺われるのである。…子供はこれ以後に単独でかれ自身のために描かれるのである。これが十七世紀に現れた重大な新しい側面である」（杉山（光）・杉山（恵）訳 p.43）ことが指摘されている。アリエスの指摘は，子どもが子どもであることの価値に大人が気付き，その「束の間の姿」が，大人の付属物ではない子どもの独自性として，とどめておくに値すると認識されたことを意味している。つまり，実態としての子どもは，理念として大人の感情の中に意味付けられ，「小さな大人」ではない子ども期が発見されたのである。そして，「この新たな側面は，17世紀には子どもが大人と

は区別して単独で描かれる肖像画が増大し，ありふれたものになっていった」(杉山(光)・杉山(恵)訳 p.47) といわれる。

　また，18世紀後半のイギリスでは，「家族の肖像画」「個人の肖像画」が最も流行し，人物画への人気が集まった (北本，1993，p.116)。北本 (1993) によると，このブームは芸術作品に対する新しい価値志向と買い手となった中産階級の経済的成長が支えたものであるが，描かれた作品には子どもたちの愛くるしい表情や家族の情愛的なムードが漂っていた。肖像画の流行は，当時代に名を馳せたレイノルズ (Sir Joshua Reynold, 1723-92) やゲインバラ (Thomas Gainsborough, 1727-88) が，力を注いだ「歴史絵」や「風景画」よりも画家たちの経済的安定を支えたほどだったといわれる (p.116)。北本は，こうした現象が，スポンサーの新しい価値志向としての子ども観の変化を示し，子どもを原罪の対象としてではなく，社会的競争の媒介物，あるいは手段と見なす傾向があったことを指摘している (p.120)。要するに，幸福な家族像や愛らしい子どもは，上昇中の中産階級にとって豊かさと富の存続を誇示する象徴であり，その手段であったといえよう。

　このように，子どもの肖像画を描いて短い子ども時代の姿をとどめておこうとする傾向は，19世紀に写真が絵画にとって代わり，現在に至ってはビデオや動画も加わって続いている。また，アリエスは肖像画以外に墓碑に描かれた幼い子どもや，絵馬に描かれた病気の子どもの例をあげて，子どもに人格を認める大人の子どもに対する感情の変化を説明している (杉山(光)・杉山(恵)訳 p.43)。

　高木 (2014) によれば，ヨーロッパ社会の人口動態は多産多死の傾向が1740年頃まで続き，子どもは飢饉や慢性栄養不足，強烈な流行病などによる生命の危険に常にさらされる存在であった。極端にいえば，子どもの生存への期待が薄い時代であったともいえるが，アリエスは，そうした子どもの脆弱性が社会一般の意識に新しい感性を生じさせ，キリスト教化された習俗と関連しながら，子どもに対する感情の変化をもたらしたと述べている (杉山

(光)・杉山(恵)訳 p.44)。

(2)無垢と教育

　子どもが独自の存在として認められ，適切な衣服や子どもの保護への認識が高まると同時に，幼児の裸体像であるピュット（putto）が16世紀に出現し，装飾のモチーフとして絵画に頻繁に登場する傾向が17世紀になっても続いていた（アリエス，1960 杉山(光)・杉山(恵)訳 1980）。裸の幼児に対する関心は，「古代の裸体趣味よりも深いなにか，そして子供期にたいする関心のもたれ方という広汎な動向と関係づける必要があるなにかと対応していた」(p.45)と考えられている。アリエスは，装飾的であったピュットの裸体像が，17世紀後半には幼児の肖像画へと応用されるようになり，20世紀には乳児の写真撮影にまで及んでいることを指摘し，それらには深い情感がこめられ，広い社会的階層にわたって集団的な趣味として存続したと述べている（pp.45-47)。したがって，子どもを理性的にとらえて，現実的に対処する認識が芽生えた一方で，大人の感情の中にとどまるかわいらしい子どものイメージが，神聖なものとして無意識的に求められたのではないだろうか。

　このように，子どもに対する深い情感が，神的な純粋無垢と結び付いて強調されたが，同時に，子どもの弱さや無垢は未熟さと見なされ，「子どもの教育はこの世で最も重大なことの一つである」(pp.109-110) というように，教育が第一の義務として位置づけられるようになった。つまり，生存が可能になった子どもは，ただ情愛の対象として純粋無垢な状態にとどめておくことは不可能であり，成長して家や社会の後継者になるために，社会適応的な資質を備える必要があると考えられるようになったといえる。

　また，教育が衣服と同じように，大人とは異なる子どもの特性に配慮する必要があると認識されていたことは，第1章で述べた17世紀中頃の『世界図絵』の出版からもうかがえる。しかし，子どもは，子どもらしく日々を喜びに満ちて過ごすだけではなく，楽しみながらも学びの庭から知識を蓄え，経

験を積んで無知や未熟さを克服することが求められる存在となった。このことから，大人が創り出した子ども観は，絵画などにとどめておきたいと願う子どもに特有のイメージと，とどまることなく大人に向かって成長していく子どもの発達に注目した経験や教育の対象という二つの見方があったといえるだろう。

　北本（2009）は，「子どもとは何か」という問いは長い歴史を持ち，世界史的に見て「子ども期」「子どもらしさ」が問い直された時期は，教育思想の大転換が見られたと述べている（p.3）。アリエスが，子ども期の誕生として指摘している西欧の17世紀は，後で述べるロック（John Loche, 1632-1704）がイギリス経験論を唱え，ルソー（Jean-Jacque Rousseau, 1712-78）が自由主義教育を論じた18世紀へと続く啓蒙思想が流行した時代である。

　北本（2009）によると，アリエスの研究は，中世以降ヨーロッパに広がったルネサンス，啓蒙思想を経て，近代までの子どもを歴史研究の主要なテーマとしたものであるが，決して新しいテーマを論じたわけではなかった。しかし，アリエスの論じた子ども観は，子ども観の社会史研究の羅針盤となって，「1990年以降，世界的な規模で子ども観の歴史研究の研究成果を再検討する」（pp.4-5）機会をもたらしたと考えられている。

　子ども観の歴史的研究は，アリエスに追随する研究の一部も含めて，「宗教意識による違いにともなう子ども観の違い，社会階級によって異なる子ども観のあらわれかた，および社会階級のあいだでの子ども観の影響関係の解明，などの課題がある」（北本，2009，p.18）といわれる。21世紀の今日，子どもの生活は，急進する技術革命や高度な文化的生活を背景として大きく変わりつつある。また，家族の形態や親子関係が多様化し，虐待や育児不安，経済的困難などに悩む家庭や，社会問題となっているいじめ，不登校などの問題を抱えた学校教育は，今，再び次代に対する新たな教育思想を必要としている。このような社会的背景を踏まえ，アリエスが投げかけた子ども観の変容を振り返り，過去から学びながら現代の子ども観を考察するとともに，

教育や家族のあり方，親子関係を再認識することが必要といえよう。

2節　子ども観と教育・文学への展開

(1)ピューリタニズムの影響から新たな教育思想へ

　北本（1993）が指摘するように，中世，近世のヨーロッパにおける子ども観はピューリタニズムの子育て意識で貫かれ，「子どもの社会化に対して，いっそう強化された『原罪』意識と，強烈な現世否定の禁欲理論とがはたらいていた」（p.204）と考えられている。子どもの未熟な精神や身体が示す本性は，理性に反するものとして否定されたが，陶冶可能であると考えた親たちは，積極的な道徳的教え込みを行い，「徳の完成者」として「完全な子ども」になり得ることを確信していた（p.205）。受洗によって無垢となった子どもたちは，地味な服装と大人びた態度を要求されたが（p.205），このようなピューリタンの教育は，アリエスが発見した現代的な意味での「子ども期」「子どもらしさ」の不在を表し，子どもたちは原罪を背負わされ，来世の救済を得るために教育されていたといえるだろう。

　また，小さな大人たちは，イギリスの中産・下層階級の場合では1500年代より7歳頃から14歳頃まで里子や徒弟に出され，生家の口減らしと奉公先の労働力に貢献していた。北本が述べているように，「里子制は生家の養育能力と共同体内の労働需要バランスの上に成立し，子どもを消耗品としてしか考えなかったこの時代の子ども観の経済的・社会的な表徴のひとつであった」（1993, p.76）といえるだろう。さらに，徒弟生活は，1563年の「職人規制法」によって規制を受け，子どもは14歳以降の約7年間に，職業人として自立できる専門的技術を習得することが課題となり，職業は隣人愛と来世における救済のための営みとして重視された（p.77）。

　一方で，農業を中心とする社会では，「子どもは父祖伝来の土地の耕作に

おいて，伝統的な固有の仕事のやり方を受け継ぎ，その生活の安定が保障された」（北本，1993，p.79）といわれる。つまり，子どもの教育は，父親を見習って一人前の大人になるべく労働に参加し，伝統的な価値観を継承することであると見なされていたといえる。このように，中産・下層階級や農業社会では，子どもの教育は将来の労働に備えて必要な知識や価値観を伝授することであり，子どもの「今」を大切にする現代的な教育観とはかけ離れていた。

教育は，将来のための準備となることを重視されていたが，このような教育観に転換期が訪れた。18世紀になると，ルソーが現れ，「教育においては，つねに現在を尊重して，未来のために現在を犠牲にしてはならない。大人としての幸福のために，子どものときの幸福を犠牲にしてはならない」（桑原，1969，p.47）と主張した。ルソーは，教育論 *Émile, ou De l'éducation*（1762，今野訳 1962-1964）の著者として知られ，教育は子どもの心身の自然な発達に応じたものでなければならないことを強調している。

村田によると，ルソーは「子どもは小さな大人ではなく，人には子どもの時代（子ども期）があり，固有の成長・発達を遂げる」（2011，p.17）存在であることを明示し，「その子どもの特有の成長・発達に合わせ，成長や発達を促していくことが教育である」（p.17）と考え，大人との区分を明確に謳っている。堀尾（1978）は，ルソーの『エミール』は，「子どもの発見」と「子どもの権利の宣言の書」として，「子ども研究の古典的存在に位置づけられている」（吉澤・為本・堀尾，1978，p.31）と述べている。しかし，北本は，「『子どもの発見』という概念ほど曖昧なままに放置されてきた教育学の基礎概念も珍しい」（1993，p.20）と述べた上で，近代教育は「子どもの発見」を「暗黙の前提」として成り立ち，推進されてきたことを認めている。そして，「子どもの発見」と呼ばれる概念には，二つの意味が込められていることを主張している。

一つの意味は，「進歩」の思想を背景とする「大人の理性」，合理主義の無

限の発展と進歩を信じる「大人」が発見した教育の対象としての「子どもの発見」である。もう一つは，これまで述べてきたアリエスの論にあるように，教育の対象でありながら，同時に子どもの「あどけなさ」や「かわいらしさ」「純真無垢」といった母性愛を基本概念とする感情にみる「子どもの発見」である。北本は，無垢や純真さに代表される「子どもらしさ」には，教育すべき残虐，未開，狂気，逸脱，奔放といった「反大人的」「反文化的」「反理性的」な感情と行動特性を含み，大人が驚きを覚える感情自体が子どもと大人を区分する「子どもの発見」であると述べている（1993, p.23）。

ルソーの教育論は，人間の自然的制約を越えて発達を促そうとする合理主義的価値観を体現する大人に対し，子どもの「今，ここでの体験」や自発性を尊重するものであり，「遊びの重視」など現在の教育や子ども観にも大きく影響している。しかし，進歩や合理性を優先する現代社会では，子どもが自ら遊んだり考えたりしながらゆっくり育つ過程を待つよりも，成長・発達を急がせる傾向が見られることが，早期教育産業の隆盛などに現れているのではないだろうか。

(2) 文学作品と子ども

北本（1993）によると，「『子どもの発見』が社会的に自覚される十七世紀以降の数世紀は『大いなる鞭打ちの時代』であったと同時に，児童文学の登場に示されるように，子ども世界を理解し，それと同一化しようとするロマン主義的子ども観の時代でもあった」(p.22) といわれる。このような子どもに対する啓蒙的な認識は，文学作品にも次第に反映するようになっていった。

ルソーが活躍した18世紀のフランスでは，人間を理性的存在と規定するデカルトの学説に影響を受けて，文学作品においては理性の未発達な幼少年期は軽視され，少年たちが主人公になることはなかった（桑原, 1969, pp.47-48）。この現象は，児童文学の発祥の地といわれるイギリスにおいても同様

であり，子どもは大人の文学の中には描かれていない（Coveney, 1967 江河訳 1979）。

Coveney（1967）によれば，エリザベス朝の演劇や新古典主義の詩，また18世紀の主な小説などに子どもの姿は見られず，子どもは大人の世界の補助的な要素に過ぎなかった[40]。一般に，文学作品には現実社会の反映が見られるが，この時代は上流階級の子どもでさえ大人とみだりに口をきくことは許されず，そのような家庭の子どもは，乳母と子ども部屋で過ごすことが慣例であった。まして，庶民の子どもの主張が文学的作品の対象になることはなく，子どもは，社会の中で見えていてもその子どもとしての存在価値を認識されていなかったといえるだろう。

やがてロマン派の時代を迎えると，産業の発展にともなう機械化に対して，子どもは人間性を象徴する「想像力」と「感受性」のシンボルとなり，無垢なものとして脚光を浴びるようになった。しかし，子どもへの関心が深まると，無垢なばかりではない子どもの本性や子どもを取り巻く環境に注意が向けられるようになり，科学の発達と相まって，子どもを現実的に見る視点も生じた。北本は，「子どもを『発見する』ということは，大人自身が硬直した『文明の基準』や近代的感性を支えている価値観に問題があることに気づき，それを相対化しようとする時にはじめて自覚的になる」（1993, p.23）と述べている。この気付きが，大人の文学から閉めだされていた子どもを作品に登場させ，硬直した大人の行動や価値観に揺さぶりをかけたと考えられる。

Coveney（1967）は，19世紀と20世紀初期のイギリス小説における文学的子ども観は，非常に広い範囲の中に混在していたと述べている。明らかに大衆の容認を得た子どものイメージは，成長や無垢，哀愁，郷愁，追憶，退行，死などのシンボルであり，子どものイメージは作者自身の境遇だけではなく，社会全体の社会的な反応も内包したものだった[41]。

Coveneyによると，子どもが文学のテーマとなっていく過程には，子どものことに強い関心を示したルソーの全面的な影響が背後にあり，人々の子

どもに対する意識は，18世紀後半の50年間に次第に高まっていった。文学にみる子ども観は，William Blake（1757-1857），William Wordsworth（1770-1850），Charles Lamb（1775-1834），Robert Southey（1774-1843），Samuel Taylor Coleridge（1772-1834）などの子ども礼讃のロマン主義文学にその影響が見られ，子どもは豊かな成長や希望のシンボルとして表現された。しかし，一方で子どもの純粋さは無知であり，無力さは死の象徴ともなったことがCharles John Huffam Dickens（1812-70）やDavid Herbert Richard Lawrence（1885-1930）によって描かれた（1967, p.41）。

Coveneyはこの時代を振り返り，子どものイメージには，豊かさや生命の象徴と退行や死を礼讃する二つの対照的な態度があったことについて，skies（1967, p.339）「天変地異」（江河訳 1978, p.368）という価値観の崩壊を理由にあげている。革命や啓蒙運動，第一次世界大戦などの社会的な苦境は，これまでの価値を転倒する天変地異となり，「生きねばならない」という反響が成熟に向かって成長するシンボルとしての子どもに注がれた一方で，ロマン派のイメージは逃避の手段ともなって，子どもの「無知」や「死」の礼賛ともなった（1967, pp.339-340）。

以上のように，アリエスが示唆した子ども期に対する人々の感情の様式は，ルソーの教育論の広まりを経て，18世紀後半から20世紀の文学作品にも広く反映し，子どもは大人の添え物から家庭や社会の中心的存在へと変わっていった。Coveney（1967）が提示した文学作品に見る子ども像は，ロマン派作家に限らず，多くの大人が過ぎし日の輝きとして心の中に秘めた子どもの姿であり，子ども時代が過去となった大人だけに重要なものなのかもしれない。そして，子どもの可能性への期待は，大人の理性と感情に捉えられて，愛らしい子どもらしさを求めながらも子どもの現実に目が向けられ，大人たちの教育への関心が学校制度の確立を促していった。

(3) 教育と子どもへの関心

　キネルによると，力をつけた労働者階級は，本を買ったり子どもたちに基礎教育を受けさせたりすることができるようになり，読み書き能力の高まりは大衆的な本を求める読者層を形成しつつあった。また，古典など幅広いカリキュラムを備えた私的な学校教育が，中産階級の子どもなどを対象として普及していった（1995 さくま他訳 2001, p.50）。北本（1993）も同じく，18世紀のイギリスに生じた教育要求の高まりは，経済的な豊かさや次世代の繁栄を願う社会階層を中心に広まり，実学的なアカデミーやグラマー・スクール，私設学校，法学院などの増加を促し，子どもの教育は最も重視されたと述べている（p.109）。

　さらに19世紀中頃を過ぎると，イギリスでは初等教育法が1870年に成立し，児童の教育的側面を強化する試みがなされ（大嶋, 2005），国の制度として学校が公教育を担うようになった。学校教育の普及は，大人と子どもの生活を分断し，社会化のために規律の中に子どもを囲い込もうとする現象や，家庭で行うべき子どものしつけなどの社会化機能を公教育に委託する要因ともなったが，識字率の向上や基礎的な学習の習得など，教育水準の改善を促した。

　また，ブリッグズは，H・クレイ・トランブルが『児童教育への助言』(1891)において，「1世紀余のうちに，子どもに対する関心や配慮は着実に，そして急速に進歩をとげてきた。そして，今や世界で最良の才能が，小さき者たちに寄せられている」（1995 さくま他訳 2001, p.209）と述べていることを指摘している。このように，子どもを教育の対象と考える見方が，19世紀の終わりまでに一層進展したと考えられるが，子どもへの関心は，理性的存在となるための発達促進的な見方とは異なる大人の期待も生んでいた。

　ブリッグズ（1995 さくま他訳 2001）によると，大人たちの子どもへの期待は，社会における子どもの位置や子どもの描き方の変化を生じさせ，直接的

には児童向けの著作物の幅や種類にあらわれ，それほど直接的ではないが子どもの本質や子ども時代の経験を中心にすえた著作物の量にも影響を与えた。ブリッグズは，こうした現象について，ロマン主義的なイメージとしての子ども像の創造や，世紀後半の爆発的な人口の増加といった現実的側面もあるが，子どもは大人の欲望に汚されていない活力と霊的な洞察力を持つと見なされ，理想化される対象に向いていたと述べている。

　ロマン主義的思想は，18世紀末から19世紀前半にかけてヨーロッパに広く影響を及ぼしたが，大人の子ども観は，本来の教育・保護を要する子どもの実態像の中に，ブレイクやコールリッジなどの文学作品に見られるようなロマンティシズムを上乗せしていたといえるだろう。子どもは，大人と対照をなす存在として理想化され，もてはやされる一方で，大人とは異なる未熟性が「未開人」と見なされて，教育によって文化的な大人に改造される必要があると考えられていた（ブリッグズ，1995 さくま他訳 2001）。したがって，子どもは大人の感情が捉える理想を満たしつつ，同時に大人の理性が判断する未来の社会を担う者としての責任を要求されるという矛盾の中に位置付けられていたといえよう。このような異なる子ども観が，表裏一体となって制度や統計などの社会的指標として実態を表し，また現実社会を反映する文化や思想の中にイメージとして存在していたと考えられる。

(4)「子ども」の対象の広がり

　ところで，これまで述べた「子ども観」において，対象となっている子どもは，ある程度裕福な家庭に生まれた限定された子どもである。このような社会階級の子ども以外にも，多くの子どもが存在していたのは当然であるが，庶民の子どもたちが，近代的な子ども観に基づいた教育の対象となったのは，公教育制度が確立した19世紀半ばから20世紀半ばと考えられる。

　キネル（1995 さくま他訳 2001）は，18世紀中頃からイギリスの人口増加率が顕著となり，頂点に達した1826年の15歳以下の子どもは，大人1000人につ

き1120人もいたと述べている。この中には，文化的な教育や大人の理想化の対象として生きることが許されなかった多数の子どもがいたことも推測されるが，家族の肖像画に描かれることのない子どもたちは，どのような様子だったのだろうか。キネルによれば，貧しい階層の子どもたちの死亡率は依然として高かったが，この時期から特に農村部において幼児の死亡率は低くなった。このことは，子どもたちが産業経済の発達や公衆衛生の改善などによる恩恵をある程度は受けたことを示していると考えられ，子どもの生存率の上昇は，生きていく社会や階層に適応する資質を身に着ける必要を子どもに課すことにつながったといえるだろう。当然，教育への関心が高まることが予想されるが，18世紀前半までの地方や貧しい家庭の子どもの社会適応に必要な教育とは，主に大人を習って生活技術を習得し，家族の働き手となることであったといえる。

　北本（1993）によると，産業革命に先立つ18世紀前半は，家内工業が一般化し，好況であった農村では，子どもは「貧乏人の資本」（p.95）として家業の維持と発展のための働き手であった。北本は，「産業革命と子どもの関係を問題にするさい，工場における児童労働の悲惨さに注目することは常識となっているが，それに先立つ家内工業における児童労働の問題のほうはしばしば見すごされがちである」（p.95）と述べ，子どもの労働問題が，家内工業の中に既に潜んでいたことを指摘している。

　一方で，この時期には，労働階級の子どもたちの教育環境が改善される動きが見え始め，1700年から1770年頃にかけて，地方の中・下層の子どもを対象にした「おかみさん学校」「夜間学校」の他，「小さな学校」なども相次いで設立され，教育産業の安定成長時代を迎えた（北本，1993）。生存が可能になった子どもたちは，家業を引き継ぎ，発展させるための次世代の資源として，次第に教育を施されるようになったといえるだろう。

　続いて18世紀中頃に産業革命が始まると，家内工業は産業革命の影響を受けて衰退し，不要になった働き手である子どもや若年層は都市部の安価な労

働力に化すと同時に，新しい機械技術などを扱うために，最低限の読み・書き・算術などの能力が求められるようになった。労働者階級の子どもへの教育は，家庭にあっても社会にあっても，将来の人格形成や安定した生活に備えるための教育というよりは，今を生き抜く労働のために必要とされていたと考えられる。

　イギリス産業革命の繁栄は，こうした未だ「子ども」として発見されていない子どもたちの低賃金と，過酷なまでの労働収奪の上に成り立っていたといわれるが（北本，1993，p.125），このような子どもを取り巻く状況を問題とする意識が生じ，宗教団体や慈善事業家などが教育的な生活改善を図る運動を起こし始めた。キネル（1995 さくま他訳 2001）によれば，19世紀になると，地方の慈善家の寄付などによって設立される学校や，小教区の慈善学校運動によって設立された小規模の学校が増え，1818年には工場で働きながら日曜学校で学ぶ年長の子どもが45万人いたという。さらに，この時期は工場で働く子どもの現状を改善しようとする個人の篤志家も現れるようになった。オウエン（Robert Owen, 1771-1858）は[42]，人道主義的立場から幼児労働の制限を訴え，工場法成立（1833）に貢献するとともに，工場内に幼い子どもたちのための学校を設立し，教育による子どもたちの救済を主張した。

　工場法の成立は，子どもを保護の対象として過酷な労働や搾取から守る必要を啓蒙し，また一方において，子どもが教育を受けることができる第一歩ともなった（大嶋，2005）。そして，後の児童青少年法（1933）制定では，「教育を受けることを最優先することとの関連で雇用の制限を設けた」（大島，2005，p.5）といわれるように，イギリスを例に見るならば，第二次世界大戦前までの一世紀をかけて，児童の教育が社会制度の中で保障されていったと考えられる。

　また，近代の子ども観では，子どもは教育の対象であると同時に保護の対象でもあったが，子ども人口の増加にともなう捨て子や孤児の増加も著しく，無数のよるべない子どもたちを収容して看護し，養育する施設が必要となっ

Table 2-1　ロンドン孤児院創設期の子どもの収容数と死亡率
（北本，1993，p.122 表1）

収容期間	人　数	死亡数	死亡率
1741年3月25日～42年9月2日	136	74	54.41
1742年9月2日～52年9月29日	864	379	43.87
1752年9月29日～56年3月25日	344	249	72.38
1756年3月25日～58年6月24日	7692	3334	43.34
1758年6月24日～60年9月29日	7290	5926	81.29
合　計	16326	9962	61.02

（出典）R.K. McCiue, *Coram's children - The London Foundling Hospital in the Eighteenth Centry* (1981), AppendixIII, p.261

ていた。

　こうした中で，ロンドンでは，コラム（Thomas Coram, 1668-1751）やキャドガン（William Cadgan, 1711-97）などの努力によって，1741年にロンドン孤児院が創設された（北本，1993）。

　McClue（1981）の調査によれば，ロンドン孤児院創設期の子どもの収容数と死亡率は，創設時136名，死亡率54.41％，17年後の1758年では収容人数7290名，死亡率81.29％とされ（北本，1993，p.122），子どもの保護は十分とはいえなかったことが示されている（Table 2-1）。

　Table 2-1は，地方や都市部の貧しい家の子どもたちを中心に，多くの子どもたちが，新しい「子ども観」に基づいて扱われることなく，収容施設においても十分な処遇を受けることができなかったことを示しているともいえる。しかし，子どもは社会の一員として教育の必要性が問われ，全ての子どもに保護が必要であるという社会的な認識が生まれたことは，「子ども」という存在に対する新しい見方を社会の中に位置付け，児童福祉制度の体系的な整備に向けた進歩であったと考えられる。

　子ども観は，アリエスが述べているように社会・文化的な影響を受け，常に大人の意識の中に作られてきたといえる。そして，子どもが社会の一員として子どもという人格を認められると，18世紀末には子どもの権利が問われ，

次世代を担う社会的資源としても重きをおこうとする流れが生じた[43]。子どもたちは，生きていく社会や階層に適応する資質を獲得する役割を背負わされ，「子どもらしさ」を愛でられるだけの存在ではなく，良い大人になるために長期にわたる教育を必要とする存在となった。

また，学校教育がそうであるように，子どもの特性に関心が向けられ，子どもの特性に適うものを与えようとする意識は，同時に大人の生活と子どもの生活の隔離を生む結果となり，子どもが家庭で学ぶ機会を減じてきたともいえる。一方で，両者の隔離は子どものための文化の発展を生み出し，今日の日本をはじめとした資本主義国に見るような児童書や教育産業の発達を促してきたともいえるだろう。次節では，児童書にみられる子ども観の影響について述べる。

3節　子どもの文化の発達―児童文学と子どもの学び

(1) ニューベリーの貢献

18世紀半ば以降，イギリス中産階級における家族や子どもの肖像画ブームは，「親子の情愛的な関係が新しい流行のテーマとなっていた」（北本, 1993, p.116）といわれるが，そのことを示すもうひとつの動向は，新たに登場した子どもの文化の商業化とその成功だった。児童書は，子どもの文化財の一つといえるが，子どもの本の出版はジョン・ニューベリー（John Newbery, 1713-67）が創始者として知られている。北本は，この時期にはおもちゃ産業の登場とならんで，ニューベリーの作品群に代表される子ども向けの読本が，中産階級の親たちのふところをターゲットとして，18世紀の末頃までに家庭に入ってきたことを指摘している（1993, p.118）。

第1章2節で述べたように，ニューベリーは地方の書籍商であったが，ゲームや子どもの本が商売として成り立つことを見通し，子どもの価値を経

済面から高めた人物と考えられている。また，「ニューベリーの功績は，自分の出版業の中の児童書の分野を，芸術的にも経済的な投資という面でも，大人の本に匹敵するまで高めたことにある」(キネル，1995 さくま他訳 p.53)といわれ，教育と楽しみを結び付けた児童書を確立し，消費者としての子ども観を加えたことは斬新であったといえるだろう。

キネル（1995 さくま他訳 2001）が指摘するように，子どもが消費の対象として産業経済に影響を及ぼすようになるが，ニューベリーの功績は子どもの視点に立って，子どもの教育に本を読む楽しみをもたらしたことが，まず評価され得る。そして，ニューベリーによる児童書の確立は約一世紀を経て，子どもの読書の楽しみを，教訓性からの開放といわれる『ふしぎの国のアリス』(Alice's Adventures in Wonderland, 1865)に始まるファンタジー作品へと広げる入口になった（本多，2002）。

また，ニューベリーの成功には，進歩的な教育観の影響があると考えられる。エイヴリー（1995 さくま・福本・こだま訳 2001）が述べているように，ニューベリー以前にも「16，17世紀の進歩的な教育者の多くは，子どもたちはもっと配慮をもって扱われるべきだし，学習も楽しくあるべきだ」(さくま他訳 p.24)と訴えていた。このことは，コメニウスが Orbis Pictus『世界図絵』(1658)を教科書として出版する際に，挿絵をつけて楽しさを重視したことや，ロックが1693年に Some Thoughts Concerning Education（『教育に関する考察』）を書いた時，「彼は特にこの著書を革新的とは考えていなかった」(さくま他訳 p.24) ことからもうかがわれる。

エイヴリーによれば，ロックは子どもの心は tabla rasa[44]であるという認識論を唱えた経験主義者として知られるが，子どもの重要な経験の一つである遊びについて，自由な選択をさせることを主張した。なぜならば，子どもの本来の気質や好み，素質が表現される遊びを観察すれば，将来の職業を選ぶことにさえも役立つからであるが（1995 さくま他訳 2001, p.25)，このことは子どもの個性や人格を尊重した教育の必要性を述べていると考えられる。

エイヴリーが「子どもたちの個性に目を向けている点で，ロックは伝統主義者やピューリタンとは大きく異なっていた」（さくま他訳 p.25）と述べているように，ロックの教育観は，ピューリタンが子どもの特性を悪と見なして，大人の理性を教え込もうとした教育観とは異なっていたといえる。ロックが，自由教育思想を論じたルソーよりも，約70年早い時期に，子どもを個として尊重し，子どもの特性に着目したことは注目に値するだろう。

　しかし，この時代はピューリタニズムの影響は強固であり，子どもは職業の選択を親に決められ，服従こそが本性を制する理性の完成であると信じられていた。したがって，楽しみに耽ることは理性の対局にあり，堕落への一歩として「ピューリタンたちは，すべての楽しみ事に疑いの目を向けていた」（エイヴリー，1995 さくま他訳 2001, p.25）といわれる。エイヴリーによると，子どもたちが最初に与えられることばは宗教的な意味のあるものであり，初めて読むことばもまた，宗教的な意義のあるものでなければならないと考えられていた。こうした教育観が遷延する中，ロックが「私が知るなかで，子どもに適切なのはそれぐらいしかない」（さくま他訳 p.27）と述べた『イソップ寓話』だけは，ピューリタンにとって危険視されたフィクションの中で，唯一問題なく受け入れられていた。しかし，イソップ寓話は，18世紀になるまでは楽しみのためというよりも，ラテン語の授業に使用されていたといわれる（さくま他訳 p.27）。

　アメリカの神学者コットン・マザー（Cotton Mather, 1664-1728）は，「『悪魔の蔵書』を読むなら天の恵みへの嫌悪感にとりつかれてしまうだろう」（エイヴリー，1995 さくま他訳 2001, p.26）と警告を与えたが，一方で，子どもたちに「早くから，愉快な物語，特に聖書のなかの物語をきかせて，楽しませた。そして，やはり最後はその話の教訓を語ることでしめくくった」（キネル さくま他訳 2001, p.42）といわれる。こうして，教訓が媒介して厳格なピューリタンの教育にも楽しみが容認されるようになり，17世紀後半は「平易で神聖な」本の出版が求められ，子どもを中心に置いた本の市場開発

の推進力となった（さくま他訳 p.42）。

　キネル（1995 さくま他訳 2001）によれば，その後，ニューベリーが出版した『小さなかわいいポケットブック』は，副題として"Intended for the Instruction and Amusement"という見出しがついているように，教育には教訓よりも楽しさが重視され，ボールや針山などの「おまけ」が付いたり，遊ぶ子どもの挿絵が描かれたりした。しかし，児童書出版はビジネスである以上，購入者である親の視点は捨てきれず，短い文章は忠告をともない，「遊ぶことを奨励してはいるが，その遊びは指導されて行うものであり，両親と子どもの両方が満足するようなもの」（さくま他訳 p.54）であったことが指摘されている。ニューベリーは「教育と道徳のお手本以上のものになりえなかった子どもの本に，初めて物語を読む楽しさやさし絵の魅力に目をむけさせるようになった」（本多, 2002）と評価されているが，当時としては斬新であっても，かなり教訓や道徳的な制約をともなった「楽しさ」であったといえよう。

(2)子どもの文学にみる新しい子ども観の展開

　エイヴリー・キネル（1995 さくま他訳 2001）によると，教訓性や道徳的価値観が，子どもの文学の中で影を潜め始めたのは，18世紀の終わりにハンナ・モア（Hannah More, 1745-1833）が，宗教を教える手段として初めてフィクションを用いたことに始まるといわれる（さくま他訳 p.69）[45]。こうした傾向は，公衆衛生の改善などによる子どもの生存率の上昇が，神を畏れて死に備える必要性から子どもを解放し，大人の感情や理性にある憐憫や原罪の対象とする子どものイメージが「生きる存在」へと変わりつつあったことを反映したものと考えられる。

　子どもが「生きる存在」となると，大人の関心は子どもの個性や特性に向けられ，子どもの持つ潜在的な力を引き出す教育への熱が高まるとともに，教育効果を上げるための「楽しさ」の重要性が理解されたといえるだろう。

したがって，ロックやルソーの教育論や子ども観が，実感として大人に理解されるようになったといえるが，同時に産業経済や印刷技術の発展などが子どもの文化の発達や需要を促進する後ろ盾になっていたと考えられる。

そして，教訓が払拭された *Alice's Adventures in Wonderland*『ふしぎの国のアリス』が，19世紀半ばを過ぎてキャロル（Lewis Carroll, 本名 Charles Lutwidge Dodgson, 1832-98）によって創作され，ファンタジー文学が子どもを教訓から解き放った。この頃から A. A. ミルン（Alan Alexander Milne, 1882-1956）が *Winnie-the-Pooh*（『くまのプーさん』）を1926年に出版するまでの半世紀ほどの時期は，イギリス児童文学の第一期黄金時代といわれている[46]。19世紀後半から20世紀初めのこの時期は，「子どもの本に象徴されるように，新しい時代の到来と言ってもいい観さえ呈していた」（本多，2002, p.4）といわれるように，イギリスの児童文学は全盛時代を迎え，「文学全般が人気を失っているなか世界的なベストセラーを生み出すなど活況を呈し，大きな市場を占めている」（p.5）状況にあった。子どもの本の作家たちは，大人である自分が既に失っている子ども時代や子どものイメージを描き，多くの読者を獲得した。このことは，「子ども」という存在が社会の中で表舞台に立つようになり，大人とは異なる子どもが「見える」存在になったことを意味し，本多が指摘するように20世紀は子どもの時代の到来と考えてもいいかもしれない。

だが，数々の文学作品が描写したように，「見える」ようになった子どもたちは，かつての大人が夢に描き，期待した子どもの姿とは異なっている。アリスがワンダーランドで直面する問題に葛藤しながら自分らしさを探求したように，新しい時代の子どもたちもまた厳しい困難を受け入れざるを得ず，子どもたちの現実の物語はハッピーエンドとは限らない。絵本もまた，20世紀半ばを過ぎるとポストモダンタイプの絵本が登場し，戦争や貧困，人種差別など社会的なテーマを扱うことが増え，現実世界を反映して描かれる子どもは，大人の理想とするイメージばかりではなくなったといえる。

4節　現代の子ども観と近代以降の子どもの人権

(1) 子どもの権利思想

　さて，時を経て21世紀を迎え，現代の子ども観とはどのようなものだろうか。これまで述べたように，子どもという概念は，時代や社会形態，宗教や文化などの影響を受けて変容する大人の中でイメージされた子どもであり，大人と区別される実態としての子どもである。後者が「個体」としての「子ども child」ならば，前者は「子どもであること childhood」であり，childhood は「関係」として理解される（宮盛, 2013, p.187）。

　本論文の主旨は，大人と子どもの関係で生じる相互の発達的変化について，絵本を介して問うことであるが，本節でまず現代の「子どもと大人の関係」，また関係として理解される「個体としての子ども」について，福祉，教育などの視点から近代以降の歴史を振り返りながら概観する。つまり，アリエスが着目したように制度や社会的動向に基づいたマクロな子ども観を考えてみたい。

　第2章2節では，西洋の子ども観の変遷において，子どもが愛玩的存在と理性的存在への発達を求められる矛盾を強いられながら，社会の中で「見えない存在」から「見える存在」へと変わり，消費や経済的価値が付加されていったことを述べた。また，農業や下層階級における子どもは捨て子や口減らしの対象となる親にとっての「消耗品」や，生活を維持するための「労働力」であり，「小さな大人」として扱われることが長く続いたことに触れた。

　このような現象は，日常的な人の暮らしにおけるミクロな視点の子どもへの意識であったといえる。一方，国の制度としてマクロな視点から子どもが子どもであることを問い始めたのは，スペンスが *The Right of Infant*（1796）を発表した18世紀の終わりであった（村田, 2011）。18世紀は，アメリカの独

立宣言（1776年），フランス革命（1789年）などで人権宣言が行われ，人権の世紀と呼ばれることもあるように，全ての人が人間らしく生きることが問われた時代である。

しかし，女性や子ども，労働者や奴隷などの社会的弱者はその「人間」から外されているというのが現状であったが（堀尾, 1986），村田（2011）は，19世紀になると，子どもの権利思想には大きく二つの流れが生じたことを指摘している。一つは，劣悪な環境下で生活する児童労働者や，戦争で家や親を失った子どもの保護など福祉・保護の観点である。もう一つは，科学の発達にともなう「子ども」そのものを見る視点による「子ども」としての存在，子どもの成長・発達の保障といった観点である。

イギリスが子どもの権利を論じ始めた頃，日本は江戸時代後期を迎えていた。鳥海（2013）によると，江戸時代は泰平の世といわれたが，末期は天明の大飢饉（1782-88），天保の大飢饉（1833-39）などによる農民の疲弊や，産業革命によって急速に近代化した欧米諸国の対外政策による脅威に晒されて，変革を迫られた時代であった。そして，江戸幕府が1868年に大政奉還を行うと，新しい時代は欧米先進国を倣って，西欧化した近代国家の建設を目指す明治政府主導のもとに，急進的な諸改革が推進されていった。

村田（2011）は，こうした近代化が推し進められた時代に，子どもに対する見方も変化が生じ，産業経済の発達による近代化にともなう歪みの中から，児童労働と劣悪な生活から子どもを救済するために，児童福祉や子どもの権利思想が広がったと述べている。村田によれば，日本における子どもの権利思想は，明治・大正期に社会的な活動として展開され，スラムでの子どもの生活環境の改善および女性の権利と関連した子どもの成育条件の保障，そして教育現場での子どもの成長や発達などが論題であった。

(2) **教育制度の確立**

日本の近代化が推し進められる中で，「子ども期」，あるいは「子ども時

代」の確立を児童労働からの解放を一つの目安とするならば，明治維新後も農村や貧しい家庭の子どもたちは「労働力としての小さな大人」（深谷，2015）であったことが指摘されている。深谷は，この時期に農作業や子守，家事などに追われる子どもが多数存在し，そのような子どもは，「子どもとして認識されていなかった」（2015, p.47）と述べている。

　明治政府は，このような状況に対して，子どもの保護と成長・発達の両観点で重要なことは，「労働力」とされていた子どもを「児童」へと移行する教育制度の確立と考え，日本最初の近代的学校制度を定める学制を1872年に発布した。その結果，2万校以上の小学校が全国に設立され，学校教育が急速に広まった。鳥海（2013）によれば，「学制は，学校教育の普及と国民教育制度を確立した点で画期的であったが，画一的過ぎて子どもを労働力として必要とする農村などでは実情に合わない面もあった」（p.44）という課題が残った。その後，学制は1879年に廃止され，代わってアメリカの制度に倣った教育令が公布されたが，教育令は小学校の大綱のみを定めて，運営を各地方に委任していたため教育が衰える危険が生じ，翌年大幅な改正が行われている（p.135）。

　鳥海（2013）によると，教育令は，児童に教育を受けさせることを保護者に対して義務付け，1886年（明治19年）には，現在の小学校教育から大学教育に連なる学校教育体制に準じた系統的な教育制度に変わり，小学校は尋常小学校4年（一部に3年の課程も設置）になった。また，1890年（明治23年）には小学校令が改正され，尋常小学校は3年または4年間の義務教育制度が定められ，1900年（明治33年）の改正において公立の尋常小学校の授業料が廃止された。この義務教育無償化によって，就学率は大幅に伸びたといわれるが，元森（2011）は，1890年の就学率が男子で65％，女子で30％程度にとどまり，男女差があったことを指摘している。

　さらに，教育勅語が1890年に発布され，国家主義的な教育理念を広く国民に提示した。教育勅語は，「儒教的な家族主義の道徳と近代的国家主義に基

づく愛国の理念とを基礎に，『忠君愛国』『忠孝一致』を教育の基本として強調している」（鳥海，2013, p. 136）ことから，個の尊厳よりも家庭や国家の一員として忠義を重んじる人材育成のための教育を目指したといえる。こうした教えは，小さな国を天皇中心に一つにまとめる国家体制作りを目的とするには役立ったかもしれないが，ロックやルソーの教育論や，「子どもはそれ自体，目的として扱われ，手段として扱われてはいけない」（堀尾，1986, p. 21）というカント（Immanuel Kant, 1724-1804）の子ども観とはかけ離れたものであったと考えられる。

(3) 工場法の制定

　尋常小学校は1907年に6年制の義務教育となり，就学率は明治末の時点で98％以上に達し，男女間の就学率の格差はほとんどなくなったが，卒業率は8割程度であった（元森，2011；鳥海，2013）。20世紀初頭の日本では，女児はとくに子守や家庭の手伝い，紡績工などとして「労働力」になることを期待され，6年間の学業を修めるよりも日々の暮らしのために多くの年少者が就労していたと考えられる。政府が就学率を上げようと試みても，農家や都市の貧困層にとっての子どもは「小さな大人」であり，元森（2011）は，国家施策として年少者を「児童」と見なして教育しようとする一方で，大人たちは安価な労働資源である子どもを必要としていたことを指摘している。つまり，国との関係に見るマクロな子ども観と，人の日々の暮らしに見るミクロな子ども観には大きな隔たりがあったと考えられる。

　こうした傾向は，イギリスの産業革命後の社会と同じ様相であったといえる。子どもが保護の対象とされて，発達・成長に配慮した教育を実現するためには，イギリスが工場法（1833年）によって児童就労を制限したように，日本も近代的な教育を「近代的な子ども観」に基づいて行うためには，工場法の成立が必要だった。鳥海（2013）によると，日本の工場法は，教育の論理と資本主義の論理の対立を経て，1911年（明治44年）に制定され，5年余

りの猶予期間をおいて施行された。これによって，年少者と女性の労働は12時間に制限され，深夜業が禁止になったが，法の適用範囲は15人以上を使用する工場に限られたり，製糸業や紡績業では規制が緩和されたりする不徹底なものであったといわれている。

　明治が終わりを告げる頃，保護と発達・成長を保障する対象である子どもが，労働の場ではなく，教育の場に身を置く必要性を，国家的にも資本家の理論からも一致を見るようになり始める。しかし，元森が指摘するように，その必要性は「必ずしも保護や発達の援助を無条件に是とするナイーブな発想に基づくのではなく，彼らが将来の『国民』や『労働者』だからであり，その発達と教育を全うさせることが資本や国家のためにもなるから」(2011, p.37) だった。

　以上のように，日本は近代的国家を目指して新しい時代を歩み出したが，学びに楽しみを必要とする子どもの特性を考慮し，個の自己実現のために潜在する力を引き出す理想の education は未だ確立しておらず[47]，子どもは家族や国との関係において，年長者や国家に従順な小さな臣民であることが期待されていた。子どもが，保護や成長・発達を保障されることを必要とする存在であるという子ども観はあったが，教育を受ける権利の主体ではなく，教育を受ける義務や保護の客体にとどまり，国策や管理の対象であったことは否めないだろう。

(4) 子どもの権利の新しい流れ

　子どもが権利の主体であると考える子ども観が確立されるのは，二つの世界大戦以降，世界全体が「平和」「平等」を訴える人権意識が高まってからである。網野 (2005) は，「子どもの権利を保障する歩みは全くまだ新しい」(p.20) と述べ，子どもの人権は，エレン・ケイが「児童の世紀」となることを目指した20世紀に，徐々に実現に向けて具体化されてきたことを指摘している[48]。網野 (2005) が述べているように，成人の権利が歴史上深刻な闘

争をとおして獲得されてきた中，子どもの権利は，大人が子どもの未熟さゆえの非主張性や非生産者としての保護の必要性を代弁してきたものであり，その歴史はまだ古くはないといえるだろう。

濱川（2009）によれば，子どもの人権思想は，第一次世界大戦の戦禍によって，子どもが多大な犠牲を強いられた反省から，世界的な子どもの保護に対する関心の高まりによって活発になり，「児童の権利に関するジュネーブ宣言」（1924年，以下ジュネーブ宣言）が採択された。ジュネーブ宣言では，病気の子どもに対する看護や非行少年に対する更生など，子どもの生存や生活の維持発展のために必要な諸手段を，すべての国の男女が提供すべきことが謳われている。

このジュネーブ宣言に先駆けて，イギリスは1908年に児童法を成立させ，里子の保護，虐待の防止，非行犯罪少年の処遇などを規定し，1926年の養子法，1933年の児童青年少年法など相次いで児童福祉制度を体系的に整備した（大嶋，2005）。また，アメリカが1909年に第一回児童福祉ホワイトハウス会議を開催し[49]，ドイツが1922年にワイマール憲法の下で「児童法」を制定するなど，欧米各国が子どもの権利を掲げてきた（網野，2005）。

日本は，こうした世界の動向に遅れつつも，「日本国憲法」の基本理念に基づき，1947年（昭和22年）に教育基本法，児童福祉法を制定した。教育基本法は第一条で教育の目的を「教育は，人格の完成をめざし，平和的な国家及び社会の形成者として，真理と正義を愛し，個人の価値をたっとび，勤労と責任を重んじ，自主的精神に充ちた心身ともに健康な国民の育成を期して行われなければならない」と述べている[50]。

新憲法は，教育の目的が人格の完成であることを明記し，個の尊重を謳った上で，国家・社会の形成者となることを目的としている。そして，教育が目指すことは，国家間の闘争に勝つために，忠孝思想を備えた国民を育成することではなく，「平和的」な社会作りに貢献する人格の形成であることが示されている。

また、児童福祉法は第一章総則において、「すべて国民は、児童が心身ともに健やかに生まれ、且つ、育成されるよう努めなければならない。すべて児童は、ひとしくその生活を保障され、愛護されなければならない」（第一条），「国及び地方公共団体は、児童の保護者とともに、児童を心身ともに健やかに育成する責任を負う」（第二条）と規定し、以上の二つの規定は「児童の福祉を保障するための原理であり、この原理は、すべて児童に関する法令の施行にあたって、常に尊重されなければならない」と述べている[51]。このように、児童福祉法は、子どもの保護や育成も国や社会、保護者に義務付け、心身ともに健全な人格を育む教育や発達を保障している。

さらに、日本は1951年に「児童憲章」を制定し、我が国で最初の子どもの権利に関する宣言がなされた（網野，2005）。児童憲章は、国際連合が1959年に採択した「児童の権利に関する宣言」に先んじて制定され、先進国に遅れをとって始まった日本の子どもの権利や福祉に対する理念が急速に発展し、国際的水準に達したことを示しているといえるだろう。網野によれば、児童憲章は、児童福祉法が法的規範であるのに対し、この憲章は道義的規範であるといわれている（p.20）。したがって、法で規制を受ける姿勢から、道義的に自ら判断し、その前文で示された「児童は、人として尊ばれる」、「児童は、社会の一員として重んぜられる」、「児童は、よい環境で育てられる」[52]に取り組む姿勢が求められる。日本が欧米諸国に先駆けて、権利の主体である子どもの人権を、大人が法を超えて保障し、守っていこうとしたことは、評価に値すると考えられる。

しかし、「児童は…られる」という条文は、子どもの権利が尊重、および保障されて、権利の主体は子どもであることを意味しているが、受動的権利に留まっている。国際連合は、1989年（平成元年）に「児童の権利に関する条約」を採択し、「児童の権利の宣言」から30年を経て、子どもが受動的な権利の主体であるだけではなく、児童は人間であるという前提に立ち、権利を行使する主体であることを明確にした（網野，2005）。

その後，日本は「子どもの権利に関する条約」に1994年に批准している。以来，20年を経過した現在，子どもたちは理論的には権利の主体として理解されているだろう。しかし，大人が時代的な制限を受けて規定する「子ども観」は，アリエスが述べたように，「理性」に判断されるものと「感情」の中にイメージされるものが，今も異なっているのではないだろうか。

　21世紀を迎えた今日，日本，並びに先進国諸国では子どもを生活のための「労働力」とみなす大人はほとんどいないと考えられるが，大人の理想である子ども観を要求される傾向は根強く残っているのではないかという疑問が残る。そこで，次に現代の子ども観について「感情」に焦点を当てながら考えてみたい。

5節　現代の子ども観と大人の感情

(1) 大人と子どもの関係の変化

　日本が近代化する過程では，大人の理性は，子どもを保護し，その発達を保障する対象と捉え，労働からの保護と教育制度の充実による発達の保障を制度化し，国家構想との関わりから子どもの権利を認めてきた。そして，子どもの権利は，21世紀を前に，子どもが本質的に大人とは異なること，子どもも固有の人間であることを認め，子どもを権利の客体としてだけではなく，権利の主体であることを明確にした。このように，我が国の制度上の子どもの人権は確立し，子どもは重要な社会資源として少子化対策などの対象となっているが，現在の子どもたちの実体と大人の感情が捉える子ども観には，どのような変化が見られるだろうか。

　アリエスは，人間の生・死，性，出生などの自然の営みは変化しないと見なされてきた社会的意識を問い直し，これらは自然，つまり神の領域に属すると同時に文化に属して変化することを主張した。アリエスが論じるまでも

なく，昨今の高度な科学技術の発達は，生殖や子どもの誕生さえも神の手から離し，子どもは親が計画的に作って出産する時代となり，医療技術による妊娠出産も増えている[53]。また，かつては生きる望みが薄かった早産児や極低出生体重児も生存が可能になった現在[54]，子どものイメージは死と直結する憐憫や儚さの象徴とはいえないだろう。

　先にも触れたように，宮盛は，「子ども」という概念は，「おとなとは区別される子ども」と「おとなの中の子ども」という二つの意味合いがあり，前者が「個体」としての「子ども child」であることに対して，後者は「関係」として理解される「子どもであること childhood」と述べている（2013, p. 187）。そして，宮盛が主張するように，「子ども」としての概念が，大人との関係の中で区別されて見出されるならば，「個体としての子ども」もまた，関係として理解される必要があるといえるだろう。そうであるならば，子どもという概念は「関係としての子ども」という見方しか存在せず，大人の側の主観によって常に変化し，誰にでも共通するような客観的，固定的な見方はないことになる。殊に，急速に進歩し，多様化した視覚メディアが流出する膨大な情報は，人の価値観や感情を揺るがし，かつては識字力をはじめリテラシーなどに，大人が認知的優位性を保持していた子どもとの関係をも揺らしているのは明らかであろう。

(2)ポストマンの指摘—アメリカのメディアと子ども期の消失

　この視覚的情報メディアの氾濫が，子どもたちから「子ども時代」を奪っているという懸念が論じられている（Postman, 1982）。堀尾によれば，Postman は「アメリカを中心にすすみつつある子ども期の消失という事態をどううけとめればよいかの問題提起」（堀尾，1986, p.16）を行い，印刷技術の発明を決定的な与件として，大人のひな型ではない子どもの世界の広がりがあった一方で，1950年代のメディア革命とテレビ文化の影響により，大人と子どもの境界が見えにくくなったことを指摘している（pp.16-17）。

Postman (1982) が述べているように，印刷技術の改良はアメリカの児童文学の繁栄を支え，安価で大衆的な読み物が量産されるようになった。エイヴリー・サリヴァンⅢ・サザランド (1995 さくま他訳 2001, p.281) によれば，アメリカでは1870年から1914年までの時期に，イギリスとほぼ並行して子どもの本の黄金時代を迎え[55]，簡易印刷機の流行や蒸気式印刷用輪転機による大量印刷の恩恵を受けた「ダイム・ノヴェル」(さくま他訳 p.289) が盛んに出版された。

　ダイム・ノヴェルなどの大衆小説は[56]，新しいアメリカの民衆のヒーローを生み出したり，実在の人物を英雄的存在に仕立て上げたりした。また，デイヴィ・クロケットの物語などは，「時に非常にアメリカ的な物語形式，いわゆるトール・テイル（ほら話）の形」（エイヴリー他，1995 さくま他訳 2001, p.289）をとり，ファンタスティックな冒険や荒削りなユーモアが，大人も子どもも同じように惹きつけたといわれる。こうしたアメリカ的な大衆小説や娯楽本が登場した影響もあり，エイヴリー他は，アメリカで出版された子どもの本は，1894年にヨーロッパから輸入された本の数を上回り，さらに，アメリカらしい家庭小説や冒険小説などが多くの読者を楽しませたと述べている（さくま他訳 p.282）[57]。ホリンデイル・サザランドは，これらの本は，イギリスと同じく直接的な政治や事件との関与は見られないが，ファンタジー出版に力点が置かれたイギリスに比べて，社会や科学技術の変化に敏感であり，独立自尊の精神を描く歴史的リアリズムの傾向が強かったことを指摘している（1995 さくま他訳 2001, p.314）。

　また，エイヴリー他によれば，子ども向けの雑誌は，社会の変化を映すバロメーターであり，公共図書館や学校図書館の児童書が少なかった時代によく読まれていたといわれる[58]。こうした雑誌は，創刊時には宗教的，道徳的な傾向があったが，次第に楽しみを目的とするようになり，教訓性を控えた暖かな雰囲気のものに変わっていった（1995 さくま他訳 pp.286-287）。

　その後，二つの世界大戦をはさんで，1922年に児童文学協会が設立され，

同年にニューベリー賞[59]，1937年にはコールデコット賞が創設され[60]，アメリカ児童文学に貢献した作品やイラストレーターを讃えるなど，子どもの本に対する関心が高まった。このように，アメリカでは，子どもの本が質量ともに充実し，作品として文学的な評価の対象と見なされるようになったことがうかがえる。

　他にも児童文学作品の評価については，本をとおした国際交流を目指して1953年に設立されたIBBY（International Board on Books for Young People 国際児童図書評議会）が，ハンス・クリスチャン・アンデルセン賞を創設し，1962年からは作品だけではなく，作家の全業績を対象として評価を行っている。さらに，1966年には画家賞が設立され，作家と同じように，子どもの本に永らく貢献してきたと認められる画家の全業績が評価を受けるようになった[61]。

　児童文学の発祥地といわれるイギリスでは，1955年にYLG（the Library Association Youth Libraries Group イギリス図書館協会のユース・サービス・グループ）によってケイト・グリーナウェイ賞が創設され，イギリスで出版された英語，または英語を含めた二ヵ国語併記で書かれた子どもの本を対象として，優れた絵をつけた子どもの本が選定されている（神谷，2011）。

　エイヴリー他（1995 さくま他訳 2001）によれば，アメリカが国際的な評価やヨーロッパの伝統に先駆けて，子どもの文学に対する権威ある賞を創設したのは，急速な識字率の向上にともなう教養のある人が増えたことにより，主流の出版社が児童図書部門を設け，子どもの本に対する強い関心を示したためといわれるように，出版状況の影響が大きいと考えられている（p.302）。また，急速な児童文学の発展が見られた一方で，「アメリカの児童文学は子ども部屋や遊び場のために書かれたのではなく，市場や帳場のために書かれたようだ，とイギリスの批評家たちに言われている」（p.283）という批判があったため，氾濫する子どもの本に対する評価の基準を必要としたのではないだろうか。

しかし，こうした児童文学の評価が求められる中で，第二次世界大戦後にテレビが登場すると，映画やラジオが現れた時と同じく，安易な娯楽として大人にも子どもにも受け入れられ，子どもの本にも影響を及ぼしていった。テレビは，娯楽性が高いために子どもへの悪影響が心配されたが，テレビの出現によって，コミックのような娯楽性の高い読み物さえ一番安易な娯楽と見なされなくなり，ホリンデイル・サザランド（1995）は「本の威信を高める役割を果たした」（さくま他訳 2001，p.321）可能性を指摘している。

エイヴリー他（1995）によれば，こうした流れの中で，アメリカのコミックは1930年代から作られるようになり，1941年には6歳から11歳までのアメリカの子どもたちの90パーセント以上がコミックを読んでいることが示されたほど人気を博し，「スーパーマン」などの新しいヒーローを生んでいた（さくま他訳 2001，p.310）。

新しいヒーローは，テレビにも登場して人気番組となったり，映画化されたりして大人にも楽しまれたが，複数のメディアを介することは，作品の子どもに対する影響力が一層強くなるということを考慮しなくてはならないだろう。また，ホリンデイル・サザランド（1995 さくま他訳 2001）は，ラジオ番組の暴力的な表現への反論は既にあったが，アクションものが多いコミックは戦後に新聞連載のコマ割り漫画へと展開し，大人にも子どもにも強くアピールしたことを指摘している。不安を喚起するホラーコミックは，イギリスでは「青少年（有害出版物）法」（1955年）の制定につながり，輸入が禁止されるなど批判も多かったが，アメリカでは「芸術」としての地位さえ獲得するようになったといわれている（p.324）。

「自由の国」といわれるアメリカでは，頑強な開拓精神を基盤に国を築き上げた歴史や，強い者が生き残る競争原理に立ち，子どもであっても大人と同じ責任を持たせたり，明確な目的を持たせたりする社会的風潮の下に，強く勇敢なことや勝ち抜く子どものイメージが求めらるのだろうか。

さらに，リアリズム小説が，年長向けの新しい領域を開拓していった。伝

統的な家庭小説や家族の物語は「ロマンス」の要素を結び付け，「社会の現実やテレビの語りのテンポ（と，たぶん奥行きも）を付け加えたアメリカの作品」（ホリンデイル・サザランド，1995 さくま他訳 2001, p.324）がリアリスティックな文学として先陣を切り始めた。ホリンデイル・サザランドは，これらの作品が，立派な親という神話や家庭の和という決まり事を崩したり，死や性など，子どものタブーを超えたりする先鋭で率直な社会派フィクションやロマンスとして，1970年以降は世界の市場で優位を占めるまでになったと述べている（p.345）。

　Postman（1982）が指摘しているように，こうしたメディアが，商業的戦略に乗せられて，家庭に無批判に吸収されていく中で，子どもと大人の区別を曖昧にする一端を担っていったと考えるのは全くの誤りではないだろう。多様化したメディアと現実は，相互に影響しあいながら，家族や地域，社会全体の変化を促し，子どもが子どもであることを見失った大人たちに，大人としての役割を果たせなくする。特にテレビのような視覚メディアは，読書のように大人が子どもに読み方を教えたり，先導したりする必要がなく，それゆえ，大人の子どもに対する優位性は失われ，リテラシーの習得に関わらず，大人も子どもも等しく楽しめる。

　また，コミックやホラー，ロマンスなどの作品が，大人と子どもの双方に人気を得たことは，大人の気軽な読書活動を促したり，子どもの文学を社会的に容認したりする一方で，大人が好む刺激的な要素を子どもの目に触れさせる危険性があったと考えられる。身近にあふれた娯楽性の高いメディアは，子どもが心身の発達過程にあり，過度な刺激からの保護を必要とする存在であることを大人から忘れさせ，大人が大人として保護する役割を果たせなくするのではないだろうか。しかし，大人が子どもの目から隠しておきたいテーマや，刺激的な描写は，子どもにとっても強い興味の対象となり，積極的な関わりを引き起こすことが多い。

　ここで，子どもの権利が「子どもも人間である」という能動的な権利の主

体を意味する自律性と,「子どもは本質的に大人とは違う」という受動的な権利の主体を意味する保護性を含むことが問題となる。宮盛 (2013) は,この二つの権利は,相互に批判しあうことで成り立っていると主張している。そして,「子どもの自律の権利の主張の背後には,セックスやメディアなどをはじめとする子どもの問題に対して,社会の変動によって,既に親が子どもを保護することができない,という家族崩壊への危機感がある」(p. 186) と述べている。

その家族崩壊,大人が大人であることを果たせないことが,アメリカのティーンエイジ小説の中で辛辣に表現されたように,「大人びた子ども」,あるいは「子どもらしくない子ども」は現代の「子ども観」の一面であると考えても良いだろう。Postman (1982) が指摘する the disappearance of childhood (pp. 65-153)「子ども期の消滅」とは,子どもが大人との関係から成り立つ概念であるゆえに,大人が大人らしさを見失ったために,大人と子どもの均質化が生じ,子どもが子どもとして生きにくくなったことを意味していると考えられる。

(3) 日本の子ども観とメディアの影響

それでは,我が国の場合はどうであろうか。堀尾 (1986) は「日本においても,われわれ自身が,まさしく一九六〇年代から七〇年代にかけて,地域共同体の変化とテレビ文化の普及のなかで,子ども期の消失を目の当たりにしているのだといってよい」(p. 17) と述べている。その20年あまりを振り返ると,川崎・原田・奈良本・小西 (2010, pp. 1019-1062) は,テレビが選挙戦をはじめとして,子ども向け雑誌3誌 (『講談倶楽部』『少年クラブ』『少女クラブ』) の廃刊 (1962年) や,流行歌,流行語の登場など国民生活に広く影響を及ぼしたことを示唆している。

川崎他 (2010) によれば,テレビの普及は1953年にNHKがテレビ放送を開始した後に民放局が参入し,60年代の高度経済成長期を経て急速に発展し

ていった。70年代に入ると「鼻血ブー」「ナウ」「ウッシッシ」「ナーンチャッテ」「チカレタビー」などの子どもたちも喜んで使う流行語が増え，「死刑！」の他「ネクラ」や「オタク」「ぶりっこ」など，からかいやいじめになり得ることばでさえ，子どもたちの生活に入り込むようになった。

　こうした現象は，テレビが大人と子どもに共通の話題を提供する土台となっていることを表しているといえる。しかし，テレビが提供する流行語は，子どもが無意識的に大人の世界に入り込んで大人を真似るだけではなく，子どもの世界に大人の世相観や，おどけたり誤魔化したりする他，冗談と称して他者を蔑んだり，傷つけたりする大人の態度を持ち込むのではないだろうか。そして，大人はテレビの影響から子どもを保護することが困難であることもこれらの現象に現れていると考えられ，Postman（1982）の指摘は，アメリカにおよそ10年遅れて，日本にも波及が見られる。

　テレビは，堀尾（1986）の指摘にあるように，1960年代以降，家庭の娯楽として定着していき，大人と子どもの生活に浸透していったが，78年頃からゲームの参入が始まり，新しいメディアが両者を惹きつけていく萌芽がみられた。その後，ファミリーコンピューター（以下，ファミコン）が，1983年に任天堂から発売されると，携帯型のデジタルゲームが急速に広まると同時に，幼児の生活にもファミコンやコンピューターが入り込み，遊びの質が変わってきたことが指摘されている（汐見・加用・加藤，2001）。また，現在はスマートフォン（以下，スマホ）が普及し，ベネッセ教育研究所が，首都圏で0〜6歳の子どもがいる母親を対象として行った調査では，家庭でのスマホ所有率は6割，携帯型ゲームは5割であった[62]。テレビが大人と子どもに共通の場を与えたように，これらのデジタルツールもまた，両者の境界を曖昧にする現象に寄与し，新しいゲームソフトの発売日には，店頭に並ぶ多くの子どもや大人の姿がニュースになっている。

　電話が，大人専用のコミュニケーションツールであった時代は遠くなり，今や電車の車内で見かける幼児でさえ，大人に教えられなくてもスマホを器

用に操作する情景が当然のようになった。このような子どもたちは，これまでの一般的な認識からは「子どもらしくない」といえる。しかし，こうした子どもの実体が「子どもらしくない」と感じられるならば，今も大人の感情が捉えている「子どもらしい子ども」が別に存在していることになる。

⑷子宝としての子ども

　Jones（2010）は，20世紀初頭の日本の近代化過程における子ども観を，中間階級という視点から分析するにあたって，古い時代の日本の子ども観について万葉集から「宝物としての子ども」像を見出している（p.1）[63]。

　引用された憶良の詩は，万葉集巻五，八〇三の「白銀も黄金も玉も何せむに　勝れる宝　子に及めやも」のことである。この詩は，憶良が子どもを愛しく思う心情を一人の父親として歌ったものであるが，「子どもに勝る宝はない」という日本人の「子宝思想」の引証に用いられることで知られる。

　しかし，Jones（2010）は，この「子ども＝宝物」という発想は，近代においては親という個人的な水準だけではなく，デパートや婦人雑誌，児童教養研究所などの外部機関の影響によって中間階級の家庭に組み込まれ，「国の宝」，「少国民」としての近代的意味が付加されたものであると論じている（pp.1-2）。このことは，鳥越（1973）も指摘しているように，日本の子どものための出版活動が成立する過程にみる「子どもの発見」（p.44）は，「皇国の子どもを育てる」（p.48）という教育からの要請によるところが大きかったことからも理解できる。

　また，近代の日本の子ども観は，児童心理学者，家族改良者，小児科医，百貨店の幹部，雑誌の編集者，国家官僚，児童文学者や教師，親などの"architects of childhood"（p.3）「子ども観の設計者」[64]によって形成され，変化してきたものであり，親は制度やメディアなどを通じて外部からの影響を受けながら，子どもの日々の過ごし方を取り決め，近代の子ども観を形成するための重要なエイジェントであった（pp.4-7）。しかし，Jonesは急速に近

代化した日本では，子どもであることや子どもの役割に関する合意に欠如していたことを指摘し，子どもが宝物であるならば，その宝は誰のものなのか，子どもは誰のニーズを満たさねばならないのか，という疑問を投げかけている (p.4)。

本章4節で述べたように，20世紀初頭の日本は，欧米先進諸国に対抗し得る近代国家の建設を目指す政府によって，将来の国力と見なす子どもに，労働からの保護や教育による成長・発達を権利として保障する制度を確立してきた。そして，今日までに，子どもが「子どもとして生きる」権利の主体であることを，世界的にも高い水準で確立する過程では，子どもの福祉や教育，文化などの発展をみることができ，日々の暮らしの中に「子ども」が誕生したといえるが，子どもたちはどのような「宝」であったのだろうか。

⑸二つの子どものイメージ

Jones (2010) は，「宝物としての子ども」を，制度や権利という側面ではなく，主に中間階級といわれる社会階層の立場や意識から，家庭や社会，国家との関係で論じ，日本の子ども観を二つの相反する理念の複合体であると述べている。一つは，先にも述べたように，国の繁栄のために十分な教育を受けた子どもを育てる中間階級の使命に基づく "superior student" (p.4)「優等生」，あるいは "little citizens" (p.4)「少国民」である。もう一つは，"childlike child" (p.4)「こどもらしい子ども」である。

Jones (2010) によると，「優等生」や「少国民」が，国家再建とともに早くから家庭に取り込まれていった子ども観であるのに対し，後者は大正期に入って児童心理学者や進歩的な考えを持つ教育者，児童文学者などによって目指された新しい子ども観である。また，「優等生」という子ども観は，時代とともに少国民的な価値観を失い，「家」の社会的階層の維持，あるいは上昇を目指す親たちによって指示されるようになった。なぜならば，社会化された子どもは，道徳的な良き家庭を表す象徴であり，家庭の将来の安定と

幸福は，子どもの学業成就にかかっていると考えられていたからである (pp. 50-51)。

また，日本はかつて後れをとった近代国家として冷笑されたこともあるが，グローバル化した子どもの教育への熱中ぶりは，時代を先行する現代国家的な兆候でもあった (p. 6)。このような状況において，現代的な家庭は，協調よりも能力主義的な競争や，今の楽しみよりも将来への希望を共有しあって，次々と学校教育を勝ち進むならば，幸福になることができると考えていた (pp. 37-38)。

このように，子どもは「優等生」として中間階級の象徴となり，家庭の将来の社会的地位のために勉強という仕事を要求され，明日の幸せのために勤勉に働く労働者のような存在であったといえるだろう。この意味では，「優等生」は家庭のための「少国民」であったとも考えられ，一義的には家庭の安泰を担うために，成長・発達しなくてはならない存在であったともいえる。Jones (2010) は，勤勉，学業，激しい競争がますます多くの子どもにとって生活の中心となり，日本の20世紀の子ども観の定義を導き出す中心的視点であると述べている (p. 174)。

さらに，20世紀半ば以降は，「優等生」であることを子どもに求める傾向が過熱して現代に至り，子どもから子どもである時間を奪い，子どもを大人と同じようにプレッシャーや疾病に苦しむ永遠の労働者にしていることが指摘されている (Jones, 2010, p. 317)。厳格な社会的階級が存在しない日本は，多くの家庭に経済的な成功による「幸福」を手に入れるチャンスがあるといえる。子どもは家庭という共同体の一員として，家族が描く幸福に対する価値観で構成された設計図に組み込まれて成長していく。大人たちは，社会的な成功や経済的な豊かさに価値を求める傾向が強いが，幸福を実現する担い手となる子どもにとって，子ども時代の幸せとは何かを，振り返って考えてみる必要もあるといえよう。

(6) 子どもらしい子ども

　一方，こうした子どもを追い詰める子ども観に，異義を唱える動きが生じた。「子どもらしい子ども」は，大正時代に自由教育を推進する教育者や都市部の中間階級に支持された「童心主義」の中心であった。童心主義を反映した『赤い鳥』は，大正期から昭和初期の「子どもらしい子ども」を描いた代表的な絵雑誌である。Jones（2010）によれば，『赤い鳥』は，子どものおもちゃや無心で遊ぶ子どもたちの遊び場となる子ども部屋が現れた頃に刊行され，子どもの世界を映す鏡となって，生き生きとした創造的な子どもの精神を甦らせる芸術的な手段になったといわれている（p.249）。

　『赤い鳥』の発行者である鈴木三重吉（1882-1936）は，子どもを満ち足りたエネルギーや創造性，豊かな感受性を備えた宝庫として捉え，文明の悪い影響に染まることのない，人間性の根源である子どもは，本質的に大人とは異なるということを重視していた（p.292）。つまり，『赤い鳥』は，ロックやルソーの教育論による西洋式の子ども観に基づいて，将来のために努力する「優等生」や「少国民」とは異なり，今を楽しむ子どもの純粋性に着目した「子どもらしい子ども」像を視覚化し，紙面に描いたといえるだろう。

　峠田（2011）は，出版された127冊の『赤い鳥』全掲載作品から253編を選出し，同雑誌に描かれた近代的子ども像である〈子ども＝純真無垢〉について，先行研究を参考に分類した「良い子」「弱い子」「純粋な子」を詳細に分析している。また，これらに加え悪い子像を提示し，子どもの未熟さゆえの悪の要素も描かれていることを指摘している。このことは，『赤い鳥』では，大人の理想的なイメージだけではない子どもの一面が受容され，子どもも両面を兼ね備えた一人の人間として認められていること，かつ，子どもは成長・発達する存在として変化や克服が可能であることを描いているといえるだろう。

　このように，『赤い鳥』は作り手たちの提唱する「子どもらしい子ども」

を描き出し,「優等生」一色に染まった子ども観に一石を投じた。Jones (2010) もまた,鈴木をはじめとする日本の近代的子ども観に反対する知識人たちは,科学的研究や合理性,将来の成功を追い求める子育てから子どもを守り,子どもらしい子どもの世界を大切に養うことを願って,近代化を見直すとともに再形成することに携わったと述べている (p.291)。

(7) 理想と現実——優等生の勝利

しかし,Jones (2010) によれば,「子どもらしい子ども」という理想は,推進者らによって多くの努力が払われたにも関わらず,近代の子ども観としては下位に属し,子どもの純粋性をアピールする子ども観は,20世紀の日本を凌駕する「優等生」像を脅かすことは決して無かったといわれる (p.310)。つまり,「子どもらしい子ども」は理想として存在することは可能であったが,日本の親たちにとって重要性をもって存在しているとは言い難く,戦後から今日に至るまで「優等生」としての子どもが優位を保っている。現代の子どもたちは,受験地獄が幼稚園入試にまでおよぶ中,自由に絵を描いて創造性を高めるより,効率的に記憶して覚えることを求められ,そうした子どもたちの母親は,「教育ママ」という社会規範となって,時事解説の話題やマスメディアの風刺の対象となった (p.311)。

「優等生」が,子ども観の上位概念として勝利し続ける今日,親たちが熱望した戦前の「優等生」は,大衆化して親や子どもに内在化され,子どもの受験に奔走する「教育ママ」さえ,もはや特異な存在とはいえない。それ故に,現代の日本の子ども期は,勤勉な児童・生徒であることに意味付けられ,子どもたちの生活や夢は,良い学力評価や高い偏差値,そして入試結果に規定される過剰な教育的成功を求めることに置かれるようになったといわれる (p.317)。

Postman や Field (1995) は,現代の日本の子ども時代の状況について,マスメディアで報じられるような単純な見方をしているわけではない。しか

し，Field は，日本の場合，子ども時代は消滅していると述べている。なぜならば，早期教育の出版物や日本中いたるところに存在する塾は，日本の子どもたちが教育の終わりなき労働者であることの反映であり，受験ストレスによる若禿や慢性的な便秘，高血圧などに悩まされている子どもたちの話題は，子ども時代が大人の世界とは無縁のユートピアから，大人の世界を反映したディストピアへと変容した追証となるからである（Jones, 2010, p.317）。

このように，子どもたちが学業における成功のために，発達早期から受験地獄に陥り，ストレスや慢性の不調を呈する子ども期は，万葉集に歌われたような「宝物」として愛でられる時代といえるだろうか。近代以降，子どもは教育を受ける権利や，健康な成長・発達を保障され，保護されることによって労働から解放された。しかし，日本の子どもたちは，大人たちの価値観を内在して，学業に果てしなく従事する労働者と化している。したがって，子どもたちは，将来の成功や安定のために，常に次の段階への準備を強いられ，Postman や堀尾も指摘するように，大人であることと子どもであることの境界が曖昧になり，子ども期が失われる危機に瀕しているといえよう。

(8)失われた子ども時代

戦後，一層多くの家庭が中間階級を目指し，子どもたちの学業成就を願いながら忙しく働き，経済成長を目指す政府に貢献した。その結果，1970年代までに国民総生産が増大し，生活に豊かさが増すとともに，一億総中流といわれる国民意識が顕著となった[65]。それと並行して，これらの経済的な成功が，戦後日本社会の変容を捉える裏面であることへの認識が高まった（Jones, 2010, p.19）。

これまで述べたように，大人の感情が捉える「子どもらしさ」は，国家や社会経済，文化の影響を受けて，大人と子どもの間で，日々の生活をとおして無意識的に変容していくと考えられる。戦後の急速な高度経済成長を経て，デジタル革命の最中にある今日，大人が見る現実の子どもたちは，『赤い鳥』

が描いた無心で遊ぶ子どものイメージとは程遠く，常に時間に追われて，脇目もふらずに勉強に打ち込む姿に変わっているかもしれない。あるいは，勉学に限らず，個性伸長という名目の下，大人の期待にそった何等かの成果を達成するために，健気に努力する姿がイメージされるかもしれない。

　さらに，子どもたちの地獄は受験戦争に限らず，家庭に続く教育の場である学校は，いじめや不登校が増え続け，火急の対策を要している。また，既に海外メディアが報じた子どもの心身の異変は，日本でも多く取り上げられる現状であり，スクールカウンセラーとして小学校に勤務する筆者自身の目にも映る現実である。筆者が，勤務先の5年生約100名を対象に行った2014年度生活アンケート調査では，40％以上の子どもたちが疲労感を訴え，その原因の多くが，塾や水泳，ダンス，サッカーなどの習い事による休息不足であった[66]。

　しかし，子どもたちは，勉強も課外活動もほとんどの場合，意欲を持って楽しく取り組んでいると話し，「優等生」ぶりを発揮している。筆者の目には，子どもたちがまるで「小さな大人」のように見えるが，この現象はジョーンズが述べた「優等生」の大衆化であり，何事も真面目に頑張ることが，大人ばかりではなく子どもにも内在化されているといえるだろう。そして，ことのことは，子どもが子どもであることの権利において，主体としての自律と客体としての保護のバランスの難しさを示しているといえる。

　加えて，氾濫するインターネットやSNS（Social Networking Service）が，ネット依存症といわれる新しい疾病概念を形成し，子どもたちにも及ぶ中，いじめや不登校，ひきこもりなどを助長していることは，子どもの自己制御の自律性と大人の保護機能の強化が緊急課題であることを示している[67]。

　宮盛（2013）が述べたように，「子ども期とこども観」とは，「子ども期の発見」という表現に集約される，「子どもと発達」を関係的に問いなおす教育理念であった。子ども期が失われたと危惧される今，子どもの健全な成長や発達にとって何が大切かを，まずは家庭という子どもにとって一義的な場

から再考することは，喫緊の課題といえるだろう。

　このような視点から，子どもが子どもとして主体的に関わることを学び，大人が保護と学びの手助けの役割を果たすことが可能な絵本や読み聞かせが，発達初期の子どもにとって後の成長に必要な経験となることを，第Ⅱ部をとおして検討する。

第Ⅱ部　絵本を介した養育者と子どもの社会的相互活動

第3章　絵本の読み聞かせと子どもの発達

1節　読み聞かせとは

　「読み聞かせ」ということばは，読む行為と人に聞かせる行為を合わせた用語であり，大辞林第三版（松村編，2006）によると「（子どもや視覚障害者などに）文章を読んで聞かせること」（p.2631）と述べられている。この定義は，「読み聞かせ」が単に「読む」だけではなく，聞き手となる対象を必要とする関係性をともなう行為であり，絵本や読み物など媒介する三項関係により成立することを明示しているといえる。

　「読む」ことは，文字の習得と深く結びついた行為であり，一般的に子どもたちは学齢期に入ると文字を覚え，自ら読むことが課せられるようになる。学齢期の子どもたちは，発達を考慮して段階的に選定された教科書などを用いて，自分で読んだり書いたりしながら，自らテキストと向かいあうことをとおして学ぶことが課題となる。教師は介在するが，教科学習では「読み聞かせ」という表現はほとんど用いられず，教師が手本を見せて読む行為は，「音読」あるいは「朗読」といわれることが多い。

　「朗読」は，「声を出して詩，文章などを読むこと」（松村編，2006，p.2716）と定義されている。この定義は，声を出して読む「音読」と同じ意味を示している。また，広辞苑第六版（新村編，2008）は，「朗読」を「声高く読み上げること。特に読み方を工夫して趣あるように読むこと」（p.3001）としている。つまり，「朗読」は詩や物語など文章で語られたものを目に見えるように，読み手の解釈を演出して伝える「自己表現」であることを含み，必ずしも聞き手との関係性に重点が置かれるとは限らない。

一方,「読み聞かせ」は,一般的に文字を読むことが難しい幼い子どもなどを対象として,絵本などを読んでやる場合に多く使用され,絵が情景を見せているためか,定義上は読み方に工夫などの条件が付加されていない。母親たちは,「どんな風に子どもに絵本を読めばよいか」という疑問を持つと聞くが,松岡(1986)や松居(2001)は,読み方よりも親や親しい関係にある大人が,自分の声で読んでやることの重要性を述べている[68]。したがって,「読み聞かせ」は技術や演出よりも安心感をベースとした関係性を重視した行為といえるだろう。

　発達心理学では,読み聞かせを発達初期の子どもと養育者という関係性の中で行う「活動」とみなし,「絵本を介した記号媒介的相互行為で,養育者の『語りかけ』活動の1種である」(田島他,2010,p.132；岩崎,2013,未公刊)と述べている。語りかけられることばは,人の生活や活動に必要な記号であり,人の社会に生まれた子どもたちは,ことばを覚え,思考の道具として操作し,文字を習得して読み書きができるようになることが求められる。田島他(2010)は,このリテラシー獲得の過程について「歌いかけ・読み聞かせ活動の構造と機能の『2段階・5ステップ』発達モデル」(p.137)を提起し,読み聞かせは,語りかけ活動の一つとして親子のきずなを深め,子どもの社会性や言語能力の発達に密接に関連する可能性を示唆している[69]。

　養育者をはじめとする大人が,子どもに語りかけることの重要性は,読字の発達に詳しいWolf(2008)も"Learning to read begins the first time an infant is held and read a story."(p.20)「読字の学習は,幼児がひざに抱かれて,初めてお話を読んでもらう時から始まる」(ウルフ,2008 小松訳 2008,p.39)と述べている[70]。ウルフは,生後5年間における書記言語を耳から聞くことと,スキンシップにより愛されていると感じることの結びつきが,読字の理想的な発達の基盤となることを指摘している(ウルフ,2008 小松訳 2008,pp.126-127)。この場合,重要なことは,人の声の存在と子どもと養育者の双方が五感をとおして伝えあう温かさである。ウルフは,膝の上で聞かせるこ

とばは，極端に言えば競馬や株の結果，ドストエフスキーの小説でも差支えないが，子どもが喜ぶ挿絵入りならばもっと良いと述べ，絵本の読み聞かせが読字の基礎として適切であると論じている（p.127）。つまり，人の声で伝えることばを「聞くこと」の重要性が強調されているといえるだろう。

このように，「読み聞かせ」は子どもの側からみると，子どもが安心できる関係性の中で，大人からことばのシャワーを浴びる経験である。また，絵本が用いられる場合は，文字情報を耳から聞くと同時に，視覚的に絵を「読む」経験であるとも考えられ，子どもは受容的にことばを聞きながらも，能動的に絵を読み，理解しようとすると考えられる[71]。

しかし，「読み聞かせ」ということばは，大人主体の行為として子どもに聞くことを強いたり，大人にとっては子どもにきちんと聞かせなくてはならないと感じたりする印象を与えることもある。そのため，読み手がこのことばに抵抗感を持つことが指摘されており，「読み合い」，「読み語り」あるいは「耳からの読書」などに言い換えられる場合もある[72]。こうした表現の置き換えは，読み聞かせが大人からの一方的な行為ではないことを強調する表現といえるが，読み聞かせは，子どもからせがまれて大人が繰り返し「読まされる」こともあるように，元来，大人と子ども相互の共同行為といえる。ぼろぼろになるまで読み込まれた絵本は，子どもが大人に読ませ，読んで貰ったこと，そして大人が子どもに読み聞かせ，楽しく聞いて貰った共同作業の証である。

以上のように，「読み聞かせ」は種々の呼称を持つが，本章では，発達心理学的な定義が示す考えに基づき，幼児期を対象とした養育者と子どもの「絵本」を介した記号媒介的相互行為として捉え，「読み聞かせ」または「読み聞かせ活動」に統一し，子どものリテラシーの獲得，および社会性の発達などへの影響について先行研究を参考に吟味する。

2節　読み聞かせと子どもの発達に関する先行研究—理論的背景

(1)乳児のコミュニケーション機能

　発達初期の子どもが，特定の養育者との間に温かな信頼関係を築くことは，その後の成長，発達に重要であることがいわれて久しい[73]。子どもは，生まれるとすぐに周囲との接触関係に入り，共感，感応を示すようになる[74]。発達心理学では，新生児が物的刺激よりは人間の顔や声といった社会的刺激を好むことを実証し，ことばに含まれる音節に同調したリズムで運動する相互同調性が，コミュニケーションの基礎能力として生得的に準備されていることを示している（田島・西野・矢澤，1985，p.33）。

　ビューラー（1958 原田訳 1986）によると，乳児は生まれた直後は行為を受けるだけであるが，少なくても2ヶ月目には積極的に接触しようする接触志向が見られるようになる（p.169）。そして，このような乳児の能動的な行為が，身近な大人によって愛情をもって扱われるならば，人の精神活動の必須条件となる自分自身と周囲の人間世界に対する"a sense of basic trust"（Erikson, 1968, p.96）「基本的信頼感」が形成される。Erikson（1968）は，この基本的信頼感が，子どもの初期人格の基礎となり，他者との関係を築く基本として重要であることを強調している（pp.96-107）。

　エリクソン（1959）が指摘するように，人は誕生直後から「子宮という化学的交換の場をはなれ，社会という社会的交換システムへと向かってゆく」（小此木訳 1986，p.55）社会的存在であり，対人的な関わりの中で発達をしていく。エリクソンは，人の発達の過程について，フロイトの精神分析的な自我の発達理論に，対人的な側面となる社会的関係を加え，心理・社会的発達理論を提示したことで知られている（小此木訳 p.228）[75]。つまり，エリクソンの発達理論は，人が誕生直後から周囲の人や環境と関わりを持ちながら，

社会や文化のもたらす可能性と限界の中で，身体や知覚の発達，社会的能力などが，予定された発達継起によって自己を発現させていくことを表している。この理論は，基盤となったフロイトの自我理論に比べ，人の発達には対人的な関わりや社会・文化的環境が重要であることを明示し，対人的やりとりを含む社会文化的活動としての読み聞かせの意義を，心理学的に裏付けることを可能にするといえるだろう。

(2) Vygotsky の精神発達理論

人が，社会や文化と深く関わって成長発達する存在であることは，ヴィゴツキー（Lev Semynovich Vygotsky, 1896-1934）も主張している。ヴィゴツキーは，人の精神発達が社会，文化，歴史的な文脈的要因によって規定されていくプロセスの理論化を試み，その理論は80年代になって欧米を中心に世界的規模で評価され，近年になって更なる解釈が展開している（田島，1996, p. 74）。

田島（1996）によると，ヴィゴツキーが論じる文化とは，人の「発達の源泉」を構成する「歴史—文化的」に組織された「人間—対象の世界」であり，子どもがそれらを能動的に獲得していく活動が「発達の原動力」である。そして，大人が，子どもとの社会的相互交渉過程をとおして，発達の源泉となる歴史—文化的環境と，発達の原動力である子どもの獲得活動を媒介する存在として位置づけられることが，ヴィゴツキーの立場（ヴィゴツキー，1934：1962）で重要な点であると述べている（p.75）。この大人と子どものコミュニケーションをとおして，環境の獲得活動を行う過程が精神間機能であり，獲得された精神活動が内面化し，子ども自身の中で行われるようになる過程が精神内機能である。ヴィゴツキーによれば，人の精神発達は2段階で起こり，最初に人と人の間の社会的水準で精神間カテゴリーとして現れ，その次に個人内の心理的水準で精神内カテゴリーとして現れるという（p.76）。つまり，子どもの精神発達の過程では，最初に大人の関わりによる大人と子どものや

りとりが必要ということである。

　子どもが，最初に世話をする養育者と基本的信頼感を育むことは，その後の社会生活において人との関係を築いたり，さまざまな経験を重ねたりするための基礎となり，一生涯の成長や発達に影響することがエリクソンの主張であった。ヴィゴツキーはエリクソンに先行して，人に特有の高次精神機能の発達が，精神間と精神内の二つの水準で現れることを示し，子どもの発達にとって，まずは大人とのコミュニケーションが重要であることを示唆している[76]。

　また，ヴィゴツキーが，人の思考や記憶，随意的注意などの高次精神機能の発達に関して重視した点は，常に「道具」を媒介する間接的関係であるということである。この道具には，人が外界の対象に作用する技術的，物理的な活動手段となるものと，内面に働きかける言語や記号などの心理的なものがあり，心理的道具である言語・記号は，他者や自分自身への働きかけや，自己の統制などの内面的な手段として機能し，高次精神機能の発達に重要な役割を果たすと考えられている。ヴィゴツキーは，これら精神発達に関する二つの特徴，すなわち，高次の精神機能は人々との外的な共同活動において発生し，やがて個々人の精神内へと転化すること，またその転化の過程には精神的生産の道具として記号，言語が媒介することを文化発達の一般的発生的法則として定式化している（ヴィゴツキー，1928　柴田訳 2005, p.182）。

　岩崎・田島・佐々木（2010）は，ヴィゴツキーの理論の主要なポイントとして，この道具を媒介した「主体―媒体（道具）―対象」という三項関係を取り上げ，親子の読み聞かせは，ことばという記号を含む絵本を媒介するヴィゴツキー理論の典型的な共同活動であると捉えている（p.76）。身近な養育者は，幼い子どもにとって文化を体現する第一の社会的存在であり，社会の最小単位である親子，あるいは家庭の中で行われる読み聞かせは，心理的道具に媒介された人間活動を捉える上での最少の分析単位と見なすことができる。家庭での読み聞かせ活動は，子どもがことばを獲得する2歳未満で

は絵本が媒介物となって親と子を結び，この精神間活動が精神内へと移行するにつれて，ことばの発達を促していくといわれる[77]。そして，2歳以降は親が媒介して子どもと絵本の世界を結ぶようになる。つまり，子どもは，記号媒介的活動の中で，親のサポートによってことばの意味を得て，自己や他者，絵本の登場者などとの対話が可能になり，随意的注意，論理的記憶，概念的思考などの高次の精神機能の発達が促されると同時に，文化や社会の体現者として成長していくと考えられる。

　この過程は，ヴィゴツキーの最近接発達領域の概念とも関連するといえるだろう。発達の最近接領域（zone of proximal development）とは，成熟と学習の相互依存的関係を表すモデルとして捉えられ，子どもが独力で解決可能な現時点での発達水準のほかに，大人や年長者などの認知的に有能な人が援助することにより，達成できる潜在的な発達可能水準を仮定するものである（田島，1996，p.76）。したがって，この二つの水準のずれの範囲が発達の最近接領域であり，子どもの教育は発達の最近接領域に適ったものであり，子どもに潜在する可能性に働きかける大人の関わりが必要といえる。

　ヴィゴツキーは，ピアジェ（Jean Piaget, 1896-1980）の成熟を軸とする認知的発達理論に異を唱え，「発達は社会化の方向に進むのではなく，社会的関係が精神機能へと転化する方向に進むもの」（ヴィゴツキー，1928 柴田訳 2005，p.184）であり，教育的な働きかけが，成熟に依存しながらも先導的役割を果たす可能性を主張した。この認知的差がある精神間の社会的相互関係は，大人による教育的活動の場となって，子どもが外界に能動的に関わりながら自己内へと精神機能を取り込み，再構築，発展させることを可能にする（田島，1996，p.76）。

　こうしたヴィゴツキーの発達理論が，適用可能と考えられる大人と子どもの教育的活動の一つに，親子による絵本の読み聞かせがあげられる。田島らは，親子の絵本の読み聞かせを，記号媒介的な養育者による語りかけ活動とみなし，精神間の語りかけが子どもの自己内対話，および自己表現・社会的

対話活動へと深化，発展する構造過程を仮定して検証した（田島他，2010，岩崎他，2010；2011，岩崎，2013，未公刊）[78]。養育者などによる歌いかけや読み聞かせをはじめとする語りかけは，大人と子どもの非言語的・言語的刺激のやりとり，つまり対話であり，対話的な活動が親子の情動的つながりを築き，その後の言語発達，認知発達へと発展することが示唆されている。

Table 3-1　読み聞かせ活動の構造と機能の『2段階・5ステップ』発達モデル

第1段階	Step 1	0歳代前半	〈母子一体感をベースとした二項関係の体制作りの時期〉 Step 1-1：母の語りかけや読み聞かせが子どもの注意や興味を引き，母の共鳴的発声やバブリングを通したやりとりを通して，母子の一体感を楽しむ。
		0歳代後半	〈共同注視の体制作りの時期〉 Step 1-2：本を介した対話的交流で，社会的対話・共同行為を通して母子が共同で世界をみるための体制（共同注視）を構築すると共に母子の絆を完成させる。
	Step 2	1歳代	〈言語刺激の自己内対話再構成の時期〉 読み聞かせ（親と子が本を介して共同で"実体験的"に世界を見る行為）が，子の内部に内面化されつつある「自己内対話」のプロセスの段階（母語の獲得が盛んになる）。
第2段階	Step 3	2歳代	〈「言葉の対象化」と象徴遊びへの展開の時期〉 自己内対話の再構成の定着を基盤に，ことばそのものへの興味・関心が生まれ，本の内容や描画や，ごっこ遊びなどの象徴的活動・自己表現活動が盛んになる。
	Step 4	3歳代	〈脱文脈的ことばの獲得と「素語り」活動への展開の時期〉 物語を全場面を通して語る「素語り」活動や，作話活動などにより，文脈に埋め込まれたことばが次第に脱文脈化されてくる。
	Step 5	4歳代	〈文字を介した読書活動への展開の時期〉 Step 5-1：絵日記活動などを通して，文字が描画などと同じ自己表現活動の一手段として定着し，読書が「自分自身への読み聞かせ」活動として機能し始める。
		5歳代以降	〈言語リテラシー獲得の完成の時期〉 Step 5-2：読書に必要な言語リテラシー能力の獲得が果たされるとともに，読書で蓄えられた認識や言語操作能力・知識を使って，社会的なコミュニケーション能力の向上へとつながる。

（田島・中島・岩崎・佐々木・板橋・野村（2010），p. 137. Table 1. より一部変更）

(3)対話性―Bakhtin の発話の概念

　早世したヴィゴツキーが，十分に展開できなかった社会的相互行為の理論的枠組みを，「人間の行為は道具や言語といった媒介手段（mediational means）を用いているということであり，これらの媒介手段が行為の形成に本質的にかかわっている」（ワーチ，1991 田島・佐藤・茂呂・上村訳 1995, p.29）という基本概念に基づいて発展させたのが，ロシアの記号論者 Bakhtin（バフチン Mikhail Bakhtin, 1895-1975）である。

　バフチンは，精神間機能で働く媒介手段として，言語を用いる点ではヴィゴツキーと同様であるが，大人と子どもの二者間，あるいは小集団から対象を広げ，社会文化的文脈との結びつきを発話の具体的メカニズムを用いて説明した（田島，1996, p.80）。バフチンによれば，発話とは「コミュニケーション活動の媒介手段としての言語という意味で，主体が発する具体的発話という形をとってはじめて言語は存在するという考え方が底流にある（Bakhtin, 1986）」（p.80）といわれ，ワーチ（1991 田島他訳 1995）は，バフチンが発話を「言語コミュニケーションの現実的な単位」（p.73）として分析した点について，他の言語学者とは異なると評価している。

　バフチンの言語に対する考え方は，言語はある特定の意味を持っているが，使用者や用いる日常的な文脈によって，意味が変化するという社会的性質を見通したものであることを指摘している（クラーク・ホルクイスト，1984 川端訳 1990, p.26）。また，発話の概念は声の概念であり，声とは「人格としての声，意識としての声」（ワーチ，1991 田島他訳 1995, p.74）と固有に結びつき，発話は声によってのみ作り出されることが可能であると考えられている。したがって，発話は，通常の整合性と体系性に基づく言語学的な分析だけでは十分な考察とはなり得ず，ワーチによると，バフチンは，発話を声と対話性による「超言語学」からアプローチする必要性があることを主張している（pp.72-77）。つまり，声は人の思考活動とみなすことができ，精神間，精神

内両面にわたって生起する声による対話は，用いる人や場所，目的などさまざまな社会的文脈に応じて，異なった意味を持つ発話として現れると考えられる。

　ワーチ（1991 田島他訳 1995）は，バフチンの「声」という概念を用いるにあたって多声性を重視し，ヴィゴツキーとバフチンの二人には，人間のコミュニケーション的な実践が，個人の中での精神機能の発達をもたらすという視点から，共有する三つの基本的な考えがあると述べている。その三つとは，「第一は，人間の精神活動を理解するためには，行為の媒介として用いられる記号装置を正しく理解しなければならない」(p.29)，「第二には，人間の精神機能は基本的にはコミュニケーション過程と結びついている」(p.29)，「第三には，人間の精神機能は発生的ないしは発達的分析によってのみ正しく理解することができる」(p.29) という考えである。

　これらの考えは，「声」という用語を使うことによって，人の精神活動では，一人でいる時にもその心の中では他者との対話的なコミュニケーションが生じていることを想起させ，社会的なやりとりを基盤にして，個人内の精神活動が発達することを示しているといえるだろう。ワーチ（1991 田島他訳 1995）は，バフチンの理論を用いて「媒介された行為という概念には社会的なコミュニケーション過程と個人の心理的な過程とは密接な結びつきを持っている」(p.30) ことに着目し，「対話性，つまり話し手がことばを発するときには，少なくとも二つの声が同時に聞こえている」(p.30) と述べ，対話の多声性を強調している。

　また，「声は，主体の意思やアクセントを反映しているだけでなく，主体が発話する相手（対象）の声（意志，アクセント）を反映している」（田島，1996, p.81）が，このことは，発話の「宛名性」(p.81) といわれる。そして，発話とその意味は，主体と宛先人の声がぶつかり合うプロセスから生じ，「声は先行する発話に対する何らかの応答であり，また，その後に続いて出てくる他人の反応をも予測している」（ワーチ，1991 田島他訳 1995, pp.76-77）

といわれるように，対話は，常に宛名性と二つ以上の声を含む多声性を含んでいる。

さらに，Bakhtin (1986) が "This is fairly primitive and very ordinary phenomenon of double-voicedness in daily conversational speech communication, in dialogues and debates on scientific and other ideological subjects." (p. 110)「発話は対話的な倍音で満ちている」(バフチン，1986 新谷・佐々木・伊東訳 1988, p. 175) と述べているように，発話とその意味は，「一人の話し手の具体的発話が別な人との発話と出会い，相互に影響し合い，活性化される」(田島，1996, p. 81) 過程をとおして形成されることが指摘されている。田島 (1996) によると，こうした内的な対話過程を経た発話が，他者の発話とのやりとりをとおして相互活性化されることにより成立する言語コミュニケーションは，個人が他者の発話を理解する過程であり，認識形成の中心的メカニズムである。

このようなバフチンの理論は，人の精神発達が社会文化的な要素と深く関わることを発話と声の概念を用いて説明したものであり，精神発達の基盤となる言語は，発話という具体的な言語的コミュニケーションの形をとって存在することを論じている。したがって，バフチンの対話の概念は，日常的な言語的コミュニケーションとなる精神間のやりとりが，子どもの言語理解や他者理解などの精神内の思考活動を促進することを示し，記号媒介活動としての親子の読み聞かせの意義を裏付けると考えられる。

本章の冒頭で述べたが，絵本の読み聞かせは，「絵本を介した記号媒介的相互行為で，養育者の『語りかけ』活動」(田島他，2010, p. 132；岩崎，2013，未公刊) であり，最初に大人によって与えられる対話的な社会的相互行為であると同時に，日常的に繰り返されるコミュニケーション活動といえる。大人と子どものやりとりをつなぐ絵本は，いうまでもなく絵や文章によることば（記号）を持つマルチメディアであり[79]，幼児期では大人が子どもに読み聞かせる対話的活動を経て，子どもの中に占有される読書活動に発展すると

考えられている。つまり、読み聞かせで生じる対話は、養育者との共有段階から子どもの精神内活動へと移行し、子ども自身が目から読む絵や耳から聴く文章をとおして、養育者や作者の声と対話したり、独自の読みとりをしたりしながら、他者の発話を理解する経験につながるといえるだろう。

ことばを介したコミュニケーションは、絵本の読み聞かせだけに限らず、子守唄やいないいないばーなどの「語りかけ」的な遊びにも含まれ、子どもがことばを覚える以前から、大人と子どもの認知的非対称な関係性の中で繰り返されるものである。これらの記号媒介的な活動は多様であり、読み聞かせに特化した影響を確定することは難しいが、絵本は視覚的情報と聴覚的情報の両方を備え、言語的能力の異なる大人と子どもの対話的活動を助ける道具として有用であると考えられる。

(4) Bruner のコミュニケーション学習

人の精神発達には、二人以上の内的な対話活動による発話のやりとり、つまりコミュニケーションが必要であることが、ヴィゴツキー、バフチンらの研究によって示されている。対話的コミュニケーションは、聴覚的な声や言語ばかりではなく、非言語的な人の顔や表情、動作などの身振りでも可能である。

Bruner (Jerome Seymour Bruner, 1915-) は、乳児が生来的に人の声や顔、動作、身振りなどに反応する「社会的」存在であることを、ダニエル・スターンとベリー・ブラゼルトンらの先駆的研究に基づき、乳児の活動は乳児と相互作用をもっている大人によって、明らかに早期から活性化されると述べている（ブルーナー, 1983 寺田・本郷訳 1988, p.14）。

子どもは、潜在的に人と関わる能力を持って生まれ、対話的活動による社会的相互作用や学習などによって、いっそう社会的な存在へと発達するが、そのためには、対話を維持する情動の働きと、大人と子どもの認知的非対称性を補うサポートが必要となる。幼い子どもが、大人と言語的なコミュニ

ケーションをとる場合，ことばの理解や使用法，語の流暢さなど言語活動の多くの面で，圧倒的な差があることは明らかである。乳児が，このような非対称的な関係の中で，急速に養育者とのやりとりを発展し得るのは，養育者に対する愛着，あるいは自発的な行為の発現に関わるコンピテンス（competence）を基盤とする間主観性の形成が関わっている（寺田・本郷訳 1988, p.15, p.186）[80]。

　間主観性とは，「相互（ないし共同）主観的な状態ともいう。ある事象や状況が，個人の主観の中でのみ感知されるのではなく，複数の主観の間で共有され，相互かつ対等に交わされる関係のことをいう」（寺田・本郷訳 1988, p.190）と説明されている。すなわち，乳児が泣くことを例にすると，母親が子の泣く理由を次第に理解できるようになるとともに，母親の理解との一致を期待する子どもが，泣き方や声の出し方をパターン化する力が育つように，双方が互いの注意の型や調和を図る関係といえる。

　お互いが理解し，共感しあえる関係は，成人においても安定した人間関係を形成するが，幼児にとって愛着関係にある養育者と共有するやりとりは，幼い子どもの喜びとなるに違いない。このやりとりにともなう喜びは，「カール・ビューラーが活動それ自体にある喜びについて"機能的悦楽"（Functionslust）と言ったものと同じもの」（寺田・本郷訳 1988, p.44）と考えられ，自発的に社会的相互活動に向かう情動を喚起するのではないだろうか。ブルーナーは，乳児に対して社会的な応答をすることは，子どもの学びへの意欲を高める強化因子として最も有効であると述べている（寺田・本郷訳 1988, p.15）。

　また，ブルーナーによれば，子どもの言語獲得は，最初の語彙を発する前の段階で，母親と子どもとが互いにやりとりを察知できるようなフォーマットを形成してコミュニケーションを行い，物事を共有したり構成したりしていく時から始まっている（寺田・本郷訳 1988, p.5）。

　このように，ブルーナーは，乳幼児における言語学習の基礎として，子ど

もと母親のやりとりの重要性を主張している。さらに、子どもが言語を獲得することは、言語を使って物事を成し遂げる必要があるためであり、語用論的側面から子どもが文化的存在になるための援助が必要であることを主張している。すなわち、ことばは本来使って覚えるものであり、親は子どもとのやりとりの中で、子どもの側からの信号を捉えて応じつつ、それを文脈に意味づけたり調節を行ったりして、相互のコミュニケーションの対応を図る必要がある。

　ブルーナーの乳児の言語獲得過程に関する理論は、「イナイイナイバーのいろいろな変形やお馬乗り（Ride-a-Cock-House）、貴婦人の乗馬（This-is-the-Way-the-Ladies-Ride）」（寺田・本郷訳 1988, p.42）などのゲーム的な遊びや、絵本の読み聞かせの中で行われるさまざまなやりとりをとおして、分析され実証されている。分析過程でみられた「交換可能なやりとり（turn-taking）」（寺田・本郷訳 1988, p.43）は、一方は子どもから発する微笑などの「表情」、泣き声や喃語などの「発声」のほか、対象物に向かって手を伸ばすreachingや指差し（pointing）などの「身振り」による働きかけである。他方は、母親がそれらの子どもからの働きかけを受け取って、ことばや動作で応答するものであり、やりとりはこの両者からの相互的なコミュニケーションであり、行為者と受け手（経験者）という役割は常に交代する（寺田・本郷訳 1988, pp.45-142）。

　こうした相互的活動を繰り返す結果、乳児の行動は母親により調整され、全体としてまとまった文脈がとれるようになることが理論的、実証的に明らかになった。要約すると、母子相互のやりとりがフォーマットを形成し、フォーマットに参加するための母親の足場かけ（scaffolding）が子どもの側にある言語獲得装置（Language Acquisition Device、以下 LAD）に作用することにより、子どもは指示と意味づけの方法、意志の伝達や要請の方法など文法を習得するのである[81]。ブルーナーによると、このフォーマットが人間同士の相互作用を構成していく言語獲得援助システム（Language Acquisition

Support System，以下 LASS）の主要な媒体であり，言語の使用を習得しようとする話し手への援助方法となる（寺田・本郷訳 1988, pp. 144-145)[82]。

また，ブルーナーはニニオ（Anat Ninio, 1944-）との共同研究において，生後8ヶ月から1歳6ヶ月までの男児について，母親との絵本読み場面を縦断的に観察している（Ninio & Bruner, 1978)。ブルーナーは，「子どもが大人との間で言語を系統的に使用する最初の機会は，ゲームによって与えられることが多い」（寺田・本郷訳 1988, p.42）と述べているが，この読み聞かせの観察場面でも具体物への命名（labelling）など，ゲーム的なフォーマットを見出している。これらは，Attentional Vocative（注意を喚起する呼びかけ），Query（質問），Label（命名），Feedback（フィードバック）の4種である。

母親が発達初期の子どもに絵本を読み聞かせる場合，絵本に描かれた絵を話題にしてやりとりが行われることが多い。Ninio & Bruner（1978）は，この観察場面から聞く，話す，あるいは答えるなどの役割とその交代を含むやりとり，共同注意，系列化した構造を含むゲーム的なフォーマットが[83]，絵本の読み聞かせにも最初から確立していることを見出している。母親は4種のフォーマットを用いて，初めはどんな発声でも容認するが，子どもの言語的伝達能力の発達に合わせて，次第に標準的な表現形式をすることを促すなど，要求の水準を上げていく。つまり，援助の足場が順次外され，母親の応答形式の変化に従って，ゲーム的なやりとりは変形されもする。

ブルーナーの「本読みフォーマット」（寺田・本郷訳 1988 p.87）は，子どもの言語獲得の進捗状況によって母親が細やかに調整する LASS の一形態であると考えられ，最初は母親が子どもの注意を喚起し，共同注意を促す。そして，母親は質問を発し，名称を教え，子どもからの反応はどんなものであってもフィードバックすることをとおして，子どもが事物とことばを結び付けることを援助するが，母親が果たす役割は，自ら意識する以上に複雑である。ブルーナーによれば，母親の LASS は，ことばが文化の道具であると同時に，文化を創造するものであることを大人が伝えていく機構の一部と

して中心的位置を占めるものであり，この特定の大人との初期のやりとりの中で，子どもは「文化テキスト」(cultural text) を理解する最初の機会を与えられるという（寺田・本郷訳 1988, p.145）。

母親は本読みフォーマットの中で，子どもとことばで何かを成し遂げることに夢中になるが，実際，子どもはこうしたフォーマット的な社会的相互作用をとおして，そこで使われることばの統語法，意味論，語用論を学んでいく。ブルーナーは，子どもが言語を習得する際に，この三つの言語の局面は「相互に独立したかたちで学習されるはずもないし，論理的にみて学習されることもありえまい」(寺田・本郷訳 1988, p.5) と述べ，ことばは現実生活で見られるように，相互依存的に学習されると論じている。

ブルーナーが論証した言語学習の過程は，その後に続く絵本の読み聞かせ研究に大きな視座を与えている。特に，ことばが子ども側に生得的に準備された LAD と称される精神内機能だけではなく，母親側が用意する LASS をとおした精神間のやりとりが先行する点は着目点であるといえる。ヴィゴツキー，バフチンによる理論は，主に子ども側の発達に注目しているが，ブルーナーは大人の側の援助システムにも焦点を当て，子どもが相互交渉のフォーマットに参加するために，大人の適切な援助的関わりの必要性を提示している。つまり，大人がフォーマットを用意して，子どもの発する信号に感度よく気付いて意味付けをしたり，子ども側からの働きかけに適切な応答をしたりする親的な資質の発達が大切であることがわかる。

絵本の読み聞かせ活動は，こうした LAD と LASS の相互作用を促すさまざまな文脈を提供し，子どもと大人の両者の発達的変化を促進すると考えられる。また，絵本自体が，乳幼児ばかりではなく，文字だけでは十分な理解が難しい子どもに対しても，生活経験を補う記号的媒介物として効果を発揮すると考えられるが，そのためには大人の調整的な関わりが必要である。このように，親子の読み聞かせ活動は，Cole (1996, p.382) のリテラシー獲得過程を説明する「大人―記号的媒介物（絵本）―子ども」という関係と，「子

ども―記号的媒介物（大人）―絵本」という関係を含み，子どもの豊かなリテラシーの獲得につながること，および親的な関わりを促進する可能性があると考えられる。

3節　絵本の読み聞かせに関する先行研究

　絵本の読み聞かせは，乳幼児期の発達的効果が期待できる活動として，古くから家庭や集団保育・教育の場で実践されてきたことは周知の事実である。子どもが絵本を好み，日常的に行われる養育者による読み聞かせが，子どもにとって楽しみとなったり，生活のリズムをつけたり，また親にとってもリラックスした気分をもたらすことは，経験的に認められてきたといえよう。
　しかし，絵本の読み聞かせや絵本の効果が，研究対象として科学的視点を持って検証されるようになったのは比較的新しく，発達心理学研究では1970年代後半より多く報告されるようになったといわれる（岩崎，2013，未公刊）。また，教育心理学や保育実践の領域が，幼児の言語や社会性の発達を中心として，母子相互作用の側面からも絵本の読み聞かせに注目し，効果が検証されている。
　絵本の読み聞かせに関する研究は，親子など家庭を中心とした個別的な場面と，保育所や幼稚園などの集団場面に大きく分けることができる。また，研究内容は，子どもの言語や語りの発達など子ども側に注目する研究と，母親を初めとした大人側の働きかけなどに注目する研究，および両者の相互作用に関する研究のほか，絵本の挿絵効果や障害児教育への応用など多方面にわたる。本節では，最近20年ほどの国内の先行研究を中心に概要を省察する。

(1)集団保育・教育場面での絵本の読み聞かせ研究

　まず，集団保育・教育の場面では，横山・水野（2008）が幼稚園の5歳児クラスの観察に基づき，集団保育における絵本の読み聞かせの意義を問いて

いる。横山・水野は,「保育者と子どもたちの安定した信頼関係の上に積み重ねられる共有体験(一体感),絵本と子どもの生活が連続した読み聞かせであること」(p.41)の2点を集団での読み聞かせの意義と考え,選書や読み聞かせ場面の発話を検証した。

その結果,保育者が絵本を読む際には,絵本の内容と生活体験との結びつきを考慮して選書が行われていること,保育者の発話は読みの最中には見られず,開始前と終了後に集中すること,保育者のねらいと関連する読み聞かせスタイルがあることがわかった。横山・水野は,こうした保育者の働きかけが,集団の中で子ども同士が楽しさを共有し,一体感を育む特徴があると述べている。

さらに,保育者が感じる読み聞かせの意義として,集団での一体感をあげているが,保育者らは一体感をもたらす要因として,保育者と子どもの信頼関係よりは,絵本の内容にあると考えていることが指摘された。保育者は,子どもの発話をとおして子どもとの一体感を感じており,絵本の選択によって,子どもの自発的な発話や,保育者が意図する発話を促進することを実感していた。子どもと関わる大人は,第一に信頼感を築くことが重要であると考えられるが,子どもの視点に立った選書も子どもの信頼を得る一つの手段といえるだろう。

また,横山(2003)は,同じく5歳児クラスを対象として「ねずみくんの絵本」シリーズを用いた読み聞かせの事例を分析している。「ねずみくんの絵本」は,『ねずみくんのチョッキ』,『ねみちゃんとねずみくん』などを初めとしたなかえよしお(作)と上野紀子(絵)のコンビによる子どもたちに人気のある絵本シリーズである。

横山は,読み聞かせが幼稚園での活動としてどのように行われているかを,園児の発話や保育者の活動など多面的に分析しているが,研究の焦点がシリーズ絵本の要素と,幼児の絵本への関心に向けられている。そのため,子ども自身が,読み聞かせ活動をどのように受け入れているかなどの詳細な分

析に至っていない点が残念である．しかし，絵本の要素が重要である点が示唆されたことは，先に述べた横山・水野（2008）において，保育者と子どもの信頼関係を築く要因として，選書が保育者に重視されている点につながるものと考えられる．

　横山は，さらに3歳児クラスを対象にした集団場面での絵本への関わりと，家庭での絵本体験との関連も検討している（横山，2006）．絵本と子どもの関わりは，家庭と保育の場で別個に取り上げられるべきではなく，両場面を関連付けて捉える必要性があるということが横山の指摘である．調査は，家庭での絵本体験を問う保護者への質問紙と，幼稚園入園後一学期間をとおして，子どもがいつ絵本に関わるか，どのように関わるかという視点からの観察を行っている．

　その結果，入園間もない園児は，活動と活動の合間に絵本を手に取ることが多く，絵本への関わり方も眺めるだけであったり，友だちと一緒に読んだり見たりするなど多様性が見られ，保育者の働きかけに期待される部分もあると報告された．また，家庭での絵本体験は1歳半までに8割以上が読み聞かせを開始し，入園時にも大半の家庭で読み聞かせが行われていることが明らかにされた．

　横山は，家庭と幼稚園での絵本体験を園児ごとに検証していないため，直接的な家庭での絵本体験と幼稚園での絵本体験の連続性や関連性は見えてこない．しかし，「1人ひとりの子どもに，丁寧に絵本との出会いの場を提供していくこと」(p.99)が，絵本の効果を生かすために必要であると考察している点は，絵本を子どもに良い経験として，一様に与えることへの危惧を呈していると考えられ，読み聞かせの意義を振り返る契機となっている．

　佐藤・西山（2007）は，絵本の集団読み聞かせにおける楽しさの共有過程を子どもの発話活動とイメージ活動に基づいて微視発生的な分析を行った[84]．佐藤・西山はヴィゴツキーやブルーナーの言語発達研究や，ヴァイゼッカー，およびボールドウィンなどの知覚運動研究を理論的背景として，絵本の語り

や物語イメージの生成を集団の力動の中で捉え，現象学，社会心理学などを踏まえて検証を行っている。

　観察の視点は，使用した5冊の絵本の内容と構造，保育者の発話などをとおして，保育者の読み聞かせ活動に共振しながら絵本に関わる年少児たちの様子である。観察は，注意集中の指標となる視線（幼児全体の注視％／秒），音声分析ソフトによる時系列的音声波形と音圧の分析，発話の文字化による発話タイミング分析の3手法をもって総合的に分析された。主な分析対象となった絵本は，『おおきなかぶ』（トルストイ再話，佐藤忠良画，内田莉莎子訳，福音館書店，1966），『パパ，お月さまとって！』（エリック・カール，1986　もりひさし訳，偕成社，1986），『どろんこハリー』（ジーン・ジオン作　マーガレット・B・グレアム絵，1956　渡辺茂男訳，福音館書店，1964）であった。

　その結果，『おおきなかぶ』では，幼児の表現行為として発話活動が中心にみられ，『パパ，お月さまとって！』では，視覚的イメージに喚起されるイメージ活動が活発であった。また，『どろんこハリー』では発話活動，イメージ活動とも不活発であり，子どもたちの活動や興味を引き出すような話題展開には必ずしもなっていないと報告された。『どろんこハリー』は，40年以上のロングセラーであることを考慮すると，この結果に関するより深い考察が課題の一つとなるのではないだろうか。

　調査は，絵本の内容，および発話の記録とともに注視割合，音声，音圧などの科学的手法によるデータから，絵本ごとに幼児の反応が裏付けられている点では，実証的な研究として信頼性が高いと考えられる。一方で，絵本の構造については，昔話絵本と創作絵本の違いを言及するに至っておらず，繰り返しを強調する昔話絵本と，仕掛けなどが工夫された創作絵本を偶然に選択し，比較しているようである。

　また，『おおきなかぶ』は，昔話を題材とする絵本の代表ともいえるが，用いた5冊の内の1冊『14ひきのおつきみ』（いわむらかずお作，童心社，1988）との比較から，後者には『おおきなかぶ』にみられたような一体感が

生じない結果となったことが報告されている。『14ひきのおつきみ』は，人気のある創作絵本として，長く子どもたちに親しまれている絵本である。このような結果が生じた要因が省察されていないが，児童文学の領域からも興味ある結果であり，物語構造や子どもの認識度なども併せた検討を期待したい。

　絵本選択は，読み聞かせ研究の中でも注目されることが多いが，堂野（恵）・光本・堂野（佐）（2008）は，向社会性をテーマとした絵本が，子どもの社会性発達を促す可能性を検証した。子どもの学習は，直接学習ばかりではなく，モデリングなどの観察学習によっても発展することが，社会的学習理論によって示唆されている。幼児の直接的な学習体験は，児童期以降に比べて限られているため，堂野他は間接的な学習体験の一つとして絵本の読み聞かせに着目し，友だちをテーマとした絵本を1週間継続して読み聞かせ，社会的行動について子ども自身と保育者の双方から評定を行った。

　その結果，社会性を測定する3領域各3項目についての読み聞かせ前の基本査定と，読み聞かせ後の効果査定との差の分析から，1週間の継続的な向社会性をテーマとする絵本の読み聞かせが，向社会性の発達促進効果を持つことを示唆している。

　以上のように，絵本が幼児に身近な学習媒体として，社会性の発達に影響し得る結果が示されたが，幼児自身も評定者となったため，用いた評価スケールは複雑な社会性のわずかな面のみの測定になったと考えられる。また，学習効果は認められるが，一時的である可能性もあり，短期間での読み聞かせ効果が，子どもの社会性として定着するまで持続するかの疑問が残ることから，継続的な調査による検討が必要であろう。

(2)家庭を対象とした読み聞かせ研究

　a．ブックスタート関連

　絵本の読み聞かせが，家庭での読書推進活動として注目されるようになった契機は，1992年にイギリスで始まったブックスタートプログラム（以下，

ブックスタート)にあるだろう。このプログラムは,移民系労働人口増加にともなう多民族化したイギリスの識字率低下,子育て不安の増加や親子関係の希薄化などの社会問題を背景として,発達早期から平等にことばや文字に出会う機会を提供しようとしたものである(藤井,2010)。ブックスタートは,生後9ヶ月の乳児とその養育者300組を対象とし,絵本2冊,イラストガイド,遊び歌をプリントしたビニールマット,子育情報冊子をセットにしたブックパックを,バーニンガム市の三つの地域で配布することから始まった[85]。

その後,Moore & Wade(2003)が追跡調査を行った結果,ブックパック利用者の家庭では,本および読書に対する積極的・好意的な傾向や,子どもの基礎学力の向上,親子間の会話促進,家庭で過ごす時間の増加などが認められ,子どもの読書環境形成と学習への効果が報告されている。

日本では,イギリスに学んだNPOブックスタートが2000年に立ち上がった。石井(2013)によると,NPOブックスタートは,0歳児健診時に絵本などが入ったブックスタート・パックを配布する活動を中心として,各地域に対する情報提供や研修事業等,さまざまな事業支援を全国展開で推進している。各自治体の実施状況は,全国1750市区町村のうち2010年10月では751市区町村,2015年9月には934市区町村が取り組んでおり,赤ちゃんと保護者が,絵本を介して心ふれあう時間を持つことを目的とする活動が順調に展開している[86]。

ブックスタートが始まった前年は,長引く少子化が懸念される中,少子化対策推進基本方針,およびこれに基づく重点施策として新エンゼルプランが策定された。Moore & Wade(2003)の報告は,日本においても母子支援活動としてのブックスタート取り組みへの期待を高め,各地へと広まっていったと考えられ,ブックスタートに関連した絵本や読み聞かせの効果検証が行われてきた。

秋田・横山・森田・菅井(2003)は,NPOブックスタート支援センターの

研究委託と助成により，ブックスタート協力家庭の母子相互作用について，1歳代の幼児を対象とした絵本の読み聞かせと積木遊び場面の比較から，この時期に特徴的な相互作用を検討した。その結果，母親が絵本と子どもの仲立ちとなる読み方をしていること，絵本の読み聞かせでは，積木遊びに比べて子どもに多くの言語情報が与えられ，「説明」，「質問」，「指示」などの発話形態が万遍なく用いられたことが報告されている。

　また，母親は子どもの注意中断に対して，絵本の読み聞かせでは発話をともなう注意喚起が積木場面に比べて多く，子どもと距離をとったり，見守ったりする対応が少ないという特徴が示唆された。ブルーナー（1983 寺田・本郷訳 1988）は，ゲームなどの遊び的なやりとりが，言語獲得を推進する母子相互作用を促すと述べているが（pp.42-44），遊び的なやりとりの中でも，記号媒介物の質として，絵本は積木よりも養育者の積極的な言語的関わりを必要とし，またそうした関わりを引き出す効果があるといえるだろう。

　ブックスタートの有効性は，藤井（2010）による母親に対する意識調査からも検討されている。藤井は，ブックスタート認識度や活用状況，感想，育児への変化などを問う質問紙調査とインタビュー結果から，ブックスタートの認知度は高く，肯定的に受け止められ，乳幼児への読み聞かせは母親に良い変化をもたらすことを示唆している。

　しかし，母親が読み聞かせにストレスを感じたり，絵本に対する子どもの反応に不安を感じたりする場合もあり，読み聞かせや絵本の楽しさを感じられるための地域的な取組が課題であることも示唆された。藤井が述べるように，読み聞かせの負の面に対するフォローアップは，今後の読み聞かせ研究の課題の一つと考えられる。

b．親子のやりとり・母子相互作用・語りなど

　薮中・吉田・村田（2008：2009）は，絵本の読み聞かせで生じる母子のやりとりを0歳から2年間にわたって縦断的に観察し，親子関係の成長過程を

分析した。母子の行動は，12項目の観察視点を中心に5秒ごとのワン・ゼロ・サンプリング法により算出された。

その結果，子の絵本への関心が次第に高まり，指差し行動が見られること，母親の行動は，子に制御を与える態度から見守りへと変わり，子の絵本への関心が高まるにつれて，母親も絵本を介する発話が増えることが示唆された。しかし，母子の行動傾向や相互接触の一貫性，特徴の把握までには至らず，やりとりの変化は，子に提示した絵本に対する興味の有無が影響している可能性を示唆している。また，母子の発話は，文単位で区切り，18項目から成る分類カテゴリーを用いて分析された。その結果，母親がほとんど全てのカテゴリーに何らかの言及を行っていることが示され，話題の選択では，各親子による独自性が検出された。そして，絵本を介した発話では，子への否定的な発話はほとんど生じなかったと報告された。

以上の結果では，行動や発話が，親子ごとにどのように変化していったのかを体系的にまとめているとはいえないが，薮中他の分析もブルーナーのフォーマット理論を援用した親子のやりとりに注目した研究といえるだろう。ブルーナー（1983 寺田・本郷訳 1988）が述べているように，読み聞かせの中では，母親が子どもに合わせてやりとりのフォーマットへの参加を促すため，取り上げる話題には独自性があって当然と考えられるが，各親子に共通する論点を見出していく必要もあるだろう。

栗山・瀬戸・蓮見・星・前川（1995）は，1歳から3歳児を対象とした母親の働きかけによる乳幼児の社会化を検討し，社会化の指標となる子どもの言語発達が，母親の働きかけと対応関係にあることを示唆している。調査は，低出生体重児2組と満期産児2組の母子を対象として，子どもが1歳，1歳半，2歳，2歳半，3歳の時に絵本の読み聞かせ場面の観察を行い，対話のトランスクリプトと母子それぞれの行動ユニットによる分析が行われた。

その結果，発話は平均発話の長さ（Mean Length Utter, MLU）に個体差はあるが，加齢にともなう増加傾向が明らかであり，MLU値が大きくなるに

つれて発話にヴァリエーションが生じ，絵本の内容理解や表現に変化が見られることが示唆された。また，行動ユニットは母親と子どもとに分け，母親の働きかけは，命名，単純言語要求，フィードバックを指標とし，子どもの反応は応答的，自発的行動の二つの指標から分析された。母親の発話は，子どもの月齢にともなって叙述が増加し，内容も発展的になり，子どものMLUとの明らかな相互関連があることの他，3歳になるとルーチン化も見られたことが報告された。

栗山他の研究は，4組の親子を対象とした事例的なものであるが，ブルーナーの論じた母子間のフォーマット形成を，MLUなどの客観的指標に基づいて実証したと考えられる。

黒川（2009）は，2歳児と4歳児への読み聞かせ場面から母子相互作用と子どもの"語り"の特徴を比較し，母子の対話の中で発展する子どもの"語り"の発達的変化を検証した。その際，分析場面は絵本の「読み聞かせ場面」と，読み聞かせ後の「発展場面」を設定し，読み終わった後の母親の関わりと子どもの反応に着目した点に新規性が認められる。

その結果，2歳児は4歳児に比べて絵本を介したやりとりが活発に行われ，対話の中での母子の「共同作業」としての"語り"が見られ，母親の「足場かけ」によって"語り"を形成したり，動作をともなう多様な表現をしたりすることが観察された。このことは，発展場面においても同様であり，母親は子どもの発話を促すきっかけとなる質問をするなど，話しを発展させる足場を作ることが示唆された。

一方，4歳児は，母親とことばによる表現など，目に見える相互作用は活発に行わないが，ストーリーを視線で追うなどの内言活動が活発になり，読書活動につながることが示唆された。4歳児は，考えながら語る「自己内対話」や文字への関心を示す"語り"が特徴的であり，母親だけではなく不特定多数の"語り"へとつながることが示唆されている。その為，発展場面は，読み聞かせ場面に比べてひとまとまりの発話数が増え，母子相互作用が活発

に見られることが明らかになった。

　黒川（2009）は，ヴィゴツキーの記号を媒介する精神発達理論と，バフチンの発話や多声性，社会的言語などの理論，ブルーナーのフォーマット理論などに基づいて，子どもの精神機能が大人を介して発達し，対話は腹話的に発展することを明らかにしたといえるだろう。また，黒川が示唆した子どもの発達的変化は，田島他（2010, p.137）による言語リテラシー獲得の発達モデルの一部を支持していると考えられる（Table 3-1 参照）。

　藤岡・無藤・秋田（1995）は，就寝前に行われる3歳〜4歳代の子どもへの読み聞かせ場面を観察し，4名の子どもの対話内容，対話構造から各家庭の読み聞かせスタイルが形成されていることを示した。

　3歳から4歳代の子どもたちは，2歳前後の第一次反抗期を過ぎて，物事に対する好みがはっきりし，自我の発達とともに個性が明確に現れ始める頃である。したがって，子どもたちが読み聞かせに示す反応や読まれる絵本も特徴が見られるに違いない。しかし，藤岡他は絵本の個別的な好みよりも，家庭内の力動的な影響に注目している。

　藤岡他は，この時期の子どもたちは，兄弟姉妹がいる可能性も高く，家庭内であっても個別的な読み聞かせとは限らず，対話構造の家庭差は，絵本よりも参加メンバーによる影響にあると仮定し，対話内容の分類と対話構造から4種類のスタイルを抽出した。その後，観察は4ヶ月ずつ3期にわけて行われ，スタイルの安定性を評価した。

　結果は，3歳から4歳代を対象とした各家庭の読み聞かせスタイルは，安定的に維持される傾向を示唆している。藤岡他が述べているように，今後は，絵本や兄弟姉妹関係などスタイル形成に影響を及ぼす要因を，複合的に検討することが望まれるだろう。

　家庭における読み聞かせは，母親の働きかけによる子どもの発達などに視点が向けられがちであるが，齋藤・内田（2013）は，読み聞かせに母親の養育態度が与える影響を検討している。家庭での読み聞かせは，育児行為の一

つとして捉えることができ，母親の育児に対する傾向は，読み聞かせにも影響すると考えられる。

齋藤・内田は，母親の育児態度を「共有型」と「強制型」に分け，3歳～6歳児とその母親29組について初めて読む絵本を用いた読み聞かせ場面を観察した。その結果，共有型の母親は子どもの主体性を促す関わりが多く，共感的であることに対して，強制型の母親は，トップダウン式の説明や指示的な関わりが多い傾向が示唆された。

藤岡他（1995）が述べたように，3歳以降は各家庭の読み聞かせのスタイルが安定する傾向があるといわれるが，齋藤・内田は読み聞かせの個人差を説明する要因として母親の養育態度を取り上げ，読み聞かせと養育態度の関連を明らかにした。養育態度の違いは，母子相互作用に当然影響するものであり，絵本を介したやりとりが情緒的，かつ援助的に行われれば，子どもは読み聞かせを楽しむことができ，絵本への関心を深めることができると考えられる。

c．絵本と共同注意・相互主観性に関する研究

菅井・秋田・横山・野澤（2010）は，Tomasello（1999）の論じた共同注意（joint attention）に着目し，20組の母子を対象として1歳半，2歳半，3歳の時期でみられる共同注意の指さしに関する発達的変化について，絵本の読み聞かせ場面と積木遊びの場面との比較を行った。結果は，指さし生起頻度の差から，絵本場面での母子相互作用が積木場面よりも頻繁であるが，加齢にともない発話が生じるとともに，絵本場面の指さしは減少することが示唆された。

一方，積木場面では，発話にともなって年長児ほど指さしが増加する傾向が見られ，指差し頻度の差は，3歳時期で絵本場面と積木場面の差がなくなることが明らかになった。菅井他は，この理由について，微細運動の発達によって積木の扱いが上達し，遊びの発達にともなって見立てたものを母親に

伝えたり，共有したりしようとすることをあげている。また，田島他（2010）が述べている言語リテラシー獲得の発達段階に見られるように，発達が進むにつれて，一人読みや共同読みなどの精神内対話活動が増えることが，指差し減少の要因の一つといえるだろう。

さらに，菅井他（2010）は，絵本場面の指さしは，指さしのみと言語発話をともなう指さしが同頻度である時期から，指さしのみより言語発話をともなう指差しが多くなる時期へと移行するなど，非言語的やりとりから言語形式に次第に移行することを明らかにした。菅井他（2010）が，「人間に特有ともいえる非言語形式の指さしから言語形式への発達上の移行を，母子の絵本場面を中心として取り上げた研究」（p.56）に位置づけられると述べているように，幼児期の絵本の読み聞かせが，初期の人間の発達に特有なやりとりの場となる重要な活動であることが示唆されたといえるだろう。

櫻井（2006）は，「前言語段階の母子相互関係の研究は，その後の相互関係研究の出発点としての役割を担うものである」（p.39）と述べ，相互関係の過程を捉える上で，Trevarthen（1979）の間主観性を引用している。櫻井は，前言語段階の乳幼児の思い（主観）はことばで語られないが，動作や声の調子などをとおして，母親が自己の主観とともに子どもの主観を読みとることを仮定している。そこで，この研究では，絵本を介した前言語段階の母子相互関係を実証するための相互主観性を捉える方法の提示を試みている。

方法は，4ヶ月健診時にブックパックを受け取り，調査協力を承諾した25家庭（いずれも第一子）を対象に，可能な限り自然な日常での絵本を介した親子のやりとりを関与観察し，ビデオに撮影したエピソードが記述された。結果は，記述したエピソードのうち18例の横断的記述と，9例の縦断的記述を用いて考察された。櫻井は，このような方法を用いると，発達の個人比較になりがちな横断的記述を補って，縦断的記述で発達の流れが捉えられ，また個人の成長記録に終わりがちな縦断的記述を横断的記述で裏付けることにより，視野を広げて考察できると主張している。また，観察者が，その場に臨

む関与観察を加えることにより，間主観的な流れの把握を可能にし，撮影データの再生によって記述された内容の信頼性が高くなると述べている。

　記述データは，協力家庭が多いため，膨大な量になったと推測できるが，量的なデータに置き換えられがちなエピソードについて，関与観察を行ったことにより，その場で生起する母子の微妙な変化を捉えた記述が可能であったと考えられる。櫻井は，取り上げた27例以外にも多数のエピソード記述があり，それらの中から論旨の焦点化が可能な事例を選び，考察に加えることができたと述べている。質的な研究では，多くの事例を得ることが難しい場合が多く，このような豊富な質的データを基に分析したことは，研究方法として理想であったといえるだろう。

　しかし，櫻井の観察は，縦断的方法を付加したとはいえ，3～6日おいて行った2回のみであるため，発達的な母子の変化の流れを十分に捉えきれない可能性があるのではないだろうか。その点は，横断的記述による事例の多さが補うとも考えられるが，観察をさらに重ねることが，調査者の主観に陥りがちな記述をより信頼性のあるものにすることができると考えられる。

　角田（2003）は，「絵本は子どもたちに対して，子どもの発達特性のあり方に応じて相互主観性をもたらしていくメディアなのではないか」（p.56）という仮説の下に，乳幼児期における絵本と子どもの関わりを理論的に検討した。相互主観性は，相互主体性，間主観性ともいわれるが，子どもの主体性は養育者との関係性にあるという発達観から，「主体の世界内存在としての自律性を尊重し『相互主観性』の言葉を中心に使用したい」（p.54）と角田は述べている。

　角田は，まず相互主観性の理念を明らかにした上で，絵本と子どもの関わりを身体性，想像性，パトスの共生という三つの側面から論じた。子どもにとっての絵本とは，身体的な関わりをとおした対話から意味を見出す運動的側面を持ち，動作的表象からイメージ化する映像的表象，ことばで考えられる象徴的段階へと導くメディアであることが説明されている。そして，想像

とは,「人の内在から溢れ出てくるパトス・情念の前形象である」(p.59) と述べ,想像性の発達は,作家が表現するパトスと共生していくと論じている。また絵本の経験とは,「絵本と子どもとの生の出会いであり,作家と読み手と子どもとが絵本の世界で互いを求め会う時空である」(p.58) と述べている。このことは,ヴィゴツキーの「大人―絵本(記号)―子ども」という三項関係にバフチンの声の多声性の概念を加えると,子どもが絵本をとおして読み手である大人とやりとりをしながら,絵本の世界や作者の声との対話が可能になることを表しているといえるだろう。

さらに,角田が述べた想像性の理論的背景は,ブルーナーの「ピアジェの構造主義的な発達論とヴィゴツキーの機能主義的な発達論の長所を折衷」(岩田,1996,p.36) しようとした試みにあると考えられる。岩田 (1996) によれば,ブルーナーは,知識の表象様式を動作的 (enactive),映像的 (iconic),象徴的 (symbolic) の三つに分け,行為の習慣という形で保存する動作的表象から,イメージによる保存が可能な映像表象を経て,言語のような記号によって保存する象徴的表象へと発達すると述べている。

子どもが絵本を扱う場合を考えると,乳児期では,養育者の膝に座って読んでもらいながら,絵本をかじったり叩いて遊んだりして,知覚的に絵本と触れあい,それが何であるかを理解するのが最初の段階である。次に,読み聞かせが,養育者と行う楽しい習慣として保持されるにつれて,子どもの中にイメージとして絵本や読みあう行為が保存され,ことばを扱う段階になると絵本とは何か,読み聞かせとは何かをことばで表現する象徴化が可能となる。

角田は,フッサールやメルロ=ポンティをはじめとした現象学の理論のほか,児童文学研究者や絵本作家のことばを引用して,絵本のメディアとしての特性の一つに相互主観性を見出しているが,想像性に関しては,先に述べたブルーナーの表象発達理論との関連も深いと考えられる。

岩田 (1996) によれば,ブルーナーは表象と言語の発達について,「象徴的表現としての言語は,経験を体制化するもっとも強力な文化的道具であり,

脱文脈的な読み書きことばが，論理―抽象的な認識の発達にとって重要な役割を果たす」(pp.36-37) と述べている。ブルーナーが主張するように，象徴的言語は，文化的道具として経験をまとめる機能を発揮し，自らの体験を他者に向かって語ることを可能にする。そして，「エピソードを語ることは，単なる体験エピソードの再生にとどまるのではなく，語ることが思考であり，語ることを通して世界の意味が構築されていく」(p.42) 過程であると考えられる。

したがって，子どもが経験する絵本の中のイメージは，「作家と読み手，子どもとがひしめきあい，せめぎあって共一パトスを生きている」（角田，2003, p.59）絶対的主観であるが[87]，同時に共生に根付く主観であり，相互主観性でもある。絵本がもたらす相互主観性の成り立ちが，共生する他者に向けた語りを促すと考えられ，それは思考活動として象徴段階へと向かうこと，つまり精神発達を促すことであるといえるだろう。

このような表象過程の発達は「読み聞かせ活動の構造と機能の発達モデル」（田島他，2010, p.137：岩崎，2013，未公刊）に示された2歳代以降の第二段階に該当し（本書 p.106, Table 3-1），絵本をとおした記号媒介活動の発達的変化を論証するものと考えられる。

(3)障害児教育・心理臨床的分野での読み聞かせ研究

絵本は，幼い子どもたちが内容を理解できるように作られることが多いため，認知的にハンディのある子どもや病児，高齢者など社会的弱者への支援にも用いられている。

近藤・辻元（2008）は，発達障害児に対する先行研究（e.g. 近藤・辻元，2006：岡村，2005：前田，1995）が示唆した自閉症や ADHD などの発達障害を持つ子どもたちへの読み聞かせの効果を，養護学校小学部の児童4名を対象として検証している[88]。分析は，聞き手の行動指標の変化と絵本の内容理解を中心に行われ，結果として，発達年齢が異なっても子どもたちは絵本の読

み聞かせをしっかり聞いていること,発話から感情表出が見られたこと,拒否や無関心を示す動作が見られなかったことなどが報告されている。

対象児は,知的障害,広汎性発達障害,四肢麻痺,低緊張性脳性小児麻痺などの障害を持つ子どもたちであり,それぞれの発達特性を持っている[89]。近藤・辻本は,障害特性と絵本選択の経緯などを詳しく述べていないが,絵本が対象児全員に楽しみを与え,注意集中や感情表出を促す効果が示されたことは,発達的にハンディがある子どもの支援として,絵本の有効性を示唆したといえる。

しかし,どのような絵本を用いても近藤・辻本の提示した効果が得られるとは考えられず,障害特性と効果的な絵本の関連付けや,効果をもたらす絵本の特徴などを検討する必要があるといえるだろう。

また,鈴森他(2001)は,自閉症児への読み聞かせが,ことばを用いた感情表現や,気持ちの伝達が苦手な子どもの感情交流を深めたり,情緒性の広がりをもたらしたりすることを示唆した。鈴森他は,買い物学習や視覚的アプローチを取り入れた靴ひも結びが,自閉症児に対して有効な発達促進手段であったこと,調査対象児と支援者との関わりの中で情緒的な対応が効果的であったことを述べている。絵本は,靴ひも結びと同様に,視覚的アプローチとして有効であると考えられるが,読み聞かせが支援者とのやりとりの場となり,感情を共有する体験を基盤として,ことばによる自己の感情表出の活性を促すことが示唆された。

ヴィゴツキーおよびブルーナーが論じたように,ことばを生み出す精神機能の発達には,精神間の「やりとり」がまず重要である。絵本の読み聞かせが,他者とのコミュニケーションに障害を持つ子どもに対しても,言語的・非言語的やりとりの場として機能し,視覚的なイメージの相乗効果をともなって精神内に占有されたことが,情動やことばの発達につながったのではないだろうか。

村中(1984)は,臨床心理学的な視点から,医療現場での読み聞かせを試

み，長期入院中の子どもへの読み聞かせが，子どもの内的エネルギーを引き出し，生活環境の変化にともなうストレスを緩和する可能性を示唆した。調査対象児は，入院後 7〜10 日の時点で P-F スタディ児童用を用いた欲求不満度が測定され[90]，反応傾向を基準に 2 群（A，B）に分けられた。A 群は 1 週間に 2 回ずつ合計 8 回の面接，B 群は，同じく週 2 回合計 8 回の面接に加えて個別対応の読み聞かせがベッドサイドで行われた。

　結果は，8 回の面接と読み聞かせ終了後の再度 P-F スタディによる心理検査，および読み聞かせ中の子どもの反応分析を行って求められた。B 群は，心理検査と子どもの自己表出度の変化から，内的エネルギーが引き出され，ストレスに対する何らかの調整機能が働いた可能性が示唆された。

　高橋（1996）は，これらの村中（1984）の結果を踏まえて，入院中の子どもへの読み聞かせが，「心理的ケアの役割を果たし，子どもの内側にある問題を引き出し，新たな問題解決の糸口をみいだそうとする読書療法」（p.158）につながると論じている[91]。しかし，全ての絵本が同様の効果に結びつくとは考えられず，自己表出を促すことに効果的な要素の検討や，対人間の信頼関係の影響なども踏まえる必要があると考えられる。

　絵本が，高齢者支援に用いられた研究の一つに，高橋（1996）による高齢者福祉施設での読み聞かせ活動をとおした実践報告がある。高橋は，読書療法の視点から高齢者との読み聞かせを行い，入所高齢者との読み聞かせでは，他者から指示をされず，先を急がされない「読み合い」（p.168）の場となることを示唆している。また，そうした読み合いの場が，読み手にとっても安らかな解放感をもたらし，相互に癒されていることを実感したと述べている。「『私が私自身であり続け，あなたがあなた自身であり続ける』ことが楽にできるようになった」（p.168）という高橋のことばは，日本の高齢者福祉に絵本を活用する可能性を考える上でも重要な視点であろう。

　日本の高齢化は，少子化とともに深刻な社会問題となって久しいが，高齢者福祉は QOL（Quality of Life）の改善，向上を目指してさまざまな施策がと

られてきた[92]。絵本の読み合いが、高齢者の尊厳を守り、「あなた自身であり続ける」(p.168)体験をもたらすことができれば、絵本は高齢者福祉にも役立つものとして有望であると考えられる。

絵本が、読書療法的手段として用いられた研究は、ほかにも小川（2008）による小児科待合室を観察場面とした心理療法的効果の検討がある。病院を訪れる親子は、長い待ち時間に加えて、病気や治療への不安から多くのストレスを抱えると考えられるが、小川は待合室に用意されたおもちゃと絵本を比較して、絵本の読み聞かせが患児へのストレス緩和効果に有効であることを示唆した。

読書療法とは、小川によると「本を読むことによる癒し」（加茂・高本, 2002）であり、その目的や効果は「①情報・知識の獲得, ②気付き・理解の促進, ③カタルシス[93], ④気晴らし・リフレッシュ, ⑤コミュニケーションの促進」（小川, 2008, p.37）と考えられている。絵本が、クライエントとセラピスト間で行われるやりとりの心理的道具となる場合も、セラピストの足場かけによって、両者間で展開されるやりとりがクライエントの精神内に占有され、クライエントの洞察や治療関係を深める可能性があると考えられる。

しかし、小川（2008）は、セラピストとクライエントの治療関係ではなく、母親と患児の親子関係を検討している。そのため、このような読書療法的手段は、専門的な心理療法と同じに考えて扱うには慎重さを要するだろう。一方で、受診時の不安が、母子の精神間のやりとりをとおして軽減される可能性を示唆したことは、やりとりの媒体となる絵本の有効性を広める結果であったといえる。また、こうした有用な媒体を用いた言語的関わりが、精神面の発達だけではなく治療的効果をもたらすことは、ことばを運び、言語的関わりの担い手となる養育者の重要性をより強調するものと考えられる。

⑷ 絵本の内容や要素・特徴に焦点化した研究

横山・無藤・秋田（1997）は、家庭での就寝前の読み聞かせを1年間にわ

たって調査し，繰り返し読まれる絵本の特徴を検討した。調査は3歳～4歳の4名の幼児の家庭で行われ，繰り返しが顕著であったA児は，233日分の録音データから42種類446冊分の絵本が読まれ，58冊が1回限りの読み聞かせであったこと，多く繰り返された絵本は短期間に集中して読まれたことなどが報告されている。また，繰り返し読まれる絵本は，ほかの子どもと同様に，短期間に集中して読むことが数回に分かれているという特徴を示し，C児，D児では，2回読まれた絵本の1回目と2回目の間隔は，1週間以上空いていた。

　何度も読まれる絵本の内容的特徴は，佐々木（1992）があげた二つの特徴と合致している。つまり，主人公に自分を置き換えられることや興味を持つ対象が描かれていること，展開の予測が容易であることなどが，幼児の能動的な読み聞かせ参加を可能にする特徴であることが明らかにされた。

　しかし，読み方が分散的に集中する理由や再び読まれる契機の考察には至っておらず，今後の課題となっている。横山他（1997）の研究は，教育心理学の立場から絵本に焦点化して，読み聞かせの特徴を考察したともいえるが，繰り返し読まれる理由を幼児側に限定している。絵本は，幼い子どもが自分で購入することはないため，母親の絵本観やA児のように多くの絵本が一度しか読まれない点なども検討しながら，特徴を捉える必要があると考えられる。

　一方，佐藤（2004）は，絵本の挿絵に限定して，絵本の特徴を外的条件と内的条件にわけて論じている。佐藤は，『絵本の挿絵の役割に関する研究：発達・教育心理学の立場から考える』（佐藤，1993）と『挿絵の役割に関する発達・教育心理学的研究：外的条件と内的条件を通して』（佐藤，1995）などの自著に基づき，全体的な絵本観とデータから集めた絵本の特徴を示した。

　しかし，佐藤（2004）では，データ結果が箇条書きで羅列されたのみであるという印象があり，述べられた主張や絵本の特徴との関連，背景理論などの論理的な考察が述べられていないことが残念である。

秋田・増田（2009）は，絵本の内容そのものを取り上げて，子どもたちの育ちを論じている。多くの絵本は，幼い子どもとその養育者に読まれることを意識して作られる傾向がある。そのため，横山他（1997）や佐藤（2004）が示唆したように，幼児が好む絵や文などの構成が顕著に見られることから，逆に子どもの発達の在り方を捉えることができると考えられる。秋田・増田（2009）は，発達心理学や教育心理学，保育学の視点を持って絵本を丁寧に読み解き，子育て中の母親が絵本をとおして子どもの成長について知る機会を提示したといえる。このような研究は，単なる絵本紹介にとどまらず，日々，子どもの成長発達に不安を感じる養育者や保育者にとって，身近に感じられる実用的な視点を含み，育児支援や子どもの理解に役立つものと考えられる。

また，石川(由)・石川(隆)（1995）は，子どもの発達援助としての絵本利用という視点から絵本の構造分析を行い，石川・石川（1994）の絵本の分類をとおして，絵本の構造特性を記述している。絵本の構造や造り，しくみについては，藤本（1999；2007；2015）が美術的視点から詳細を述べているが，石川・石川（1995）は，絵本の共通特性と子どもの発達を関連させた構造分析を行い，絵本の構造特性の一つとして，文法構造の複雑さは，ある程度子どもの発達と関わりながら，次第に物語文法規則に近い形態へと変化することを見出した。このような変化が，「発達過程とどのような関わりをもっているのかを検討することで，発達援助としての絵本の利用」（p.769）へとつながるかは，今後の課題とされている。

以上，本章では，読み聞かせに関する研究を大きく集団場面と家庭に分けた上で，テーマや論点に焦点を当てて，学問領域を限定せずに比較的広い範囲から考察を加えながら述べた。しかし，絵本や読み聞かせは，既に述べたように多くの学問分野からの注目を得て研究実績が積まれており，全てを論じることは不可能といえる。次章では，第Ⅱ部全体に特に関係のある先行研究を取り上げて考察し，本研究の意義を明らかにする。

第 4 章　理論および中心的先行研究の評価について

1 節　読み聞かせの研究における Bruner の貢献—共同注意の重要性

　Ninio & Bruner（1978）は，生後 8 ヶ月から 1 歳 6 ヶ月までの読み聞かせ場面を縦断的に観察し，母子の絵本を介した記号媒介活動の変化を捉え，乳幼児期の言語発達過程について読み聞かせ活動をとおして実証した点で，特に本研究と関連が深いと考えられる。また，ブルーナー（1983）は，言語は「本来"使用する"ことによって学習されるもの」（寺田・本郷訳 1988, p.185）という語用論的見地に立ち，前言語的，言語的コミュニケーションが遊び的なやりとりの中で，「指示」や「要請」などのフォーマットを介して展開すると述べている。このようなフォーマットの形成は，母親の LASS による足場かけとして重要であり，母親は子どもがフォーマットに参加できるように足場を作り，子どもの達成度に合わせて要請を高くしたり，足場を徐々に外したりすることが示唆されている。つまり，ブルーナーは，さまざまな母子の絵本読み場面などの観察をとおして，「乳幼児における言語の成立と文化の譲渡の基礎として，子どもと母親との対応という相互関係がいかに大切であるかを，プラグマティック（pragmatic）な現実論として説明」（寺田・本郷訳 p.186）したといえる。

　子どもと母親の対応は，最初，向かいあって見つめあう視線のやりとりから始まり，この段階は二項関係に見えるが，実際は母親のあやし声や子どもの名前を呼ぶ声をともなう記号媒介的な並びあいの関係といえる。向いあいのやりとりは，物（指示の対象など）を媒介する三項関係へと発展し，この段階になると，共同注意が言語や社会的交渉スキルを獲得するための相互行為

の基礎として発達する（Tomasello, 1995）。

　共同注意行動は，ブルーナーによれば「指示」と関連する社会的相互作用の一形式であり，指示行為は指示物を介して「労働の分割」(70) を行う二者によって成り立つと想定されている（1983 寺田・本郷訳 1988, p.70）。そして，二者の認知的レベルは同一ではなく，一方が対象をよく知っていれば，もう一方はそれをいっそう特定化する容器（place-holder）を持つだけで，最初の相互作用を行うためには十分であると述べている（寺田・本郷訳 p.70）。つまり，共同注意を促す指示は，指示対象と認知的に非対称な二者による三角形で構成され，二者のうちの一人は指示されているものを同定できれば共同行為が成立するということである。

　この共同関係は，初期言語発達段階の命名行動で顕著に見られ，最初は指示対象をよく知っている母親が，対象を指さしながら「これは何？」という質問をする。ブルーナーによると，生後4，5ヶ月頃から追視が可能になった乳児は，7ヶ月頃には「明らかに，子どもは『見るべき何か』に，"母親"が注目していることを示す信号を母親の談話の中に発見する」（1983 寺田・本郷訳 p.78）ことができ，ブルーナーは7ヶ月頃を「『未分化な直示体系』に対して敏感になる月齢」（寺田・本郷訳 p.78）であると述べている[94]。

　これに続く発達段階の子どもは，他者が見ているものが何であるかを見分ける特定化が可能になり，注意を近くの物から遠くの物に向けることができるようになる。すると，子どもは遠くの指示物を見て，手を伸ばしてつかもうとするリーチングをするようになる。そして，「子どもの意図が適切な言語形式の発達に導かれていく前提条件として，対象をめぐる視覚的な共同注視（visual joint attention）」（岩田, 2008, p.120）が成立する。ブルーナーは，Scaife（1975）とともに他者の視線の追従，他者との共同注視という現象を実験的に確かめ，「共同注意は，リーチングが十分に発達した後数ヶ月の内に，共同活動によって支配されるようになる」（1983 寺田・本郷訳 1988, p.80）ことを明らかにしている。

また，乳児は母親の働きかけに発声など何らかの反応を示すが，ブルーナーはこの段階の発声を言語のための「容器」と考え，母親が命名やフィードバックなどをとおして与える意味で満たすものとしている。この過程は，「本読みフォーマット」（ブルーナー，1983 寺田・本郷訳 1988, p.87）と同じであり，まず，母親による「注意喚起」がことばをともなう指差しによって行われ，指示対象への共同注意が成立すると，「質問」「命名」「フィードバック」などのフォーマットが次々と使用されて意味が生じる。乳児はこれらのフォーマットをとおして，相手の注意を喚起するためには指を差すことを覚え，次第に共同注意の「与え手」（寺田・本郷訳 p.80）へと成長していく。つまり，乳児は，指差しが「注目すべき物を選び出すための原初的な表示システムの一部」（寺田・本郷訳 p.81）として機能することを理解し，母親に注意を促し，物や共感を要求する手段として用いるようになる。この流れは，精神発達は最初に精神間のやりとりで生じ，次に精神内に占有されることによって生じるというヴィゴツキーの発達理論を説明するものでもあり，社会的相互行為による文化の獲得過程といえる。

　以上のように，共同注意はことばとその意味を結び付け，結び付けられたことばと意味を他者の使用方法と重なるように調整するための最初の一歩であり，初期言語発達の理論的枠組みとして，重要な社会的相互行為といえる。絵本は，「絵もまた指差しを引き起こす。とりわけ，なじみ深い絵が本の中に見られるときはそうである」（ブルーナー，1983 寺田・本郷訳 p.81）といわれるように，子ども自らの指示行動を発展させる要素，つまり「絵」を含むことにより，情動を喚起し，言語発達の基盤となる共同注意を促進する記号媒介物であるといえる。

　同時に，絵本は，母親にとってもフォーマットを繰り返し使用し，発展させていく場を提供し，認知的に非対称な子どもとのやりとりを容易にする道具になると考えられる。こうした視点から，経験的に知られてきた読み聞かせの発達的効果が，ブルーナーによって理論とともに実証され，その後の読

み聞かせ研究の発展を促したといえるだろう。

　しかし，ブルーナーが絵本を用いたやりとりに着目し，言語獲得の過程を実証したのは，主に2歳未満の発達初期の子どもであり，ニニオとともに行った読み聞かせ場面の観察（Ninio & Bruner, 1978）は，生後半年から1歳半までのごく限られた時期であった。ブルーナーは，やりとりなどの前言語的，言語的コミュニケーションで共有される"社会的"な過程は，「確かに言語に転換してもつねに変わらず続いて"いて"，連続性の中心的な本源をなしている。実際，私は，こうした基本的な社会－文化的過程のより良い調整こそが，言語獲得の動機になると主張してきた」（寺田・本郷訳 p.156）と述べているが，2歳以降，言語を獲得した後の読み聞かせにおけるフォーマットの展開，言語発達との関連は示されていない。

　また，ブルーナー（1983 寺田・本郷訳 1988）では，母子相互作用の重要性が主張され，LASSによるフォーマット構造の中で，共同注意が形成されて言語獲得へと向かう過程が説明されたが，母親の働きかけが子どもの言語発達のどのような領域に影響するのかは明らかにされていない。ブルーナーは，言語の統語法（syntax），意味論（semantics），および語用論（pragmatics）を言語学習の三つの局面として，これらの学習過程における相互依存性を主張する中でも，主に語用論に関心を寄せている（寺田・本郷訳 p.5）。

　しかし，言語は三つの局面以外にも「受容言語」（聞く，読む），「表出言語」（話す，書く），あるいは「音声言語」（聞く，話す）と「書記言語」（読む，書く）などの側面を持っている。これらは，三つの局面と同様に相互に関連を持ち，生物学的な発達と環境的な働きかけによって，実生活の中でリテラシーとして獲得されていく。例えば，聞く，読むといった言語理解が，話す，書くという言語表出の基盤であり，ことばを聞く，話すという音声言語の発達の後に，ことばという記号を読んだり書いたりする書記言語が発達することは明らかである。

　言うまでもないが，リテラシーは，読み聞かせだけで獲得されるものでは

ない。むしろ，読み聞かせは育児行動としても，1日のわずかな時間での関わりであり，期間も主に乳幼児期に限定されることが多く，直接的に読み聞かせだけの効果を測ることは難しい。

しかし，読み聞かせがリテラシー獲得に関わることを示す見解が，ディスレクシア（読字障害）の研究においても検証されている。ウルフ（2008 小松訳 2008）は，「読字の学習は，幼児が膝に抱かれて，初めてお話を読んでもらう時から始まる。生後5年間にそんな機会がどれほどあったか，なかったかが，後の読字能力を予測する最良の判断材料のひとつになる」(p.39) と述べ，家庭内の言語刺激の重要性を指摘している。ウルフによると，Hart & Risley (1995 ; 2003)[95]のカリフォルニアのある地域の調査報告では，貧しい言語環境で育った子どもたちと，言語刺激を受ける機会が豊かな家庭の子どもたちが耳にする単語の数には，幼稚園入園前に3万語以上の差があることが確認されている（Wolf, 2008, p.102 小松訳 2008, p.155）。また，Moats (2001)[96]の調査では，言語環境に恵まれない子どもたちが使用する単語は，3歳の時点で恵まれた言語環境にある子どもたちの半分未満であるという結果が示された（Wolf, 2008, p.102 小松訳 p.155）。これらは，いずれも「背筋が寒くなるような所見」（小松訳 p.155）として重要な意味を持つと考えられている。

ウルフによれば，読字は脳の生物学的な発達に従って，視覚野を聴覚野，言語野および概念野と接続，統合する能力による支配を受け，統合の成否は個人の脳の成熟と，ニューロンの軸索のミエリン化（髄鞘化）によって決まる脳領域の接続・統合の速さにかかっている（小松訳 p.143）。そして，このミエリン（myelin 髄鞘：中枢神経の外側を覆っている脂肪質の物質）の成長は脳の領域によって異なり，胎生期6ヶ月でミエリン化する聴覚神経が，生後6ヶ月でミエリン化が起こる視覚神経に先行するといわれる（小松訳 p.143）。

さらに，「脳の感覚領域と運動領域はいずれも五歳になる前にミエリン化

し，独立して機能するようになるのだが，視覚情報，言語情報，聴覚情報を迅速に統合する能力を支える脳の主要領域，たとえば角回は，大半の人間においては五歳を過ぎるまで完全なミエリン化は起こらない」（小松訳 pp. 143-144）ことが指摘されている。

　ウルフの見解は，行動神経学や認知神経学から得たものであり，5歳までの言語刺激の重要性，換言すれば読み聞かせを推奨する裏付けとなり，読み聞かせの意義を脳科学的に説明していると考えられる。また，聴覚神経が誕生時から発達していることに比して，視覚神経の発達が生後6ヶ月でミエリン化することから，読み聞かせの開始時期の検討が必要であろう。そして，視覚，言語，聴覚の各情報が，迅速に統合されるのは5歳以降であることは，絵本を見て，ことばをやりとりしながら，聞く，という情報の統合を要する読み聞かせの効果は，5歳以降に十分現れる可能性を表しているのではないだろうか。

　以上，読み聞かせの成果は，Ninio & Bruner（1978）の共同研究で明らかにされた2歳前の読み聞かせ場面における母子相互作用，および言語獲得の過程を，2歳以降にも延長して検討する必要があると考えられる。2節では，Ninio & Bruner（1978）の研究を発展させた田島他（2010）を中心に，岩崎・田島・佐々木（2010；2011），板橋・田島・小栗・佐々木・中島（2012），板橋・田島（2013）による一連の研究について，本研究の主要な先行研究として吟味する。

2節　読み聞かせ活動の機能と構造

　読み聞かせの研究は，子どもの言語発達との関連を中心に，1970年代後半から多くの研究者によって報告されるようになった（岩崎，2013，未公刊）。これらの研究は，第3章で述べたように広い学問分野に及んでいるが，それぞれの専門性にとどまった報告が多く，読み聞かせの構造と機能を母子双方

の発達的変化から明らかにし，基本となるモデルを理論的，実証的に提示するまでに至っていないことが研究課題の一つだった。

田島他（2010），岩崎・田島・佐々木（2010；2011），板橋他（2012），板橋・田島（2013）は，白百合女子大学生涯発達研究教育センターと日本公文教育研究会（以下 KUMON）との共同研究により，これまでの理論，研究成果を踏まえて「読み聞かせの構造・機能の発達段階」モデルを仮定し，詳細な実証研究に取り組んできた（本書 p.106，Table 3-1 参照）[97]。

本節では，これらの研究を概観し，絵本の読み聞かせによる親子のやりとりが，子どもの語彙発達や社会情動発達に及ぼす影響，および KUMON「こそだて ちえぶくろ」「Baby Kumon」プログラムによる母子関係への影響などの実践的成果を検討する。

(1)読み聞かせによる母子行動の変化と言語発達

まず，田島他（2010）が提示した「読み聞かせ活動の構造と機能の発達段階」の理論と仮説モデル（Table 3-1 参照）を検証するにあたり，岩崎他（2010）は，1歳，3歳，5歳を対象とした読み聞かせによる母子行動の変化と言語発達を調査している。岩崎他は，絵本の読み聞かせの構造とは，Tomasello（1999 大堀・中澤・西村・本多訳 2006）が述べるところの共同注視をとおした母子のやりとりにあると考え，絵本の読み聞かせをヴィゴツキー（1978）の三項関係の典型的事例であるとみなし，これらを理論的背景に用いたことを明示している。また，Ninio & Bruner（1978）を含む先行する実証的研究を展開して，絵本の読み聞かせ場面および読み聞かせ後の自由やりとり場面における母子の行動と，子どもの言語発達との関係を明らかにすることを試みている。

調査では，対象児と母親の絵本の読み聞かせ場面をビデオ収録によって観察し，母子の行動を別々の評定項目に基づいて評定している。評定結果からは，母親の行動特徴として「子尊重」と「足場作り」の2因子，子どもの行

動特徴として「積極的参加」と「スムーズなやりとり」の2因子が因子分析によって抽出された。母親の行動因子と子どもの行動因子は，子どもの年齢ごとに絵本の種類（好みの絵本，新規絵本）と，読み聞かせ場面（読み聞かせ中）および読み聞かせ後の自由場面のそれぞれについて差の分析が行われた。

次に，母親の行動2因子が，子どもの言語発達に与える影響を調べるために，言語発達指標（KIDS，母親による評価で行う）を用いた年齢ごとの差が分析された。なお，言語発達指標は理解言語，表出言語，概念の3領域を測っている。これらの分析結果は，以下のことを明らかにしている。①読み聞かせ場面では，年齢があがるにつれて子どもが母親に積極的な働きかけをするようになり，母子相互作用が活発になるが，自己内対話活動が行われている時には，あまり働きかけをしない方が，子どもの積極的関わりを引き出すこと，②母親の行動と言語発達との関連では，1歳児への働きかけは，好みの絵本を用いる場合では子どもを尊重し，新規の絵本を読む場合は足場作りを行うことにより，子どもの理解言語が促されること，③3歳児の場合は，好みの絵本を用いる場合も新規の絵本を用いる場合も淡々と読み聞かせることが，言語領域の全てにおいて得点が高いこと，④5歳児では，3歳児と同じように子どもに合わせず淡々と読むことが，言語発達を促すことがわかったが，概念領域のみは，母親が子どもを尊重する読み方をした方が，高い得点を示したこと，⑤一方，自由なやりとり場面では，新規な絵本を用いた場合に，全年齢で母親の行動と子どもの行動，および言語発達に有意な差は生じなかった。好みの絵本が読まれた場合は，3歳，5歳児は，読み聞かせ経験をもとにした発展的な社会的相互交渉が見られ，母親が足場を作る働きかけをすることによって，子どもの積極的参加行動を増加させること（pp.83-85），などである。

岩崎他の研究結果は，読み聞かせをするにあたって，親のどのような働きかけが，子どもの読み聞かせへの積極性やスムーズな応答性を高めるのか，また言語発達のどのような側面に影響するのかを明らかにしている。これら

の結果は，読み聞かせ活動における母子のフォーマット形成の変化を，5歳児までに範囲を広げて捉え，子どもの言語発達への影響因として，親の読み聞かせ態度と，道具となる絵本，また，効果的な読み聞かせ方法を考慮する上で有益な情報を提示している。

　特に，読み聞かせが「読む」だけで終わらず，その後にみられる「自由なやりとり」も含めて検証された研究は少なく，第3章3節で述べた黒川の母子相互作用と子どもの語りに視点をあてた研究に一例を見るほか，ほとんど見られない。このような研究は，読み聞かせという活動をその場限りのものとせず，その後に生じる反応までを含めて，微視発生的な視点から捉えた効果を検証していると考えられる。

　しかし，観察が家庭以外に，対象児が通う民間の教育施設で行われたことは，子どもの行動に影響をもたらしているのではないだろうか。子どもは，普段通う教育施設には，「何かをするために来る」ことを理解しており，教示によって行動を促されると，何か反応をしなくてはならない，と身構える可能性があると考えられる。

　また，赤羽（2011，未公刊）では，読み聞かせは就寝前に行われるケースが多く，「読み終えたら寝る」という生活リズムを作るためや，リラックス効果が期待されていることが多かった。そのため，「自由なやりとり場面」，「発展場面」は読み聞かせ直後には生じないこともあり，観察場面の読み聞かせが日常の読み聞かせとは，異なっている可能性も考えられる。

　一方で，読み聞かせ後の自由なやりとり時間が，母親の働きかけによって子どもの絵本への関わりやスムーズなやりとりを促すほか，子どもの言語発達面への影響が示唆されたことは，読み聞かせ後の時間の過ごし方への提言となったと考えられる。

(2) 仮説モデルの検証研究と意義

　田島他（2010）は，先に述べた白百合女子大学生涯発達研究教育センター

とKUMONの共同研究において，乳幼児への歌い聞かせと読み聞かせを一連の語りかけ活動と捉え，共同研究『歌い聞かせ・読み聞かせの構造と機能の発達』(p.132) プロジェクトを平成20年度（2008年度）より推進している。

この共同研究プロジェクトは，ヴィゴツキー（1970；1975；2001）の発達理論に基づき，歌い聞かせ，および読み聞かせを養育者と子どもの記号刺激のやりとりとみなし，Trevarthen（1979）の間主観性，Bowlby（1969）の愛着などの情動発達理論を背景とする語りかけ活動として，乳幼児と養育者相互の発達的変化を検証している（田島他，2010，p.133）。

また，Cole（コール，1996 天野訳 2002，p.381，図9-4，図9-5）を援用して「養育者─絵本─子どもという三項関係の活動が読書リテラシー獲得に至るモデル」(Figure 4-1，Figure 4-2) 並びに「読み聞かせ活動の構造と機能の『2段階・5ステップ』発達モデル」(Table 3-1，p.106) を仮説として提示し，実証研究を行った。

田島他（2010）によると，言語リテラシー獲得過程のモデルは，「ヴィゴ

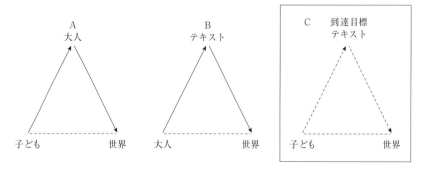

A. 子どもが「大人を介して」世界を知ることができる状態
B. 大人が「テキストを介して」世界を知ることができる状態
C. 子どもが「テキストを介して」世界を知ることが出来るという到達目標の状態

Figure 4-1　言語リテラシー獲得の前提と目標行動
田島・中島・岩崎・佐々木・板橋・野村（2010，p.135，Figure 1）

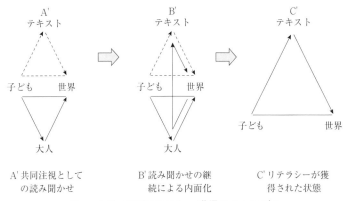

Figre 4-2 言語リテラシー獲得のメカニズム
田島・中島・岩崎・佐々木・板橋・野村（2010, p.135, Figure 2）

ツキー（1970；1975；2001）の発達理論を基盤とし，…言語リテラシー獲得が人間の思考・学習の重要な道具となると主張した上で，（絵）本を介しての共同注視を含む養育者と乳幼児の相互行為過程をとおして子どもが言語リテラシーを獲得していくプロセスについての理論的モデル」（p.135）に位置づけられる。

コールのモデルは，ヴィゴツキーの理論を基に「子どもが大人と共に手助けを受けながら生活世界に関わっていくことから始まり，次に，同じことをテキスト（本）上で行う」（p.135）プロセスを経て，言語が獲得されることを表している。田島他は，このモデルが「読み聞かせ活動の構造であり，言語リテラシーを育てる過程を明確に表している」（p.135）と述べている。

また，田島他によると，ヴィゴツキー（1970；1975；2001）が示した社会文化的精神発達理論は，コールのモデルと最も深く関わる共同行為理論の重要な基盤理論（メタ理論）として位置付けられる。

さらに，Tomasello（1999）が提起した共同注視活動を介した学習・発達のメカニズムは，ヴィゴツキー理論と同様に発達を文化習得の過程と捉え，ヴィゴツキーでは指摘されていない他者の行動の意図を読むことをとおした

活動の共有，模倣学習が，読み聞かせに関する理論として重視されている（田島他，2010，p.136）。

　田島他（2010）は，主に以上のような理論のほか，ブルーナーをはじめとした読み聞かせに関する先行研究を踏まえ，読み聞かせ活動のあり方・形式（構造），それが子どもの発達に及ぼす働き・効果（機能）について，田島（2007）をもとに言語リテラシー獲得モデルを提起し，仮説の検証を行った。田島他の調査は，岩崎（2013，未公刊）と同じように，岩崎他（2010）の方法を発展させて，対象児を0歳から6歳までに広げて行われたが，実証検証は，田島他（2010）では1歳，3歳，5歳児を対象として行っている。検証は，読み聞かせ時の母子行動構造の発達的変化，および母親の読み聞かせ方針と子どもの言語発達との関連，母親の読み聞かせ方針と子どもの発達指標との関連，読み聞かせをとおした母子の発達的変化の分析によって行われた。

　まず，母子行動では，母親が「子尊重」「足場作り」「楽しさ」の3因子，子どもは「積極的参加」「スムーズなやりとり」の2因子が抽出された。次に母親の読み聞かせ方針は，子どもが読めるところは読ませたり，文字を教えたりする「教育的志向」，子どものペースに合わせたり，好きな本を読んだりする「子のペース」，感想を述べたり，子どもとお話をしながら読む「読みの工夫」の3因子が抽出された。

　母親と子どもの発達的変化は，育児と関連した母親の読み聞かせ態度の変化と，読み聞かせをすることで母親が感じる子どもの発達的変化が質問紙によって調査された。母親は，子育てに自信が持てるようになるなどの「良好な母子関係」，子育てが楽しくなる，子どもをよく観察するようになるなどの「子への働きかけの増加」，子どもとのコミュニケーションがとりやすくなるなどの「母子関係の楽しさ」，読み聞かせが習慣化したり，絵本を買ったり借りたりする読書環境形成の「読み聞かせの習慣化」の4因子が抽出された。

　一方，子ども側の発達的変化は，経験したことや思ったことを親に話すよ

うになった，絵本の内容を絵に描いたりお話したりするようになったなどの「象徴活動の獲得」，絵本にますます興味をもつようになった，新しい言葉がわかったり，使えるようになったなどの「言語を介した自己制御活動の獲得」の2因子が抽出された。

　田島他（2010）は，これらの因子を用いた各分析を総合的に考察して，読み聞かせ活動においては，全年齢をとおして母親の働きかけ方として「子ども尊重」「足場作り的支援」「母が楽しむ」という内容から構成されること，また読み聞かせ方針には「母子コラボを基盤とする教育的志向型」「子ペース尊重型」「読みの工夫型」があることをあげている。そして，母親による働きかけの結果として，「良好な母子関係」「子への働きかけの増加」「母子関係の楽しさ」「読み聞かせの習慣化」などの母親側の発達的変化が確認されている。これに対して，子ども側では，「スムーズなやりとり」「積極的参加」の他，幼児期に入ると「象徴的活動の獲得」「言語を介した自己制御活動の獲得」などの行動や反応が示された（p.153）。

　このような母子相互関係は，子どもの発達指標との関連が検討され，結果は，次のようにまとめられている。第1段階（0歳～1歳代）は，0歳代前半・後半のステップ1と，1歳代のステップ2に分けられる。この時期は，共同行為の場の形成と共有刺激の内面化の始まりが見られ，言語発達の基盤づくりの時期である。したがって，母親が読み聞かせという母子活動の足場を作り，子どもを尊重した働きかけが，子どものことばの理解や表出を促進させたり，読み方を工夫することがことばの概念の形成を助けたりすることにつながる時期といえる。また，子どもができることや興味を示したことには，積極的に応じる教育的志向も，子どもの言語理解や表出を促す関わり方となる。

　第2段階はステップ3の2歳代，ステップ4の3歳代，ステップ5の4歳代および5歳以降の三つのステップに分けられる。3歳代，5歳代では，子どもの内的活動が発展する時期であり，母親の働きかけは慎重さを要し，過

度に行わないことが子どものスムーズなやりとりを促す。3歳代では，読み方を工夫することで子どものことばの理解，表出を促進し，概念形成を発達させる。さらに，母親が読み聞かせをとおして子育ての楽しさを感じたり，子どもの成長や発達に気付くとともに，自信をもって関わったりすることが，子どもの概念形成を促す。

　3歳児は，盛んに自己内対話活動を行い，「言葉の対象化」という個人的活動が多く見られる時期となる。この時期は，養育者主体の足場作りや教育的な関わりをせず，子どもの自己内対話活動から生じる「語り」や象徴的遊びを尊重し，子どもの脱文脈的ことばの獲得と，素語り活動の展開を支える読み方の工夫などが必要になる。

　5歳児では，子どもの自ら読もうするなどの主体性に対し，教育的に応じることが子どもの言語能力を伸ばすが，3歳児とは異なり，母親が良好な母子関係を維持しようとしたり，コミュニケーションを求めすぎたりすることは，ことばの理解を阻害する可能性もある。この時期は，言語リテラシー能力の獲得へと向かって文字への関心が高まり，自己内対話活動による読書が増えるため，母親は子どもの主体性に合わせて，教育的に関わることがことばの理解を促進する。

　田島他（2010）は，このような検証を経て，仮説として提示した2段階5ステップにわたる発達的変化は（本書 p.106, Table 3-1），ほぼ支持され得ると述べ，二つの注目点を示している。一つは，段階を超えて母親の子どもを尊重する行動が子どもの積極的参加を促し，母親の読み聞かせに対する楽しさが，子どもの積極的参加に加えてスムーズなやりとりを促すことである。もう一つは，母親の読み聞かせ方針は，教育的な関わりや読み方の工夫などを行うことにより，子どもの発達への影響として象徴活動の促進がみられることである。

　これらの注目点は，読み聞かせ活動がどのような機能を持つかを捉える上で，中核となる意義につながると考えらえる。つまり，読み聞かせは，こと

ばを媒介する親子の社会的相互活動の場として位置づけられ，子どもの参加を保証する養育者の適切なサポートによる言語情報の共有活動といえる。そして，共有された言語情報や母親の楽しさを介した親子のやりとりは，子どもの認知―思考活動を活性化すると同時に自己制御力の発達をも促し，いっそう社会的活動への参加を可能にする。したがって，発達初期の小さな社会的活動である読み聞かせは，その後の子どもの社会参加に必要な認知的発達基盤の形成につながる，全人格的な発達促進の場として機能する可能性があることが，田島他の実証研究から導かれたといえよう。

しかし，田島他（2010）が指摘しているように，検証はモデルの1歳代，3歳代，5歳代を中心に行われたものであり，ほかの年齢群の詳細な検証が必要となるだろう。また，読み聞かせ活動が行われる中で，母子相互作用をとおして促される親側の成長や，親としての発達の可能性などについて，詳細な検討も必要と考えられる。さらに，「親の楽しさ」が，子どもの絵本に対する積極性やスムーズなやりとりを促すことが示唆されたように，「母親の楽しさ」は読み聞かせ活動の維持や質の向上に重要な要素であると考えられる。そのような楽しさは，読み聞かせのどのようなことから得られるのか，母親はどうしたら絵本を楽しく読めるのかなどの検討も，より充実した読み聞かせ活動に必要な論点はないだろうか。

(3)**共同研究プロジェクトの展開(1)**

田島他（2010）が推進している白百合女子大学生涯発達研究教育センターとKUMONとの共同研究プロジェクトでは，岩崎・田島・佐々木（2011）によって，対象児を0歳から6歳に拡大した母子相互交渉と子どもの語彙発達の関係が検証された。

岩崎他（2011）の研究方法は，岩崎他（2010），田島他（2010）を踏襲するものであるが，子どもの年齢群を乳児前期（0歳代），乳児後期（1歳代），幼児前期（2歳～3歳代）幼児後期（4歳以降）に区分している。子どもと母親

の行動は，因子分析により母親2因子（「子尊重」「読み聞かせの場づくり」），子ども2因子（「積極的参加」「子主導・自己中心的」）が抽出された。子どもの語彙発達は，先行研究と同じくKIDS乳幼児スケールから「理解言語」「表出言語」「言語概念」を使用している。これらの語彙発達指標は，各年齢段階に応じて，ことばの発達のどの部分が，母親の行動因子や子どもの行動因子と関連するのかについて明らかにするために用いられた。

　その結果，以下のように報告された。まず，乳児前期では，母親が子どもを尊重する働きかけをすることが，子どもの積極的参加を促進させ，子どもの理解言語，表出言語の発達へとつながることが示唆された。乳児期後期は，初語などが見られる1歳児を対象としているが，この時期の母親の働きかけはより多様性が必要となり，子どもを尊重する働きかけのほか，読み聞かせの場づくりをすることにより，子どもの奔放な行動が減少する。こうした母親の働きかけが，子どもの自発的な表出言語や概念形成の促進に役立つことが示唆されている。

　幼児期前期は，乳児期前後期と同じように，母親が子どもを尊重する働きかけをし，読み聞かせの足場作りを行うことにより，子どもの積極的参加を促す結果となった。しかし，語彙発達は乳児後期と異なり，子どもの行動と言語概念発達との関連が見られなかった。岩崎他はこの結果について，この時期の子どもは，読み聞かせ場面での母子交渉から，次第に象徴活動などの個人内での自己内対話活動へと移行するためであることを考察している。

　幼児期後期は，文字への関心が高まり，一人読みが始まる頃である。この時期は，母親が子どもを尊重し，読み聞かせの場づくりを行うことにより，子どもの積極的参加は増進するが，言語概念は積極的参加が低い方が発達する傾向を示した。このことから，4歳以降では，母親が質問などを控えて絵本を読むことが，既に定着している子どもの自己内対話活動を促進し，概念形成の発達をもたらす可能性があると考えられている。

　これらの結果は，田島他（2010）の先行研究とほぼ一致を見るものであり，

対象児の年齢群を広げた分析を加えて，読み聞かせの構造と機能の発達段階モデルの仮説検証に有意味な情報を提示したと考えられる。また，読み聞かせの母子の行動特性が，子どもの言語発達のどの領域に影響し得るのかが検討され，子どもの発達的変化にともなって，母親は関わりを変化させていく必要があることも示唆された。

しかし，岩崎他が指摘するように，量的データから得た結果を補うための母子行動の質的データによる分析も必要といえよう。岩崎（2013，未公刊）は，母子行動評定の質的分析を行い，また横断的データを補足するために約3年間にわたる事例研究を含めて検証しているが，未公刊となっているため，本稿での報告は控えることにする。

(4)共同研究プロジェクトの展開(2)

板橋他（2012）によると，「近年は都市化，少子化，核家族化等の社会変動もあって，母子のふれあいのあり方に歪な側面が多見される」（p.89）ようになり，本稿序論でも取り上げたように，育児への不安の高まりとともに育児支援策が課題となっている。

田島他（2010）を中心とする共同研究プロジェクトは，「歌二百，読み聞かせ一万（回），賢い子」（p.154）という標語を掲げて行ってきたKUMONの教育実践活動と深い関わりを持つ。この共同研究プロジェクトは，乳幼児期に形成される「親子のきずな」が，子どもの心身の健やかな成長に必須であることを重視するとともに，養育者にとっても「親子のきずな」作りは子育て支援の基本であることを明確にしている（板橋他，2012，p.90）。

板橋他によれば，KUMONは半世紀以上にわたる家庭教育実践から，乳幼児期における親子の健全な関係作りが，「歌いかけ」や「読み聞かせ」など「ことばをつかったやりとり」によって育まれることを多くの親子との出会いから知見を得てきた。そこで，KUMONでは，実践から得た知見を「子育ての知恵」と考え，子育て応援活動として『こそだて ちえぶくろ』プ

ログラム（以下，「こそだて ちえぶくろ」）[98]を展開し，幼い子どもの養育者が「歌いかけ」と「読み聞かせ」による楽しい子育てを実践できる場を無償で提供している（pp.90-91）。

　板橋他（2012）は，「こそだて ちえぶくろ」の実践活動が母親の気持ちや，育児行動，親子関係に及ぼす影響と，その持続性などについて効果を検証している。また，板橋・田島（2013）は，0歳から2歳児を対象とする「ことばのやりとり」を中核とした「Baby Kumon」プログラム（以下 Baby Kumon）[99]の効果検証として，母親の育児意識や育児行動の変化を分析している。さらに，これらの変化が，Baby Kumon の構成要素（Baby Kumon セットと Baby Kumon タイム）の満足度とどのような関連性を持つのかを検討している。

　「歌いかけ」や「読み聞かせ」は，情動発達理論や精神発達理論に基づく発達初期の子どもと養育者の記号媒介的相互行為として，母子相互作用のもたらす発達的効果が，母子の行動，子どもの言語や情動発達，養育者の読み聞かせ方針や態度など多方面から検証されてきた（田島他，2010；岩崎他，2010；2011）。これらの研究結果は，いずれも記号媒介的相互行為となる「やりとり」の重要性を示し，歌いかけや読み聞かせが，発達の初期段階における「親子のきずな」作りを基盤とする，親と子の安定した相互活動の場の形成に貢献することを示唆している。そして，親子のやりとりは，養育者の子どもを尊重した支援的，共同行為的関わりによる足場作りによって維持され，やりとりをとおして発達する子ども側の認知的発達に即して，発展的に変化させる必要性が示唆された（板橋・田島，2013）。つまり，やりとりに大切なことは，養育者が子どもの反応に敏感に気付くとともに，「子どもの活動の性質を勘案して活動する」（田島他，2010，p.156）ことである。換言すれば，子どもの発達は，実際の母子相互行為過程の中で形成される養育者の育児意識と育児行為によって規定される部分があり，養育者の気付きと柔軟で的確な対応によって促進されるといえるだろう。また，そうした親的な意識や態

度は，歌いかけや読み聞かせのような子どもとの関わりに楽しさをもたらす共同行為によって，効果的に育まれる可能性があると考えられる。

板橋他（2012）は，絵本や歌を用いて，養育者の育児活動を楽しく充実させるために考案された「こそだて ちえぶくろ」の効果を，縦断的研究によって検討している。「こそだて ちえぶくろ」は，家庭で行う「歌いかけ」と「読み聞かせ」用の童謡のCDや絵本，記録ツールなどが入ったセットの提供と，全国の公文教室で行われる読み聞かせや歌いかけのアドバイス，参加者と一緒に歌や絵本を楽しむ時間で構成された全3回のプログラムである。

調査は，本プログラム参加者に対して「気持ちの変化」「母親が身につけたこと」「親子関係の変化」について問う20項目による質問紙が用いられ，プログラム終了直後，半年後，1年半後の3回にわたって行われた。また，子どもの反応や様子，発達状況に関する20項目の質問紙調査が，プログラム終了から1年半後に行われ，プログラム未経験の統制群との比較調査によって，プログラム利用による子どもの発達への効果が検討された。

調査結果の概略は，母親の「母親の気持ちの変化」について6項目全て，および「母親が身につけたこと」4項目全て，「親子関係の変化」10項目のうち9項目がプログラム経験終了半年後に有意に上昇していた。さらに，プログラム経験半年後と1年半後の比較では，「母親の気持ちの変化」の内，「子育てが楽しい」などの4項目と，「母親が身につけたこと」のうち「親子の関わりの楽しさ」で有意な上昇が見られた。しかし，「親子関係に変化」では，有意な上昇は「コミュニケーションがとりやすい」の1項目のみであり，10項目中の5項目に有意な減少がみられた。

これらの結果は，「こそだて ちえぶくろ」経験をとおして，母親の子育てに対する楽しさや意欲が高まり，親子関係の大切さや子どもに対する気付きによって，母子間に良好なコミュニケーションをもたらしたことを示唆するものとみなされている。そして，板橋他は，「こそだて ちえぶくろ」経験が歌いかけや読み聞かせ活動を家庭で行うきっかけとなり，プログラムを通じ

て母子の良質なコミュニケーションを促す「受容―ほめる―多様な働きかけ」という好循環が，形成された可能性を指摘している。板橋他は，これらの結果を踏まえて，「『歌いかけ・読み聞かせ』活動は，広義の子育て活動においても，大きなインパクトを与えていることが示唆され，そのことが母子関係に与える影響は大きいといえよう」(p.102) と述べ，本プログラムの育児支援効果を評価している。

また，「こそだて ちえぶくろ」経験は，統制群との比較調査から子どもの発達への影響が示唆された。2歳児は「絵本を一人で読んで（見て）いる」「文字に興味をもっている」など絵本への関心の高さが見られ，4歳児では「何度も聞いたお話の一文を記憶している」というように，母子間での共有体験が子どもの内面へ定着したことが示された。その他，象徴活動や自己表現活動が，「こそだて ちえぶくろ」未経験群よりも多いことが確認され，田島他 (2010) の研究結果との一致が見られた。

さらに，板橋他 (2012) は，「『やってはいけない』というとやらない」(2歳児)，「ブランコなど自分から順番を待つ」(3歳児) などが，統制群より有意に高い結果となったことに注目し，社会性の発達への影響を示唆している。

以上の結果は，もともと母子の社会的相互行為である「歌いかけ・読み聞かせ」活動が，「共有」と「専有」，つまりヴィゴツキー理論の精神間機能が精神内機能へと移行する過程を経て，さらに範囲を広げた社会的活動に参加する基盤を作ることを，実践面から支持するものといえるだろう。

しかし，板橋他が示した結果を詳細に検討すると，縦断調査において「母親の気持ちの変化」の半年後と1年半後の比較では，「子育てに自信がある」の項目で後者が有意に低い結果となっている。板橋他の考察は，対象児の平均年齢が調査開始時の2歳5ヶ月から1年半後の調査では3歳代後半となり，子どもの自我の芽生えなどにより，子どもの対応に難しさを感じる時期であることを要因としている[100]。さらに，1年半後の結果が有意に低くなった項目を確認すると，「親子関係の変化」10項目において，「読み聞かせ時間が長

い」,「歌いかけ時間が長い」,「歌いかけの習慣化」,「親子で遊ぶことが多い」,「要求に早くこたえる」など半数の項目に低下がみられる。これらの「親子関係の変化」は,大まかにみると子どもへの関わりの減少といえるのではないだろうか。

　一方で「母親が身につけたこと」の項目では,「親子の関わりの大切さがわかる」で1年半後の調査は有意に高い結果となっている。これらの結果を「子育てに自信がある」の低下と合わせて検討すると,身辺自立の発達や,何でも自分でやろうとする自我の育ちが,自然な発達として母親の関わりを減らす可能性が考えられる。つまり,過度な親の関わりを必要としないことも子どもの発達の一面であり,関わりの量よりも質が重視されているともいえる。しかし,歌いかけや読み聞かせなどの関わりの減少が,育児に対するとまどいを生じさせ,育児への自信が低下する可能性や,母親自身のこうした活動への意欲低下も影響し得るのではないだろうか。

　また,田島他 (2010) が示した読み聞かせ活動の構造と機能の発達モデルにおいても,2歳以降は自己内対話が次第に活発に行われるようになり,3歳代では自己表現活動が増えていくことが示唆されている。このような時期は,読んで聞かせる時間よりも,子どもの主体的な活動を見守る足場作りが必要なため,読み聞かせ時間が減少する可能性があるといえる。

　一方,3歳代は,文字への関心が高まり,読み聞かせが習慣化した子どもには,長いお話の絵本を読み聞かせることが可能となり,母親が絵本を選ぶレパートリーも広がる時期と考えられる。この点を考慮すると,3歳代後半の調査対象児の場合は,読み聞かせ時間が長くなることも予想される。したがって,読み聞かせ時間の減少は,単に母親が絵本を読んであげる時間が減っている,あるいは,読んであげることへの意欲の低下も考えられ,文字の習得などにつれて母親が子どもに一人読みをさせている可能性もあるのではないだろうか。

　「子育てに自信がある」が有意に低下することが,子どもへの関わりが総

体的に減少し，絵本の読み聞かせ時間も減ることと同時期に生じる理由は明らかにされていないが，今後の精査が必要な課題の一つと考えられる。しかし，板橋・田島（2013）が，Baby Kumon の効果検証において報告しているように，何よりも「母親自身が子どもとのやりとりを楽しむことができているかどうかが重要」（p.133）である。「こそだて ちえぶくろ」は，養育者が歌いかけや読み聞かせを子どもとの相互行為の道具として活かす方法を援助した結果，養育者が子どもと楽しくやりとりをすることを実感し，育児意欲の向上に役立ったといえるだろう。こうした子どもと関わることの楽しさが，育児期をとおして持続するための支援は，育児に困難を感じがちな現代の養育者にとって，最も必要とされる活動であるとも考えられる。

　これまでに述べた田島他（2010），岩崎他（2010：2011），板橋他（2012），板橋・田島（2013）は，歌いかけや読み聞かせによる母子相互作用の影響について，養育者と子どもの双方から捉え，両活動が「母子関係に与える効果のメカニズムを解明するための足掛かりとなる」（板橋・田島，2013，p.134）ことが期待されている。また，これら一連の研究は，発達初期の養育者と子どもの記号を介したやりとりの重要性を強調し，やりとりの方法論を展開し，実証してきたといえる。このような発達心理学研究では，絵本や歌は健全な母子関係を築き，親子の発達を促すやりとりを媒介する心理的道具とみなされているが，道具は用い方を誤ると期待される効果が得られないこともあり，使用方法や効果の説明が正しく行われる必要がある。したがって，田島他（2010）をはじめとする研究プロジェクトは，歌いかけ活動や読み聞かせ活動のアカウンタビリティーを果たし，ことばを媒介する共同行為を家庭での教育や育児活動として行う意義を実証したといえるだろう。

　しかし，6歳までに得た絵本の読み聞かせ経験が，子どもの側にどのように受け止められているのか，また子ども時代の絵本経験が，大人になった時にどのような価値をもたらすのかは不明である。それは，乳幼児が言語的に発達の段階にあり，大人のように十分な説得力を持って語れないことが一つ

の理由であり，成人後には子ども時代の生き生きとした経験や感情を忘れがちであるからであろう。

また，道具は心理的な使用方法ばかりではなく，道具がどのようなものであるのかを物理的にも検討する必要があり，佐藤・西山（2007）が分析したように，絵本の内容や構造に視点を向けることも必要と考えられる。絵本そのものの楽しさが解明され，養育者に理解されることにより，養育者の読み聞かせへの楽しみを引き出すばかりではなく，藤井（2010）が懸念した読み聞かせの負担感を減らせるのではないだろうか。したがって，心理的道具としての絵本研究は，今後の読み聞かせ研究の発展的な要素と考えられる。

今や絵本や読み聞かせの研究は，心理学や文学ばかりではなく，多くの学問分野で行われるようになったが，他分野を統合したり補い合ったりする研究はまだ少ないといえる。次節では，発達心理学と児童文学の統合が見られる研究の一例を考察する。

3節　3歳前の子どもにとっての絵本とは何か—心理学的立場の絵本論

(1) 乳児が絵本と出会うまで

鳥越（1993）が，児童文学の立場から評価し得る「読者論」として取り上げたのは，心理学的アプローチでは佐々木（1975：1992），同じく佐々木（1993）であり，佐々木のような心理学的切り口から接近された絵本論は数少ないといわれてきた。鳥越が評価した佐々木（1975，1992）は，佐々木が「子どもが絵本にであうとはどういうことか」（p.9）という問いに立ち，長女アヤさんが生後5ヶ月で初めて絵本に興味を示してから，3歳になるまでに読んだ絵本の記録を資料として，心理学的立場から子どもの「読み」の過程を述べたものである。佐々木（1992）は，佐々木（1975）の増補版であり，19歳になったアヤさん自身が語った絵本体験を補章としてまとめている。ま

た，佐々木が各章で取り上げた絵本について，記憶に残っている限りではあるが，アヤさんが子ども時代に感じていたことが追記され，子どもからみた絵本体験とはどういうものかへの視点が加えられている。佐々木（1992）では，「子どもが絵本にであう」（p.9）意味が，大人側の心理学的分析だけではなく，子ども側の視点からも明かされ，研究者による子どもの心理や認知発達の観察をとおした絵本記録と合わせて論じられたことは興味深い。

佐々木（1992）によると，アヤさんは生後44日目で母親の呼びかけに「オーオー」と応答し始め，47日目には微笑みとともに喃語を発するようになった。その後，童謡を歌ってあやすと喃語がよく出るようになり，機嫌の良い時には手足をバタつかせ，微笑み返すようになったという（p.11）。このことは，田島他（2010），板橋他（2012），板橋・田島（2013）で検証された「歌いかけ」の母子相互作用を裏付けていると考えられ，「歌いかけ」が，母子間の記号媒介的対話を活性化した事例といえるだろう。

また，アヤさんは生後4ヶ月でマトリョーシカに興奮し[101]，手足をバタつかせ，しきりに手を出して近づこうとするようになった。これは，Ninio & Bruner（1978）が述べているところの前言語段階に見られるリーチングであるが，アヤさんの場合は Ninio & Bruner の報告よりも早く生じており，発達の個人差によるものと考えらえる。

続く生後5ヶ月では，アヤさんはマトリョーシカのほか，哺乳びん，赤いかきの実，子どもの描かれている絵や，遊んでいる近所の子どもたちにも興奮した様子を見せるようになった（p.11）。この時期には人の顔への関心が顕著に現れ，ベビーフードの赤ちゃんの写真などにもしきりに話しかけようとする現象が確認されている。つまり，母親が優しく世話をしたり，あやしたりすることにより，母親の顔は良い刺激として認識され，人の顔につながるものに共通性を見出し，外の世界と交渉を持ち始めたといえる。

そして，アヤさんが，この時期に初めて絵本の絵を見て大声で話しかけたのは，ディック・ブルーナの『こねこのねる』（1959 いしいももこ訳 1968）の

表紙に描かれたねるちゃんだったという[102]。佐々木は,「ニャーン」と言いながら絵本を見せたと記憶しているが,アヤさんは見たことのない「ねこ」を認識したのではなく,生活の中でみていた人の顔を見出し,親しみの感情を持ったのであろうと述べている (p.12)。

佐々木は,このように子どもが何かに出会う経験は,出会えるような準備が生活の中で積み重ねられていたのだということを主張し,乳児にとって「人の顔」が大きな意味を持つようになったことは,人の子が人間になるうえで大切なことであると述べている (pp.12-13)。したがって,養育者との日常的な非言語的,言語的やりとりが,親子で絵本を広げる前の準備として必要であり,向き合う関係の中で安心感や心地よさを基盤とした信頼感が育まれること,換言すれば心身ともに健やかに成長するための「親子のきずな」(板橋他,2012,p.90) 作りが大切ということである。

佐々木 (1992) によると,絵本に出会う準備とは「言葉がまだ充分に伝えあいの道具とならないまえに,肌のふれあい,笑顔の伝えあい,快いまだ意味をもたない人の音声を通しての感情の伝えあい,行為を通しての伝えあい」(p.132) などである。そして,「子どもは,初め,母親(養育者)を通して,母親の感覚・感情・行為を通して外界への窓を開いていきます」(p.132) と述べられているように,母親自身の気持や働きかけが,子どもの認識世界を広げるために重視されている。

絵本は,こうした準備段階を経て子どもに手渡される時,母親から伝えられ,経験的に知っているさまざまな「感じ」を呼び覚まし,想像の芽生えをもたらす意味のあるものになるといえよう。アヤさんは,母親(佐々木)とのさまざまな伝えあいから知り得たものを,『こねこのねる』の表情に見出し,心惹かれていたのではないだろうか。

(2)絵本との出会い

アヤさんは,生後10ヶ月頃から親しみのある絵を見た時の反応が変化し始

めたと記録されている。最初は，全身で興奮を表していた反応が，微笑と発声の分化が見られる反応へと変わり，1歳頃から本などを一人で広げ，見つけた子どもの絵を指差し，声を上げるようになった。佐々木は，乳児が自分の見たことのある犬などが絵に描かれているのを見つけて，指で押さえて頷いたり，母親の顔をみて声を出したりすることは，「再認」(p. 17) の喜びであると言い[103]，子どもが絵本を見始める出発点を心理学的視点から説明している。すなわち，子どもが絵本に出会うのは，生活で知り得たものと絵本の中の情報を統合させ，「絵を『読みとる』ことのもっとも初歩的な一歩を踏み出した」(p. 17) 時といえるだろう。

　さらに，こうした絵の読みとりは，佐々木が述べているように，絵の中に何かを感じとることであり，「想像の芽ばえが生じようとしていること」(p. 133) である。そして，想像するということは学習であり，「大人は，子どもが一枚の絵から子ども自身で何かを感じ，読みとるように助けてやらねばなりません」(p. 133) といわれるように，ヴィゴツキーの記号媒介的精神間のやりとりやブルーナーの scaffolding（足場作り）が必要である。

　『こねこのねる』は，アヤさんの生活の中で築かれた人への関心と，母親の「ニャーン」と言って見せるなどの足場作りの相互作用によって，アヤさんに絵本との出会いをもたらした。その後，アヤさんは1歳の誕生日を過ぎると，『ちいさなうさこちゃん』（ディック・ブルーナ，1963 いしいももこ訳 1964）も加わって，一人でめくったり，喃語を発して読んでいるゼスチャーをしたりするようになった (p. 17)[104]。

　この様子は，ヴィゴツキーの文化歴史的精神発達理論における記号媒介的社会相互作用を説明するものと考えられる。母親の読み聞かせ（精神間のやりとり）が，子どもの中へと内面化し，精神内活動の自己内対話活動の現れとして，「ふり遊び」が生じたと考えられる。また，ブルーナーが示唆した表象段階の発達では，動作的表象段階である身体をとおした読み聞かせ経験が，イメージとして保存されて，表象的発達段階へと移行しつつあることを

示しているともいえるだろう。そして，田島他（2010）の「読み聞かせ活動の構造と機能の『2段階・5ステップ』発達モデル」では，第1段階ステップ2に位置づけられ，「言語刺激の自己内対話的再構成の時期」（p.137）として「子の内部に内面化されつつある『自己内対話』のプロセスの段階」（p.137）を実証する例といえよう（本書 p.106, Table 3-1）。

命名行為が始まったのは，アヤさんが1歳2ヶ月近くであった。最初の命名は『こねこのねる』の中のおんどりを見て，「コッコー」と言ったことであるが，「コッコー」は，当然ながら佐々木がそのように読んでいたから出た命名である（佐々木，1992, p.20）。1歳頃の子どもは，喃語からはっきりと意味を理解した初語が生じ，次第に物には名前があることを知るようになる。

佐々木は，1歳頃に絵本を読み聞かせる時は，「絵の対象や表情をゆっくりと情緒的な感じで，できる限り簡潔に述べ…必ずその絵の輪郭を指でなぞってやりました。これは，この年齢ではまだよく絵に描かれたものの形を抜きとることができないからです」（p.21）と述べている。

子どもが，ことばを覚えるためには，その意味する対象物を知覚する必要があるが，ウルフ（2008, 小松訳 2008）が述べているように，視覚神経のミエリン化は生後6ヶ月頃からようやく始まったばかりであり，乳児は大人と同じように見えるわけではない（小松訳 p.143）。佐々木は，ヴェンゲルの知覚と行為に関する論を参考に，乳幼児がことばの意味を表す絵を読みとることの難しさを踏まえ，ことばが出始めるこの時期に，上記のようなサポートを行っている。このような働きかけが，子どもの言語獲得をサポートする"LASS"（Bruner, 1978, 1983）であり，子どもが対象を理解するための足場作りといえるだろう。

(3) 読み聞かせとことばの広がり

アヤさんは，1歳3ヶ月ぐらいになると，手当り次第に絵本を見始め，

佐々木に読むことをせがむようになり、絵本の中のことばやゼスチャー、歌がよく出るようになった。アヤさんが自発的に手にした絵本は41冊に達しており、そのうちの約30冊はよく見る絵本となっていた（佐々木, 1992, p.26）。

佐々木は、この頃から育児日記とは別に、詳細な絵本日記をつけ始めた。この頃のアヤさんがよく見ていた本の特徴は、「子どもが絵本のなかの主人公であり、その動作・表情がよく理解できるものである」(p.27)こと、「自分の知っている動物が、親しみやすくはっきりと描いてある」(p.28)ことであった。好きな絵本は、「モッコ、モッコ」（もっと）とせがみ、5回、6回と繰り返し読み、よく知っている絵本では、ページをめくらないうちに名前を言うなど、命名行為が活発に見られたと佐々木は述べている（p.35）。

しかし、この1歳3ヶ月の頃は、絵本のストーリーも作者の意図も理解していなかったらしい。佐々木は、「ものの絵本」といわれる種類の絵本を与えていなかったが、アヤさんは絵本の好きなページを選んで「ものの本」「人の表情・動作の本」「どうぶつの本」として楽しんでいた（p.35）。したがって、佐々木は、「子どもが一歳前後の頃、絵本をその文章通りに読んだことは一度もありません」(p.43)と述べているように、ブルーナの絵本も子どもの経験に合わせてお話を作って聞かせ、子どもが絵を「読みとる」ことができるように、歌ったり、ゼスチャーを入れたり、表情を付け加えたりしながら工夫をしていた（p.44）。つまり、絵本は親子の読みあいによって、その意味が再構成されていたと考えられる。

アヤさんが1歳を過ぎた頃の記録は、読み聞かせがアヤさんにとって母親とのやりとりの場として定着し、佐々木が母親であると同時に研究者として、LASSの機能を的確に作動させていった様子を記している。そして、アヤさんのことばが、生活体験と密接に関連しながら発達していったことがうかがえるが、この頃はまだ絵本の内容や物語世界の理解には至っておらず、絵本は母子のやりとりを促すことばを運ぶ道具として機能している。このことは、田島が述べているように、2歳前は母親が記号媒介物ではなく、絵本が媒介

物となって母子相互作用を促すことを実証するエピソードであると考えられる。

一方で，アヤさんの読みとりの過程は，子どもが幼いなりに独立した読者であり，養育者とのやりとりの中で積極的に絵本と関わりながら，大人とは異なる楽しみ方をしていることを表しているとも考えられる。母親は，子どもの主体的な関わりを敏感に察知しながら，子どもが読み聞かせのフォーマットに参加できるよう足場をつくることが，ことばの発達へとつながる時期であるという田島他（2010）の結果を裏付けているといえよう。

また，佐々木（1992）はブルーナの『ゆきのひのうさこちゃん』（1963 いしい訳 1964，図 4-1 参照）を取りあげて，アヤさんの絵の「読みとり」，認知，命名の発生をとおして，絵本が子どもにとってどのように意味づけられ，最終的に作者のイメージに重なっていく過程を説明している（p.36）。アヤさんは，1歳2ヶ月の時にこの絵本に出会い，最初に見たのは涙を流して「ないていることり」（図 4-2）の絵だった。

1歳3ヶ月には，佐々木が読んで聞かせる時と同じように，ことりを見て「チュッチュッ」，「アーン，アーン」，「アンアンアン」と言いながら，泣くまねが見られるようになった。アヤさんは，この段階では，「ないていることり」の絵と次の場面のうさこちゃんの泣いている表情に惹きつけられてい

図 4-1　表紙（右）とうら表紙（左）
『ゆきのひのうさこちゃん』より　ディック・ブルーナ作　いしいももこ訳（福音館書店 刊）

図 4-2　泣いてることり
『ゆきのひのうさこちゃん』より　ディック・ブルーナ作　いしいももこ訳（福音館書店 刊）

るようだった (p.36)。そして，1歳4ヶ月には，図4-1のうら表紙と同じ絵のうさこちゃん（第1場面）が，窓から見た外の風景に描かれている太陽を自発的に「ムーン」と命名している（第2場面）。これは，ブルーナの描く太陽がいつも黄色なので，アヤさんには月に見えたらしいと佐々木は分析している。「ムーン」は，「つき」という発音が難しいため，生活の中で普通に使用されていたことばであった (pp.36-41)。

　その後，アヤさんのことばは少しずつ増え，1歳6ヶ月には表紙の絵を「ウチャコチャン」と呼ぶようになり（図4-1右側），佐々木が読み聞かせ中に行う動作の模倣も見られるようになったが，一番長く見る場面は「ないていることり」だった (p.41)。アヤさんは，1歳9ヶ月の時に「ウチャコチャン」と言いながら絵本を持って来るようになり，「ないていることり」の場面は，相変わらず繰り返し見ていたが，「コトリチャンアーンアーン，オウチカエリタイヨ」，「ウチャコチャンドチタノ」のほか，くちばしを「サンカク」と言うなどの自発的な発話が見られるようになった。そしてある日，アヤさんはうさこちゃんが窓から外を見ている最終場面（うさこちゃんは赤い服から白い寝巻に着替え，うら表紙と同じ窓の反対側の位置に立っている）を見て，物語とは関係のない「オフロ，ハヤクヌイデー」という発言をした (pp.41-42)。佐々木は，この時期には既にストーリーにそった読み聞かせを行っ

ていたが、1歳9ヶ月のアヤさんは、自分の生活体験に基づいて物語を読みとり、自立した読み手として読み聞かせに参加し、母親と対話をしていることがわかる。そして、佐々木がこの場面のアヤさんのことばに、「思わず笑わされました」(p.42)と述べているように、子どもの思わぬ反応は、読み手にとって我が子の成長や発達を感じる要素となるだけではなく、ただ愉快な楽しさを与えることも多いだろう。

このような読みとりは、田島他(2010)が示したように、1歳代の読み聞かせは「親と子が本を介して共同で"実体験的"に世界をみる行為」(p.137)であることの事例と考えられる[105]。佐々木は、絵本の世界を我が子に見せながらも、アヤさんが自分の経験に基づいて見ている世界に寄り添いながら、ともに絵本を読みあっているといえるだろう。2歳前の読み聞かせは、絵本が媒介物となって、母親と子どもの世界を結ぶ時期であることが、この観察記録からも明らかになっている。

2歳以降は、母子の記号媒介的相互行為に変化が見られ、母親がことばを運ぶ媒介物となって、子どもを絵本の世界へと導く時期へと移行する。子どもは、母親の足場作りによって、次第に絵本の内容を理解できるようになり、田島他(2010)の仮説モデル(本書 p.106, Table 3-1)が示すように、自己内対話再構成の定着を基盤にしたことばへの関心が高まり、絵本の内容にそった象徴的活動が開始される。

佐々木とアヤさんの読み聞かせが、この仮説モデルの第二段階に達したのは2歳2ヶ月頃からであると考えられる。アヤさんは、2歳2ヶ月になると、最後まで集中して身じろぎもせずに聞けるようになり、読んでいる佐々木の口元を熱心に見る方が多いこともあった(佐々木, 1992, p.42)。佐々木は、この頃のアヤさんの行動を「絵はだいたい読みとれるようになっていたので、次に言葉から意味をとろうとしていたと思います」(p.42)と分析し、「ようやくブルーナ＝読み手＝子どもといった三者が共通に世界をもてたように思います」(p.45)と述べている。

そして，2歳3ヶ月には，絵本の中の文章がそのまま表出されるようになり，アヤさんは，外遊びに出掛ける時に「オトーサン，オカーサン，イッテマイリマス，キョーカイノヤネガキラキラヒカッテマス」(p.43) といううさこちゃんのセリフを真似る行動を見せた。ことばの脱文脈化が見られるのは，仮説モデルでは3歳代であり，物語全場面を通じて語る「素語り」などが見られるようになる。3歳前のアヤさんは，まだ完全に脱文脈化したことばの使用方法を習得していないことが予想されるが，「言葉の対象化と象徴遊びへの展開期」(田島他, 2010, p.137) にあり，絵本と実生活を結びつけて真似ごとの中でことばを使えるようになっている。おそらく，3歳以降はお出掛けをするうさこちゃんと自分を重ねてイメージしても「キョーカイノヤネガキラキラヒカッテマス」を言わずに出掛けることが予想され，ことばは絵本の文脈を離れて，一般的な使用が可能になると考えられる。

　『ゆきのひのうさこちゃん』が，よく読まれたのは2歳3ヶ月頃までだった[106]。佐々木は，この絵本の読み聞かせ記録を振り返って，子どもの「『絵のよみとり』・認知・命名・その絵本への感情的共感・理解したことへの実生活への適用の過程が典型的にあらわれているように思います」(p.43) と述べている。幼い子どもが絵本を「読みとる」ということは，教科学習のように作家の書いた物語や意図を正確に読みとることではなく，自分の知っているもの，感情体験や行為に結びつけて，それを糸口に想像しながら試行錯誤を繰り返すことである。そして，この「読みとり」は，ことばを介した母子相互作用の過程で調整され，次第に作家の意図するストーリーに近づいていくことが，『ゆきのひのうさこちゃん』を繰り返し読みあう中で示されている。つまり，子どもが能動的に獲得した意味が，母親との関係で新たな意味として獲得され，母子の社会的行為の中で再構成されていく過程である。

　また，田島他 (2010) では，読み聞かせ活動における母親の働きかけは，全年齢をとおして「子ども尊重」「足場作り的支援」「母が楽しむ」という内容から構成されることが，量的データに基づいて検証されたが，佐々木

(1992) では，0歳代から3歳前までの一つの具体例として，質的な観察データが示されたと考えられる。子どもを尊重する働きかけとは，決して強引に絵本の世界に引き込んだり，作者の意図を理解させたりすることではなく，独立した読み手である子どもの読みとりを援助することであり，読み聞かせは生活とのつながりでもある。子どもの生活を基盤とした読み聞かせが，足場作り的な支援の一つであり，母親は子どもの主体的な読みに寄り添って，ともに楽しむことが，子どもの思考活動や行動の統制機能の手段となる自己内対話を活性する適切な関わり方といえるだろう。

(4) 心理学的絵本論——ブルーナの絵本の例

ブルーナの『ゆきのひのうさこちゃん』は，佐々木とアヤさんの1年以上にわたる読み聞かせをとおして，アヤさんの成長発達にともなって「読み」が変化していった絵本の一例であった。しかし，佐々木（1992）は，心理学的な視点から子どもの認知発達と絵の読みとりから作品理解のありようを分析しただけではなく，子どもに変化を起こす絵本そのものに対しての分析も行っている。

佐々木は，ブルーナの絵本について「幼い子どもの絵本は，よく『絵を追っていくだけでストーリーのわかるものがよい』と言われます。そういう観点からみるとブルーナのこの一連の絵本は，まったく当てはまらないものもあるのです」(p.45) と指摘している。このことは，19歳になったアヤさんが『ゆきのひのうさこちゃん』の思い出を次のように語ったことにも表されている。「『ゆきのひのうさこちゃん』のうら表紙の絵，すごく悩んだわね。家の中から外をみているのか，それとも外から家の中をのぞいているのかって。要するにストーリーがわかってなかったのね。えっ。これ（第2場面）お日さまなの。今でもお月さまだと思っている。うさこちゃんの泣く場面で泣いたそうだけど，憶えていない。小鳥の口ばしのサンカクは憶えている。鳥の口ばしを描く時はいつもサンカクにしたのは，きっとここからきたんだ

ねえ。ここ（第12場面）で，今までうさこちゃんが赤いマフラーに青い服を着ていたのに何も着ていなくて，裸だと思った」（p.68）。

アヤさんが悩んだうら表紙の絵（図4-1左側）は，第1場面と同一のものであり，赤い服を着たうさこちゃんの上半身が窓枠の左下に描かれている。大人はあまり気にもとめないだろうが，子どもにとっては「なぜ，どうして」の疑問を引き出すことは多い。こうした疑問が，幼い子どもの絵本の大切な要素であることを，佐々木は「幼い子どもにとっての絵本は，とくに『科学絵本』でなくても『ドーシテ？』『ナーニ？』という疑問を引き出すものです。とくに二歳前後からは，うるさいほど質問，疑問を周囲の大人にぶつけてきます。人生のスタートラインに立ったばかりの子どもには，すべて知らねばならないことばかりだからです。…だが，三歳まえの子どもにも，程度の差こそあれ，情緒的感情が育ち，生活の知識が増え，科学的な観察力が芽ばえ始めていることも事実です」（pp.59-60）と述べている。佐々木は，どのようなタイプの絵本であっても子どもの疑問を引き出す可能性があることを示唆しているが，一歩進めていうならば，その疑問に挑む意欲を促す構成や仕掛け，工夫などが幼い子どもの絵本に必要な要素といえるだろう。

第2場面は，見開きページの右画面に青色を背景として雪を被ったオレンジ色の教会が立ち，空には黄色い大きな太陽が描かれている。テキストは，左画面に「ほうほうの　うちのやねが　まっしろよ。きょうかいのやねも　きらきら　ひかってる。いってまいります　とうさん　かあさん。よくきをつけて　あそんでくるわ」（いしい訳 1964）と書かれている。この場面は，アヤさんが1歳4ヶ月の時に「ムーン」という自発的な命名が表出した場面であったが，この読みとりが16年後も変わらず保たれるほど印象的であったことがわかる。また，この場面のテキストは，2歳3ヶ月の時に次の第3場面（右画面に赤いマフラーを巻き，青いコートを着たうさこちゃんの立ち姿が描かれた表紙と同じ絵のお出掛け場面，図4-1右側参照）で発話されたり，実際のお出掛けの時にも模倣が見られたり，実生活との結びつきが顕著であった。幼

いアヤさんは，雪遊びに出掛けるうさこちゃんと遊びに行く自分を重ね，うさこちゃんの楽しい気持ちを分かちあうことができたのだろう。

　感情の共感は，楽しさだけではなく悲しみでも生じている。うさこちゃんが泣くのは，小鳥が泣いている第7場面（図4-2）の次の第8場面である。雪の積もった外で楽しく遊んでいたうさこちゃんは，「なんて　さむいんでしょ　うさこちゃん。わたしは　ゆきが　きらいです」（いしい訳 1964）と言って泣いている小鳥（第7場面，図4-2）を発見する。そして，うさこちゃんが次のページで「おやまあ　あなたは　おうちが　ないの？　なんて　かわいそうなんでしょう」（いしい訳 1964）と言い，大粒の涙を流して小鳥の寒さの中の悲しみに寄り添っている（第8場面）。

　アヤさんは，佐々木（1992）によると，1歳2ヶ月で読み聞かせを始めた時から，この第7，8場面を変わらず長く見つめ，繰り返し開いて見ていた。アヤさんが，最初に「アーン，アーン」と表現していた悲しみは，2歳2ヶ月頃になって「寒さの中のことりの悲しみとして理解され」(p.45)，佐々木は「ようやくブルーナ＝読み手＝子どもといった三者が共通の世界をもてた」(p.45) と述べている。泣いたことは記憶されていないが，幼い子どもがよく知っている「泣く」という経験が，小鳥の涙やうさこちゃんの涙と結びつき，強い情動を喚起したのではないだろうか。こうした情動が，母親と読み聞かせを日々繰り返す中で調整されながら，次第にことばとしての理解が可能になり，小鳥の悲しみへの共感に変わっていったと考えられる。

　また，第12場面は，物語の最後のページである。うさこちゃんは，白い寝巻に着替え，緑色の窓枠の右端から外を眺めている。テキストは「ねまきにきかえた　うさこちゃんは　もいちど　まどから　のぞきます。『ちいさな　とりさん　おやすみなさい。あした　またいっしょに　あそびましょ』」（いしい訳 1964）となっている。アヤさんは，1歳9ヶ月の時に，この場面を見て「オフロ，ハヤクヌイデー」（佐々木，1992，p.42）という自発的な発言をしている。佐々木は，この発言をアヤさんの初めての自発的「読みとり」で

ある可能性を示唆している。佐々木が気付いていたように，ブルーナのストーリーは理解されていないが，アヤさんは第1場面とほぼ同じ構造のこの絵の中に，うさこちゃんの衣類の違いを発見し，自分の体験に基づいて想像して「裸だからお風呂に入るのだろう」と，論理的な「読みとり」を行っていたことを証言している (p.68)。

　ブルーナの絵本が，幼い子どもにとって理解が難しい場合があることは『ふしぎなたまご』(ディック・ブルーナ，1962 いしいももこ訳 1964) についても指摘されている。『ふしぎなたまご』は，アヤさんが絵を好み，よく一人でも見ていた作品であるが，2歳頃になってもこの絵本の「たまご」の意味は理解されていなかった。たまごは，アヤさんにとっては「食べるもの」であり，この作品が表現している「生命を生み出すもの」の意味がわからず，「3歳近くになって，やっとこのブルーナの『たまご』にあえた」(p.86) というエピソードがあげられている。

　一方，アヤさんが「ダイシュキ」(p.77) な絵本の一冊だった『ぐりとぐら』(なかがわりえこ 文，おおむらゆりこ 絵，1963) の「たまご」は，「かなり異なった『たまご』を子どもたちに与え」(p.87) ることが指摘されている。『ぐりとぐら』の「たまご」は，生命を生むものではなく，カステラの材料になる食べ物として描かれ，たまごを食べていたであろうアヤさんには馴染みのある「たまご」だった。19歳のアヤさんは，この作品について「何が面白かったと言われても，やっぱり面白いんだなぁ。…すれ違いとか，思い違いのない本なのよ」(p.88) と，ストーリーのわかりやすさが魅力の一つであったことを証言している。

　しかし，アヤさんは，1歳半頃から佐々木がブルーナの絵本を読んだ後，「句読点ごとにアヤ自身が一気に反復でき」(p.159)，1歳9ヶ月頃には「翻訳調の『〜デシタ』『〜トイイマシタ』がさかんに日常生活に出る」(p.164) ほど繰り返しブルーナの絵本を楽しんでいた。この事実は，子どもにとってストーリーのわかりやすさだけが，絵本の魅力ではないことを示している。

アヤさんがブルーナーの絵本を好んだように，今も幼い子どもを魅了し続けるロングセラー作品の魅力とは何であろうか。それは，佐々木の観察や指摘からわかるように，「現実の生活において経験にうらづけられた『再認』に近いもの」（p.131），ことばの調子，疑問を引き出す工夫などがあげられるだろう。そして，子どもが「ドーシテ？」「ナーニ？」という疑問に挑んでいくための大人の関わりは勿論であるが，絵本にも子ども自身が積極的に作品世界と関わろうとする情動に働きかける要素が必要といえる。この情動に働きかける要素の一つが色ではないだろうか。色の重要性は，アヤさんが「ブルーナの絵本は色がねクックックとうれしくなっちゃうんだよね。原色でしょ。混じっていないし。…なんとなく見ているうちにうれしくなっちゃう。ストーリーは，このさい関係ない。単純だから」（p.68）と述べていることからも妥当といえる。

色彩は，濃淡，目に見える運動，形態などと同様に，人が世界に存在する事物や事象を同定しようとする時に利用する視覚刺激要素の一つである。心理学的には，色を刺激として見る場合，感情に働きかけていることが明らかにされている[107]。また，佐々木によれば，幼い子どもが読みとる絵の色には，子どもの注意をひく色とわかりにくい色があり，原色系の色や太くはっきりとした線は見分けやすいといえるが，必ずしもそのようなものに限るわけではない（p.132）。佐々木は，子どもの認知特性に合う原色が，絵本に適していると述べているわけではないと断りを入れているが，明るくはっきりした色合いのブルーナの絵本は，「クックックとうれしくなっちゃう」（p.68）ような子どもの注意を引きやすい特徴を持つことは明らかであろう。

佐々木（1992）は，ブルーナの絵本をはじめとした物語絵本のほかにも，生活の絵本や科学絵本など，アヤさんが生後5ヶ月から3歳になるまでに出会ったさまざまな絵本について分析し，幼い子どもが絵本に関わろうとする動機は，「日常生活で経験すること，遊びが擬人化された動物や子どもの姿を通して描いてあったこと」（p.60）も特徴にあげている。加えて，子ども

が読もうとする絵本は，単に好みであったり面白かったりするだけとは限らないことが，「面白いと思って読んでたんではないわよ。どうしてかしら，どうしてかしら，と読めばわかるじゃないかと考えて，繰り返し読んでたんだと思うよ」(p.106)[108]というアヤさんの証言から理解でき，子どもは幼いなりに「疑問」を感じたり謎を解こうとしたりする「考える人」であることを忘れてはならない。

　このように，絵本は必ずしも子どもの発達や喜びに見合った特徴ばかりを持つとは限らないが，作品として子どもの気持ちに訴えかける要素を持ち，大人の足場作りによって次第に作品の世界を理解する楽しみを与えることが可能である。佐々木は，「絵本の世界は，絵本と，それを読み聞かせる大人と，子どもの想像力によって成立するもの」(p.134)と考え，大人の役割は，手にとらなければ「もの」にすぎない絵本を，演出して生きたものとして再現する「読み聞かせ作家」(p.134)になることであると述べている。そして，当然であるが，読み聞かせ作家になるということは，常に演出過剰に面白おかしく読むことではなく，田島他（2010）が提示した読み聞かせの機能と構造の発達段階モデルにあるように，子どものリテラシー発達に適った援助であり，関わりであるといえる。

　ブルーナの『ゆきのひのうさこちゃん』は，アヤさんが好きだったうさぎが子どもとして擬人化され，経験に即した再認が行われやすく，また，幼い子どもの知覚に適した色やはっきりした形などの特徴を備えていた。そして，子どもが主体的な「読みとり」を行おうとする情動に作用する一方で，作者の意味する物語世界を読みとるためには，大人による読み聞かせの演出が必要な「道具」であったことが明らかにされた。以上，佐々木の研究は心理学的視点をもった絵本論の一例であり，大人が関わる読み聞かせの重要性と，子どもと絵本の関わりについて，絵本という道具の視点に踏み込んだ分析により，心理学と文学の両面を補いあっているといえるだろう。

(5) 絵本を媒介する心理学的研究と文学的研究

　絵本の研究は，第3章で述べたように，広い学問分野で取りあげられているが，それらの多くはそれぞれの専門分野の域を出ることなく，佐々木（1975；1992）が行ったような絵本の内容に対するクリティカルな分析が加えられることは，心理学の領域では稀といえるだろう。ブルーナーの本読みフォーマット（Ninio & Bruner, 1978；ブルーナー，1983 寺田・本郷訳 1988）や田島他（2010）が提示した読み聞かせの構造と機能の発達段階モデルは，子どもの発達に必要な対人的な関わりの重要性と，母子相互の発達的変化や影響について理論的に示唆しているといえる。しかし，やり取りの道具となる絵本のどのような内容や特徴などが，これまでに論じられた発達や母子相互作用を促し得るかについて，具体的に検討されることは国内ではほとんどないといえる。佐藤・西山（2007），横山・水野（2008）などが示唆しているように，子どもたちの反応は絵本によって異なる様相を呈し，絵本が単なるやりとりの道具ではなく，道具としての役割や構造，機能がそれぞれにあることは明らかであろう。

　佐々木（1975；1992）は，アヤさんとともに絵本を読みあった自らの経験をとおして，子どもの認知発達的変化と変化を媒介する絵本の内容に踏み込んだ分析を行い「絵本論」を展開している点で，絵本の心理学的研究と文学的研究をつなぐものと考えられる。

　また，佐々木（2011）は，「世界でもはじめての絵本事典」（中川，2011，序 ii）といわれる『絵本の事典』において，多くの読者から長い年月読み継がれてきた絵本の中には，子どもたちの発達の質的転換にまつわるエピソードが繰り返し描かれていると述べている（p.513）。佐々木（2011）によれば，絵本作家や児童文学者の子どもの心理を理解する方法は，直感的・主観的でありながら，子どもの感性・人格・感情などを説得力のある形でとらえている（p.513）。つまり，子どもが，大人と同じように明確な人格や感情を持つ

一人の人して描かれた作品は，乳幼児期の子どもの発達や空想の世界を理解するための優れた文学であると佐々木は考えている。

このような視点は，科学的論証，実証に傾きがちな心理学系研究に一石を投じているともいえ，心理学的発達研究と文学的読者論研究の共通の目標の一つとなる，子どもへの理解を深めることを可能にするのではないだろうか。さらに，大人の視点で捉えた生後約3年間の子どもの「読みとり」が，16年後にアヤさんに自身によって，絵本に関する記憶として明らかにされたことにより，子どもが大人とは異なる独立した読者であることが実証された。絵本が子ども自身にどのように受容され，成長後にどのようなものとして残っているかが示されている点は，子ども目線の受容論として貴重な資料であろう。

佐々木（1992）は，16年後のアヤさんの証言を受けて，「幼児の言葉は，幼児の考えていること感じていることの氷山の一角にすぎない」（p. 151）と述べ，幼児の目線の鋭さを指摘している。つまり，子どもの絵本受容は，言語発達スケールなど量的な分析だけでは測りきれない，質的で力動的な認知発達の過程を含んでいるともいえる。

佐々木は，こうした視点から幼い子どもと絵本の関係について次のような絵本論を述べている。「子どもにとっては，実際の生活のなかで，大人に助けられ，一生懸命人間らしい生活の仕方を学ぶことが，いろいろなことを知っていく原点になります。そして，絵本とは，それらの人間らしい生き方が，想像の世界において，それぞれの作家の立場で集約されたものとみていいでしょう。…幼い子どもの場合，あくまでも大人の助けをかりて，絵本の世界への橋渡しをしてもらわねばどうしようもないのです。…絵本の世界は，絵本と，それを読み聞かせる大人と，子どもの想像力によって成立するものではないでしょうか」（pp. 133-134）。

佐々木が述べているように，幼い子どもにとっての絵本とは，大人の働きかけを介して人として生きる術を探求する場であり，言うなればことばを介して文化を獲得する手段である。そして，読み聞かせは，絵本という道具の

世界を両者の相互作用によって創造的に読みとり，意味を再構成していく共同行為であるといえる。

　以上，佐々木の研究は，比較的古い資料に基づくものではあるが，子どもの認知発達と絵本の関わりを実子の1例をあげて縦断的に追跡調査したものであり，絵本や読み聞かせの理論的枠組みを裏付ける貴重な事例といえよう。昨今は急進的なメディアの発達により，子どもたちは幼い頃から絵本以外にも多くの情報メディアに囲まれて育ち，絵本だけが母子のやりとりの道具となるわけではない。したがって，道具としての絵本の効果，読み聞かせという親子の共同行為がもたらす効果を量的な分析のみから限定して明らかにすることは困難であり，理論を支持する事例を積み重ねていく必要があると考えられる。

　絵本は，従来から幼い子どもの学びを助ける本として存在し，読み聞かせが子どもにとって良い活動であることは周知であったが，長く経験として知られるにとどまっていた読み聞かせの効果が，理論や仮説モデル，縦断的観察などによって実証されてきた。今後は，さらに理論と事例を重ね合わせ，また，絵本という道具が，読み手の受容論も含めて，心理学的立場からも再考されることによって，読み聞かせや絵本の研究が発展し得ると考えられる。

4節　本調査研究の意義

　読み聞かせの研究は，これまで論じたように，子どもの認知的発達や大人と子どもの共同行為としての相互作用ばかりではなく，高齢者や障害者なども対象としてさまざまな視点から取り組まれてきた。これらの研究の多くは，読み聞かせをするかしないかの問題ではなく，行うことを前提として読み聞かせの質の問題，つまり読み手の関わり方や絵本の選び方，家庭の読み聞かせスタイルなどの問題を提起し，主に正の効果を検証してきたといえる。

　こうした研究では，絵本は道具と見なされ，道具それ自体よりも道具を介

したやりとりがもたらす大人と子どもの相互作用などが十分に検証されたが，子どもと絵本の相互作用も踏まえた詳細な研究は少ないといえるだろう。田島他（2010）の「読み聞かせ活動の構造と機能の『2段階・5ステップ』発達モデル」（p.137，本書 p.106，Table 3-1）は，岩崎（2013，未刊行）が行った調査対象を0歳から6歳までに広げた横断的な調査によりほぼ実証され，0歳から3歳までの観察場面に基づく縦断的データで補完されている。岩崎他（2010）は，子どもの「お気に入り絵本」と「新規絵本」に分けた分析も行っているが，量的な分析の中では明らかにされない絵本の質的な要素や分析結果を補う具体的なやりとりの検討も必要であると考えられる。

さらに，読み聞かせは，幼児期の子どもを対象に多くの家庭で行われているが，就学前に中止されてしまうことも多く，昨今の多種多様な絵本を親子で十分に楽しめないうちに，絵本を卒業してしまう傾向が見られる（赤羽，2011，未刊行）。一方で，絵本の読み聞かせ活動が小学校，中学校でも盛んに取り入れられているという報告もあり，子どもたちは自分で本を読めるようになっても読んで貰うことを楽しんでいるといえるだろう[109]。

読み聞かせが，子どもにとって良い影響や楽しみをもたらすことは広く知られることであり，これまでの先行研究でも科学的に実証されてきたが，なぜ，そのような価値ある活動が家庭で継続されないのだろうか。読み聞かせが，幼児期の段階で中断される理由は，子ども側の資質や親側の事情などさまざまな要因が予想される。そうした要因の一つとして，齋藤・内田（2013）が示唆した母親のストレスや，「読み聞かせ」ということばがストレスに感じられるという経験的な意見を無視することはできないだろう[110]。

また，養育者が子どものために絵本を読もうとする時，子どもの側の態度も読み聞かせを続ける意欲に影響すると考えられる。佐々木（1992）が述べているように，読み聞かせは，「一枚の絵を前に，子どもに話しかけることから始める」（p.135）ことを出発始点とする親子の創造的活動であり，田島他（2010）が定義する「語りかけ」活動の一種である。こうした活動は，先

行研究や理論が指摘するように，社会的相互行為として日常の営みの中で時間をかけて築き上げられると考えられ，子どもの聞く力や社会的態度の発達に影響する，あるいは子ども側の発達が読み聞かせ活動に影響する可能性がある。しかし，読み聞かせの負の側面や，実施状況と子ども側の要因との関連は，これまであまり取りあげられていない。

　読み聞かせが中断される理由やストレスの要因として，子どもの聞く態度や養育者の絵本観の影響が考えられる。絵本は，一般的には「子どものため」の本と見なされ，多くの場合，大人は読んであげる必要があり，子どもは大人の話を聞くことによって読み聞かせ活動が成立する。また，子どもに関わる大人たちは，絵本の教育的効果や情緒の発達などさまざまな効果を期待して絵本を選ぶだろうが，「子どものために」という視点が養育者の絵本観を狭めたり，子どもに聞くことを強いたりするストレスとなり得るのではないだろうか。

　読み聞かせは，食事や身辺の世話とは異なって，必須の育児行為ではない。しかし，本章で述べた先行研究などが実証しているように，一般的には子どもにも大人にも良い発達的効果があり，親子のコミュニケーションに役立つ可能性がある。養育者にとっての絵本が，どのような存在であるかについて，読み聞かせの中断や行われない理由，育児のストレスなども踏まえて検討することにより，より多くの家庭が絵本を楽しむための知見を得ることができると考えられる。そこで，第5章から第7章では，幼児のいる家庭を対象とした三つの調査研究をとおして，家庭の読み聞かせの実態と子どもの認知的発達，および養育者の絵本観と育児ストレスとの関連について，具体的な絵本の分析も加えて検証する。

第5章　調査研究①　家庭での絵本の読み聞かせ活動と子どもの社会性の発達との関連について

はじめに

　絵本の読み聞かせは，幼児のいる家庭では日常の育児行為の一つとして広く行われている読書活動であり，発達心理学研究においては，「絵本を介した記号媒介的相互行為で，養育者の『語りかけ』活動の1種」（田島他, 2010；岩崎, 2013, 未公刊）と見なされる発達的相互活動である。また，佐々木（1992）が述べているように，親子が読みあう「絵本の世界は，絵本と，それを読み聞かせる大人と，子どもの想像力によって成立するもの」（p. 134）であり，読み聞かせは読み手と聞き手の相互作用による創造的活動ともいえる。つまり，親子の読み聞かせは，絵本の選択を初めとして，各家庭での行い方や読み聞かせ方などの親側の働きかけと，子どもの聞く態度や認知的な発達的変化などによって形成されていくと考えられる。

　Wolf（2008 小松訳 2008）が指摘するように，聴覚神経は胎生期から発達しているが，視神経のミエリン化は生後6ヶ月頃から始まるといわれる。絵本を介した読み聞かせ活動が成立するためには，視覚的な発達は勿論のこと，コミュニケーション活動の前提となる「共同注意」（Tomasello, 1999）が重要であり，注意を持続する力の発達が必要となってくる。「共同注意」は，社会的相互作用の一形式と考えられ，言語発達の基盤としてブルーナー（1983 寺田・本郷訳 1988）なども注目した概念である。ことばの発達は社会文化獲得の第一歩であり，Cole & Scribner（1974）が示すように，生活の中での活動に応じて用いられる記号的道具に基づいて，特定領域の発達があると考えられている。読み聞かせと言語発達との関連では，岩崎他（2011）の母親の

読み聞かせ方と子どもの語彙発達への影響や，板橋他（2012）の「こそだてちえぶくろ」経験による社会性の発達への影響などが示唆されている。

　これらの先行研究は，読み聞かせ活動が社会的やりとりの経験の場として，子どもの認知発達を促す可能性を検証し，語りかけ活動で生じる「専有」と「共有」をもとにした社会的・対人機能の発達を導く可能性を示唆している（田島他，2010）。つまり，子どもには，身近な大人と触れあう家庭的な場所で，発達初期から語りかけや視線の共有など，ことばをともなう大人とのやりとりを十分に経験することが，生涯にわたる社会活動の発達基盤として必須であることが科学的に実証されている。

　このような経験の場となる家庭は，子どもが成長・発達するための第一義的な役割を担っている。先に述べたように，養育者による語りかけ活動は，子どもの認知的発達にとって重要であり，読み聞かせは語りかけ活動の一つとして効果検証が行われてきた。しかし，親子間の読み聞かせ活動がもたらす社会的・対人機能の発達は，子どもの社会的行動のどのような面に影響するのかということと，普段家庭で行われている読み聞かせの実態との関連は，あまり取りあげられていない。また，読み聞かせが上手くいかない，行われないという家庭は調査対象となることが少なく，読み聞かせを順調に継続して行っている家庭との比較がほとんどされていない。読み聞かせは，必ずしも継続的に楽しまれているとは限らないことも予想され，読み聞かせが行われない，あるいは中断されるケースを取りあげる研究も必要と考えられる。

　そこで，本調査では，1節にて幼児の保護者に対する質問紙調査によって家庭の読み聞かせ状況を把握し，読み聞かせのどのような側面が，子どもの対人的な社会的スキルの発達と関連するのかについて検証する。そして，2節では，読み聞かせを開始したばかりの家庭，安定した読み聞かせを維持している家庭，継続に困難を抱えている家庭の事例について，読み聞かせ場面の観察と保護者への半構造化インタビューによって，読み聞かせが維持され，展開していくための要因について検討する。

1節　家庭内の読み聞かせ活動の実態と子どもの社会的スキルとの関連

(1)方　　法

1．調査対象者

　横浜市内の A 保育所，B 幼稚園に通う幼児がいる家庭の保護者82名を対象とした。なお，対象家庭の子どもの年齢は，1歳代2名，2歳代4名，3歳代26名，4歳代27名，5歳代21名，6歳代2名であった。質問紙調査は，A 保育室が59部配布，うち回収13部（回収率22.0％），B 幼稚園は135部配布，うち回収101部（回収率74.8％）であった。両施設を合わせた回収率は114件58.8％となった。調査対象者は，欠損値のあった18件と読み聞かせが行われていなかった11件，および片親家庭3件を除いた82件とした。

2．調　査　内　容

　以下の内容の質問紙調査票を作成した。

　①フェイスシート（記入者，居住地，父親・母親の年齢と職業，子どもの出生順位と年齢）

　②家庭での絵本の読み聞かせ状況に関する質問8項目（読み聞かせの有無，開始年齢，週あたりの頻度，1回あたりの時間，時間帯，主な読み手，継続意志，読み聞かせについて日ごろ感じていること）

　③子どもの普段の行動と親子の関わりについて（子どもの社会的行動特性に関する25項目，親子の関わりに関する質問24項目）。なお，子どもの社会的行動特性と親子の関わりに関する質問項目は，下記の尺度を使用した。

1）子どもの行動特性

「幼児の社会的行動スキル尺度」（中台・金山，2002）

本尺度は，子どもの社会適応と強い関連があることが明らかにされており

(佐藤・高山,1998;佐藤・金山,2001),円滑な人間関係を営むために必要な行動側面である社会的スキル領域と,対人関係を阻害する行動側面である問題行動領域の2領域から,幼児を対象とした社会的スキルを測るものである。回答は,質問25項目について「1.全くみられない」から「5.非常によくみられる」までの5件法を採用した。なお,本尺度は保育者による回答を前提としているが,本調査では養育者が捉えた幼稚園や保育園での子どもの行動を測るものとして使用した。

2）親子の関わり

a.「親の養育態度尺度」(中道・中澤,2003)

本尺度は,バウムリンド(1967)に基づき,養育態度を「応答性」と「統制」の2次元により測定するものである。「応答性」は,子どもの意図や欲求に対する気付きと愛情ある言語や身体的表現によって,子どもの要求をできる限り充足させようとする母親の態度であり,統制は養育上の統制と母親の成熟欲求から成る,子どもの意思とは無関係な決定に基づいた行動を,子どもに求める態度である。回答は,質問16項目に対して「1.全然当てはまらない」から「4.よくあてはまる」までの4件法を採用した。

b.「親子の信頼感に関する尺度」(酒井,2005;酒井・菅原・眞榮城・菅原・北村,2002)

本尺度は,他者に対する信頼の定義を「相手の自分に対する態度や感情などの情報から得られる,相手に自分を裏切る意図がなく自分を幸福にしようと願っているであろう期待」としている。また,相手が自分と同様にこのような期待を持つと考え,自分は信頼されているという感覚も合わせた双方向での主観的評価を「対人的信頼」として概念化したものである。酒井(2005)は,親用8項目と児童用8項目から成る2種類の尺度を作成しており,本調査では,父親または母親の子どもに対する信頼感を評定する親用8項目を採用した。回答は,「1.全然あてはまらない」から「4.よくあてはまる」までの4件法を採用した。

3. 調査期間

A保育室（横浜市認定保育所）は2010年5月6日〜2010年5月20日に実施した。B幼稚園は，2010年7月2日〜2010年7月15日に実施した。

4. 手続き

個別記入式の質問紙調査用紙を園経由にて配布，および回収した。

(2) 結　果

1) 結果1：変数の性質：因子分析による尺度の検討

家庭で行われている読み聞かせが，子どもの社会性発達と親子関係に及ぼす影響を検討するために，現在読み聞かせを行っている82件の家庭を対象として，幼児の社会的行動スキル尺度，親の養育態度尺度，親子の信頼感尺度について因子分析を行った[111]。その結果，幼児の社会的スキル3因子を抽出した。なお，親の養育態度尺度と親子の信頼感に関する尺度については，項目平均値と標準偏差を確認したところ，今回の調査では回答に偏りのある項目が多く，明確な因子構造を確定できなかったため，読み聞かせと親子関係への影響は調査対象外とした。

2) 結果2：調査対象家庭の幼児の社会的スキル

幼児の社会的行動スキル尺度25項目に対する回答について，「全くみられない」を1点，「少しみられる」を2点，「ときどきみられる」を3点，「よくみられる」を4点，「非常によくみられる」を5点として，平均値および標準偏差を求めた。天上効果，フロア効果が見られた7項目を除外し，小塩（2005）に基づき，残りの18項目に対して主因子法による因子分析を行った。固有値の変化と因子解釈の可能性を考慮すると，3因子構造が妥当であると考えられた。

そこで，再度3因子を仮定して主因子法 Promax 回転による因子分析を

行った。その結果，十分な因子負荷量を示さなかった5項目を分析から除外し，残りの13項目に対して再度主因子法・Promax 回転による因子分析を行った。Promax 回転後の最終的な因子パターンと因子間相関を Table 5-1 に示す。なお，回転前の3因子で13項目の全分散を説明する割合は63.24%であった。

第1因子は，「仲間とのいざこざ場面で，自分の気持ちをコントロールする」，「園での活動に自ら進んで仲間の手伝いをする」，「仲間と対立した時には，自分の考えを変えて折り合いをつける」など，対人場面での協調性や気持ちの安定性を示す7項目が高い負荷量を示していた。そこで，第1因子は「協調安定行動」因子（以下，「協調安定」）と命名した。

Table 5-1　幼児の社会的行動スキルの因子構造（Promax 回転後の因子パターン）

項　目	因子		
	F1	F2	F3
06. 仲間とのいざこざ場面で，自分の気持ちをコントロールする	**.78**	.19	-.25
11. 園での活動に自分から進んで仲間の手伝いをする	**.76**	.45	-.11
07. 仲間と対立した時には，自分の考えを変えて折り合いをつける	**.63**	.11	-.08
12. 園にある遊具や教材を片付ける	**.62**	.29	-.28
09. 仲間から嫌なことを言われても，適切に対応する	**.62**	.16	-.28
10. 言われなくても先生の手伝いをする	**.58**	.27	.05
08. 批判されても，気分を害さないで気持ちよくそれを受ける	**.49**	.20	-.14
01. 自分から仲間との会話をしかける	.28	**.93**	.04
02. 友だちを色々な活動に誘う	.26	**.87**	.02
04. 簡単に友だちをつくる	.34	**.67**	.03
14. 注意散漫である	-.21	.03	**.93**
13. 不注意である	-.12	.12	**.88**
16. きまりや指示を守らない	-.24	-.10	**.53**
負荷量の平方和	3.67	2.13	1.34
因子間相関　1	—	.36	-.22
2		—	.04
3			—

注）F1：協調安定行動，F2：友だち作り行動，F3：注意不足行動

第2因子は,「自分から仲間との会話をしかける」,「友だちを色々な活動に誘う」,「簡単に友だちをつくる」など,積極的な対人行動を示す3項目が高い負荷量を示していた。そこで,第2因子は「友だち作り行動」因子(以下,「友だち作り」)と命名した。

第3因子は,「注意散漫である」,「不注意である」,「きまりや指示を守らない」など,対人関係を阻害する可能性のある問題行動として,不注意な態度や自己中心的態度を示す3項目が高い負荷量を示していた。そこで,第3因子は「注意不足行動」因子(以下,「注意不足」)と命名した。

次に,幼児の社会的行動スキル尺度から得た3因子の下位尺度に相当する項目の平均値を算出し,「協調安定」下位尺度得点($M = 2.84$, $SD = .64$),「友だち作り」下位尺度得点($M = 3.36$, $SD = 1.04$),「注意不足」下位尺度得点($M = 2.43$, $SD = .89$)とした。内的整合性を検討するために各因子のα係数を算出したところ,「協調安定」が$\alpha = .83$,「友だち作り」が$\alpha = .86$,「注意不足」が$\alpha = .81$となり,いずれも十分な値が得られた。幼児の社会的行動スキル尺度の下位尺度相関を Table 5-2 に示す。「協調安定」と「友だち作り」が有意な正の相関($r = .32$, $p < .001$)を示した。

Table 5-2 幼児の社会的行動スキル尺度下位尺度間相関と平均, SD, α 係数

	協調安定	友だち作り	注意不足	平均	SD	α
協調安定	—	.316**	−0.211	2.84	0.64	.83
友だち作り		—	0.019	3.36	1.03	.86
注意不足			—	2.43	0.89	.81

** $p < .01$

3) 結果3:調査家庭のプロフィール

今回の調査は,両親の揃った家庭を対象とした。調査協力家庭の父親の平均年齢は,39.02歳($SD = 4.76$),母親の平均年齢は36.68歳($SD = 3.89$)であった。父親と母親の各年齢層の内訳を Figure 5-1 に示す。調査対象児の平均年齢は3.82歳($SD = 1.03$)であり,1歳代2名(男児0,女児2),2歳

代4名(男児1,女児3),3歳代26名(男児15,女児11),4歳代27名(男児14,女児13),5歳代21名(男児14,女児7),6歳代2名(男児2,女児0)であった。(Figure 5-2)。

父親の職業区分は,会社員67名(81.7%),公務員2名(2.4%),自営業3名(3.7%),その他(未記入を含む)10名(12.2%)であった。一方,母親の職業はフルタイム勤務10名(12.2%),パートタイム勤務17名(20.8%),専業主婦54名(65.9%),自営業1名(1.2%)であった。

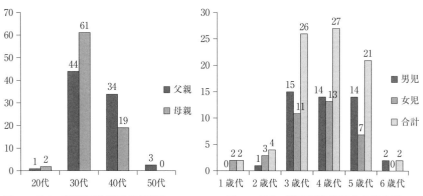

Figure 5-1　調査対象家庭の父親と母親の年齢内訳

Figure 5-2　調査対象児男女年齢内訳

4) 結果4：調査家庭の読み聞かせ状況

絵本の読み聞かせを始めた開始年齢は,0歳-1歳未満が52件(63.4%),1歳-2歳未満が24件(29.3%),2歳-4歳未満が5件(6.1%),4歳以上が1件(1.2%)であり,90%以上の家庭が2歳以前に読み聞かせを始めていた(Figure 5-3)。読み聞かせを行う週あたりの頻度は,毎日が11件(13.4%),ほぼ毎日が23件(28.0%),週2-4回が31件(37.8%),週1回またはそれ以下が17件(20.7%)であり,約40%の家庭では,ほぼ毎日の習慣として読み聞かせが行われていることがわかった(Figure 5-4)。一方で,およそ20%の家庭(17件)が週1回以下となっていた。回答の内訳を対象児の年齢を基準

として調べたところ、17件のうち3歳代が3件、4歳代が7件、5歳代が6件、6歳代が1件であり、回答の80％以上が4歳以上の家庭であった。

読み聞かせの1回あたりの時間は、30分以上が0件、15分－30分未満が26件（31.7％）、5分－15分未満が49件（59.8％）、5分未満が7件（8.5％）であった（Figure 5-5）。また、読み聞かせを行う時間帯は、日中から夕方が13件（15.9％）、就寝前が65件（79.3％）、その他が4件（4.9％）であり、約80％の家庭が就寝前に読み聞かせを行っていた（Figure 5-6）。

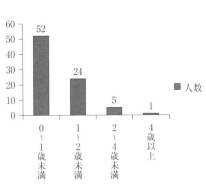

Figure 5-3　読み聞かせの開始年齢

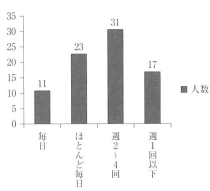

Figure 5-4　読み聞かせの頻度/週

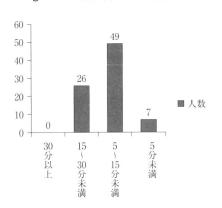

Figure 5-5　読み聞かせの時間/回

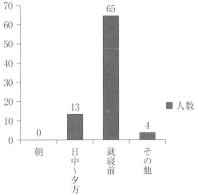

Figure 5-6　読み聞かせをする時間帯

読み聞かせを行う主な人は母親が77件（93.9％）を占め，父親が4件（4.9％），その他祖父母などが1件（1.2％）であった。主な読み手も含めて，父親が読み聞かせを行うことがある家庭は48件（58.5％）であり，半数以上の家庭で父親が読み聞かせに参加していた。

今後の読み聞かせの継続意志では，「今後も続ける」が63件（76.8％），「子どもが望めば続ける」が14件（17.1％），「続けたいが時間がない」が4件（4.99），「続けようとは思わない」が1件（1.29％）であった。多くの家庭が，積極的に読み聞かせを行う意向を示した一方で，20％以上の家庭は子どもの意向重視，あるいは子ども任せ，時間が無いなど，あまり積極的に読み聞かせを続ける意思が無いことが示された。

5）結果5：読み聞かせ状況と子どもの社会的行動との関連

次に，家庭で行われている読み聞かせの状況と，子どもの社会的行動との関連を検討するために，読み聞かせの開始年齢，週あたりの頻度，1回当たりの時間，父親参加の有無，今後の継続意思について，子どもの社会的行動スキルの下位尺度得点平均の差を比較した。

まず，開始年齢は，4歳以上が1件であったため，0-1歳未満，1-2歳未満，2歳以上の3群に分けた開始年齢3群を独立変数として，「協調安定」「友だち作り」「注意不足」の下位尺度平均得点を従属変数とする分散分析を行った。その結果，「注意不足」に有意な群間差が見られた（注意不足：$F(2, 79) = 6.62$, $p < .05$）。Table 5-3に3群の平均値と標準偏差を示す。TukeyのHSD法（5％水準）による多重比較を行ったところ，読み聞かせを0-1歳未満で開始した群の「注意不足」得点が，2歳以上で開始した群よりも有意に低いという結果が得られた。なお，「協調安定」（$F(2, 79) = 2.44$, n.s.）と「友だち作り」（$F(2, 79) = .77$, n.s.）では，開始年齢の違いによる有意差は見られなかった。

以上の結果から，読み聞かせは開始年齢が早い方が，子どもの注意力散漫

Table 5-3 開始年齢と子どもの社会的行動スキルの平均得点と標準偏差

	0-1歳未満	1-2歳未満	2歳以上
協調安定行動	2.95	2.69	2.47
	(.67)	(.60)	(.32)
友だち作り行動	3.47	3.15	2.65
	(1.10)	(.96)	(.88)
注意不足行動	2.21	2.65	3.39
	(.83)	(.88)	(.61)

上段：平均値，下段：標準偏差
注）0-1歳未満 n=52，1-2歳未満 n=24，2歳以上 n=6

な行動や自己中心的な行動が少ない傾向が示唆された。

次に，週あたりの頻度4群を独立変数として，子どもの社会的行動スキルの下位尺度「協調安定」「友だち作り」「注意不足」の下位尺度平均得点を従属変数とする分散分析を行った。その結果，「協調安定」($F(3, 78) = .23$, n.s)，「友だち作り」($F(3, 78) = 2.61$, n.s.)，「注意不足」($F(3, 78) = .32$, n.s.) となり，いずれも有意差は見られなかった。

1回あたりの読み聞かせ時間は，30分以上が0件だったため，15分-30分未満，5分-15分未満，5分未満の3群を独立変数として，子どもの社会的行動スキル「協調安定」「友だち作り」「注意不足」の下位尺度平均得点を従属変数とする分散分析を行った。その結果，「協調安定」($F(2, 79) = 4.73$, $p < .05$) に有意な群間の差が見られた。Table 5-4に3群の平均値と標準偏

Table 5-4 読み聞かせ時間と子どもの社会的行動スキルの平均得点と標準偏差

	15-30分未満	5-15分未満	5分未満
協調安定行動	2.98	2.85	2.18
	(.64)	(.58)	(.72)
友だち作り行動	3.21	3.52	2.86
	(1.04)	(1.00)	(1.20)
注意不足行動	2.29	2.44	2.81
	(.95)	(.83)	(1.03)

上段：平均値，下段：標準偏差
注）15-30分未満 n=26，5-15歳未満 n=49，5分未満 n=7

差を示す。Tukey の HSD 法（5％水準）による多重比較を行ったところ，5分未満＜5分−15分未満＜15分−30分未満という結果が得られた。

なお，「友だち作り」（$F(2, 79) = 1.69$, n.s.）と「注意不足」（$F(2, 79) = .94$, n.s.）では，いずれも有意な差は見られなかった。以上の結果から，適度な長さの時間で読み聞かせを行うことが，5分未満の読み聞かせを行う場合よりも，子どもの協調的な行動や気持ちの安定した行動を促す傾向が示唆された。

次に，父親が読み聞かせに参加しているかどうかを独立変数として，子どもの社会的行動スキルの各下位尺度平均得点を従属変数とする t 検定を行った。その結果，「協調安定」（$t(80) = 1.07$, n.s.），「友だち作り」（$t(80) = -1.98$, n.s.），「注意不足」（$t(80) = .13$, n.s.）となり，いずれも有意な得点差は見られなかった。

今後の読み聞かせの継続意思では，「続けようと思わない」が1件であったため，積極的継続，子ども次第，継続困難の3群に分けた。これらを独立変数として，子どもの社会的行動スキルの各下位尺度平均得点を従属変数とする分散分析を行った結果，「注意不足」（$F(2, 79) = 4.26$, $p < .05$）に有意な群間の差が見られた。Table 5-5 に平均得点と標準偏差を示す。Tukey の HSD 法（5％水準）による多重比較を行ったところ，積極的な継続意思を示した群が，子ども次第で継続を決める群よりも「注意不足」得点が低いとい

Table 5-5　継続意思と子どもの社会的行動スキルの平均得点と標準偏差

	積極的継続	子ども次第	継続困難
協調安定行動	2.91	2.64	2.51
	(.63)	(.56)	(.88)
友だち作り行動	3.40	3.19	3.40
	(1.01)	(1.03)	(1.62)
注意不足行動	2.28	3.00	2.67
	(.82)	(.93)	(1.05)

上段：平均値，下段：標準偏差
注）積極的継続 n = 63，子ども次第 n = 14，継続困難 n = 5

う結果が得られた。

なお,「協調安定」($F(2, 79) = 1.68$, n.s.),「友だち作り」($F(2, 79) = .23$, n.s.) では,有意な群間の差は見られなかった。

6) 結果6：読み聞かせ活動の維持・発展と子どもの社会性発達における因果モデルの推定

これまでに示した読み聞かせ状況と,子どもの社会的行動スキル下位尺度平均得点との分散分析による結果をもとに,家庭での読み聞かせ活動が子どもの社会的行動に及ぼす影響を検討するために,共分散構造分析によるパス解析を行った。まず,子どもの社会的行動スキル3因子への影響因として,いずれの得点にも有意差の見られなかった「頻度」と「父親の参加」を除き,「開始年齢3群」「時間」「継続意思3群」を読み聞かせ活動に関係する要因として仮定し,「協調安定」「友だち作り行動」「注意不足」への因果関係を示すモデルを推定した。その結果,「時間」から読み聞かせ活動へのパス,および読み聞かせ活動から「友だち作り」のパス係数が有意ではなく,十分な適合度指標が得られなかった。

そこで,有意ではなかったパスを削除し,再度分析を行ったところ,適合度指標は $GFI = .972$, $AGFI = .916$, $RMSEA = .052$, $AIC = 26.085$ となり,ほぼ満足な適合度を示した。なお,さらに継続意志3群と時間3群間の相関を示すパスを削除し,「時間」の要因を取り除いた場合,モデルの適合度はさらに向上する ($GFI = .996$, $AGF = .981$, $RMSEA = .000$, $AIC = 16.640$)。しかし,小塩が指摘するように,「よりよい適合度指数のモデルを探すことも重要だが,『理論に適合した』モデルを考えることの方が重要である」(2005, 194) と考えられるため,先のモデルを最終的なモデルとして採用した。Figure 5-7 に最終的なモデルを示す。

このモデルは,読み聞かせ活動は,絵本を読み始めた年齢が低いほど読み聞かせ活動が活発化する一方で,継続意志の困難度が高いほど読み聞かせ活

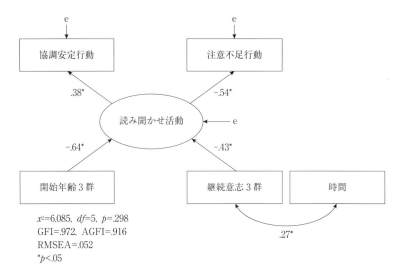

Figure 5-7　読み聞かせ活動の維持・発展と子どもの社会的行動スキルパス解析の結果

動を減じ，継続意志と読み聞かせ時間は正の相関関係にあることを示唆している。また，読み聞かせ活動の影響として，子どもの不注意な行動を抑制したり，他者との協調的な態度を促進したりする因果関係を推定している。以上から，家庭での読み聞かせ活動を支える要因は，早期からの読み聞かせの開始と読み手の継続への積極性にあり，読み聞かせ活動を行うことによって子どもの協調的態度や注意力の向上を促す可能性があると考えられる。

(3)質問紙調査の考察

1) 考察1：家庭での読み聞かせの状況について

今回の質問紙調査は，96件の回答を得た。そのうち，両親が健在で読み聞かせを行っている家庭82件の調査対象児の平均年齢は3歳代後半であった。読み聞かせを行っていない家庭は全体の11.5％（11件）程度であり，その内訳を見ると3歳代2名，4歳代2名，5歳代6名，6歳代1名であった。この群の平均年齢4.55歳は，読み聞かせを行っている群82名の平均3.82歳より

も約9ヶ月高く，4歳代以上が8割以上を占めている。また，週当たりの読み聞かせの頻度では，週1回以下17件の内訳をみると，3歳代3名，4歳代7名，5歳代6名，6歳代1名であり，この場合も4歳以上が8割を超えている。このことから，読み聞かせは，子どもが文字を習得し始める4歳代に，次第に回数が減ったり中止されたりする可能性があると考えられる。

　読み聞かせの継続については，およそ77％が積極的な継続意志を示しているが，約17％は「子ども次第」と回答し，継続に困難を感じているケースは約6％であった。読み聞かせを行っている家庭のおよそ四分の一程度が，継続に迷いを感じていると考えられるが，松岡（2015）が述べるように，「いったいいつまで読んでやったらいいのでしょうか」（p.90）という疑問は，幼児の保護者にとってよくある悩みのようである。松岡は，これについて「子どもがいやがるまで」（p.90）と答え，文字を読めない子に読んであげるのは当然であるが，読める子にも読んであげる理由をあげている。その一つとして，子どもが耳で聞いてことばを理解する能力と，目から活字を読みとって理解する能力には，格段の差があることを指摘している。

　松岡によると，「三，四歳で『もう自分で読めるから』と文字をたどっている子と，読み手のことばに聞き入っている子とでは，物語への入り込み方の深さの違いは歴然として」（p.84）おり，前者は「事実や現象を追認しているだけ」（p.84）の感じであるという。松岡は，ことばをこころに刻む能力も，文字をおぼえると同時に低下することも指摘しており，幼い子どもが一人読みばかりすることは，耳から聞いたことばを心に刻み，想像力を広げて絵本を楽しむ機会を妨げる可能性を危惧している。

　しかし一方で，子どもは「自分でできること」に喜びを見出し，積極的に絵本に関わろうとする。子どもは，文字に関心を持ち始めると，読んでもらっている時に文字をしきりに目で追ったり，指を差したりしながら一緒に読むようになり，やがて一人で絵本を開いて楽しむようになる。田島他（2010）は，こうした「一人読み」が，子どもの言語リテラシー獲得の段階

に出現する重要な行為であると見なしている。

　田島他（2010）が指摘するように，象徴機能の発達とともに，イメージとことばや文字が一致していく段階に入れば，「一人読み」は自分なりの認知・思考活動を活性化し，さらに共同的な読書活動へと発展する一過程として機能する。つまり，読み聞かせでは，大人は子どもの発達的変化に応じながら，時に控えめになって，子どもの主体性を尊重した関わりをすることが必要になる。田島によれば，これは子どもの発達が，社会的行動と個人的行動の相互作用に基づくものであるというヴィゴツキーの示唆する二面性によるものであり，読んでもらいながら聞くという社会的行動が子どもの内に専有されて，個人の読書活動に発展することを意味する。ただし，田島他は，養育者が幼児の一人読みに全く介入しないことを勧めているわけではなく，その後の「共同読み聞かせ」(p.151)につながる読書活動の深化をもたらす支援を検討する必要があると述べている。

　以上を踏まえると，読み聞かせが4歳頃に中止されてしてしまうことは望ましいといえず，親は子どもに任せきってしまわずに，ある程度の積極性を持って，工夫しながら読み聞かせを継続する必要があるといえよう。つまり，養育者は「子どもが読み聞かせを嫌にならない」ような足場作りをしながら，子どもの絵本への関心を引き寄せて，想像力を広げられる関わり方をする必要があると考えられる。

　この点で，松岡は絵本を読んだあとの大人の関わりについて，「本を読んだあと，たっぷり遊んだり，ぼんやり空想したりする時間が与えられてほしい」(2015, p.94)と述べている。松岡（2015）によると，絵本は読みっぱなしでよく，「あとは，子どものこころのなかで，そのときどきに子どもが必要としていることにしたがって，読んだものが発酵し，熟成するのを待つのみ」(p.94)である。

　岩崎他（2010）は，読み聞かせ後の自由なやりとりの場面を観察し，3歳代と5歳代では，大人の働きかけが読み聞かせ場面では控えめな方が，子ど

もの積極的な参加を促す一方で，読後には大人が足場作りをした方が，子どもの参加を促進すると述べている。したがって，3歳頃からは，子どもが絵本を自由に読みとることを妨げないように，読み聞かせ中の質問などを控える関わりが，子どもの読み聞かせへの積極的参加を促す足場作りとなる。そして，絵本を読んだ後は，大人の足場作りによる「本のなかに出てくることばをおもしろがって家族で合言葉に使うとか，本のなかの出来事をヒントに○○ごっこといった遊びをするといった，自然に生まれるたのしいことは，大いにおすすめ」（松岡，2015，p.94）といえるだろう。

しかし，読み聞かせを行う時間帯は，本調査の場合では就寝前が約8割を占めていた。子どもが，遊ぶ時間に当たる日中から夕方に読み聞かせを行っている家庭は13件15.9％と低く，家庭での読み聞かせに期待される機能の一つは，就寝前のリラックスや読み聞かせと就寝を連動させた生活リズム作りであると考えられる。就寝前は，養育者も「早く子どもを寝かせよう」と慌ただしく，読み聞かせ後のゆったりしたやりとりの時間はあまり持てないかもしれないが，「読みっぱなし」で眠ってしまっても，子どもの心に養育者と共有した楽しい経験が熟成されていくのではないだろうか。

こうした楽しい共有体験が，専有の過程を経て，第4章で述べたアヤさんの真似遊びや発話のように，後になって表出されることにより，再び養育者との共有の機会となって意味の再構成が行われると考えられる。養育者は，読み聞かせの直後に限らず，読んだ絵本に関連する子どもの言動を敏感にくみ取って，子どもの経験に寄り添うことも絵本や読み聞かせの楽しさを増幅する足場作りの一つとして求められる。

また，「絵本を読む主な人」は母親が圧倒的に多く，90％を超えていた。本調査には，少数ではあるが保育所利用者も含まれているため，母親の専業主婦率は65％程であるが，職業の有無に関わらず，読み聞かせは日々の育児行為の一つとして母親が主に担っていることが示された。一方で，調査対象家庭の父親が，読み聞かせに参加している割合はおよそ6割を占め，読み聞

かせは父親にとって参加しやすい育児行為であると考えてよいだろう。

　読み聞かせは，多くの家庭で日々の育児の一つとして取り入れられていることがわかったが，一回あたりの読み聞かせ時間はさまざまであり，5分以上15分未満が約60％，15分以上30分未満が約30％となっていた。このことから，多くの家庭は，就寝前に絵本1，2冊程度を読み聞かせているのではないだろうか。今回の調査では，7件（8.5％）の家庭が5分未満と回答しており，これらの家庭の子どもの年齢をみると1歳代1名，3歳代と4歳代がそれぞれ3名であった。

　1歳代は，田島他（2010）によると，読み聞かせ活動の第一段階であり，親子の共同行為の形成時期として，養育者が楽しいやりとりの足場を作りながら，読み聞かせ活動へと導入していく時期である。この時期，子どもはことばを発するようになり，共同注意に基づくやりとりが可能であるが，絵本に集中できる時間は短いため，「赤ちゃん絵本」と呼ばれる短くて文字の少ないものを用いることが多い[112]。したがって，絵本は「読み聞かせる」というよりも共同行為の形成を円滑に進める道具的な役割を果たし，やりとりの場への子どもの参入を促すことが課題であり，短時間で無理なく読めるものが適しているだろう。

　しかし，3歳以上の場合は，子どもの発達にともなって読む絵本のヴァリエーションが広がり，集中力や聞く力がついてくるため，長めの物語絵本などの読み聞かせも可能になる。読み聞かせ時間が5分未満の3歳代と4歳代の6名は，週当たり頻度においても週1回以下が半数（3歳代2名，4歳代1名），週2回〜4回程度が1名（3歳代），ほとんど毎日が2名（4歳代2名）であった。このことから，3歳以上では，読み聞かせの時間が短くても習慣的に行っている場合と，時間も頻度もわずかであり，かろうじて読み聞かせを続けている家庭も存在することがわかった。

　こうしたケースの読み聞かせが，親子にとって楽しさの共有体験となっているかは，今回の調査では明らかにできないが，本章2節で述べるように，

寝る前の儀式として習慣的に読み聞かせを行っていた母親は，楽しんで読み聞かせているわけではなかった。無理な読み聞かせは，親にも子どもにもストレスや負担を増やす可能性もあり，両者が絵本を継続的に楽しめるためのサポートとして，「こそだて ちえぶくろ」（板橋他，2012），「Baby Kumon」（板橋・田島，2013）のような啓蒙的な支援活動が必要であると考えられる。

　読み聞かせの開始年齢は，ブックスタートの導入や育児支援活動の普及などの影響によって，養育者の関心が高まっていることを反映した結果であった。本調査では，1歳までに読み聞かせを開始した件数が6割を超え，2歳までに9割以上が始めている結果となったことから，読み聞かせの早期開始傾向は高まっていると考えられる。

　田島他（2010）によると，2歳前の読み聞かせは，母子の一体感をベースとした二項関係の体制作りから始まり，共同注視の形成を経て，読み聞かせが子どもの内部に内面化していく時期へと移行する。松岡（2015）も「本」という第三者が入ってくる前の親（養育者）と子どもの安定した関係作りの重要性を述べているが，「まわりのおとなと安定した愛着関係ができている場合には，早い時期に本が登場してわるいことはありません」（p.80）と補足している。つまり，発達早期の読み聞かせは，単に早くから始めれば良いというものではなく，親子が向きあう安定した二項関係が成立していることを条件として，それには心身の触れあいをとおした非言語的，言語的な相互のやりとりが重要となってくる。

　一方で，絵本は二項関係に介入し，ことばを習得している大人と，まだことばを知らない子どもの認知的差を埋める道具となり，両者が並びあうやりとりを活性化したりスムーズにしたりする効果を持っている（e.g. 岩崎他，2010）。また，ことばをつかった歌いかけや読み聞かせなどのやりとりは，「親子のきずな」を促進することが実践的に知られ，岩崎他（2010），板橋他（2012）などによって実証研究が行われてきた。

　「道具は使いよう」といわれるように，発達初期のやりとりの道具となる

絵本は，養育者が子どもに応じた対応を工夫することにより，岩崎他（2010）の示唆した効果を発揮するといえるだろう。佐々木（2011）は，「絵本を赤ちゃんと読みあうということは，絵本に描かれた世界を読み手が赤ちゃんに丁寧に伝え，教えてゆくことではない」(p. 511) と述べている。つまり，乳児期の読み聞かせは，赤ちゃんが独立した読み手であることを忘れずに，親子が絵本を仲立ちにして，「ものの見方を共有し，創造してゆく過程」(p. 511) の中で，楽しさを分かちあう経験といえる。

　このような創造的な親子の社会的相互活動が，発達初期から行われることによって，子どもの認知的発達や親子のきずな作りに良い効果をもたらすが，生後何ヶ月から絵本を導入するかは個別性があると考えられる。まずは，親子が向きあいのコミュニケーションを十分に行い，子どもが安定したお座りができる頃（生後6ヶ月から9ヶ月）を目安に，養育者の膝に座らせてスキンシップを兼ねながら，読み聞かせを試みてみるのが良いのではないだろうか。

2）考察2：読み聞かせの状況と子どもの社会的行動の発達との関連

　読み聞かせに関する家庭の実態調査から，多くの家庭がそれぞれのやり方で子どもに絵本を読んでいることが示されたが，こうした家庭内の読み聞かせ活動のあり方が，子どもの社会的な行動に影響を与えている可能性が示唆された。

　読み聞かせの開始年齢では，2歳以上で読み聞かせを開始した群よりも0－1歳未満で読み聞かせを開始した群が，子どもの社会的行動スキル下位尺度平均得点の「注意不足行動」で有意に低い結果となった。「注意不足行動」は，注意の持続が短かったり，他者の話しや指示を聞き落としたりするために，きまりや指示を守れないという結果を招きがちな社会的行動の問題となる一面を表している。つまり，「聞く力」が弱いことが，原因となって引き起こされる自己中心的な行動といえるだろう。

　親子の読み聞かせは，言うまでもなく「読む」役割を持つ養育者と，「聞

く」役割を担う子どもが相互に協調しあって成立する活動である。この社会的相互活動が楽しい経験と認識されれば,「聞く」ことは楽しさや喜びをもたらすものとして認知され,「聞く」行動を促進することは学習理論の立場からも理解可能である。また,泰羅（2009）が指摘しているように,読み聞かせは子どもの「心の脳」（p.46）に働きかけ,「理性以前の行動がきちっとできるようになる」（p.57）ため,その後の高次な認知機能を発達させる基盤を作ると考えられる。発達早期からの読み聞かせは,養育者との楽しいやりとりを重ねることによって子どもの心の基盤を形成し,注意を傾けて聞く力の発達を促したり,不注意な行動を減らしたりすることから,自分勝手な行動を抑制する力が育つ可能性があると考えられる。

　1回あたりの読み聞かせ時間では,5分未満の読み聞かせをしている群は,15分以上30分未満,5分以上15分未満のいずれの群よりも「協調安定行動」の得点が低い結果となった。「協調安定行動」は,仲間とのトラブルで自分の気持ちをコントロールしたり,集団生活の場で協力的な行動をしたりする社会的行動の良好な一面を表している。このような他者との協同的な態度は,情動のコントロールと深く関与するが,情動の自己調整機能は,絵本を媒介する以前の二項関係における歌い聞かせ活動の独自機能とされている（田島他,2010）。歌い聞かせは,読み聞かせと同様に「他者との交流を介した自力発達の力を身につけるのに貢献する活動」（p.155）であり,乳幼児期には,両活動を組み合わせて,ともに実践していくことが効果的であると考えられている。

　今回の調査では,歌い聞かせの実施状況は捉えていないが,田島他（2010）が定義するように,両活動は養育者の声による「語りかけ」の一種である。養育者による読み聞かせは,心地よい言語的刺激となって子どもの情動に働きかけ,子ども自身の個人的活動や社会・対人的活動を展開する機会をもたらす場となり,良好な対人関係を築く基礎が形成されると考えられる。

脳科学的には，読み聞かせは情動を司る「心の脳」(p.46) に働きかけ，強い意欲をともなう行動を促すことが指摘されている（泰羅，2009）。このことから，読み聞かせの経験が豊かな子どもは，園での活動などで誉められる行動に嬉しさをしっかり感じることができることによって，さらに良い行動を前向きに行おうとする気持ちを高めるのではないだろうか。

　しかし，読み聞かせが幼い子どもに嬉しさや喜びの経験となるためには，時間的な配慮も必要と考えられる。幼児が，集中して聞くことができる時間はそれほど長くはなく，一日の活動を終えた就寝前に，絵本を長々と読み聞かせたり，早く寝かせたいあまりに短すぎたりすれば，子どもにとってストレスとなる可能性もある。読み聞かせは，子どもの成長に合わせて，適切な時間を考慮し，ちょうどよい時間で読める絵本を選ぶことも大切であると考えられる。

　以上のように，子どもが，読んで貰って「楽しかった」「嬉しかった」と満足する読み聞かせは，子どもの情動に働きかけて，気持ちを上手にコントロールしたり，協調的な行動を意欲的に行ったりする社会対人的発達を促す可能性があるといえよう。

　次に，読み聞かせに対する養育者の継続意志は，積極的に継続を望む群よりも子ども次第と考える群の「注意不足行動」が有意に高い結果となっている。このことは，「子ども次第」と回答した群の中には，落ち着きのなさや自分勝手な行動に結びつく「聞く力」の弱い子どもや，絵本への関心があまり無い，あるいは関心が低くなりつつある子どもが存在する可能性を示唆しているのではないだろうか。このような子ども側の要因は，読み聞かせが親子の共同的行為であるゆえに，親側の意欲に影響するとも考えられるが，子どもの注意を引きつけたり，養育者自身が楽しんだりしようとする積極性が，子どもの「聞く力」を育むために必要ともいえるだろう。

　また，Figure 5-7 が説明するように，家庭での読み聞かせは，主に開始年齢と継続意志による影響を受ける活動として維持されている。早期からの

読書環境作りは，ブックスタート活動や「こそだて ちえぶくろ」などを初めとする読み聞かせ推進活動，また絵本の頒布システムの普及などが担うところが大きく，養育者の読み聞かせへの積極性を促すことに効果をあげていると考えられる。今後は，養育者がストレスを感じることなく，楽しく読み聞かせを続けられる支援を充実させることが，親子の読み聞かせ活動の発展に向けて必要と考えられ，養育者が絵本の豊かさを知る機会を提供する必要もあるのではないだろうか。

2節　読み聞かせ場面の観察と母親へのインタビュー

　読み聞かせ場面の観察は，これまで多くの研究で取り入れられてきたが，調査者が撮影，記録のために介入することがほとんどであった。通常，第三者が家庭での親子の読み聞かせに加わることは稀であり，読み聞かせは就寝前などのプライベートな時間に多く行われていることを考えると，これまでの観察された場面は普段の読み聞かせとは異なっている可能性がある。また，一時的な観察場面のみでは，読み聞かせが日々の活動の中で展開していく過程を把えることは難しく，絵本を介した親子のコミュニケーションが，子どもの年齢水準や用いられる絵本などによってどのように変わっていくのかを捉えることができない。

　そこで，本調査では，読み聞かせ場面の撮影を調査協力者自身に行ってもらうことにより，介入者のいない親子の読み聞かせ場面を設定して観察する。また，読み聞かせが0歳から4歳までにどのように変わっていくのかについて，調査期間中に読んだ絵本の記録と保護者への半構造化面接により，読み聞かせ活動の横断的な変化の過程を捉える。以上の観点から，子どもが読み聞かせをとおして大人とやりとりをしながら，ことばを獲得したり絵本の世界を読みとったりしていく過程について，微視発生的視点から分析することを目的としている。

(1) 方　　法

1. 調査対象者

　質問紙調査に回答した家庭から，0歳から4歳児のいる家庭を対象として，家庭での読み聞かせ場面撮影協力者を募集した。本調査への協力の意思を示した家庭は15件であった。そのうち，調査者が連絡の取れた13人の保護者と面談し，十分な説明を行った上，調査協力への承諾が得られた保護者から条件を満たす7件の家庭に撮影協力，および調査期間中の読み聞かせ記録と調査終了後の面接を依頼した。7件の家庭が各自撮影を開始し，全ての調査協力者への半構造化面接が終わるまでの期間は，2010年6月上旬から同年11月上旬であった。

　各家庭の調査対象児は，0歳代男児1名，2歳代男児・女児各1名，3歳代男児・女児各1名，4歳代男児・女児各1名であった。なお，0歳代男児，2歳代男児，4歳代女児は今回の調査依頼に際して，初めて個別の読み聞かせを始めたケースであり，2歳代女児，3歳代男児と女児，4歳代男児の家庭は，継続的に個別の読み聞かせが行われているケースであった。

2. 調査内容

　読み聞かせ場面のビデオ撮影は，およそ1ヶ月から2ヶ月を目途とした調査期間中に最低4回以上行い，調査期間中の普段の読み聞かせ状況については，日時，および読んだ絵本のタイトルを記録するように依頼した。保護者との半構造化面接は，最終のビデオ撮影が終了した後，保護者の家庭または調査協力者が指定する場所で行い，①読み聞かせの開始年齢，②使用した絵本，③読み聞かせのスタイル，④絵本選択の変化，⑤子どもの絵本の好み・変化，⑥子どもの変化，⑦親自身の変化，⑧読み聞かせへの期待，⑨読み聞かせへの配慮，⑩家庭の躾・教育方針，⑪子どもとの関わりで感じること，以上の11項目について聴取した。

3. 手続き

　各家庭での撮影は，調査協力者から承諾書を受領した後に，調査協力者の判断で随時開始とした。調査者は，調査依頼成立後，約1ヶ月を経過した時点で進行状況をメールで確認し，各調査協力者から4回の撮影が終了した時点で連絡をもらい，その後の撮影継続については指定期間内での任意とした。

　読み聞かせ場面の分析は，絵本ごとに物語のストーリーを記述し，親子のやりとりとストーリーとを照らし合わせ，1冊1場面として作成したトランスクリプトに基づいて行った。各調査協力家庭のトランスクリプトの合計は，0歳男児が撮影5回5場面，2歳男児が撮影5回13場面，2歳女児が撮影4回15場面，3歳男児が撮影5回14場面，3歳女児が撮影6回7場面，4歳男児が撮影4回6場面，4歳女児が撮影5回5場面であった。

4. 分析方法

　作成したトランスクリプトから，特徴的な相互行為のエピソードを抽出し，田島他（2010）による「読み聞かせ活動の構造と機能の『2段階・5ステップ』発達モデル」（p.137，本書p.106，Table 3-1）と照らし合わせた。加えて，Erikson（1959, 1968）の心理社会的発達理論，ブルーナー（1983 寺田・本郷訳 1988）の本読みフォーマット，および佐々木（1992）の縦断的観察事例などを参考にして，本調査協力家庭の読み聞かせ活動における親子の発達的変化を分析した。

5. 材　料

　読み聞かせ用の絵本は，各家庭に選択を委託し，家庭の読み聞かせ方針や子どもの好みに合わせて普段通りのものを使用することを原則とした。ただし，絵本が読みとられていく過程や親子のコミュニケーションの変化を比較するために，同じ絵本を撮影期間中に最低1回以上繰り返して使用すること，初めて読み聞かせる絵本を撮影に最低1回以上取り入れることの2点を条件

204　第Ⅱ部　絵本を介した養育者と子どもの社会的相互活動

Table 5-6　調査対象家庭のビデオ撮影時使用絵本
(括弧内は撮影回数、太字は初めて読む絵本)

年齢・性別	撮影回数	使用した絵本のタイトル
0歳男児	5回	だーれだだれだ(5)
2歳男児	5回	はじめてのおつかい(2)，ぞうくんのさんぽ(1)，ブタヤマさんたらブタヤマさん(3)，**はらぺこあおむし**(4)，きんぎょがにげた(1)，ピノキオ(1)，ちょっとだけ(1)
2歳女児	4回	いもむしくん(2)，パンツってかっこいい(『「ひとりでできる子」を育てる発達絵本2歳の本』，1)，*Alice's Adventure in Wonderland*（仕掛け絵本，3)，あんぱんまんとことばの絵本(1)，よみかたりえほん(『こどもちゃれんじ』，3)，きられるといいねパジャマ（あんぱんまんシリーズ，1)，できるといいねはみがき（あんぱんまんシリーズ，1)，ノンタンといっしょ(1)，**うらしまたろう**(1)，はじめてのおでかけずかん（こどもちゃれんじぷち，1)
3歳男児	5回	トムのれっしゃでポッポー(2)，こどもちゃれんじ(3)，ミッキーのおかいもの(1)，かじだしゅつどう(1)，こおりのくにのシェイディ(1)，**おだんごぱん**(2)，おおかみと七ひきのこやぎ（よみかたりえほん，1)，かさかしてあげる(1)，きょうのおべんとうなんだろうな(1)，あいさつ(1)
3歳女児	6回	ずっとずっとだいすきだよ(1)，**たなばた**(3)，クリスマスだよブルーカンガルー(1)，そらいろのたね(1)，ねずみくんのクリスマス(1)
4歳男児	4回	るるるるる(2)，ジャイアントジャムサンド(1)，あなたってほんとうにしあわせね(1)，**ねむれるもりのびじょ**(1)，ちょっとだけ(1)
4歳女児	5回	**となりのトトロ**(1)，**かわいそうなぞう**(2)，**おやゆびひめ**(2)

として提示した。以下に各家庭が撮影に用いた絵本の一覧を示す（Table 5-6）。

6. その他留意点

　撮影は，子どもに無理を与えないことを優先して，1回の読み聞かせ時間，および絵本の使用冊数などは指定していない。また，撮影時間や読み聞かせのスタイルなどは保護者の任意とし，調査協力に対して生じる負担を可能な

限り減じ,普段通りの読み聞かせが行われるように配慮した。その他,必要に応じて絵本,ビデオ機材などは調査者が貸与し,調査協力に要した備品などは全て調査者の負担とした。

(2)結果と考察

1) 結果と考察1：0歳児の事例　早期導入の読み聞かせ

　本事例は,生後10ヶ月の第二子次男に対して,初めて絵本を読む乳児期における読み聞かせの導入例である。本児の母親は,長男（3歳,幼稚園年中組）には2歳頃より週1回程度で読み聞かせを行って来た。長男は,最初は絵本にあまり興味を示さなかったが,最近になってよく話が聞けるようになったので,母親はもっと読んであげたいと思うようになっていた。

　母親は,次男への読み聞かせはまだ早いと思っていたが,長男への読み聞かせの効果を実感するようになり,0歳10ヶ月の次男への早期開始を試みた。本児の家庭は,兄の使用した絵本や知人からプレゼントされた絵本を数冊所有し,居住エリアにある公立図書館も利用していた。しかし,手持ちの赤ちゃん用絵本が少ないため,母親の希望で調査者が簡単な仕掛けのある絵本『だーれだだれだ！』（きむらゆういち 作,せべまさゆき 絵,2002）を貸与し,5回の撮影ではいずれもこの絵本が使用されていた。

　本児に対する読み聞かせは,長男が登園中の午前中に母親によって行われた。1回あたりの読み聞かせ時間は5分程度であり,1回につき1冊から2冊の絵本を読み聞かせていた。本事例の読み聞かせ記録,および撮影状況をTable 5-7に示した。

　本児への読み聞かせは,Table 5-7に示したように,最初の1ヶ月ほどは同じ絵本を繰り返し用いて2～4日ごとに行われ,最後の記録は前回の読み聞かせから1週間以上過ぎていた。用いられた絵本は,調査者が貸与した絵本を含めて3冊のみであり,貸与した『だーれだだれだ！』はほぼ毎回使用されていた。

Table 5-7 開始時0歳10ヶ月男児への読み聞かせ状況

日付	開始時間／終了時間	絵本のタイトル	撮影
9月2日	9：45〜 9：48	だーれだだれだ！	○
9月6日	10：00〜10：05	だーれだだれだ！　もこもこもこ	
9月9日	12：17〜12：20	だーれだだれだ！	○
9月13日	11：15〜11：18	だーれだだれだ！	
9月15日	10：10〜10：15	もこもこもこ，ゆきのひのうさこちゃん	
9月17日	15：00〜15：03	だーれだだれだ！	○
9月24日	12：00〜12：03	だーれだだれだ！	○
9月28日	17：00〜17：05	だーれだだれだ！　もこもこもこ	
10月7日	11：08〜11：11	だーれだだれだ！	○

注：○印は撮影日（絵本のタイトルは記入者の表記どおり）

　この絵本は,「きむらゆういちのパッチン絵本」シリーズの1冊であり,厚紙で作られた正方形（約16センチ角）の小ぶりな仕様となっている。シリーズの絵本は, きむらの「あかちゃんのあそびえほん」シリーズとは別に創作されているが[113], 表紙も含めて中央から左右や上下にスライドして開く遊び的な仕掛けは, 乳児期の子どもとのやりとりにも利用しやすいといえるだろう。また, 小さ目のサイズで厚紙を使用した作りや, 単純な操作で開く仕掛けは, 手指の運動が未熟な乳児でも比較的容易に扱えるため, 自発的な遊びを促したり, 子どもの関心を引いたりしやすい工夫といえる。

　『だーれだだれだ！』は, 乳児が喜ぶ「いないいないばあ」[114]の「隠す」を発展させた「かくれんぼ」をテーマとして, 動物の顔が描かれた画面を左右にスライドすると, 次画面に隠れていた動物の顔が現れる仕掛けとなっている。テキストは,「だ〜れだ だれだ?!」という1節が繰り返され, かばやうさぎなど動物の種類を表すことばに「アチャ」「ふふふ」などの擬声語を追加している。こうした表現様式は, 幼い子どもが楽しめる要素を予め備えているばかりではなく, 読み手が子どもに合わせて工夫して読む余地を残し, 親子で創造的に関わる楽しさをもたらすのではないだろうか。

　0歳児の本児のケースでは, 母親は子どもが絵本に対して反応を示すかど

うか，不安を感じながら読み聞かせを始めた（Table 5-8「7. 親自身の変化」参照）。最初は，本児にとっての絵本は，手に取って口に入れたり，かじったりしながら探索をする対象として存在していたが，母親の工夫や誘導によって絵本はやりとりの道具となり，「読み聞かせ」の体制が築かれていった。母親は，6回目（撮影第3回目）の読み聞かせを行った頃から，本児が絵を見たり指差しをしたりするようになったと報告している。以下に第1回目の読み聞かせ撮影場面と第3回目の撮影場面のトランスクリプト（以下，TCと表記）の比較を示した（M：母親，C：子ども）。

TC 0-1（トランスクリプト0歳児，No.1 以下表のタイトルは観察対象児の年齢と連番で示す）は，0歳児の本児に対する読み聞かせを始める場面の比較である。第1回目は，母親が絵本のタイトルを読むところから始め，子どもの注意を喚起するために仕掛けを開いてみせるが，子どもは絵本を探索の対象として触ったりかじったりしている。この場面では，絵本は母親，子どもの三項関係をつなぐやりとりの道具として機能しておらず，子どもと物体との二項関係に留まっているといえるだろう。二項関係は，最初に子どもに対して能動的に関わる身近な養育者との関係で成立し，乳児自身の身体的，認知的発達にともなって探索能力が向上するにつれて物との関係へと発展する。

TC 0-1

絵本のテキスト	撮影第1回目	撮影第3回目
表紙 だーれだ　だれだ！	M：表紙のタイトルを読む。 「ブタさんですねー」 表紙の仕掛けを開いてCに見せる。 C：絵本を両手につかんで持ち，絵本の角をかじろうとする。 M：「はい，食べないよー」 Cから絵本を取る。	C：絵本を叩きながら笑顔で絵本を見ている。 M：「ばっ！」 表紙の仕掛けを開いて見せる。 C：笑う。絵本を叩き続ける。 M：「ちゃ〜ん，はじまり，はじまり〜」 絵本を開く

母親に提示された絵本は，新しいおもちゃか食べ物と同じように扱われ，本児にとっては探索行動を促す対象となっている。

しかし，6回目の読み聞かせが行われた撮影第3回目は，絵本を開く前の場面から明らかに絵本が母親とのやりとりの道具として機能しており，本児の側から本を叩いて母親に注意を喚起し，笑顔で母親の関わりを待っている状態に変化している。母親は本児の期待に応答的に関わり，絵本のタイトルを読まずに「ばっ！」と絵本を開いて見せ，本児の笑い声や興奮を増幅させている。

続いて，最初のページでは，次のような変化が生じている（TC 0-2）。

1回目の読み聞かせでは，母親が本児にかじられそうな絵本を取り返し，本児の様子をうかがってから耳元で話しかけるようにしてテキストを読み始めている。本児は絵本を取られて物との二項関係から母親との二項関係に戻るが，母親の関わりに腕を振り，はしゃいだ様子で機嫌よく応じている。母

TC 0-2

絵本のテキスト	撮影第1回目	撮影第3回目
p.1 かばくんの おうちで かくれんぼ。 おはなに かくれて いるの だ〜れだ だれだ!? かばくんかな？ うさぎさ〜ん アチャ	C：大きく手を振ってはしゃぐ。 M：覗き込むようにCの顔を見てから，Cの耳元でテキストを読む C：くすぐったそうに笑い，小さく絵本を叩く。 M：「ばーっ！」 仕掛けを開く。 C：絵本をポンポン叩きながら見ている。 M：「あちゃー，うさぎさん。うさぎさんが隠れていました〜」笑顔を見せながらテキストをアレンジして読む。 「はい，今度はー」	C：右ページのねずみを見ている。 M：「ねー，ねずみさんだね」 C：「○○○」 声を立ててねずみ付近を叩きながら笑顔を見せる。 M：「ばーっ！」 笑顔で仕掛けを開く C：絵本に顔を近づけて見る。笑いながら左ページを笑顔で叩く M：「うさぎさん」 C：「○○○」声を出して笑う M：「はい，今度はー」

親はテキストを読むことによって母子の間に新たに絵本を持ち込み，テキストには書かれていない「ばーっ！」という工夫を加えて子どもの注意を引きつけている。ここで，本児は再び絵本に注目し，母親の足場作りによって三項関係が成立し，読み聞かせのフォーマットに参入し始めている。

一方，撮影第3回目の読み聞かせでは，絵本を開く前から本児の積極的な関わりが見られているが，認知的にも新たな展開が生じている。本児が着目した右画面のねずみのイラストは，左画面の仕掛け（大きな花束が開くと，この花束を抱えているうさぎの顔が現れる）を指差している。本児は，繰り返し絵本を見ることによって，注意を引きやすい対象から細部に注目するようになり，ねずみのイラストを叩いて自分が注目していることを母親に知らせるような行動を見せている。

これは，ブルーナー（1983）が述べるところの「要求する事物についての信号の"与え手"」（寺田・本郷訳 1988, p.80）として，本児が母親の注意を引く方略を獲得していることを示し，指差しと同様に「見て」ということばに代わる共同注意を求める行為と考えられる。母親は，即座に「ねー，ねずみさんだね」と応じ，本児が母親と一緒に見たいという意図に共感を示すと同時に，命名行為を行っている。命名行為は，ブルーナーの提示した母親の「（絵）本読みフォーマット」（寺田・本郷訳 p.87）の一つであり，物の名前を伝える命名行為にも，子どもが理解できるように足場作り（scaffolding）が行われることが多い。次の見開き場面2ページ目では，母親の命名に対する足場作りや，共同行為に参加させるための工夫が見られる（TC 0-3）。

1回目の撮影では，母親はテキストを読むときには，子どもが注意を傾けやすいように子どもの耳元や顔の近くで読んだり，注意を促すことばをかけたりしている。ねこがカーテンの仕掛けから現れると，母親はテキストをアレンジして読み，「にゃーにゃー，にゃんにゃん」と擬声語を加えて「ねこ」を知らせるためのサポートをしている。

3回目では，母親自身が注目してほしいところよりも子どもが興味を示し

TC 0-3

絵本のテキスト	撮影第1回目	撮影第3回目
p.2 カーテンに かくれて いるの だ〜れだ だれだ⁉ もしかして かばくんかな？ ねこさんだった。エヘヘ	M：Cに顔を近づけてテキストを読む C：新しいページを注視している。 M：「ほら，カーテンだよ，Ro」Cの名前を呼んで注意を喚起する。 C：左手を挙げて笑う。 M：「ばー！ フフ…」笑顔で仕掛けを開き，Cの顔を覗き込む。 C：笑顔でMを見る。 M：「ねこさんでした〜」「にゃーにゃー，にゃんにゃん」 C：右手で再び絵本をたたく	C：左ページのうさぎとねずみを見ている。 M：テキストを読む 「せ〜の」 「ばっ！」Cの手を右ページの仕掛けの上に誘導し，一緒に仕掛けを開く C：…。

ているところに気付いて対応したり，共同行為として一緒に仕掛けを開くなどの新しい注意喚起を試みたりする工夫を加えている。一方，子どもの方は，自分の意図に対する母親の気付きにはしゃいだ様子を見せているが，母親が一緒に行おうとした仕掛けを開く試みの後には，目立つ反応が見られない。しかし，絵本の最終場面（5ページ目，TC 0-4）では，母親と行った精神間のやりとりが，この時点で子どもの中で精神内のやりとりとして専有されていたことがうかがわれる。

　この絵本は，仕掛けを開くと動物が現れる繰り返しが5回あるが，初めての読み聞かせ場面撮影の第1回目では，母親は最終場面でテキストを読まずにクライマックスとなる仕掛けに注目させている。母親は，5回の繰り返しに子どもが飽きないように配慮して「注目してほしい」と思うところのみに力を入れて読んだと考えられるが，子どもの反応は，母親の演出よりも「も

第5章 調査研究① 家庭での絵本の読み聞かせ活動と子どもの社会性の発達との関連について 211

TC 0-4

絵本のテキスト	撮影第1回目	撮影第3回目
p.5 ちいさい はこに かくれて いるの だ〜れだ だれだ?! まさか おおきい かばくんじゃ ないよね。 かばくんだあ〜!! ふう〜。	M:「この箱の中, 誰かな?」 仕掛けを開く。 「ばー!」 C:仕掛け部分を見ている。 M:「わ〜, かばくん, かばくんでしたー。よく隠れていたねー。」 Cの顔を見る。 C:絵本をつかむ。 M:「はい, おしまい。」 C:絵本をつかんで見る。	C:絵本をポンポン叩く M:テキストを読んで仕掛けを開く。 「ばっ!」 C:絵本に顔を近づける。 <u>仕掛け部分を持って絵本を引っ張る</u> M:Cの顔を見ながらテキストを読む。 「かばくん, いたー。かばくん, いました。はい, みーつけた。はい, おしまいね。」 C:「○○○」絵本をポンポン叩きながら発声する。

の」としての絵本に関心が逸れているようである。

しかし，6回目の読み聞かせ場面である撮影の第3回目では，母親はテキストを読んだ後，控えめな演出で終わらせているが，子どもは前の場面（2ページ目, TC 0-3）で母親と一緒に行った仕掛けを引っ張る行為を再現しようとする変化を見せた（TC 0-4）。この場面は，母子の共同行為が子どもの中に内面化され，絵本は単なる「もの」から母親と意味を共有する「道具」に変わったことを表していると考えられる。

ところで，『だーれだだれだ！』は，「かくれんぼ」遊びの絵本版と考えて良いと思われるが，本調査の母子間では「いないいないばー」遊びとして用いられていることが明らかである。母親は，TC 0-1 から TC 0-4 に示したように，絵本のどの場面でも仕掛けを開く時に「ばー！」，「ばっ！」などのテキストには無いことばを入れてアレンジをしている。また，撮影の第1回目では，4ページ目を読む際に「ばー！」と言って仕掛けを開いたが，本児はたんすに隠れていたリスに注目しなかったため，再度「いないいない,

ばー！」と言いながら仕掛けを開いて見せている。

　0歳代の本児は「かくれんぼ」遊びの経験は無いだろうが，「いないいないばー」遊びは本児にも親しみのある行為と考えられ，母子にとってのこの絵本は，「いないいないばー」の絵本版として読みとられているといえるだろう。

　佐々木（1992）が，子どもの絵本の読みとりは生活経験に根付いたものであることを強調したように，本児も初めて見る絵本に現れる動物に出会ったというよりは，慣れ親しんでいる遊びの再現であったと考えられる。そのため，ほかの場面では仕掛けとなっている覆いを取ると，大きな顔の動物が現れるのに対し，4ページ目ではたんすの中にリスが小さく描かれていたため，見落として反応が生じなかったのではないだろうか。

　また，1歳前に読み聞かせを導入した本ケースでは，ほかの撮影場面でも母親が自分の顔を子どもに近づける，子どもの顔を覗き込む，頬を軽く突くなどの非言語的刺激や，前述のような言語的刺激が母親による注意喚起として頻繁に行われていた。一方，生後10ヶ月の本児はまだことばを話していないが，前言語段階の喃語や指差しに準ずる反応を示し，次第に子どもの側から母親に注意を求める行為も見られるようになっていた。

　このような発達初期の相互行為は，読み聞かせを始めたばかりの母親にとってどのように感じられたのだろうか。ビデオ撮影終了後に行った母親へのインタビュー結果を Table 5-8 に示す。

　本児の母親へのインタビューは，読み聞かせを開始してから1ヶ月以上経過した時点で行われた。母親は，本児への読み聞かせを試みるにあたって，多くの絵本を早急にあれこれ試すよりは，手元にある数冊のうち1冊を主に使用して，本児の反応を促す演出的な読み方を工夫している。最初は，母親の期待通りの反応が見られなくても，母親は「それはそれでよく」，思うような反応が得られると「読み手としても面白さを感じるようになってきた」と報告している。

第5章 調査研究① 家庭での絵本の読み聞かせ活動と子どもの社会性の発達との関連について 213

子どもの反応は，母親の子どもを読み聞かせ活動に参加させるための足場作りによって生じる一方で，そうした反応が母親の読み聞かせ活動への意欲

Table 5-8　読み聞かせ場面撮影後のインタビュー基本調査　0歳男児

面接日時		2010年10月13日　9：30～10：10
調査期間		2010年9月2日～2010年10月13日（0歳10ヶ月～0歳11ヶ月）
1.	開始年齢	0歳10ヶ月。今回が初めての試みとなった。
2.	使用した絵本	知人からお祝いにもらった『もこもこ』，調査者より借りた『だーれだだれだ！』など
3.	読み聞かせスタイル	主に午前中に行い，母親が床に座って片腕に子どもを抱きかかえ，絵本を広げながら読む。
4.	絵本選択の変化	今回，初めて読み聞かせを始めたばかりだが，図書館に行って赤ちゃん用の絵本を手にとり，読んだ時に「音」の面白い絵本を選んでいる。
5.	子どもの絵本の好み・変化	ストーリー性のあるものよりも音を意識した絵本や仕掛けのある絵本を好んでいる。
6.	子どもの変化	絵本を食べたりかじったりから，6回目くらいで絵を見たり指差しをしたりするようになった。この頃は，一人で本棚から絵本をひっぱりだして見たり，音の出る仕掛けボタンを押したりして遊んでいる。図書館に連れていってみたら，『いないいないばあ』などの赤ちゃん用の絵本に反応を示し，読んだ時のリズム感や音を意識した絵本に興味を示している。
7.	親自身の変化	読み聞かせはまだ早いと感じていたので，子どもが反応するか心配だったけれど，数回目で反応が見られ，子どもの反応があると読み手としても面白くなってきた。思うように笑ってくれない時もあるが，それはそれでよく，コミュニケーションになるので今後も継続したいと思うようになった。
8.	読み聞かせへの期待	自分で絵本を広げるようになり，子どもの興味や関心が広がるかな，と思う。同じところで笑ったり，子どもの指差すところを一緒にみたり，コミュニケーションがよくなると思う。
9.	読み聞かせへの配慮	笑わせどころ，注目してほしいところを演出的に読むようにしている。思ったように反応してくれなくても，子どもの反応に臨機応変に対応することを心がけている。
10.	家庭での躾・教育	挨拶などの基本が出来て，元気であればよいと思っている。人と関わっていける子に育ってほしい。子どもはストレートに反応するので，親も抱きしめたり，「大好きだよ」などの言葉がけをして愛情をわかりやすく伝えている。
11.	子どもとの関わりで感じること	子どもの発想は面白い。上の子も下の子も大人とは違う視点で見ることがあり，子どもの反応から大人が気付かされる。小さいうちはストレートなので，注いだ愛情はそのまま戻ってくると感じている。

を高めることによって,母子の相互作用が促進されていくことが明らかである。また,子どもは母親の働きかけを受動的に受け入れるばかりではなく,次第に意図性を獲得したり,自ら能動的に母親に働きかけたりするようになったことを,母親は子どもの指差しなどから気付き,絵本がコミュニケーションの向上に役立つことを期待している。本児の母親が期待しているように,ことばを獲得する以前の微笑や指差しなどのノンバーバルなやりとりは,子どものコミュニケーション能力を高め,互いの行動を理解し合う間主観性の発達を促すといわれている(田島・西野・矢澤,1997,p.56)。

　また,子どもの働きかけに対する母親の敏感な気付きと対応は,Erikson (1968) が述べた生後およそ1年間の発達課題である基本的信頼感の形成に重要な要素である[115]。この時期,身近な養育者との「基本的信頼が基本的不信を上回るバランスをもった永続的なパターンをしっかり確立すること」(小此木訳 p.70) が,子どもにとって優先される課題である。そして,信頼の量は,食べ物や愛情の量より母性的な関係の質に左右されるとされ,母親は子どもの欲求に対する敏感な配慮を行い,子どもが配慮を受けるに値する人間であるという感覚とを結びつけることによって,子どもの中に自分自身への信頼感を芽生えさせる必要がある[116]。

　本児の母親は,インタビューで語られているように,子どもが喜ぶ絵本や読み方などに柔軟な配慮を行い,子どもが大人とは違う視点で絵本を見ることや,つまらなければぐずるなどストレートな反応を見せることを受容している。読み聞かせ場面の観察では,子どもが絵本の見せ場よりも周辺のものに関心があることに気付くと,母親はすぐに対応したり,子どもが笑うと母親も笑顔で応じたりする場面が多く見られた。わずか5分程度の読み聞かせであるが,その間,母子のコミュニケーションは,母親の腕に抱かれる安心感の中で絵本を見るという読み聞かせスタイルも含めて,子どもの基本的信頼感を育む可能性を持つ質的なやりとりであると考えられる。

　また,本児と母親の読み聞かせ活動は,田島他 (2010) が提示した「母子

一体感をベースとした二項関係の体制作りの時期」(p. 137) から「共同注視の体制作り」(p. 137) へと移行していく過程を捉えたものといえるだろう。さらに，本児への読み聞かせ場面の観察と母親へのインタビューは，田島他が示唆した母親の子どもを尊重する姿勢や母親自身の楽しさが，子どもの読み聞かせへの積極性を促すという結果を，質的に支持する具体例であると考えられる。

2) 結果と考察2：2歳児の事例　ことばの獲得時期における読み聞かせの導入

本事例は，2歳1ヶ月の第二子長男に対して初めて個別的な読み聞かせを行ったケースである。本児の家庭では，幼稚園年長組の長女（6歳）に対する読み聞かせが習慣化していた。長女は喘息の持病を持っているが，母親は過保護にせず，のびのびと育てる教育方針の下に，早寝早起きを第一として規則正しい生活をするために，読み聞かせを就寝前の決まりごととして行っていた。母親によれば，長女への読み聞かせは歯磨きや入浴と同じ生活習慣であり，やらねばならない「寝る前の儀式」として母親が義務的に行っていたが，子どもの「もっと読んで」の要求には，十分に応えられずにいたという。

本児の家庭では，読み聞かせは長女を早く寝かせるための日常的な育児行為の一つであったが，本児も1歳頃から絵本に興味を示し，長女の横で聞いていることもあった。しかし，絵本は長女を基準として用意したものだったので，本児にとっては関わりを持ったり理解して楽しんだりするにはまだ難しい様子だった。

今回の調査協力に際し，母親は2歳になったばかりの本児への読み聞かせを長女とは別に午前中に行ってみたところ，本児も育児の中心的存在になったと思えるほど，読み聞かせをとおして母子の絆が深まったことを実感していた。このような変化を得た読み聞かせの状況は，Table 5-9に示したように，導入期の最初の1ヶ月はほぼ毎日行われた。第1回目のビデオ撮影は，個別の読み聞かせに本児が慣れた18回目の読み聞かせ場面となっている。期

Table 5-9　開始時2歳1ヶ月男児への読み聞かせ状況

日付	開始時間／終了時間	絵本のタイトル	撮影
9月1日	19：30～19：45	キャベツくん	
9月2日	9：53～10：03	すいかのたね，ブタヤマさんたらブタヤマさん	
9月3日	12：50～13：00	いいこでねんね，うらしまたろう	
9月4日	13：46～14：08	キャベツくん，ブタヤマさんたらブタヤマさん	
9月9日	9：20～ 9：25	ブタヤマさんたらブタヤマさん	
9月10日	15：25～15：39	きんぎょがにげた，うしろにいるのだあれ	
9月12日	20：15～20：24	きんぎょがにげた，うしろにいるのだあれ	
9月13日	11：58～12：10	おかあさんがおかあさんになった日，きんぎょがにげた	
9月15日	10：45～11：58	うらしまたろう，うしろにいるのだあれ	
9月17日	10：35～10：44	きんぎょがにげた，うしろにいるのだあれ	
9月18日	10：12～10：20	うしろにいるのだあれ，きんぎょがにげた	
9月21日	10：54～11：03	きんぎょがにげた，うしろにいるのだあれ	
9月22日	10：20～10：34	とんことり，うらしまたろう，すいかのたね	
9月23日	19：20～19：27	きんぎょがにげた，うしろにいるのだあれ	
9月25日	20：03～20：10	きんぎょがにげた，うしろにいるのだあれ	
9月26日	20：10～20：18	うらしまたろう，きんぎょがにげた	
9月27日	11：40～11：51	うらしまたろう，いいこでねんね	
9月28日	12：00～12：15	はじめてのおつかい，ぞうくんのさんぽ，ブタヤマさんたらブタヤマさん	○
9月29日	11：40～11：45	ぞうくんのさんぽ，きんぎょがにげた	
9月30日	20：05～20：10	すいかのたね，とんことり	
10月6日	11：04～11：14	はらぺこあおむし，はじめてのおつかい	○
10月7日	11：30～11：35	はらぺこあおむし，きんぎょがにげた	
10月10日	20：20～20：30	すいかのたね，キャベツくん	
10月11日	19：50～19：55	おかあさんがおかあさんになった日	
10月12日	12：25～12：36	ブタヤマさんたらブタヤマさん，はらぺこあおむし，きんぎょがにげた	○
10月13日	10：30～10：37	はらぺこあおむし	
10月16日	20：00～20：07	きんぎょがにげた，ぞうくんのさんぽ，とんことり	
10月17日	20：21～20：30	はらぺこあおむし	
10月20日	11：00～11：03	うしろにいるのだあれ	
10月22日	20：00～20：11	ピノキオ，とんことり	
10月24日	19：57～20：05	ピノキオ，とんことり，はらぺこあおむし	
10月26日	11：17～11：27	はらぺこあおむし，ピノキオ，ちょっとだけ	○
10月29日	12：30～12：37	はらぺこあおむし，ブタヤマさんたらブタヤマさん	○
11月4日	10：15～10：25	はらぺこあおむし，ブタヤマさんたらブタヤマさん	○

注：○印は撮影日（絵本のタイトルは記入者の表記どおり）

間中に使用した絵本は，家庭で所持している長女の絵本のほか，居住地域の市立図書館を利用して本児の好みに合うものを母親が選択した。

　読み聞かせは，主に姉が登園中の日中に行われることが多く，1回10分程度で2～3冊の絵本を読んでいる。読み聞かせのスタイルは，撮影場面のいずれもソファーの上で行われ，最初は母親の膝の上に子どもを座らせ，母親が後ろから抱きかかえるようにして座る体勢から，調査期間の後半では母子が横並びに座り，母親が子どもを抱き寄せる体勢へと変わっていた。

　調査期間中の変化は，読み聞かせのスタイルばかりではなく，約2ヶ月の短期間に，母親は読み聞かせをとおして子どもの成長を感じたり，親としての自分自身の変化を感じたりしていたことが，撮影終了後のインタビューで明らかにされた（Table 5-10）。

　まず，子どもの変化では，導入直後の読み聞かせの時間は母親を独占できる時間として楽しまれていたことから，次第に絵本そのものに対する関心が広がっていった様子がわかる。つまり，本児は初めに絵本を介して母親と向きあえることが嬉しく，読まれている絵本は姉の読み聞かせで馴染みのあるものが，繰り返し利用されていた。しかし，導入から1ヶ月ほど経つと，ことば遊び的なやりとりの繰り返しから『はらぺこあおむし』などのようなストーリー性のある絵本を楽しむようになり，絵本に対する興味が強まると同時に読み聞かせに積極的になっている。

　また，母親の変化としては，健康な本児よりも体が弱い長女に関心を寄せがちだった自己を振り返り，読み聞かせをとおして本児にもしっかり向きあえたことで，母親としての自分自身が「アップ」したと感じられるようになっている。こうした母親の自信は，本児の読み聞かせに対する反応や発達的変化による影響と考えられ，読み聞かせがことばをつかったやりとりを媒介して「親子のきずな」を深め，母子相互の発達的変化を促進する活動であるという指摘（e.g. 田島他，2010；板橋他，2012）を支持する結果といえよう。

　田島他（2010）が提示した読み聞かせ活動の発達段階では，本児は年齢的

218　第Ⅱ部　絵本を介した養育者と子どもの社会的相互活動

Table 5-10　読み聞かせ場面撮影後のインタビュー基本調査　2歳男児

面接日時	2010年11月5日　9：45～11：00
調査期間	2010年9月1日～2010年11月5日（2歳1ヶ月～2歳3ヶ月）
1. 開始年齢	2歳1ヶ月。本調査に際して初めて1対1の読み聞かせを開始した。
2. 使用した絵本	姉が使用していたお気に入りの作家（長新太，五味太郎など）の作品，図書館で借りたものを利用した。
3. 読み聞かせスタイル	主に午前中に母親が行い，子どもを膝にのせて後ろから抱きかかえるスタイル，ソファーに横に並び，母親が子どもを抱き寄せて読むスタイルなど。
4. 絵本選択の変化	読み聞かせを開始した頃は赤ちゃん絵本タイプで，同じことばの繰り返しやストーリーのない音だけの絵本を選んでいた。開始後1ヶ月くらいで子どもの反応をみながら，ストーリー性のある絵本を取り入れてみた。
5. 子どもの絵本の好み・変化	姉の影響が強く，姉の選ぶものが基準になっていたが，2歳の誕生日頃から突然自分の好みが出てきており，家には無い乗り物系の絵本に興味を示すようになった。家では姉の読み聞かせに関心を持ち始めた頃から見聞きしている絵本を好んでいるが，単純なものからストーリー性のあるものに関心が広がってきた。
6. 子どもの変化	最初は『ブタヤマさんたらブタヤマさん』，『きんぎょがにげた』しか好まなかったが，次第に絵本の'おち'を待っていたり，'音'を母親が読む前から言ったりするようになった。開始して1ヶ月くらいで『はらぺこあおむし』などのストーリー性のあるものを喜ぶようになり，ストーリーを覚えて一人で絵本を見ながらセリフを言うようになった。研究協力がちょうど言葉の発達時期と重なったこともあるが，絵本に対する興味がとても強くなり，読み聞かせを催促するようになった。外遊びの楽しさと絵本の楽しさが同等になり，家の中でも楽しいことが増えた。ほんの数ヶ月でとても変化したと感じている。
7. 親自身の変化	姉が喘息の持病があるため，育児は姉中心であったが，1対1の読み聞かせを行うようになり，この子も育児の中心になったと感じている。また，せっかちでゆったりすることが苦手な性格であるが，あえて午前中に読み聞かせを行うことで，ゆったりした気持ちで過ごすことが出来るようになり，家事は後回しでもいいか，と思えるようになった。子どもの成長に合わせて読み応えのある絵本も選べるようになり，楽しさも増してきた。転勤族のため絵本は買わない主義であるが，手元に残したい本も増え，自分自身も絵本への関心が強くなり，合理性ばかりを求めなくなった。
8. 読み聞かせへの期待	1歳前くらいから読み聞かせをしていた姉には，こうなってほしいと思ったわけではないが，年齢の割には集中力があり，長いお話も最後まで聞けるようになっている。文字は読めないが，

9. 読み聞かせへの配慮		耳から聞いた記憶から親に読み聞かせをしてくれるようにもなった。しかし，楽しさよりも義務感で行っていたので，下の子（本児）には自分も楽しい読み聞かせにしたいと思う。読み聞かせは就寝前という決まりごとを作らず，午前中などに行って子どもの「もっと」に対応できる時間を作るようにしている。子どものペースに合わせて，親も楽しみながら行いたい。
10. 家庭での躾・教育		体調管理のための早寝早起きを大切にしている。ダメダメ言わずに，のびのびとやりたいことをやらせるようにしている。
11. 子どもとの関わりで感じること		今回の調査をきっかけに，下の子（本児）も育児の中心的存在に据えることができ，関わったら関わっただけの反応があることを実感できるようになった。バタバタとせっかちな母親から，子どもとゆったりした時間を過ごせる母親になり，子ども自身の反応よりも自分がアップしたと感じる。今は，子ども自身が「ママとソファーに座って絵本を読んでもらえる時間がある」と理解しており，そうした時間を楽しみにしている様子がわかる。子どもとちゃんと向き合うことで，母親として自分も変わることができ，子どもも嬉しいと感じているようである。

には第2段階ステップ3の「『言葉の対象化』と象徴遊びへの展開の時期」(p.137) であるが，読み聞かせの経験は浅かった。しかし，母子が共同で絵本を読みあう体制が，読み聞かせ中の身体的な接触や，絵本を介した対話的交流を頻繁に繰り返したわずかな期間に定着し，ことばの発達時期の子どもの中に内面化されたやりとりが，母親にも認識可能な自己表現活動へと発展したと考えられる。

以下に，撮影第2回目に初めて読んだ『はらぺこあおむし』の観察場面と，6日後の撮影第3回目，約1ヶ月後の撮影第5回目のトランスクリプト（以下，TC，M：母，C：子ども）を示し，母子相互交渉の発達的変化を考察する。

撮影第2回目の読み聞かせが始まる場面は，母親と絵本を読みあう時間が本児にとって嬉しい経験として定着していることを表している。本児は，機嫌の良い様子で2冊の絵本を母親に見せている。この時，用意された絵本は，初めて読む絵本『はらぺこあおむし』（エリック・カール，1986 もりひさし訳 1988）と2回目に読む絵本『はじめてのおつかい』（筒井頼子 作・林明子 絵, 1977）の2冊であった。母親は，本児への個別的な読み聞かせを開始してか

ら1ヶ月を経て，本児自身の絵本の好みを考慮しながら，『ブタヤマさんたらブタヤマさん』（長新太，2005），『きんぎょがにげた』（五味太郎，1982）以外にも絵本のレパートリーを少しずつ増やす試みをしていたようである。

母親が用意していた『はらぺこあおむし』と『はじめてのおつかい』は，いずれもロングセラー絵本であり[117]，おそらく長女の読み聞かせでも利用され，家庭に備えていた絵本と思われる。本児は，母親に「どっちどっち（を読むの）？」と聞きながらも，即座に前者を最初に読むことをリクエストしている（TC b2-1 下線部分，b は男児 boy の略）ことから，『はらぺこあおむし』は姉の影響を受けつつも本児のお気に入りの絵本であり，自分のために読んでもらうことを楽しみにしていたのではないだろうか。この作品は翌日にも読まれ，第2回目の撮影以降，調査期間最終日までの約1ヶ月間に8回読まれたことが記録されている。

TC b2-2 は，物語の始まりの場面である。第2回目の撮影時，本児はこの

TC b2-1　読み聞かせ前の様子

絵本のテキスト	撮影第2回目	撮影第3回目	撮影第5回目
	C：「テッテッテッテッテ…」ご機嫌な様子で歌うようにしゃべっている。 M：Cを膝に座らせ後ろから抱きかかえ，両手で絵本を持って広げる C：「どっちどっち？」2冊の絵本を見て言う 「これ，これ」『はらぺこあおむし』をMに渡す。 M：「うん，順番，順番ね。」	〈1冊目を読み終えた後〉 M：Cを膝に座らせ後ろから抱きかかえ，両手で絵本を広げる。 C：「次ワンワン読んで。」 M：「ワンワンはねー，お歌の本なのよ，Yくん（本児の名前）。」 『はらぺこあおむし』を見せる。 C：絵本を見る	M&C：ソファーに横並びに座っている。 Y：「これこれー」ビデオカメラに絵本を見せる。 M：「フフフ…読むよ。」 C：「うん！」

絵本を初めて母親と二人で読みあうが，物語のストーリーよりもほかのページに描かれている好物のイチゴに注目し，指を差して母親に注意を喚起している。母親は好物のイチゴがたくさん描かれた絵を喜ぶ本児に共感を示し，「いっぱいあるね」と応じた後，「イッコ」という本児のことばを否定せずに「Yくんの好きなイッコ」と繰り返し，受容的な応答をしてから読み聞かせを始めている。

第3回目の撮影場面では，この絵本は事物の名前を教えるための「物の絵本」として親子のやりとりを促す機能を発揮して，母親が読んだテキストに合わせて本児からの命名行為が見られ，お月さまの絵と「つき」ということばの対応が試みられている。母親は続いて質問，命名を行うが，本児は，最初の母親の質問に答え損ない，気分を害した様子を見せている。この時期の子どもは，エリクソンの自我の発達段階では第2段階「自律性を獲得し，差

TC b2-2

絵本のテキスト	撮影第2回目	撮影第3回目	撮影第5回目
p.2「おや，はらっぱの うえに ちっちゃな たまご。」おつきさまが そらから みて いいました。	C:「あー，イッコ（イチゴ）」読み始める前にほかのページのイチゴを指差す。 M:ページをめくってテキストを読む C:「ね，みてイッコ」 M:「あ，いっぱいあるね。」笑顔で対応する。「おいしそう。いーい？ Yくんの好きなイッコ」Cに確認してページを戻す。 C:笑顔でMの手元を見る	M:テキストを読む C:「つき」月の絵に指差し。 M:「そう。これは？」月を指差す。 C:「たまご」笑顔で答える M:「これ，お月さま。」 C:笑顔が消える。 M:「これ，たまご。これは葉っぱ」絵を指差しながら教える。 C:右手で頭をポンポン叩く。	M:テキストを読む。 C:よそ見。カメラに向かって舌を出す。「ちっちゃなたまご」で絵本を見る。

恥心および疑惑と戦う」(内田, 1989, p.77) 過程にあるといわれる。子どもは, 期待されていることを自分でやりたいと思う気持ちが芽生えるにしたがって, うまくできた時の自信と失敗した時の恥ずかしさの両方を経験する必要があるが, 前者の経験をより多く持たなければならない。

　ことばが獲得される時期では, 読み聞かせ中にも母子双方から多くの質問や命名が行われ, 子どもは親の期待に応えようとするかのように物の名前を言おうとするが, 時々間違いもする。こうした失敗は, 読み聞かせなど身近な大人とのやりとりの中で, 自尊心を失うことなく経験されることにより, 適度な羞恥心を知ることを促し, 健康なパーソナリティの発達に役立つのではないだろうか。本児の場合も, 母親は子どもの間違いを言及せずに, 絵を指差しながら丁寧に教えており, 本児は照れたように自分の頭をポンポンたたいて見せている (TC b2-2 下線部)。

　第5回目の撮影場面は, 第2回目, 3回目とは異なり, 母子ともに発話はなく淡々と始まっている。本児は既に絵やストーリーを覚えているようであり, ビデオカメラに気を取られている様子であるが, 読み聞かせは聴いており, 気になる「ちっちゃなたまご」が読まれると, 注意が絵本に自然と戻っている (TC b2-2)。

　一方, 母親はインタビューでも語られたように, 本児の様子を気にかけながらもゆったりと構えて絵本を読み続けており, せっかちに注意をしたり無理に聞かせようとしたりせず, 読み聞かせの時間を楽しんでいるようである。

　次に TC b2-3 の撮影2回目では, 母親があおむしを真似て「ムシャムシャ」と子どもに誘いかけているが, 子どもの反応はすぐに現れない。しかし, 撮影3回目になると子どもの方から「モグモグ」と言ってあおむしを真似て見せ, 母親と楽しい掛けあいをしている。さらに, 撮影5回目では, 子どもは自分の衣服をかじりながら絵本を見ている。絵本のイラストは, あおむしが食べているところではなく, 食べた後にリンゴやナシの穴から出てくるところを描いているが, 子どもはことばを聞きながら自分が経験している

第5章 調査研究① 家庭での絵本の読み聞かせ活動と子どもの社会性の発達との関連について 223

TC b2-3

絵本のテキスト	撮影第2回目	撮影第3回目	撮影第5回目
p.4 そして げつようび，りんごを ひとつ みつけて たべました。	M：テキストを読む。 M：「ムシャムシャ」	M：テキストを読む。 C：「モグモグ」（Mが読むのと同時に言う）	M：テキストを読む。 C：<u>ズボンの胸当てをかじる</u>
p.5 まだ，おなかは ぺっこぺこ。 かようび，なしを ふたつ たべました。	M：テキストを読む。 C：絵本の仕掛け部分に注目している。 M：「ムシャムシャ」 C：絵を指差す M：「ムシャムシャ」 笑いながら言う。	M：テキストを読む。 C：「リンゴー！<u>イチゴもイチゴも！</u>モクモク」 絵に指を差しながら言う。 M：「モグモグ」 C：「リンゴ」 笑顔で言う M：「Yくん，食べて」 C：「モグモグモグ」 M：「う〜ん」 C：「モグモグモグモクモクモクモクモク」	M：テキストを読む。 C：「はいっ！」 （掛け声をかける）
p.6 やっぱり おなかは ぺっこぺこ。 すいようび，すももを みっつ たべました。	M：テキストを読む。 C：「ムシャムシャ」 M：「フフ…」 テキストを読む。 C：「ムシャ」 M：「ムシャ」 C：「もうイッコ！」 M：「んー，ムシャ！」 C：「イチゴ」 次のページを指差して言う	M：「フフ…」	M：「フフ…」テキストを読み笑う。 C：「<u>ママー，あおむしどこ？</u>」 M：「ここ，ここ」 絵を指差す

日々の「食べる」行為を思い浮かべて、あおむしをみていることがわかる。

こうした表象機能の発達は、幼児期前半に見られるようになり、子どもは実際とは異なることばや絵などの対象を用いて、「実際の対象や行為を思い出したり、実際の対象のかわりとして取り扱うことができるようになる」（内田，1989，p.60）といわれる。読み聞かせでは、子どもが、絵本を介して言葉や絵に象徴された実際のものとは異なる対象を見ながら、ことばを対象化したり象徴遊びを展開したりするといわれるように（田島他，2010），本児も活発な象徴的・自己表現活動を行っている。

また、本児がことばを正確に用いることを自然に学んでいることが示されている。佐々木（1992）が述べているように、絵本は子どもの生活経験に基づいて読みとられていくが、本児はまず好物のイチゴを見つけ「イッコ」と発声している。母親は、本児の自発的な反応に共感的に応じるだけで誤りは指摘していない。しかし、母親が読んだテキストを聞いた後、本児は正しく「イチゴ」と言うようになり、撮影第3回目では最初から「イチゴ」と言っている。

ヴィゴツキー（1931 柴田訳 1970）が論じたように、ことばの発達は「養育者と子どもとの間での記号（言語・非言語）刺激のやりとりが基盤となる」（田島他，2010）ことを示す場面は、以下にも確認できる。

TC b2-4 の撮影の第2回目では、本児はイチゴへの拘りを見せているが、母親の誘導によってオレンジに興味を示し、既知の「ミカン」と関連させて、オレンジをミカンに似た食べ物として何とか理解している。撮影第3回目になると、本児は誇らしげに右手のひとさし指を立て、リズムをとりながら「オ，レ，ン，ジ」と発話し、撮影5回目では絵に描かれたオレンジがリンゴのように見えることを指摘し、認知的な評価を行うまでになっている（図5-1 右側ページ参照）。

カールが描いたオレンジは、5個のうちの1個に葉がついており、そのオレンジは確かにリンゴと似ているように見える。本児は、わずかな期間に知

第5章 調査研究① 家庭での絵本の読み聞かせ活動と子どもの社会性の発達との関連について 225

TC b2-4

絵本のテキスト	撮影第2回目	撮影第3回目	撮影第5回目
p.8 まだまだ おなかは ぺっこぺこ。	M：テキストを読む。 C：「こっちー」イチゴを指差す。 M：「モグモグ」 C：「ううん，みて，ねー，イチゴ」 M：「うん」 C：「これ，モグモグモグモグ」絵を一つずつ指差しながら言う 「こっち，だれ？」 M：「これ？ 何だと思う？」 C：「イチゴ？」 M：「これ，オレンジ」	M：テキストを読む。 C：右手を振りながら機嫌よく絵本を見ている。 「あ，オレンジ！イチゴイチゴ，イチゴ」	M：テキストを読む。 C：絵本を見ている。
きんようび，オレンジを いつつ たべました。	テキストを読む。 C：「これ見て。イチゴ」 M：「うん，イチゴから（あおむしが）出てきたね」 C：「これってだれ？」オレンジを指差す。 M：「これ，オレンジ」 C：「オレンジ…」 M：「オレンジってね，ミカンみたいな感じ」 C：「これ，ミカン」 M：「そう」	M：テキストを読む。 C：「オ，レ，ン，ジ」ひとさし指を振りながらリズムをとって言う。 「あ，これイチゴ」 M：「おいしそうね〜」 C：「うん」	M：テキストを読む。 C：「これ，リンゴみたい」 M：「リンゴに見える？」 C：「うん」

図 5-1　オレンジ
『はらぺこあおむし』より　エリック・カール作　もりひさし訳（偕成社　刊）

らない果物の名前を覚えたり，既知の果物と関連させて評価したりできるようになっているが，こうした認知的発達を促すためのやりとりの場として，絵本が機能しているといえるだろう。

　絵本は，このように母子のやりとりの道具として，子どもの経験と関連を持ちながら読みとられていくが，養育者の足場作りによって，子どもは次第に作者が描く世界を知ることができるようになる。『はらぺこあおむし』は，質問や命名などの行為を促し，ことばを覚えるために有用な要素を豊富に備えているが，インタビューで述べられたように，母親は少しずつ子どもにストーリー性を理解させたいと考えている。この絵本は，子どものように，食べて眠って成長するあおむしを描き，あおむしが美しい蝶に変わるラストシーンが見せ場となっている。母親は，さなぎが大きな蝶になって現れる感動を子どもと分かちあうために，次のような足場作りを行っている。

　TC b2-5 の撮影 5 回目では，子どもはクライマックスシーンで顔が痒くて集中できず，頬を掻いたりしかめ面をしたりしており，感動的な場面を母親と共感し損なっている。また，第 2 回目の撮影場面の様子から，本児はあおむしとさなぎや蝶の関係性に気づいていないため，あおむしがさなぎに変わった時点で絵本への関心がそれていることがわかる。しかし，第 2 回目と

第5章 調査研究① 家庭での絵本の読み聞かせ活動と子どもの社会性の発達との関連について　227

TC b2-5

絵本のテキスト	撮影第2回目	撮影第3回目	撮影第5回目
p.11 もう あおむしは，はらぺこじゃ なくなりました。ちっぽけだった あおむしは，ほら，こんなにおおきくて，ふとっちょに なったのです。	M：前のページの後半のテキストを飛ばして p.11のテキストを読む。 「Yくん，これ誰？」 C：「あおむしー」	M：「葉っぱを食べてお腹の具合もすっかりよくなりました」p.11のテキストを省略して読む。 M：「あおむし，なくなっちゃったよ」 C：さなぎの絵を叩く 「これ，なに？」	M：「でも ねー，葉っぱを食べたら～」 p.11のテキストを読む。 C：絵本を見ている。
まもなく あおむしは，さなぎになってなんにも ねむりました。それから，さなぎの かわをぬいで でてくるのです。	M：テキストを読む。 「それからー，皮を脱いで出てくるって」 途中からテキストを変更して読む。	M：テキストを読む。	M：テキストを読む。 C：「痒い」 （顔が痒くて気が散っている様子）
p.12 「あ，ちょうちょ！」 あおむしが，きれいな ちょうに なりました。	C：頬杖をついて絵本を見ている。 M：「あっ！」 「何だ，これー？」 C：「ちょうちょ」 M：「ちょうちょ～」 C：よそ見。次に読む絵本に視線がいく。 M：「Yくん，パタパタ」 C：「ねー，これ誰？」 ちょうを指差す。 M：「ちょうちょ，きれいねー」 C：「ちょうちょ，おわり」	M：「さ，次はチャチャチャ，Yくん開けて」 C：ページをめくって絵本を両手で持つ。 M：「あー，ちょうちょ」 C：「パタパタ」 絵本を動かしてパタパタと煽る。	M：「さ～！」 C：「おわり」 M：「あっ，これ何？」 C：「ちょうちょ」 M：「そうー」 Yの顔を見ながらテキストを読み終える。

3回目の撮影の比較では,最初は母親がかなり誘導して蝶を見せようと演出をしているのに対して,3回目では子ども側から母親の意図をくみ取った行動が見られる。子どもは,2回目の撮影時に母親がやってみせたこと(蝶が大きく描かれた場面を開いて,絵本をパタパタと煽る)を自発的に再現しており,母子の間で意味を共有しようとする間主観的なコミュニケーション活動が行われたと考えられる。

以上のような母子のやりとりが見られた『はらぺこあおむし』は,コラージュ手法によって,表紙に大きく描かれたあおむしが印象的な絵本である。ページをめくると,鮮やかな色が目を惹きつけ,本文の数ページは穴が開けられ,短くカットされたページが折り込まれている。小さな穴は,あおむしが食べた痕跡として前後のページとつながりを持っているだけではなく,子どもが指を入れて遊ぶのにちょうどよい仕掛けともなっており,玩具的な要素として子どもの好奇心を引き寄せる。

作者の Eric Carle(エリック・カール,1929-)は,アメリカの広告界でアートディレクターとしてかなりの成功を収めたキャリアを持ち,広告の仕事を辞めた後,絵本作家として多くの子どもを喜ばせたばかりか,若い画家たちも奮い立たせた画期的な絵本を作っている(マーカス,2002 安藤・夏目・西村・依田訳 2010, p.8)。カールが自らの絵本作りについて,"I always try to squeeze as much as possible out of the paper. If possible, I don't want just a plain sheet of paper. I often want to have a fold or a hole or other device. I want to change flat sheet any way I can."(Marcus, 2002, p.52)と述べているように,カールの絵本は『はらぺこあおむし』をはじめとして,穴が施されたり,折りたたまれた紙が挟まれていたり,虫の声など音の出るものもあり[118],鮮やかな色彩とともに紙面に繰り広げられる斬新さが特徴となっている。

一方で,テキストは極めて簡潔で,繰り返しと単純なリズムによって物語が小気味よく進み,『はらぺこあおむし』も月曜日から金曜日まで食べるこ

とを繰り返して蝶になるというクライマックスで終わる。こうしたカールの絵本の特徴は,「玩具から本への橋渡し」(鬼塚, 2006, p.163) と言われ,カールの絵本作りの基盤となっている[119]。

本児の場合では,カールが意図した簡潔でリズム感のあることばの繰り返しは,ことばの発達期を迎えた2歳児の興味をひく仕掛けとなり,ストーリーを覚えたり絵の助けを借りて語ったりするようになるまで(Table 5-10参照),母親と何度も読みあうための機能を果たしている。また,あおむしをとおして再現される「食べる」という行為は,本児にとっても日常的な体験であり,佐々木(1992)が述べているように,経験と結びつきながら母親の足場作りによって絵本を読みとり,ことばを獲得していく様子が見てとれる。

『はらぺこあおむし』は1週間の時間の推移の中で,小さなたまごから生まれたあおむしが食べ物を探すところから始まり,たくさん食べた後に腹痛に見舞われながらも,ハプニングを乗り越えて最後の場面ではばたく蝶に変わるまでの成長物語である。鬼塚(2006)によれば,この過程は「自立と成長の厳しさと喜びに通ずるもの」(p.163) であり,『はらぺこあおむし』は自己発見をテーマにした絵本といわれる。

2歳の本児がこの絵本の自己発見というテーマに気付くことはないだろうが,食べたり,眠ったり,腹痛を起こしたりするあおむしの経験は,本児にも了解可能であり,本児はあおむしが腹痛を起こす場面で顔をしかめている[120]。また,この絵本は,食べ物を適度に食べることが成長につながることを幼い読者に伝えているとも考えられるが,カールは教訓的に教えるというより,幼い子どもが楽しみながら感じ取れるようにカムフラージュをしている[121]。

本児の読みとりは,読み聞かせの最初の頃には食べ物を中心に展開し,母親とのやりとりは,知っている食べ物に指を差すなど,食べ物の名前とことばを一致させることが主になっている。母親は,さなぎになったあおむしがラストシーンできれいな蝶に生まれ変わる驚きを伝えたいようであるが,本

児の関心は見えなくなってしまったあおむしにあるらしく，母親の「何だ，これー？」の問いかけに「ちょうちょ」と答えたにも関わらず，直後に蝶を指差して「ねー，これ誰？」と聞き返している。しかし，撮影第3回目には母親が最後の場面を強調していることに気付いている行動を見せたり，5回目の撮影場面ではあおむしの行動に関心が寄せられるようになり[122]，腹痛というトラブルに顔をしかめて共感したりできるようになっていた。

『はらぺこあおむし』は，子どもの情動に働きかける色や絵，ことばのリズムなどさまざまな仕掛けを持ち，親子が楽しくやりとりをする道具の機能を果たし得る絵本の代表といえるだろう。ことばや情緒の発達は，楽しい経験を親子で繰り返し共有しあうことをとおして育まれ，このような絵本を用意することが，豊かな読み聞かせ活動を行うために必要な養育者の役割の一つといえる。

さらに，母親がインタビューで述べたように（Table 5-10），絵本を読みあう豊かな時間の中で育まれるものは子どもの認知的発達ばかりではなく，「楽しさ」を共有して子どもと向きあうことで生まれる母親としての自信が，養育者自身の発達的変化をも促すと考えられる。

3）結果と考察3：4歳児の事例　身辺自立の時期における読み聞かせの導入

本章1節の質問紙調査では，発達早期に開始する読み聞かせが，子どもの注意の持続や自己中心的な行動の抑制に有効である可能性を示唆した。0歳児，2歳児への読み聞かせ導入の観察場面は，先に述べたように絵本を介して共同注視の体制が作られ，母子が互いにやりとりをしながら，ことばによるコミュニケーションや他者への共感を促す社会的相互活動が発展していくことを示した。では，4歳を過ぎた子どもに初めて親子間での読み聞かせを導入した場合，どのような展開になるだろうか。本事例では，自営業の父親と専業主婦の母親の家庭に生まれた第二子長女4歳8ヶ月児に対し，初めて

第5章　調査研究①　家庭での絵本の読み聞かせ活動と子どもの社会性の発達との関連について　231

母子での読み聞かせを導入したケースを報告する。

　本児の家庭には，小学校1年生7歳の第一子長男がいるが，長男は絵本に関心を示さず，本児も兄を真似て遊んでばかりいるため，読み聞かせが行われていなかった。本児は，自宅から近い少人数制の幼稚園に通い，幼稚園では読み聞かせを経験しているが，母親によると，幼稚園には使い古された昔話絵本ばかりで，子どもの好奇心を促すような絵本は無いだろうとのことだった。

　家庭では，昨年入園して以来，幼稚園の共同購入で毎月届く学習・生活教材系の絵本を所有しているが，本児は1度か2度見るだけで放置してしまい，母親は興味のないものを読んであげる必要もないだろうと考えていた。しかし，本調査への協力に際し，近隣の地区センターに絵本を借りに連れ出したところ，本児は幼稚園には無いタイプの絵本や，知っている動物がタイトルに書かれている絵本に関心を示し，自分で借りる絵本を選択した。母親は敢えて口出しをせず，本児の選んだ絵本を借り，読み聞かせも本児の希望に合わせて行ったとのことだった。本児と母親の読み聞かせ開始状況は，Table 5-11 に示した通りである。

　まず，0歳児，2歳児との大きな違いは，読み聞かせの材料となる絵本が母親ではなく，子ども自身が全て選んだということである。本児は，既に文字を読めるようになっているため，タイトルに示された動物名や好きなアニメなどのキャラクター，大型の『アンデルセン童話集』など外見の視覚的要素を基準に絵本を選んでいる。

　次に，目につく特徴は，1回あたりの読み聞かせ時間の長さである。初日は55分，3日目も45分となっており，そのほかにも8月24日，9月24日は30分以上の読み聞かせが行われている。一般的に，幼児の集中時間は短く，大人にとっても声を出して30分以上本を読み続けることは楽なことではないだろう。撮影データがある8月24日（撮影第1回目『となりのトトロ』）のトランスクリプトの一部を示し，この母子ともに読み聞かせ初心者によるやりとり

Table 5-11 開始時 4 歳 8 ヶ月女児への読み聞かせ状況

日付	開始時間／終了時間	絵本のタイトル	撮影
8月13日	20：15〜21：10	となりのトトロ	
8月14日	12：10〜12：30	いなかのねずみ	
8月15日	20：05〜20：50	いなかのねずみ，となりのトトロ	
8月24日	19：40〜20：10	となりのトトロ	○
8月27日	9：25〜 9：40	いなかのねずみ	
8月28日	14：15〜14：40	みにくいあひるの子，ダンボ	
8月31日	9：05〜 9：30	みにくいあひるの子，ダンボ	
9月8日	未記入	モンスターズ・インク	
9月9日	20：10〜未記入	モンスターズ・インク	
9月12日	16：20〜16：30	かわいそうなぞう	○
	16：30〜16：50	モンスターズ・インク	
9月15日	未記入	かわいそうなぞう	
9月20日	21：00〜21：10	かわいそうなぞう	○
9月23日	18：00〜未記入	ミッキーのクリスマスキャロル	
9月24日	19：40〜21：15	ミッキーのクリスマスキャロル，3びきのこぶた	
10月4日	9：25〜 9：40	おやゆびひめ	○
10月11日	16：35〜16：50	おやゆびひめ	○

注：○印は撮影日（絵本のタイトルは記入者の表記どおり）

の様子を検討する。

　本児への読み聞かせは，就寝前の20時前後に行われ，母子は床の上に並列に座り，お互いに少し向きあうように体を斜めにしているが，身体的な接触はない。しかし，本児は読み聞かせを始める時に，ピカチュウのぬいぐるみを母親の膝の上に座らせることを主張し，母親は本児の希望を受け入れ，膝にぬいぐるみを置いて読み聞かせをしている。ぬいぐるみは，本児が自分の代わりとして母親の膝に座らせたとも考えられ，就寝前に絵本を読んでくれる母親に甘えたい気持ちがあったのかもしれないが，4歳代後半の本児には，母親の膝で甘えることが照れ臭かったのではないだろうか。

　本児は，読み聞かせ中はほとんど無言であるが，時々絵本の絵に刺激された言動を発している。しかし，母親はそうした言動をあまり取りあおうとはせず，淡々と絵本を読み続けている（TC g4-1, gは女児 girl の略）。

TC g4-1

絵本のストーリー	経過時間	母親（M）と子ども（C）のやりとり
p.7 ぶわっ！ まっくろな も のが いっせいに とびだ し, ざざーっと てんじょ うの ひびわれの 中に にげこんで いきます。 びっくりして つったって いる メイの まえに, ふ わふわと くろい かたま りが 一つ, おちてきまし た。	4'06 4'08 4'09 4'12	C：「〇〇〇」何か言う M&C：一緒にページをめくる M：テキストを読む C：「ンフフ」 C：「ンフフ, パンツ」 メイのパンツが見えている絵を指差して笑う。 M：テキストを読み続ける。
どうやら 一ぴき, にげお くれたようです。そうし…, えいっ！「つかまえた！ おねえちゃーん。」	4'33	C：「これはこうやってさ, つぶれてんの」 メイの真似をして両手を合わせてみせる。
（省略）	4'36	M：Cの顔を見る。 M：テキストを読む。

　この場面では，トトロがようやく現れ，本児は母親とトトロの話をしたいようであるが，母親の応対はあまり共感的ではなく，早く次のページをめくるように促している。また，本児は母親の腕にもたれかかるようにして絵本を見る姿勢になっており，母親との共感を求めて積極的に関わろうとしていたのではないだろうか。

　TC g4-2以降，本児はほとんど言語反応を示さず，母親は時々子どもの様子をうかがいながら同じ調子で絵本を読み続けていた。18分を経過した頃から，本児が頻繁に残りのページ数を気にするようになり，これから読むページをパラパラとめくることを繰り返したため，母親は本児の手を制して注意をしている。本児は，おそらく飽きてきたか眠くなったかで，「あと，どれくらいで終わるのか」が気になっていたと思われる。

　母親は，本児の変化に気が付いており，21分を経過した時点で「眠い？」と本児の頭をなでながら訊いている（TC g4-3）。本児は頷いて目をこするが，

TC g4-2

絵本のストーリー	経過時間	母親（M）と子ども（C）のやりとり
p.14 いた！ こんどは 二ひき！ メイが はしりだします。二ひきは，大あわてでしげみの 中に にげこみました。トンネルです。しげみの 中には，トンネルが つづいて います。ぼうしは ぬげ，ふくは まっくろ。メイは むちゅうで おいかけました。やがて 二ひきは，大きな 木の ねもとで，ふっと すがたを けしました。	7'44 8'07	C：「トトロが出てる」 Mの腕に寄りかかっている。 M：ページをめくる合図をする。 C：ページをめくる。 M：テキストを読む。 C：「あ，これ。赤ちゃんみたい」 M：「そーう？」 C：「これはこんなに小ちゃいんだよ」 M：「かわいいじゃん」 C：「かわいい」 M：「うん，はい」 ページをめくるように促す。

　母親が「話し，聞ける？」と再度問いかけると黙って頷いたため，読み聞かせはそのまま続けられた。しかし，TC g4-3の後半場面が示しているように，本児の我慢は限界に達していたようである。

　一方で，母親は終わりに近づいて気持ちに余裕が出てきたのか，テキストを読みながら笑う場面もあるが，既に注意が途切れている子どもとは楽しさを共有できていないことが，本児の大きなあくびから理解できる。母子の読み聞かせは，この後4分程度で見開き50ページの絵本を読み終えて終了したが，読み手にも聞き手にも楽しい活動とはいえなかったのではないだろうか。

　この母子の読み聞かせでは，子どもが関心をもって絵本に集中できた前半では，ボリュームのある絵本を読み進めようとする母親に子どもの反応を受け止める余裕が感じられず，後半は疲れた子どもが母親に同調する余力がなく，すれ違いが気になる場面が多かった。なぜ，このようなすれ違いが生じ

TC g4-3

絵本のストーリー	経過時間	母親（M）と子ども（C）のやりとり
	21'06	M：指でCを軽くつつく。ページをめくらせる。
	21'29	C：大きなあくびをする。
	21'32	M：「眠い？　話し聞ける？」Cが頷いたのを確認して読み始める。
p.41 メイ，メイ，しないで！サツキの 足は かわがむけ，ちが にじんで います。サツキは サンダルを ぬいで，はだしで はしりつづけました。はしって はしって，ようやく神池に つくと，池には おおぜいの 人が あつまって いました。サツキ のすがたを 見ると，おばあちゃんが 小さな サンダルをもって かけよってきました。	24'52	M：Cにページをめくる合図をする。 C：Mの顔を見てページをめくる。 M：テキストを読む。
	24'56	C：ひゃっくりをしながら見ている。
	25'06	<u>C：絵本の端をつまんで残りのページを確認する。</u>
	25'20	M：「大丈夫？　眠い？」 Cの顔を覗き込んで訊く。 C：下を向いて頷く。 M：「どうする？　読む？」 C：体を揺らしながら頷く。 M：「うん」 テキストを指差しながら読む。
（省略） p.44 （省略） その 人たちの 目のまえを，ネコバスが びゅわっと よこぎります。ところがどうでしょう。だれも気づいた ようすは ありません。	26'14	<u>C：再び残りのページをめくり始め，MがCの手を制して止めさせる。</u>
	27'27	M：「フフフ」笑いながら読む。 <u>C：Mの顔を見ながら大きなあくびをする。右手で目を押さえる。</u> M：「どうする？　やめとく，もう？」 C：首を横に振る。 M：「ん？　読むの？」 C：頷く。Mの膝に手をついて横になりながら絵本を見る。

たのだろうか。

　一つには，読み聞かせの時間の長さが関係していると考えられる。本章1節の質問紙調査では，読み聞かせを継続している家庭の場合，5分未満の読み聞かせよりは，5分から15分未満，15分から30分未満の読み聞かせが子どもの協調的行為や精神面の安定度の高さを促す可能性を示した。この結果から，5分以上の読み聞かせをしている場合は，注意の持続力など認知的に発達している可能性もあると考えられるが，読み聞かせをとおして親子が親密に関わり合う時間は，子どもの発達や経験に合わせた適切な長さであることが望ましいといえる。

　本児は4歳代後半であるため，読み聞かせに慣れていなくても，発達的に0歳児の例や2歳児の例よりは長く集中することが可能であり，比較的長い時間の読み聞かせに耐えられた。しかし，母子は日常的に読み聞かせを経験してこなかったため，読み聞かせを楽しめる適切な時間配分を把握していなかったといえるだろう。読み聞かせ記録を見ると，絵本によっては読み聞かせ時間が10分程度の短い日もあるので，読み聞かせ初心者の母親は，絵本の長さに関係なく，最後まで読み終えなくてはならないと考えている可能性もあると考えられる。

　また，読み聞かせを継続してきた親子であれば，「また明日読んであげる」，「また次に読んでもらえる」という双方の了解の下に，無理な読み聞かせをせずに済んだのではないだろうか。母親が，これまであまり絵本に興味を示さず，毎月届く本にもすぐに飽きる本児に対して，「明日はもう読んであげる必要がなくなるかもしれない」と感じても不思議はなく，子どもも「明日は読んでもらえないかも」と思った可能性はある。このことは，本児がかなり眠そうでも自分から読み聞かせを止めるとは決して言わなかったことからも理解できる。

　もしも，子どもが十分な言語的なコミュニケーションを行えない年齢であれば，母親は子どもの身体的，非言語的なコミュニケーションによって読み

聞かせを短時間で切り上げたのではないだろうか。つまり，母親は，ことばで自己表現できる子どもの主張を柔軟に受け止めようとする一方で，ことばによるコミュニケーションに依存し過ぎた結果，子どもに負担を与えてしまったと考えられる。このことから，読み聞かせは，養育者が主体となって活動の基盤を形成しやすい発達早期から始め，適切な絵本の選択や読み聞かせの時間の管理などによって，楽しいコミュニケーション活動の枠組みを築くことが大切であると考えられる。

ブルーナー（1983 寺田・本郷訳 1988）は，言語的コミュニケーションに子どもが参加できるための養育者による足場作りを論じているが，読み聞かせもまた，子どもが楽しく無理なく参加するための足場作りを必要とするコミュニケーション活動であることが示唆されたといえる。

次に，こうして始まった4歳児への読み聞かせ活動について，撮影終了後の母親へのインタビューを Table 5-12 に示した。

母親が「読み聞かせへの期待」で述べているように，0歳児や2歳児の母とは異なり，4歳の本児には「きちんと聞く」ことが期待されている。「家庭での躾・教育方針」は，この年齢の子どもには生活習慣や身辺の自立が課題となる時期を反映し，幼児期前期から後期へと移行段階の本児は，社会的な資質を身に着けたり，意志をもって物事に積極的に関わっていったりする時期を迎えている。

本児は，親子の読み聞かせに対しても新規な経験として積極的な関わりを見せたが，幼さゆえの失敗もあり，選んだ絵本が長過ぎたり難し過ぎたりして退屈な経験を重ねてしまったようである。母親の方は，子どもの自発性を尊重しながらも，読み聞かせでは期待に添った達成感を得られず，読み聞かせの今後の継続には「本人任せ」として非積極的な様子である。また，読み聞かせが子どもの主体性に任された結果，母親の都合とすれ違うことが多く，負担やストレスに感じられた可能性や，母親が述べているように「自分が絵本を知らない」ために子どもに良い絵本を選べないという反省も感じられる。

Table 5-12 読み聞かせ場面撮影後のインタビュー基本調査　4歳女児

面接日時	2010年10月20日　9：30～11：00
調査期間	2010年8月13日～2010年10月20日（4歳8ヶ月～4歳10ヶ月）
1. 開始年齢	4歳8ヶ月。本調査への協力に際して初めて家庭で個別の読み聞かせを行った。2歳頃から兄の絵本や貰った絵本を見せることもあったが，読み聞かせはほとんどしていない。
2. 使用した絵本	近隣の地区センターに付属する図書コーナーで借りた絵本を使用した。絵本の選択は子どもに任せたところ，大き目で厚く目立つ絵本を手に取ることが多かった（アンデルセン童話集やディズニーの絵本，ジブリなどのアニメ系絵本など）。
3. 読み聞かせスタイル	兄が学校に行っている間など，出来るだけ母親と二人になれる時間に行うようにしたので，時間などはバラバラになってしまった。読み聞かせのスタイルは，床に並んで座って行ったが，子どもは途中で飽きて床の上に寝転がったりしていた。
4. 絵本選択の変化	絵本の選択は子どもに任せ，母親は口を挟まなかった。読み聞かせを始めてから日が浅く，子どもは図書コーナーの同じエリアばかり探すので，いつも同じシリーズの絵本を借りていた。ディスプレイに問題もあり，最初は目立つ絵本ばかり手に取っていたが，文字が読めるので慣れてくると知っている言葉や動物の名前がタイトルに書かれている絵本を選ぶようになった。
5. 子どもの絵本の好み・変化	今回の調査期間では，年齢による発達的変化は見られないが，動物好きなことを反映して，絵本に動物が登場するものを好む傾向があった。その他はディズニー，ジブリなどのキャラクターものを選ぶ傾向がある。
6. 子どもの変化	最初は絵本に興味を示し，「一緒に借りに行こう」とせがまれることもあったが，調査期間の中盤以降は飽きてしまい，最後に借りた『アンデルセン童話集』はお話を一つしか読まずに返却した。しかし，昨年7月から今年の5月まで通っていた耳鼻科の待合時間には，待合室にある絵本を毎回たくさん読んでいた。'それしかない状況' だとけっこう読み聞かせも楽しいのかもしれない。
7. 親自身の変化	子どもが興味を持って聞いてくれるとやる気が出るが，せっかく読んであげても聞いていないようだと「無駄だなー」って思うことが多い。だけど，聞いていないようでも後で何かの時に持ち出すこともあり，いつ聞いていたのかと不思議に思うこともある。お兄ちゃんの真似ばかりして遊んでおり，「この子もやっぱり絵本には興味が無いから，読み聞かせはしなくてもいいか」と思ってしまう。今回も最初は子どもから「また絵本を借りに行こう」と誘われて嬉しく思ったが，絵本を買ってまではやろうと思わなかった。幼稚園で共同購入をしている絵本も届いてから1，2日しか見ようとしない。親が暇な時は誘ってものってこず，忙しい時に限って「読んで」と言うので，「タイ

		イミングがあわないなー」と感じることもあった。今後は良い絵本があれば読み聞かせを続けてもいいと思うが，自分が絵本を色々と知っていなければ，良い絵本をなかなか選べないと思う。
8.	読み聞かせへの期待	読んであげている時は，きちんと聞いてほしい。本嫌いにはなってほしくないが，読み聞かせに関しては今後も本人任せとなりそう。
9.	読み聞かせへの配慮	静かで集中出来る環境作りを心がけ，出来るだけ母子二人の時間を選ぶようにした。
10.	家庭での躾・教育	基本的な生活習慣がきちんと身につくこと。特に食事のマナーは一番気になる。兄が妹をうるさがって喧嘩になるが，怪我をしない程度であれば元気に一緒に遊ぶのが一番だと思う。習いごとなども子どもの自発性に任せているので，現在は二人とも何もやっていない。
11.	子どもとの関わりで感じること	二人とも「お母さん，お母さん」と言ってくれるが，あまりまとわりつかれると時々面倒になることもある。「今のうちだけ」と思い，かわいい時期だとわかっているが，朝の忙しい時などはイライラしてしまう。子どもは日々成長していて，兄の時には「いつ出来るか」と待って待って，「やっと出来た」という感じだったが，2番目（本児）になると，いつの間にか出来るようになっている。成長を発見すると嬉しく，気が付くと出来ていて驚くことも多い。また，妹は兄に比べると何でも一人でやりたがるので，基本的には見守るようにしている。

　以上のように，4歳を過ぎて読み聞かせを始めた本母子のケースは，0歳児や2歳児で始めた場合と異なり，4歳児の発達に適う子どもの主体性に任された活動ではあったが，母子の相互社会的活動としての展開が期待できない結果となった。この結果から，読み聞かせが親子の親密なコミュニケーション活動として定着するためには，楽しい時間となる経験の積み重ねが大切であり，まずは養育者が共同活動の枠組みを作って与えなくてはならないことが明らかになったといえる。

　また，ヴィゴツキー（1931 柴田訳 1970）が発達の法則として論じたように，思考や記憶などの精神内機能を発達させるためには，最初に大人との精神間活動による共有された経験を持つ必要があり，子どもが自ら適切な絵本を選ぶ場合にも，まずは養育者が良い絵本を選んで経験として与える必要がある

と考えられる。したがって，幼児期の読み聞かせは，子どもの発達や趣向に配慮することが必要であるが，相互活動としての読み聞かせは，子どもの年齢を問わずに，親子の一体感や楽しいやりとりから始まり，まずは養育者が読み聞かせに適った絵本を与え，楽しい時間となる経験を与える必要があるといえよう。

4) 結果と考察4：4歳児の事例　安定期の読み聞かせ（好きな絵本）

次に，同じ4歳児であるが，継続的に読み聞かせが行われてきた4歳3ヶ月第一子長男の事例を取りあげる。本児は，建築関係の仕事をしている父親と専業主婦の母親の家庭に生まれ，居住区内の中規模の幼稚園に通っていた。読み聞かせには父親が積極的に関わっており，本児の好みに合致する絵本を仕事帰りに買って来たり，絵本で見た工事用の機械などを一緒に見に出掛けたりすることもあった。

専業主婦の母親は，本児が1歳頃から読み聞かせを始めていたが，一人で絵本をめくって遊ぶばかりで聞こうとしない子どもの態度に，読み聞かせは向いていないと諦めていたという。しかし，父親が用意した絵本がきっかけとなって，本児は絵本を媒介して親とのやりとりを楽しむようになり，読み聞かせは中断されずに親子の日常的なコミュニケーションの一つとして楽しまれている。Table 5-13は，調査期間中の読み聞かせ状況である。

読み聞かせの時間帯は，夏休み中のため午前中や日中であったり，父親が帰宅してからの就寝前など，特に決められていない。日によっては，読み聞かせが日中と夜間の両方で行われていることもあり，読み聞かせの頻度もかなり頻繁であることから，家庭内の楽しい活動として定着している様子がわかる。

使用した絵本は，物語タイプから図鑑タイプまでさまざまであり，ディズニーやアンパンマンなどのキャラクター絵本なども柔軟に活用している。また，長めの物語や年長児向けの絵本が含まれている一方で，年少の子どもで

第5章 調査研究① 家庭での絵本の読み聞かせ活動と子どもの社会性の発達との関連について 241

も十分に楽しめる文字の少ない絵本なども含まれており,幼い頃から繰り返し愛用してきたと思われる絵本が複数使用されている。

五味太郎の『るるるるる』(1991)は,ひらがなの一文字で物語が進行していくシリーズの1冊であり[123],本書は飛行機が飛んだり落ちたりする様子

Table 5-13 開始時4歳3ヶ月男児への読み聞かせ状況

日付	開始時間／終了時間	絵本のタイトル	撮影
8月1日	20：45～20：50	るるるるる,ジャイアントジャムサンド	○
8月2日	10：00～10：05	うさぎのみみはどうしてながいの？,こしおれすずめ	
8月3日	9：20～ 9：30	アレルギー鼻炎のおはなし,ドキンちゃんとゴミラ	
	9：50～10：00	きたきたうずまき,バルボンさんのおうち,八方にらみねこ	
8月4日	10：10～10：25	どうながダックスフンド,しろくまくんおてがみです	
	20：40～21：00	るるるるる,ジャイアントジャムサンド,こぶたくん	
8月8日	20：40～20：45	あなたってほんとうにしあわせね	○
8月9日	19：40～20：00	るるるるる,ジャイアントジャムサンド	
8月18日	11：20～11：25	だっだぁー	
	16：25～16：50	るるるるる,三びきのこぶた,いいきもち	
	20：45～20：50	だっだぁー	
8月20日	9：40～10：00	こぐまちゃんとどろあそび,ぼうしぴょん,ちゅっちゅ,いちじくにんじん,かあさんねずみがおかゆをつくった,バルボンさんとさくらさん,うさこちゃんとゆうえんち,こぐまちゃんのうんてんしゅ	
8月25日	20：30～20：45	はらぺこあおむし,いきものいろいろ	
8月26日	21：30～21：40	はらぺこあおむし,いいきもち	
8月27日	19：30～19：35	三びきのこぶた	
8月28日	9：20～ 9：30	だっだぁー,るるるるる	
	21：10～21：25	ねむれるもりのびじょ,ジャックとまめのき	○
8月30日	13：00～13：10	ねむれるもりのびじょ	
8月31日	20：20～20：30	モンスターズ・インク	
9月4日	10：50～11：00	しょうぼうじどうしゃジプタ	
9月6日	14：50～15：00	バルボンさんのおでかけ,のりものいっぱい	
9月9日	20：15～20：20	のりものいっぱい	
9月10日	15：00～15：05	バルボンさんのおでかけ	
9月11日	21：30～21：40	からすのパンやさん,モーっていったのだあれ	
9月12日	21：00～21：10	からすのパンやさん,モーっていったのだあれ	
9月20日	21：40～21：45	バルボンさんのおでかけ,のりものいっぱい	
9月26日	20：35～20：45	ちょっとだけ,るるるるる	○

注：○印は撮影日（絵本のタイトルは記入者の表記どおり）

が，主に「る」というテキストで表現されている。したがって，子どもは，テキストによる複雑な話しの筋や因果関係を抜きにして，飛行機の絵と「る」という音だけで楽しめるが，読み手にとっては工夫が必要な絵本といえるだろう。この絵本は，調査期間中に6回使用され，第1回目のビデオ撮影と最終回の第4回目で読まれている。読み手はどちらも父親であり，2回とも父子が布団の上に並んで寝そべった状態で，就寝前に2冊の絵本が読まれていた。撮影4回目では本書は2冊目に読まれ，本児が期待を込めた様子で父親に「いいよ」と合図してから，読み聞かせが始まっている（TC b4-1）。

母親によれば，本児はこの絵本をとても気に入っており，2歳代から読み続けているとのことだった。父親は，本児の「いいよ」という掛け声にしたがって，中表紙のタイトルからゆっくり読み始め，「さあ，始まるよ」という雰囲気で子どもの顔を見ている。本児は目をこすっており，少し眠かったのかもしれないが，①の枠に見られるように，読み始めから10秒を経過した頃には笑い始め，布団の上で脚をバタバタさせて興奮している。

父親は，テキストの「る」を追加して読んだり，緩急をつけたりして，子どもの顔を見ながら絵本を読んでいる。この絵本は何度も読まれているためか，父親の読み方には余裕が感じられ，また読み手としても，父親自身が楽しんでいる様子が伝わって来る。

テキストが「れ」に変化した時には，②で見られるように本児は大きな声で笑い出しているが，数秒前から父親がおどけて読んだり，本児に顔を近づけたりして笑いを誘っており，父子は顔を見合わせて笑い，体を寄せあって楽しさを分かちあっている。③の場面は，いよいよクライマックスに入る前であるが，本児は既にその後に続く父親の演出を予測しているかのように，興奮した様子を見せている。父親は，本児の期待通りのアレンジを加えて，絵本を読み続けている。

本児は，④の場面で，次のページに描かれた落ちた飛行機の真似をして，「る」と言いながら逆さまになった飛行機を身体の動きをともなって表現し

第5章 調査研究① 家庭での絵本の読み聞かせ活動と子どもの社会性の発達との関連について 243

TC b4-1 （F：父親，C：子ども）

ストーリー	父言語反応	子言語反応	父動作反応	子動作反応
中表紙 るるるるる 五味太郎	0'00 表紙タイトルを読む 0'02「るるるる」	0'00「いいよ」	0'00 絵本を開く 0'02 中表紙のタイトルを読んでCの顔を見る 0'04 ページをめくる	0'00 頬杖を付いている。目をこする。 0'03 頷く（大丈夫の意味と思われる）
p.1 るるるるる	0'06「るるるる」		0'06 Cの顔を見ながらテキストを読む	0'06 頬杖をついて笑顔で絵本を見ている
p.2		①		
るるるるる	「るるるるる」 0'11「るるるるる〜」	0'11「ンッフフフ，ンフフ」 0'12「ンッフフフ ンハー」	0'10 Cの顔を見て読む 0'11 テキスト追加 0'12 笑顔になる 0'14 ページをめくる	0'11 声をたてて笑う 0'12 脚をバタバタしながら笑う
p.3 るるるるる	0'15「るるるる」	0'16「ンッフフフ」	0'16 Cの顔を見る	0'16 頬杖をついたまま笑う
p.4 るるるるる	0'18「るるるる」 0'19「るるるるる〜」	0'20「ンッフフフフフ〜」	0'17 ページをめくる 0'19 Cの顔をみながらテキスト追加して読む	0'20 笑顔で絵本を見ている
p.5 るるる	0'22「るる」		0'21 ページをめくる 0'23 Cの顔を見	
P.6 る	0'26「る」	0'24「ンフフ…ンフ」 0'27「ンッフフフフ」	0'25 ページをめくる 0'26 おどけてテキスト読んだ後Cを見ている	0'24 頬杖をついたまま笑う
p.7 るるるるるる	0'30「るるるるるる」 0'33「るるるるる		0'29 Cを見ながらページをめくる 0'31 ゆっくりテキストを読みながらCの方に顔を向ける 0'33 テキスト追	0'31 頬杖をついて絵本をみている

p.8 れ	る〜」 ②		加しながらページをめくる	
	0'34「れ」	0'36「ンッフフフフ		0'36 大きな声で笑う
p.9			0'37 笑顔でページめくる	0'37 Fを見て笑う
れれれれれ	0'38「れれれれ」	0'40ンフフフフ	0'38 Cの顔を見ながらテキストを読み,	
p.10 れれれれ　れれ れ る	0'41「れれれれれれれる」 ③		0'41 ページをめくって次のページと連続で読む	0'40 笑いながら絵本を見ている
		0'44ンッフフフフフ	0'43 Cの顔を見て「る」を強調 0'45 ページをめくる	0'44 脚をバタバタさせて大きな声で笑う
p.11 ぐ　るるる　るる る るるる　るるる るるるる　るる れ　るるる　るる るるるる　るれ るるる　るれ るるる　る	0'46「ぐるるるるるるるるるる…」	0'55-0'57ンッフフフフフ	0'46-0'57 Cの顔を見ながらテキストを追加して読む 0'55 読みながらおどけた表情でCの顔を見る 0'57 ページをめくる	0'55 声を立てて笑う
p.12 る（左19個, 右25個がランダムに散らばる）	このページはとばされる 0'58		ページをとばす	
				0'59 笑うのをやめて絵本を見ている
p.13 るるる　るるる るる　る　るるる るるるる	1'04「るるるるるるるるるる」 1'06「るるるるるるるるるる…」		1'02 ページをめくる 1'04 Cの顔を見ながらテキストを読む 1'06 テキストを追加して読み続ける 1'09 ページをめくる	1'04 頬杖をついて絵本を見ながら笑顔になる。
p.14 るるるる				

第5章　調査研究①　家庭での絵本の読み聞かせ活動と子どもの社会性の発達との関連について　　245

るるるる るるるる るるるる　るる る（さかさま） る（正位置）		④	1'11 ンッフフフ 1'12「る」	1'14 ページをめくる	1'12 発声と一緒に体で逆さまの「る」を表現
	1'15「る!」 1'17 おしまい	⑤	1'16 ダーン！ 1'18 ダーン！ 1'21 ンフフフ	1'16 絵本を閉じる 1'21 C を笑顔で見ている	1'18 横に寝転がる 1'21 笑う

ている。その後，父親は絵本を読み終え，本児は「ダーン！」という合いの手を入れて寝転がり，父親と顔を見あわせて笑いあっている。

　『るるるる』は，一見したところ単純な絵本であるが，読み聞かせ終えるまでのわずか1分20秒ほどの時間に，親子の情動的なコミュニケーションが繰り広げられていることがわかる。撮影第4回目では，父子が一緒に笑いながらテキストを読む場面もあり，父親が頭をグルグル振りながら読んで見せると，本児も真似たり，おでこをくっつけあったりしながら読むなど，同じ絵本であっても毎回異なった楽しいやりとりが展開している。

　撮影終了後のインタビューで，母親は「子どもが面白いと思える絵本と出会う機会を作ることが大切だと思うようになった。絵本は手にとって読んでみないと何も始まらないと実感している」と述べている。母親がいうように，絵本は大人から子どもに与えられ，初めに大人が手にとって読んであげることにより，潜在する面白さ，楽しさなどコミュニケーションを引き出す絵本の機能を発揮させることができると考えられる。このことは，先にあげた『るるるる』を用いた読み聞かせの事例からも明らかといえるだろう。

　また，本児の家庭には，幼稚園の共同購入や定期購入を利用した絵本が揃っており，母親は近隣の図書館なども利用しながら子どもの絵本への関心を広げる努力を続け，父親も絵本を自ら選んで購入するなど，両親揃って絵

本への関心が高い。こうした読書環境作りが，子どもの絵本への関心を引き出し，絵本を楽しいやりとりの道具として用いたり，絵本からことばや文字を学んだりしながら，人と関わる力を育む一つの要因となるのではないだろうか。

　発達初期からの読書環境作りが及ぼす影響は，ブックスタートの追跡研究（e.g. Moore & Wade, 2003) などによって，子どもの認知発達や親子の会話促進など多くの効果が検証されてきたが，本児の母親へのインタビューもそれらの結果を支持するものであった。以下，母親へのインタビューを Table 5-14 に示した。

　本児は4歳代前半であるが，読み聞かせ場面（TC b4-1）で示したように，日常的な読み聞かせは布団の上に親子で寝そべって行われ，日中に行われる場合でもソファーに体を寄せあって並びあうスタイルで行われていた。4歳女児のケースでは，身体接触のない向きあいのスタイルが取られていたが，本児は親とのスキンシップが保たれている。読み聞かせ中のスキンシップは，子どもの発達状態などによって必然的に行われることもあるが，身辺自立が可能な時期となっても，身体的にも情緒的にも共鳴や共感を伝えあうことに役立ち，親子の絆を深めるのではないだろうか。

　本児は文字を覚え，ことばを用いたコミュニケーションが可能な発達段階にあり，絵本で覚えた言い回しを親とのやりとりに使ったり，自分から工夫したりしながら絵本や親との関わりを積極的に楽しんでいる。また，本児は表現者としてだけではなく，読み聞かせをとおして聞き手としても発達的変化を見せており，聞く力がついたことを反映して長い物語を好むようになっている。

　本調査の撮影では，『るるるるる』以外は比較的ストーリー性のはっきりした絵本が使用され，本児は親とのやりとりを楽しむだけではなく，物語の世界を積極的に楽しもうとする意欲を見せている。初めて読んだ『ねむれるもりのびじょ』には，幼児用の短いテキストと児童用の長いテキストがある

Table 5-14　読み聞かせ場面撮影後のインタビュー基本調査　4歳男児

面接日時	2010年9月29日　9：15〜10：45
調査期間	2010年8月1日〜2010年9月29日（4歳3ヶ月〜4歳4ヶ月）
1. 開始年齢	1歳から始めた。
2. 使用した絵本	今年4月から定期購入している童話館から送られて来る絵本，誕生日のお祝いに知人や祖父母からプレゼントされた絵本，本好きの父親が本屋で購入したものなどを利用した。
3. 読み聞かせスタイル	就寝前に落ち着いた時間を過ごすために読むことが多い。お布団の上で寝転んで読む。日中はソファーに座って読み聞かせる。
4. 絵本選択の変化	2歳頃から子ども自身の好みが出てきたので，それに合わせた絵本を選ぶようにしている。赤ちゃんの頃は絵がきれいなど視覚的な感覚を重視していたが，1歳10ヶ月で言葉が出てから，父親が買ってきた絵のきれいなことば遊びの絵本がとても気に入っていた。仕掛け絵本は「引っ張ったらどうなる」に関心が強く，すぐに壊すので我が家では厳禁だった。入園後は幼稚園の共同購入を利用し，本人に選ばせたり，童話館の毎月届く絵本を利用したり，興味の幅を広げるように心がけている。
5. 子どもの絵本の好み・変化	言葉が出て，2歳頃から父親が買ってきた五味太郎の『くだものだもの』が気に入って何度も同じページ（「ぱぱいやのぱぱ，ぱんをやいた」）を読まされ，笑い転げていた。3歳頃からストーリー性のある絵本を好むようになり，4歳になってからは共同購入の『ずかんえほん』のシリーズやウルトラマンの図鑑にはまっている。図鑑系の絵本は，父親と読み合うことが多い。また，ストーリー性のある絵本は，より複雑で長いお話を好むようになった。
6. 子どもの変化	1歳で読み聞かせを始めた時には，一人で勝手にページをめくって遊ぶだけだった。1歳半頃になると，文字がほとんど無く，読み手が言葉を足しながら読む絵本が好きで，自分でセリフを覚えて言ったり，母親が付け加えるお話を真似て言おうとしたりしていた。言葉が1歳10ヶ月で出て，2歳頃に好きな絵本と出会ってから，絵本に対しても絵本を読んでくれる大人に対しても積極的に関わりを求め，「読んで」と言うようになった。また，ことば遊びの絵本で自分が指を差して大人に言わせることが好きだった。3歳で幼稚園の来年度入園児用にもらったストーリー性のある絵本が好きになり，覚えて言えるようになった。4歳の現在では文字を読めるようになり，お話の理解も進み，「もっと長いお話がいい」と複雑な絵本を喜ぶようになった。覚えた絵本の言い回しを使えるようになり，読んでもらうストーリーを楽しめるだけではなく，絵本をとおしたやりとりが出来たり，自分で工夫して楽しんだり出来るようになっている。
7. 親自身の変化	一人で見て遊んでも，読み聞かせをしようとすると興味を示さ

	ずちっとも聞いていない時期があり，うちの子には読み聞かせは必要ないと感じていた時もあった。2歳代で好きな絵本と出会ってからは，子どもも大人と関わりながら絵本を楽しむようになり，子どもが面白いと思える絵本と出会う機会を作ることが大切だと思うようになった。絵本は手にとって読んでみないと何も始まらないと実感している。
8. 読み聞かせへの期待	親子の絆を強めるものかなと思う。今後も是非継続していきたい。父親も本好きなので，絵本から本へと興味を広げて，本の好きな子になってほしい。
9. 読み聞かせへの配慮	子どもが読んでほしい絵本を選ぶようにしている。今は子どもが素敵な絵本に出会って豊かな経験をすることを手伝いたい。就寝前は静かでゆったりとした気持ちになれるようにしたいので，子どもが好きな絵本と触れ合ってリラックス出来るように配慮している。
10. 家庭での躾・教育	何でもやらせる，経験させる，泥んこも OK。自分がされて嫌なことは他の人にもしないように話している。強く，優しく育ってほしいと思う。
11. 子どもとの関わりで感じること	今朝，ちょうど自分で選んで購入した『ずかんえほん』が幼稚園に届いていた。「帰ったら読んでね！」と，一人でも見られるはずなのに自分から言ったことに驚き，絵本がコミュニケーションの道具として子どもに理解されていると感じた。子どもは日々成長していて，毎日は慌ただしく過ぎているが，振り返ると子育ては貴重な時間だと思う。大人の都合を押し付けてしまうこともあるが，子どもの自発性を優先して子ども中心の生活をしたいと思う。子どもは，休みの日に行きたいところは近所の公園だと言っている。いつもの公園で，家族で遊ぶことが一番の楽しみとなっている。水たまりに入って遊ぶなど，子どもの刺激に対する反応は面白いと感じている。

が，本児は，この絵本を読む時に，短い方を読もうとした母親に「長い方を読んで」とリクエストしていた（撮影第3回目）。『ねむれるもりのびじょ』の読み聞かせでは，『るるるるる』とは明らかに異なる様子が観察され，本児はほとんど自発的な発話をせずに黙って聞き入り，視線は物語の進行にそって文字を追っているようであった。

　このような反応は，田島他（2010）による発達モデルの第2段階ステップ5に一致し，本児は「文字を介した読書活動への展開の時期」(p.137, 本書 p.106, Table 3-1) を迎え，自己内での読み聞かせを養育者と共同しながら

行っていることを表しているといえるだろう。また，本児は，既に5歳以降の「言語リテラシー獲得の完成の時期」(田島他，2010，p.137)に差しかかっている様子も見せており，読み聞かせで蓄えられた知識や言語的操作能力が，社会的コミュニケーションに活用されていることが示されている(インタビュー項目「6.こどもの変化」「11.子どもとの関わりで感じること」など)。

母親はインタビューの際に，本児が幼稚園の先生からも「お話が上手」と褒められることを話していた。読み聞かせが，子どもの言語発達やコミュニケーション力を育むことは，これまでの多くの研究で示唆されてきた(e.g.岩崎他，2010：2011，黒川，2009)。本ケースでは，読み聞かせの効果を示唆する先行研究を支持する事例として，読み聞かせに慣れた4歳代の子どもの主体性を尊重した養育者の関わり方と，父親と母親が協力しあって，生活の中に絵本を読みあう楽しみを育んできた過程を観察とインタビューによって明らかにした。

5) 結果と考察5：3歳児の事例　安定期の読み聞かせ（難しい絵本への挑戦）

4歳代の男児の観察場面は，馴染みのある好きな絵本を読み聞かせた例を取りあげた。本事例では，1歳頃から継続的に読み聞かせが行われてきた3歳7ヶ月の女児に対して，新規の絵本を導入した場面を考察する。

本児は，医療関係に従事する両親の下に生まれた第一子一人っ子であった。読み聞かせは母親が主に行い，勤務に合わせて日中や就寝前などの時間に，夜勤の日を除いてほぼ毎日行われていた。また，母親が休みの日には1日に2回行われることもあり，読み聞かせは多忙な母親と本児をつなぐコミュニケーション活動として定着している。本調査期間中の読み聞かせと撮影状況をTable 5-15に示した。

読み聞かせに使用された絵本は，4歳女児の場合とは異なり，全て母親が選択したものとなっている。母親は，勤務形態が不規則なためもあり，図書館を利用するよりは書店で絵本を手に取ってみて，面白いと思うものを購入

Table 5-15　開始時 3 歳 7 ヶ月女児への読み聞かせ状況

日付	開始時間／終了時間	絵本のタイトル	撮影
6月19日	14：30～14：35	ずっとずっとだいすきだよ	○
	20：20～20：45	MIRACLE BIRTHDAY，うさこちゃんがっこうへいく	
6月20日	11：40～12：00	どろんこハリー，ずっとずっとだいすきだよ	
	21：00～21：10	ずっとずっとだいすきだよ	
6月21日	21：00～21：10	ずっとずっとだいすきだよ，どろんこハリー	
6月22日	21：00～21：10	まじょのおとしもの	
6月25日	10：25～10：30	たなばた	○
6月26日	11：10～11：30	すいぞくかんだいすき，いちごです，MIRACLE BIRTHDAY	
6月27日	21：00～21：10	ずっとずっとだいすきだよ	
7月3日	20：30～20：50	びじょとやじゅう（2回）	
7月5日	19：10～19：25	たなばた，ずっとずっとだいすきだよ	
7月6日	11：00～11：15	クリスマスだよブルーカンガルー，たなばた	○
	21：20～21：30	たなばた	
7月7日	21：20～21：25	たべたのだあれ	
7月8日	21：20～21：30	まいごのきたかぜ	
7月9日	21：00～21：15	としょかんライオン	
7月10日	13：15～13：25	モグとウサポン	
7月12日	20：35～20：45	バルバルさん	
7月13日	20：50～21：00	MIRACLE BIRTHDAY，うさこちゃんがっこうへいく	
7月14日	21：15～21：25	そらいろのたね	○
7月18日	20：40～20：50	ずっとずっとだいすきだよ	
7月20日	21：00～21：15	としょかんライオン	
7月21日	21：00～21：10	バルバルさん	
7月22日	20：40～20：50	こびとのくつや	
7月23日	20：30～20：45	としょかんライオン	
7月24日	14：45～14：55	まいごのきたかぜ	
7月25日	20：30～20：45	こびとのくつや	
7月28日	21：00～21：10	たなばた	○
7月30日	21：00～21：10	たなばた	
8月2日	未記入	まじょのおとしもの	
8月4日	未記入	としょかんライオン	
8月5日	18：30～18：40	MIRACLE BIRTHDAY	
	22：00～22：15	ねずみくんのクリスマス	○
8月6日	21：00～21：30	としょかんライオン	
8月7日	21：00～21：15	としょかんライオン	
8月9日	10：10～10：15	シンデレラ	
	20：40～20：50	ねずみくんのチョッキ	

8月10日	10:30〜10:55	こびとのくつや，まいごのきたかぜ
	21:00〜21:10	スイミー
8月11日	20:50〜21:00	としょかんライオン
8月14日	20:40〜20:50	としょかんライオン

注：○印は撮影日（絵本のタイトルは記入者の表記どおり）

していた。本児自身の絵本への好みはまだわからないが，本児は母親が選ぶ絵本に満足し，読み聞かせを楽しみにしているとのことだった。

　母親は，本調査への協力に際して筆者が提示した絵本の中から『たなばた』（君島久子 再話，初山滋 画，1963）を新規に読む絵本として選んだ。この絵本は，「こどものとも傑作集」の1冊であり[124]，中国の七夕説話をもとに再話され，童画画家初山滋（1897-1973）による幻想的なイラストが描かれている。七夕物語は，日本では一般的に男女の悲恋を描いたものとして知られるが，この絵本ではうしかいとおりひめの別離に加え，子どもたちが母親（おりひめ）との再会を願ってあまのがわの水を汲み出す姿が印象的な親子の物語を描いている。

　母親が普段選んでいる絵本は，グリム童話の『こびとのくつや』とグリムやペローによる再話で知られる『シンデレラ』のほかは，現代的な創作絵本である。したがって，『たなばた』は，本児にとっては馴染みの薄いタイプの絵本であったと考えられるが，調査時期がちょうど七夕の季節と重なったため，母親は敢えてこの絵本を選択したのだろう。以下に初めてこの絵本を読んだ撮影第2回目と，3回目の読み聞かせとなった撮影第3回目のトランスクリプトを示して比較する。（M：母親，C：子ども）

　『たなばた』が，初めて読み聞かせに使用された第2回目の撮影では，本児は新しい絵本を見て「読んでよー，読んでよー」と嬉しそうな様子を見せている（TC 3-1）。母親が述べたように，本児は幼い時から母親の選ぶ絵本を楽しんできた経験から，提示された絵本を素直に受け入れており，母親の絵本選びに信頼を置いているのだろう。

TC 3-1

絵本のテキスト	撮影第2回目	撮影第3回目
〈撮影前の様子〉	C:「読んでよー，読んでよー」 M:表紙を見せ，題名を指差す。 C:「たー，なー，ばー，た」 M:「そう，たなばた。」 C:「たなばたって何？」 M:何だろうねー。これ，読んだらわかる。 C:「お願いすることだよ！」 M:(笑)ね，お願いすることか…。」	＊1冊目からの導入 M:「じゃ，読みますか」 C:「うん。フ〜」 嬉しそうな顔をする。 M:表紙を指差す。 C:「た，な，ば，た」 M:絵本を開く。 C:「たなばたってお願いすることだよね？」 M:「そうだねー」 C:「サンタさんにお願いしますとか，ね？」 顔の前で手を合わせる。 M:「え？それ，サンタさんでしょ？」 C:「キャハッ！」 M&C:顔を見あわせて笑う。

　本児は，生後1歳から保育所に通っていたため，「たなばた」は保育所で何らかのイベントとして経験されていたと思われる。しかし，「たなばた」という概念はまだ形成されておらず，経験から笹飾りを飾って星に願い事をかけることを，サンタクロースにプレゼントをお願いすることに結び付けていることが，第3回目の撮影時の発言からわかる（TC 3-1）。

　第3回目の撮影時は，2冊の絵本が読まれており，1冊目はクリスマスをテーマとした絵本（『クリスマスよ，ブルーカンガルー！』エマ・チチェスター・クラーク，2004 まつかわまゆみ訳 2007）を読んでいた。この絵本の中で，本児はクリスマスの飾り付け場面と，祖母の誕生日のお祝いの時に部屋を飾った思い出を結び付けたり，初めてのクリスマスを迎えるブルーカンガルーのために降った雪に言及したり，本児なりの理解を活発に語っていた。

　『たなばた』が読まれたのは，この時が3回目であるが，本児にとっての

「たなばた」は，願い事を書いた短冊を飾ることや，サンタクロースにプレゼントをお願いすることに関連するイメージとして読みとられている。したがって，物語の筋を理解することは難しい絵本であったと考えられるが，本児は自らの経験から想像を広げながら，この絵本に積極的な関心を見せている。

　本児は，見開き最初の画面で「天女」ということばに反応し，母親に質問をしている（TC 3-2）。絵本は，難しいことばや概念を絵によって補うことが多いが，白い紙面には型紙を用いて描かれた複数の人が描かれており，それらは男女の区別が曖昧で，柔らかな色彩が曖昧さを一層引き立てている。

　母親は，「天女」を知らないわけではないだろうが，本児にわかりやすく説明するために絵を利用することができず，苦心の末に絵本の中の一人を指差しながら「女の子のお姫様」と伝えている。本児は，この説明に納得したと思われ，第3回目の撮影を含めほかの撮影場面（第5回目）では同じ質問をしていない。

　昔話や伝説などは，口承文学として古くから伝えられてきたものであり，松岡（1985，2015）が指摘するように，絵本として視覚化する際には問題が生じやすいことで知られる。本作品のテキストは，昔話の簡潔な語りの口調

TC 3-2

絵本のテキスト	撮影第2回目	撮影第3回目
p.1 むかし，あまのがわの ひがしに，しちにんの てんにょが おりました。みんな はたおりが じょうずで，うつくしい くもを おっていました。なかでも すえむすめの おりひめは，いちばん じょうずでした。	M：テキストを読む。 C：「天女って何？」 M：「天女ってー，女のー，んー」 C：「んー」 M：「天女って何だろうね」 M：「女の子の神様かな？」 C：「わかんない」 M：「わかったー，天女って女の子のお姫様だ」 絵本をCに見せて言う。	M：テキストを読む。 C：腹這いの姿勢で絵本を見る。

に合致し，初山の絵はステレオタイプなおりひめやうしかいをイメージさせることなく，白い紙面には空間が広くとられ，想像力を自由に発揮させる余地が残されている。

しかし，『たなばた』は，3歳代の本児の生活経験とはかけ離れた夫婦や親子の別離と再会をテーマとしているため，想像を駆使しても物語の本来の筋を理解するのは難しかったといえるだろう。一方で，佐々木（1992）が述べているように，絵本は子どもが独立した読者として自由に読みとったり，親子で物語を作りあげたりしていく過程が重要であり，必ずしも作品が意図するところの物語世界を正しく理解することが大切なわけではない。

本児の場合は，未知のことばや場面と場面を関係付けるための質問を手掛かりとして，母親という援助者を介して難しい作品の読みとりに挑んでいる。

見開き2ページ目は，左画面に大きな黒い牛が描かれ，うしかいは右画面の端に体半分だけが小さく描かれている。黒い水牛のような牛は，おそらく本児が思い浮かべるであろう白と黒の斑模様の牛とは異なり，大きく前傾した鋭い角や白目がちの目は，少し怖そうなイメージである。第2回目の撮影では，本児は，母親の説明によって牛を理解した後，次は「年をとったおじいさんの牛と一緒に暮らしていた」うしかいについて質問し，絵本の登場者を把握しようとしている（TC 3-3）。

一方，第3回目の撮影では，登場者ではなく，物語の因果関係に触れる質問へと変わり，「（着物を）何で隠すの？」と聞くようになっている（TC 3-3）。母親は，この質問に対しては説明をしていないが，この後の物語の展開で描かれているため，本児が考えながら聞くことを期待して，敢えてあっさりとかわしたのではないだろうか。

見開き4ページ目（TC 3-4）は，本児にとって認知的ギャップが大きい場面であったと考えられる。この場面は，左側に薄いピンク色のリボンのように見える着物を持ったうしかい，右側に川の中から裸体の半身をのぞかせているおりひめが描かれている（図5-2）。撮影第2回目の冒頭で，母親は天女

第 5 章　調査研究① 家庭での絵本の読み聞かせ活動と子どもの社会性の発達との関連について　255

を「女の子のお姫様」と説明しており，その後，天女らしき複数の人物像をお姫様と理解していた本児にとって，そのうち一人の天女が「おりひめ」であることや，「お姫様」が裸であることは，3 歳なりに知っていたお姫様のイメージ（例えばかぐや姫やオーロラ姫など）とは随分と異なっていたようである。

本児は，母親が指を差して教えた右側の人物ではなく，左画面のうしかい

TC 3-3

絵本のテキスト	撮影第 2 回目	撮影第 3 回目
p.2 あまのがわの　にしがわは，にんげんの　せかいでした。そこに，ひとりの　うしかいが，としとったうしとくらしていました。あるひのこと，とつぜん，うしがものをいいました。「いま，てんにょたちが　あまのがわへ　みずあびにきます。そのなかの　おりひめのきものを　かくしてしまいなさい」	M：テキストを読む。 C：「これ，何？」 牛を指差して聞く。 M：「これ，牛さん」 C：「どれ？」 M：「年をとったおじいさんの牛と一緒に暮らしていたんだって。 C：「どれー？」 M：「描いてあるね」 うしかいの絵を指差す。	M：テキストを読む。 C：「何で隠すの？」 M：「何でだろうね」

図 5-2　うしかいとおりひめ
『たなばた』より 君島久子再話 初山滋画（福音館書店 刊）

を指差しておりひめについて再確認をしているが，うしかいの髪が長いことや，リボンのような布（おりひめの着物）をヒラヒラさせている様子は，女性的に見えなくもない。本児は，自分が指を差した人物を「うしかい」と説明され，困惑したようにこめかみに指をあてていた。また，撮影3回目では，うしかいの持っている布が着物に見えないために，着物について言及している。母親が，撮影第2回目で説明したように，着物は隠されてしまったことは「ふーん」と想像できたようだが，3ページ目で説明されていた「はねのようなきもの」が，4ページ目でうしかいの持っているリボンのように描かれた着物であることは，想像の域を超えていたのだろう（図5-2，TC 3-4）。

着物は，薄くぼかした布で表現されており，母親も前後のページを確認してから，本児にわかりやすい着物の絵が無かったため，指先で着物の輪郭を

TC 3-4

絵本のテキスト	撮影第2回目	撮影第3回目
p.3 はねのような きものをぬぐと，かわに（省略）おりひめの きものを とって，かくしてしまいました。 p.4 てんにょたちは びっくりして，いそいで きものを きると，みんな とりになって とびさりました。けれども おりひめだけは きものが ないので，とべませんでした。「どうか わたしの つまに なって ください。そうすれば，この きものを おかえしします」と，うしかいが たのみました。おりひめは とうとう，うしかいの つまに なりました。	M：テキストを読む C：「きもの？」 M：「隠しちゃった」 C：「どこに？」 M：「え，見えないところに隠しちゃった」 M：テキストを読む。 C：「おりひめってどれ？」 M：「これだよ」 C：「これ？」 M：「これはうしかい」 C：「うしかい？」<u>右手をこめかみに当てる。</u> M：「牛を飼っている男の人」	M：テキストを読む C：「ふーん」 M：テキストを読む。 C：「どこ？」 M：「これー，着物」 C：<u>「ここに描いてあんの？」</u> M：「これ着物だよ」

第5章 調査研究① 家庭での絵本の読み聞かせ活動と子どもの社会性の発達との関連について 257

なぞりながら教えている。曖昧な絵が，幼い本児に既知の知識や生活経験とのギャップを生じさせたが，こうした認知的なギャップが作品への関心を高めることに役立ち，母子の対話活動を促進している。

　見開き5ページ目は，左側上部におりひめと天の使いが小さく描かれ，右側には木に登っておりひめの方に手を伸ばす子どもと，子どもを背負いおりひめの方を見ているうしかいの親子が描かれている。ストーリーは展開が早く，夫婦になったうしかいとおりひめに男女一人ずつ子どもが生まれ，幸せに暮らしていたところに別れが突然訪れる。

TC 3-5

絵本のテキスト	撮影第2回目	撮影第3回目
p.5 （省略） けれども，そのことが　てんの　おうぼさま（西王母：中国神話の女性神）に　しられてしまいました。おうぼさまは　おこって，おりひめを　つれもどすために，てんの　つかいを　だしました。おりひめは，うしかいや　こどもたちと，なきなき　わかれをつげ，てんの　つかいに　つれられて　てんへ　かえっていきました。	M：テキストを読む。 C：絵本から視線がそれ，下を向いている。 C：絵本に視線を戻す。 M：「ってよ。」 C：「え？」 M：「ん，おりひめとー，うしかいが結婚して，子どもが生まれて楽しく暮らしていたのに，王母様が怒っておりひめさんを連れて帰っちゃったんだって。離ればなれになっちゃってね…。」	M：テキストを読む。 C：「誰？」 M：「王母様？王母様は神様だよ」 C：「何で，それがさー。この人のさ，帰っていくの？」 M：「ね，帰っちゃった。いなくなっちゃった」 C：「だって，着物きてる」 M：「着物きてるけどー。もうね，天の使いに連れ去られて，天に帰っちゃったんだって。これ行かない

| | C:「どれ？」
M:「離れ離れになっちゃった」
C:「どれ？」
M:「おりひめとー，うしかい」
C:「どれ？」
M:「これは子ども。おりひめの子どもでしょ。」
C:「これは？」
M:「これはうしかいのお父さん。
C:絵本を見て考え中
M:「連れて帰っちゃったの，これ。ねー，待ってーって言ってるの。かわいそうだね。離れ離れになっちゃったね。 | でって言ってるの」
うしかいの子どもを指差して説明する。
C:「うん。何でー，誰？」
M:「ん？おりひめの子ども」
テキストを読む。
C:「これが○○○，もっとさー，何で…」
子どものイラストを指先でなぞりながら言う。
頬を膨らませて絵本を見ている。
M:Cの顔を見る |

　TC 3-5 の撮影第 2 回目では，本児は絵本から視線を逸らしているが，おそらく子どもの登場者が増えたことなど人物関係を頭の中で整理していたと思われる。母親は本児の視線が絵本を見ていなかったことに気付いており，このページを読み終えた後，ストーリーを説明している。本児はテキストと絵を一致させるための質問を絵に指を差しながら繰り返し，母親も一つずつ指を差して説明を繰り返している。本児は絵本をじっとみつめ，時々頷きながら人物の動きを中心に物語の流れをイメージしていたと思われる。

　撮影第 3 回目の質問は，「何で」「だって」という物語の因果関係に変わり，理由をあげて自分なりの意見を主張している。この時，本児は母親の肩につかまって半立ちになり，絵本を上からしっかり見てから，母親の横に座り直して質問をしている。本児が発した「だって，着物きてる」は，「だって，さっき着物を返してもらったくせに帰るのはずるい」か，前のページでうしかいが着物をおりひめに返したことをテキストがはっきり言及していないことから「着物はうしかいが隠しているはずだから」と考えていたかであろう。

母親はテキストに書かれている通りの説明をしたが，本児はなぜおりひめが子どもと別れて天に帰ってしまうのか納得がいかないらしく，子どものイラストを指でなぞりながら，頬を膨らませて膨れっ面のような表情を見せている。しかし，こうした認知的ギャップは，子どもの思考活動を活性させることに役立ち，「読めばわかるんじゃないかと考えて，繰り返し読んでたんだと思う」（佐々木，1992，p.145）とアヤさんが語ったように，絵本への積極的な関わりを促すといえる。本児の場合は，何度か"読んで貰えば"わかるかもしれないと期待したのだろうか，読み聞かせが終わった後，もう1回読むことを母親にリクエストしていた。

TC 3-6

絵本のテキスト	撮影第2回目	撮影第3回目
p.8 （省略） 「なくのは およし。わたしが しんだら，かわを はいで，きものを つくりなさい。それを きれば，てんまで のぼっていけます」 いいおわると，うしは，ばったり たおれて しんでしまいました。	M：テキストを読む。 C：「牛がどうしたの？」 M：読み進める。 C：「牛，どうしたの？」 M：「死んじゃった」 C：「何で？」 M：「死んだら皮を剥いで，着物を作りなさいって。それを着れば，天まで昇っていけます，なんだって」 C：ソファーの横に畳んである新聞をいじっている。	M：テキストを読む。 C：「牛，牛」 牛の絵を指差して言う。 C：「何でさ，牛さー，死んで天まで…」（咳） M：咳に対応。ティッシュを渡す。 M：テキストを読む。 M：「よかったね，ほら」 うしかいと子どもを指差す。 C：「何で牛さん，死んじゃったの？」 M：読み進める。 C：「何で牛，死んじゃったの？」
p.9 うしかいは いわれたとおりに，うしのかわを きて，また こどもを かごにいれて かつぎました。かたほうが すこし かるいので，そばにあった ひしゃくを かるいほうに いれ		

ました。そして，そらたかく のぼっていきました。		M：「牛さんが死んじゃったら，これを着ればお空に昇っていけますよって，牛が教えてくれたの。」 C：「どれー？」 M：「うしかいさんが，おりひめに会うために牛さんが死んじゃったの， C：「ふーん」 ソファーに寝そべって足をバタバタさせながら言う。

　本児は，撮影2回目，3回目ともうしかい親子にとって援助者である牛の献身という物語の筋として重要な意味は理解していないが，2ページ目では登場者としての「牛」そのものを理解するところから始まり，TC 3-6の場面では牛の言動の意味やその死について考えるに至っている。母親は，テキストに書かれていること以外の説明は加えず，子どもなりに感じたり理解したりすることを促す応じ方に徹している。

　この絵本が最初に読まれた撮影第2回目では，本児は難しい内容に集中力が途切れ，手元にあった新聞紙で遊び始めていたが，撮影3回目では，同じ質問を母親に繰り返し問いながら理解しようとしている。

　見開き10ページ目は，横長の画面一面に蛇行した天の川が流れるイメージに，柵のように並んだ無数の星が描かれている（図5-3）。第2回目の撮影では，母親は，難しい物語に飽き始めた本児に対して，具体的な注意を行わずに「はっ！」という驚きの声と，テキストには書かれていない「あー，天の川だ！」ということばを挿入して，子どもの注意を引き戻している。本児は，母親のことばによって注意を絵本に戻し，画面いっぱいの星を指でなぞりながら「エー」という声を発し，情動が喚起されている様子を見せている。母親は，ページの隅に描かれた最後の星に辿りつくまで本児と一緒にリズミカルに歌い，母子の情動的な相互活動の場面となっている（TC 3-7）。

　この後，物語はいよいよクライマックスを迎え，親子が再会を果たして終

第5章 調査研究① 家庭での絵本の読み聞かせ活動と子どもの社会性の発達との関連について　　261

TC 3-7

絵本のテキスト	撮影第2回目	撮影第3回目
p.10 てんには　ほしたちが，き らめいて　いました。その ほしの　あいだを　ぬって， どこまでも　すすみました。 とうとう　あまのがわの そばに　きました。(省略)	C：新聞で遊んでいる。 M：「はっ！」 掛け声をかけて注意喚起 M：「あー，天の川だ！」 Cの手から新聞を取ってテ キストを読み始める。 C：ちゃん，ちゃん，ちゃ ん，○○○〜，エ〜，エ〜， エ〜，(エー，エーと言い ながら絵本の上に体を乗り 出して指で星の絵をなぞ る) M：「エー，エー」 Cと一緒に言う。 C：「エー，エー」 M：「着いた？」	M：テキストを読む C：集中して聞いている。

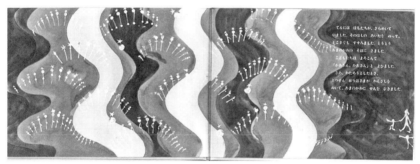

図5-3　あまのがわ
『たなばた』より　君島久子再話　初山滋画（福音館書店 刊）

わるが，本児は「これ誰？」といった人物の同定や，天の川の水を汲み出す
子どもの絵を見て「女の子，疲れたの？」など内容とは離れた質問をするの
みであった。母親が，読み終えた後に「この本，難しかった？」と訊ねると，
本児は「ううん（否定）。読む」と言って絵本を手に取り，母親と一緒に一

文字ずつ文字を追いながら最初から読み始め，絵本への強い関心を見せている。

　第3回目の撮影時は，明らかに情動的な言動は見られなかったが，本児は黙って絵本を見つめて母親の読む物語を聞いており，前のページで「ふーん」と頷いた後，自分なりの物語の理解に没頭していたと考えられる。母親は，この後4分ほどかけて最後まで読み終えている。読み聞かせは約7分30秒程度であり，本児が黙って聞くことが増えたことを反映して，第2回目よりも2分ほど短縮している。しかし，読み終えた後，本児は即座に「もう1回！」と笑顔で母親にリクエストし，母親が「え？　もういいんじゃない？　お出掛けしようか？」とかわすが，首を横に振っている。読み聞かせ状況の記録では，この日の夜にもう一度『たなばた』が読まれており，本児もまた「読めばきっとわかる」と難しい物語に果敢に挑んでいたのではないだろうか。

　このような本児の意欲が，読み手としての母親の関わりによって維持されていることは明らかだろう。絵本は，時に子どもの既知の経験や知識だけで楽しめる現在の発達水準を超えた内容を含むことがあるが，『たなばた』の読み聞かせでは，認知的なギャップが母親との対話的コミュニケーションを促進し，子どもの思考活動を活発にする様子が示唆された。

　一方，読み聞かせへの意欲は子どもばかりではなく，母親もまた子どもと絵本を読みあう日々をとおして「(子どもが）本が好きで子どもから『読んで』と言われるようになり，読み聞かせをしている自分も面白く感じられるようになった。小さい頃から継続してきて，子どもの想像力の広がりや文字に対する変化がみられ，読み聞かせのメリットも感じられる」(Table 5-16, 7.「親自身の変化」）と実感されている。

　読み聞かせは，親が子どもと一緒にお互いの成長や変化を感じあいながら，時間をかけて日々の営みとして築かれ，発展していく活動であり，子どもに「読んで」と言われるために，幼い頃には大人による絵本選びや子どもの読

みとりを助ける関わりが必要といえよう。Table 5-16 に，母親とのインタビューの全容を示した。

Table 5-16　読み聞かせ場面撮影後のインタビュー基本調査　3歳女児

面接日時	2010年8月20日　12：30〜14：00
調査期間	2010年6月19日〜2010年8月20日（3歳7ヶ月〜3歳9ヶ月）
1. 開始年齢	満1歳を迎える頃から週2〜4回くらいの割合で継続している。
2. 使用した絵本	母親自身が手にとってみて面白いと思う絵本を本屋さんで探すようにしている。ゲームブックなどは貰った際に使用するが，自分では買わない。また，『アンパンマン』シリーズの絵本は，子どもが欲しがるが買っても後では見たがらないので，基本的にキャラクターものは買わないようにしている。現在は，母親が絵本の選択権を持っているが，子どもも今はそれでいいと思っているようだ。
3. 読み聞かせスタイル	就寝前が多いが，母親が在宅している時には日中にすることもある。就寝前は布団の中で寝ながら読み聞かせ，日中はソファーに並んで座って読む。
4. 絵本選択の変化	1歳頃は『いないいないばあ』などの赤ちゃん絵本で始め，簡単な仕掛けや「動き」のわかる程度の絵本を利用していた。3歳くらいになって，長いお話がわかるようになり，ストーリー性のある絵本を選ぶようになった。
5. 子どもの絵本の好み・変化	現在は母親が絵本を選択しているため，子ども自身の自発的な好みはわからないが，ストーリー性のある絵本を喜ぶようになっている。保育園の年長児の影響で，子ども自身はキャラクターものに魅かれているようであるが，母親としてはそのような類いは避けている。
6. 子どもの変化	文字が読めるようになり，最近になってブルーナの絵本『うさこちゃん』シリーズを一人で読むようになった。母親も自分と同じように本を好きなことを理解し，新聞を読んでいる時に黙って待てるようになった。
7. 親自身の変化	一人で読めるようになったり，絵本のセリフを覚えて先読みしたり，本が好きで子どもから「読んで」と言われるようになり，読み聞かせをしている自分も面白く感じられるようになった。小さい頃から継続してきて，子どもの想像力の広がりや文字に対する変化が見られ，読み聞かせのメリットも感じられるようになり，より一層積極的にやりたいと思うようになった。
8. 読み聞かせへの期待	想像力の発達や知的好奇心の発達に期待している。絵本から本や新聞などにも興味の幅を広げ，本好きの子になってほしいと思う。
9. 読み聞かせへの配慮	特に拘りはないが，音には気を付け，集中できる環境を作るようにしている。

10.	家庭での躾・教育	公共のマナーをわきまえ，周りに迷惑をかけないことなど，生活にルールを守ることを大切にしている。特に厳しく躾ているわけではないが，お礼を言わない，わがままを言う，眠い時にぐずって言うことを聞かない時などは叱るようにしている。
11.	子どもとの関わりで感じること	年齢とともに確実に出来ることが増え，日常生活での成長と変化が感じられることは嬉しい。絵本の内容も自分で難しいと判断出来るようになっている。保育園が少人数のため，他の年齢の子どもと一緒に過ごすことが多いこともあり，大人にベッタリではなく，子ども慣れしているようである。兄弟姉妹はいないが，赤ちゃんを見ると「かわいい」と言ったり，触ったり，時々意地悪をしてみたり，子ども同士のコミュニケーションも活発にしていると感じる。

　3歳代の事例は，男児のケースも安定した読み聞かせが行われていた。Table 5-17 に調査期間中の読み聞かせ状況と撮影日の記録を示す。

　男児は，共働き家庭の第一子長男，一人っ子である。父親は技術系の仕事に従事し，不規則な勤務形態で働いているが，読み聞かせには積極的に関わっており，帰宅後に本児と絵本を読むことを楽しみにしていた。撮影では，6月30日の第3回目を除き，父親が読み聞かせを行っている。

　母親は，事務系正社員としてフルタイムで働き，父親と同様に読み聞かせや絵本に関心が深いが，図書館で絵本を探す時間はないとのことだった。家庭で読む絵本は，定期購入の「こどもちゃれんじ」も含めて全て購入したり，母方の祖母からのプレゼントを利用したりするが，最初に読む絵本は本児に選ばせている。

　撮影場面では，本児も父親の脚の間に座ったり，母親と体を寄せあって座ったりして読みあうスタイルをとっており，身体的な接触が保たれていた。また，本児は4歳男児と同じように，初めて読む絵本ではほとんど発話をせず，父親が場面転換の難しいところでは，付加的な説明を加えたり，注意を促すことばをかけたりしていた。一方で，母親が読んだ『おおかみと七ひきのこやぎ』は，本児のお気に入りの絵本であり，読み聞かせ中に「開けちゃダメ，おおかみだから！」と叫んだり，知っていることを積極的に話したり

第5章　調査研究①　家庭での絵本の読み聞かせ活動と子どもの社会性の発達との関連について　265

Table 5-17　開始時3歳5ヶ月男児への読み聞かせ状況

日付	開始時間／終了時間	絵本のタイトル	撮影
6月15日	15：30～16：05	こどもちゃれんじ6月号	
6月18日	16：00～17：00	こどもちゃれんじちゃれんじ数冊	
	22：00～22：20	犬の目（落語絵本）	
6月22日	22：35～22：50	トムのれっしゃでポッポー，こどもちゃれんじ，ミッキーのおかいもの	○
6月23日	13：30～13：45	こどもちゃれんじ	
6月25日	22：00～22：20	こどもちゃれんじ	
	22：35～22：50	かじだしゅつどう，こおりのくにのシェイディ，こどもちゃれんじ	○
6月29日	17：35～18：00	こどもちゃれんじ	
6月30日	22：05～22：20	おだんごぱん，おおかみと七ひきのこやぎ，こどもちゃれんじ	○
7月6日	14：50～15：10	こどもちゃれんじ	
7月9日	22：00～22：20	ちゃいろのくまのココとクロクマのクク，ウルトラマンVSゴジラ	
7月13日	15：30～15：50	スウィーティーのあたらしいふく，かじだしゅつどう	
7月14日	13：30～13：45	はらぺこあおむし，きょうのおべんとうなんだろうな	
7月15日	16：30～16：50	こどもちゃれんじ，くろねこかあさん	
7月21日	11：00～11：20	ひょうくんとおさかな，どうぶつのこどもたち，こどもちゃれんじ	
7月26日	13：30～13：50	こどもちゃれんじ，おひさまぽかぽか，かじだしゅつどう	
7月30日	14：00～14：20	こどもちゃれんじ，おだんごぱん	
8月10日	22：00～22：15	かじだしゅつどう，こどもちゃれんじ	
8月17日	9：40～10：00	かさかしてあげる，きょうのおべんとうなんだろうな	○
8月18日	10：00～10：20	こんにちは，なみだがぽろんのピンキーブウ，くろねこかあさん	
8月24日	22：00～22：15	おかあさんとあかちゃん，こおりのくにのシェイディ	
8月31日	20：20～20：40	こどもちゃれんじ，スウィーティーのあたらしいふく	
9月3日	14：00～14：15	かさかしてあげる，ウルトラ大百科	
9月7日	22：10～22：25	おだんごぱん，トムのれっしゃでポッポー，あいさつ	○

注：○印は撮影日（絵本のタイトルは記入者の表記どおり）

している（撮影第3回目）。母親は，本児の反応を受容的に受け止め，一緒に笑ったり会話に参加したりしながら読み，楽しさを共有している。

　母親によると，本児は3歳になってから最後まで飽きずに聞くことができるようになり，読み聞かせでは，ことばの理解に合わせた内容の絵本やストーリー性のある絵本を使用するようになっている。しかし，4歳男児が『るるるるる』を2歳頃からずっと楽しんでいるように，本児も1，2歳向けの絵本として1歳の時から所有している『よみかたりえほん』（「こども

ちゃれんじ」2008年5月号）を変わらずに好んでいる。絵本は，必ずしも内容の難易度や対象年齢，発達年齢を基準にする必要はなく，身近な大人が工夫したり子どもに合ったやりとりをしたりすることで，長く楽しめるものであることがわかる。

　本児のケースでは，具体的なトランスクリプトの提示は省略するが，撮影全回終了後の母親へのインタビューを Table 5-18 に示した。

　3歳男児の母親は，親自身の変化として絵本の選択に対するモチベーションの向上を述べている。子どもが，ことばをコミュニケーションの主な道具として用いる前は，絵本は身体的表現をともなって伝えあうための手段となるが，ことばを話すようになると，大人と意味を共有する対象として，内容やストーリーが重視されるようである（4.「絵本選択の変化」，11.「子どもとの関わりで感じること」）。

　養育者はこの段階に達すると，子どもに与える絵本の選択肢が広がり，「親自身の変化」で述べられたように，母親自身の絵本への興味が高まると同時に「自分で読んで面白いと思える絵本を中味を見て選べる」ようになり，他人任せではない選択の基準を持てるようになる。また，子どもの反応や変化を感じて，読み聞かせを一層楽しめるようになることは，2歳男児や3歳女児の母親のインタビューでも述べられたとおりである。このように，絵本は読み聞かせの単なる手段や道具であるだけではなく，養育者の意欲に影響し，読み聞かせ活動の維持や発展に重要な要素であるといえるだろう。

　3歳代は，田島他（2010）の読み聞かせの活動の発達段階では，「脱文脈的ことばの獲得と『素語り』活動への展開の時期」（p.137）を迎え，個人的な活動が重視されるようになる。本児は，両親と絵本を読みあう中で，自己を登場者に投影したり，物語に入り込んでヤギたちに注意を与えたりする様子が観察されており（撮影第3回目6月30日），ことばを用いた自己表現やコミュニケーションのための基盤を作る過程にあるといえる。

　3歳女児は，母親がインタビューでも述べているが（Table 5-16，7.「親自

Table 5-18　読み聞かせ場面撮影後のインタビュー基本調査　3歳男児

面接日時		2010年9月8日　10：00～10：50
調査期間		2010年6月15日～2010年9月8日（3歳5ヶ月～3歳8ヶ月）
1.	開始年齢	1歳ぐらいの初語（1語文）が出た頃から始めた。
2.	使用した絵本	母方の祖母が購入してプレゼントしてくれた絵本，母親自身が好む『ぐりとぐら』シリーズや『はらぺこあおむし』などの古典的な人気絵本，保育園のお奨め教材（生活課題，絵本，付録の3点セットになっている「こどもちゃれんじ」）など。
3.	読み聞かせスタイル	休みの日や就寝前に行い，母親または父親が床に座って膝の上に子どもを座らせる。読み聞かせは父親がかなり積極的にやってくれる。
4.	絵本選択の変化	1歳頃は「触る」など感覚刺激のある絵本を選んでいたが，今はお話の内容，ストーリー性を重視するようになった。
5.	子どもの絵本の好み・変化	まだ母親任せなところが多いが，乗り物系（消防車やパトカーなど），ウルトラマンシリーズなど図鑑系の絵本は自分から好きになった。
6.	子どもの変化	3歳になってやっと途中で飽きなくなったが，1歳，2歳はお話の途中で勝手にページをめくってしまっていた。最近になって，絵を見るだけでなく，言葉の理解が進み，読み手がちゃんと1ページを読めるようになった。
7.	親自身の変化	自分で読んでも面白いと思える絵本を中味を見て選べるようになり，絵本に対する興味が高まった。
8.	読み聞かせへの期待	人の話をちゃんと聞けるようになるかな，と思っている。集中力や文字に対する興味の発達が見られ，ひらがなを見つけると読んでみせるようになった。
9.	読み聞かせへの配慮	決まりをつけるために時間を決めて行うようにしている（15分くらいで2～3冊）。読み聞かせの際の最初の1冊は，子ども自身に選ばせている。
10.	家庭での躾・教育	父親が叱らないので，母親は当たり前の生活のルールなどについては厳しくしている。最近はわがままや要求が強くなってきたので，あまりに聞き分けのない時には押入れに入れることもあり，自由にさせ過ぎないようにしている。厳しく叱った後の読み聞かせは，子どもとの仲直りに役立っている。その他には，約束や順番を守ることなどに気を付けている。
11.	子どもとの関わりで感じること	保育園の影響で，大人だけではなく子どもにも積極的に関わることが出来る子どもに成長している。一人っ子であるが，人との関係がよくとれる方だと思う。「こどもちゃれんじ」は友だちとの関わりをテーマにしたものが多く，内容を覚えているので影響力があると感じている。不適切な行動を注意する時などは，絵本を持ち出して説明でき，子どもも理解しやすいように思う。

身の変化」),撮影の第6回目(8月5日)に読んだ『ねずみくんのクリスマス』(なかえよしを 作,上野紀子 絵,2003)の中で,セリフの先読みをしたり,母親と交互に絵本を読みあったりする素語りへの移行が見られた。この絵本は,女児が気に入っている絵本の一冊であり,「ちいさい ちいさい」「どうだい おおきいだろう」という動物たちのかけあいが繰り返され,ねずみのねみちゃんが皆に大きなクリスマスケーキをプレゼントして,動物たちがねみちゃんのためにツリーを作るというわかりやすい内容となっている。何度も繰り返し読まれた絵本は,既に子どもに暗記されているほどだったが,こうした絵本の読み聞かせでは,母親は付加的なテキストや遊び的な要素を加えていた。

家庭で継続的に行われる安定した読み聞かせ活動では,岩崎他(2011)が指摘しているように,養育者が子どもの主体性を尊重し,発達的変化に柔軟に対応することにより,難しい絵本にも読み慣れた絵本にも子どもの積極的な関わりを引き出し,子どもの反応によって養育者自身の意欲がさらに高まっていた。

以上,3歳女児のケースでは,難しい絵本に対する子どもの主体的な読みとりを引き出す母親の具体的な関わり方を提示することができた。改めて,読み聞かせには,親と子をつなぐ道具となる絵本と,道具を使い方に応じて選んだり準備したりしたうえで,臨機応変に使いこなす養育者の関わりのどちらもが,楽しい親子のコミュニケーション活動として発展するために必要であるといえる。

6) 結果と考察6:読み聞かせの停滞　2歳児の事例

4歳男児,および3歳代の女児と男児の例では,親子の読み聞かせ活動が幼い頃より順調に行われているケースを報告した。しかし,読み聞かせは,2歳から3歳頃を中心に幼児期のうちに中止されてしまうこともある(第6章3節)。読み聞かせは,必須の育児行為ではないが,子どもの言語発達や

対人関係などの社会性の発達（e.g. 岩崎他，2010，2011；板橋他，2012）に有効であり，母親の育児意識や育児行動に影響する母子相互作用を促進すると考えられ（板橋・田島，2013），継続することで意味のある活動であることを本章でも論じてきた。

しかし，2歳女児のケースは，発達初期から読み聞かせを継続してきたにも関わらず，今後の読み聞かせの継続に困難を示していた。2歳代は，自己意識の芽生えにともなって急速なことばの発達が見られ，また，身体的な運動発達によって生活領域が次第に広がる時期である。したがって，子どもは自発的に関われる刺激や活動が増え，好き嫌いなどの好みもはっきりしてくる。

本児は，調査開始時には2歳4ヶ月であったが，まだ助詞や形容詞を用いた発話は見られず，発声も不明瞭であった。しかし，読み聞かせ場面では，読み手の母親に対して指差しなどの注意喚起をしきりに行い，気に入ったページを何度も読むことを要求したり，何かを伝えるジェスチャーを繰り返したりして，ことばが表出する以前のコミュニケーションが活発に行われていた。

本児の母親は，介護施設の正職員として働いていた。多忙な父親が育児にあまり関われないため，母親が育児のほとんどを担う状況にあり，本児は1歳から少人数制の保育所で長い時間を過ごしていた。母親は，一人っ子の本児にさまざまな刺激や経験を与えようと考え，読み聞かせを生後3ヶ月から行っており，本調査に対しても最初は積極的であった。しかし，本児が戸外で遊ぶことを好むようになり，絵本に対する興味が喪失したため，協力が難しい状態となった。読み聞かせ状況と撮影日の記録表が提出されなかったため，撮影データに基づく読み聞かせ撮影状況を Table 5-19 に示した。

本児への読み聞かせは，かなり遅い時間帯に行われており，同年齢の2歳男児のケースと比較すると，1回あたりの時間も長めになっている[125]。調査期間中に読まれた絵本は，調査者が貸与した『いもむしくん』（遠山繁利，

Table 5-19 開始時2歳4ヶ月男児への読み聞かせ状況

日付	開始時間／終了時間	絵本のタイトル	撮影
6月7日	21：50〜22：20	いもむしくん，パンツってかっこいい，*Alice's Adventures in Wonderland*，あんぱんまんことばの絵本	○
6月14日	21：45〜22：05	よみかたりえほん（こどもちゃれんじ），いもむしくん，*Alice's Adventures in Wonderland*，きられるといいねパジャマ，できるといいねはみがき	○
7月29日	22：20〜22：35	よみかたりえほん2冊	○
8月16日	21：00〜21：15	ノンタンといっしょ，うらしまたろう，*Alice's Adventures in Wonderland*，はじめてのおでかけずかん	○

注：読み聞かせ状況の記録表未回収のため撮影データ記録のみ

2007），*Alice's Adventure in Wonderland*（Lewis Carrol, Robert Sabuda ed, 2003），『うらしまたろう』（平田昭吾著・高田由美子絵，1998）を除き，ほとんどが定期購読の「こどもちゃれんじ」となっている[126]。

「こどもちゃれんじ」（ベネッセコーポレーション）は，『よみかたりえほん』や年齢基準の発達課題を人気キャラクターのしまじろうと学ぶ絵本，おもちゃなどの付録がついた幼児用の学習教材であり，生活習慣の形成や親子のコミュニケーションに役立つことで定評のあるシリーズである[127]。撮影場面では，本児が絵本のしまじろうを真似て，母親の歌に合わせて歯磨きの振りをする様子が見られ，「こどもちゃれんじ」はこの母子にとってもやりとりや生活を学ぶための道具として機能していたといえよう。

しかし，母親がインタビューで述べているように，本児の睡眠時間の確保や母親自身の仕事の都合と，子どもの「もっと」に応えたい気持ちの間に葛藤を生じ，ストレスを抱えながら絵本が読まれていた可能性がある。Table 5-20に2歳女児の母親へのインタビューの全容を示した。

読み聞かせに対する母親の葛藤は，「7．親自身の変化」で明確に述べられ，子どものために絵本を読んであげたい気持ちは，絵本を次々と持ってくる本児を制することなく，受容的に接している撮影場面からも感じられた。しか

第5章 調査研究① 家庭での絵本の読み聞かせ活動と子どもの社会性の発達との関連について　271

Table 5-20　読み聞かせ場面撮影後のインタビュー基本調査　2歳女児

面接日時	2010年8月28日　14：00～15：00
調査期間	2010年6月7日～2010年8月28日（2歳4ヶ月～2歳6ヶ月）
1. 開始年齢	0歳3ヶ月
2. 使用した絵本	定期購読の幼児教育雑誌（「こどもちゃれんじ」），友人からもらった絵本，調査者から借りた絵本を使用した。
3. 読み聞かせスタイル	就寝前に行い，母親の膝の上，または脚の間に座らせ，後ろから抱きかかえるようにして読む。時間は21時頃から22時頃と遅めになることが多い。
4. 絵本選択の変化	0歳代は文字の無い赤ちゃん絵本を利用した。1歳頃から引っ張ったり音を出したりして遊べる仕掛けのあるものを用いるようになった。
5. 子どもの絵本の好み・変化	1歳頃から動物の鳴き声が出たり，引っ張ったりする仕掛けのある絵本に興味を持ち，今も変わらずに好きである。1歳半は，色使いがシンプルで丸い玉の動きを描いた『ころころ』（元永定正，作・絵）がとても好きでよく見ていた。この絵本は今も気に入っている。最近は車のエンジン音が出る絵本，ミニ絵本にも関心を示すが，ストーリー性のある絵本にはまだ興味がない。定期購読をしている「こどもちゃれんじ」は，生活場面に即した課題が含まれており，2歳になって喜んで真似をするようになった。
6. 子どもの変化	1歳半頃から利用している『ころころ』は，丸い玉が階段を落ちる動きを理解し，具体的な操作がなくても絵だけでイメージできるようになった。言葉はまだうまく使えないので，絵本を使って自分の体験を伝えてくる。子どもが望まない時に読み聞かせをしようとすると，自分のやりたい遊びを主張するようになった。保育園で破れた絵本を母親と一緒に修繕した後，家にある絵本にバンドエイドを貼って直そうとしたことがある。「こどもちゃれんじ」でもシマジロウが怪我をしてバンドエイドを貼ってもらっていたが，その場面と自分の経験が色々な形で結びついてきて面白いと感じる。
7. 親自身の変化	子どもが望んでいる時に，一冊でも対応してあげられると育児が楽になったような気がする。しかし，仕事があるので，子どもの睡眠時間の確保と望むだけの対応との間で葛藤を感じるようになった。
8. 読み聞かせへの期待	空想の世界，想像の枠を広げていければと思う。
9. 読み聞かせへの配慮	睡眠時間の確保，なるべく明るい色の絵本や絵柄の優しい雰囲気のものを選ぶようにしている。喧嘩や暴力がテーマの絵本は避けている。
10. 家庭での躾・教育	基本的に怒らないことにしている。ダメなことは理由づけをして説明するようにしている。「こどもちゃれんじ」は年齢的な課題，絵本，おもちゃがセットになっていて，働く母親にとっ

11. 子どもとの関わりで感じること	ては躾などの面でも役立つ教材だと思う。不適切な行動には振り返りをさせ，自分で理解した時にはしっかりと抱きしめるようにしている。 子どもの望みと親の対応が一致していると，子どもも精神的に安定してぐずったりせず，育児が楽で自分でも満足感を得られる。子どもは親を見ていてよく真似をするし，絵本の内容を聞くとその時々で違った反応をすることもあるので面白い。絵本の世界と現実がリンクしているので，保育園の友だちが絵本の中の野菜に見立てられることもあり，普段親がわからないような友だち関係が絵本をとおしてわかることもある。

し，本章1節の結果からも示唆されたように，読み聞かせは，子どもが幼いうちは養育者が主体となって，子どもの関心を得られる絵本を用意したり時間の管理をしたりしながら，継続のための足場作りを積極的に行うことにより，母子双方にとって楽しい活動として維持できる面もある。

　本児の母親は，絵本から得た体験を再現する子どもの様子や，同じ絵本にその時々で異なる反応を示すことなどを面白いと感じ，読み聞かせに対して空想したり想像したりする力が育つことを期待している。そして，読み聞かせは，ストレスを感じる面もあるが，子どもの成長や子ども独自の感じ方を知る機会ともなり，母親自身が満足な対応ができれば楽しい育児行為の一つと実感されている（6.「子どもの変化」，7.「親自身の変化」，11.「子どもとの関わりで感じること」）。つまり，母親は子どもと絵本を読みあう経験をとおして，絵本が子どもにどのように専有されているかに気付いたり，保育所での友だち関係を知ることに役立つと感じたりすることにより，子どもを理解できている安心感を得ると同時に，子どもの情緒も安定することによって，育児への満足感を得ている。

　しかし，インタビュー時は，子どもの絵本に対する興味の喪失を理由に，既に読み聞かせがほとんど行われていない状態であった。生後3ヶ月から続けられていた母子のコミュニケーション活動が，中止されてしまったのはなぜだろうか。理由の一つには，母親の多忙さから来るストレスであり，子ど

もと絵本を読みあう時間を思うように維持できなくなっていたことがあげられる。夜，遅くの時間に始まる読み聞かせは，就寝時間の遅れをもたらし，母子双方に睡眠不足などの負担となったり，母親自身が子どもの要求に十分に応じられず，満足を得られなかったりする結果になったと考えられる。

また，多忙さは，成長とともに変化する子どもの興味や，発達に適した絵本を用意する時間的な余裕を持てないことにもつながっていたのではないだろうか。母親は，居住区内の公立図書館を利用したり，書店で絵本を探したりする時間が無く，保育所で本児が日常的に好んでいる絵本を借りられることを希望していた。子どもが，繰り返し同じ絵本を養育者に「読んで」と言うことは，絵本よりも親とのコミュニケーションを求めるという側面もあるが，好まない絵本を「読んで」とは言わないことも事実であり，楽しさを媒介する絵本の存在も重要といえる。

本児が読み聞かせに積極的な態度を示さなくなったことは，母親と共有したいと思う絵本が家庭内に不足していたことも理由の1つと考えられる。このことは，調査者が貸与した『いもむしくん』に本児が強い関心を示し，生活経験と結び付けて楽しまれていた様子からもうかがわれ，これまでとは異なるタイプの絵本が必要になっていた可能性があると考えられる。以下に，この絵本が用いられた撮影第1回目のトランスクリプトを示す。

母親は，インタビュー「5.子どもの絵本の好み・変化」で述べているように，本児はまだストーリー性のある絵本に興味はないと感じていたので，最初にいつも真似をして楽しんでいる絵本（「こどもちゃれんじ」）を読もうとしていた。本児は，『いもむしくん』を既に一人で見ていたらしく，この絵本の中でいもむしくんがサボテンにキスをする場面を真似ているが（図5-4），母親は本児がいもむしくんの真似をしていることに気付いていないと思われる（TC g2-1）。

母親は，絵本の表紙にあるタイトルから読み始め，本児に絵本を開くように促し，本児が「できること」を一緒に行いながら読み聞かせ活動に参加す

274　第Ⅱ部　絵本を介した養育者と子どもの社会的相互活動

図5-4　さぼてんくんにキス
こどものくにひまわり版『いもむしくん』より　遠山繁年作（すずき出版 刊）

TC g2-1

絵本のテキスト	撮影第1回目（M：母親，C：子ども）
〈読み聞かせ前の様子〉	M：「はい，Sちゃん（子どもの名前），そこにいて下さい」 Cを脚の間に座らせ，Cを後ろから抱きかかえて絵本を広げて見せる。 M：「じゃ，Sちゃん，いくよ」 C：立ち上がって本棚においてある『いもむしくん』を持って来る。 M：「いつものこっちからにして」 Mが「こどもちゃれんじ」を提示するが，Cはぐずる。 M：「新しい本，もう読みたいの？」 C：「ハイ」 新しい絵本を胸に抱いてMの前に立つ。 M：「よく見つけたねー」 C：絵本にキスをしようとする。 M：「あー，チュウしちゃう？　チュウしないで。じゃ，ここに来て座って」 再度，Cを座らせる。 M：「気に入っちゃった？　ハイ，いくよ。気に入ったの？」

るサポートをしているといえる。また，本児がいもむしを理解するための「質問」や，テキストを繰り返して説明することによって，絵本に注意を引きつけている（TC g2-2）。

見開き2ページ目（図5-5）では，本児から母親に注意喚起が行われ，本児は絵本の中のいもむしくんと同じように，植物に水をあげた経験を伝えようとしている。母親は共感的に受け止め，母子による絵本の読みとりが始まるが，母親は絵本の物語を読んであげたいという思いもある様子だった。し

TC g2-2

絵本のテキスト	撮影第1回目（M：母親，C：子ども）
p.1 あるひ，いもむしくんは　さぼてんの　おみやげを　もらいました。 「ありがとう。ぼく　たいせつにするよ。」	M：Cの目の高さに合わせて絵本を広げ，表紙のタイトルから読み始める。 M：「めくる？」 C：頷いてページをめくり，しばらく中表紙を見てからページをめくる M：テキストを読む。 M：「いもむしくん，どれ？」 C：素早くいもむしくんに指を差す。 M：「そうそう。いもむしだねー。さぼてんをね，いもむしくんは貰ったんだって。 さぼてんを指差して説明する。 C：「これー？」 さぼてんを指差して訊く。 M：「うん，そう。めくって」 C：ページをめくる。

図5-5　水をやるいもむしくん
こどものくにひまわり版『いもむしくん』より　遠山繁年作（すずき出版 刊）

かし，本児はページをとばし，4ページ目（図5-6）で雨に指を差すと，さらにページをどんどんめくってしまっている（TC g2-3）。

TC g2-3

絵本のテキスト	撮影第1回目（M：母親，C：子ども）
p.2 いもむしくんは，さっそく みずを あげました。	C：「あー！」 水をあげているいもむしくんに指を差す M：「あー，お水，あげてるね」 C：「あっ！」 部屋に置いてある植物を指差す。 M：「あー，うちのも？ シャーって？」 C：ページをめくろうとする。
すると さぼてんが「きもちいい きもちいい」と いったような きが したので，こころが うきうきしました。	M：Cの手を制する C：2ページ分めくる。 M：「もうめくっちゃうの？ Sちゃん，ページが…こっちだよ」 C：「こっち，これ」
p.4 いもむしくんは，さぼてんが かわいくて かわいくて，たまりませんでした。	C：「あめ！」 絵を指差してMの顔を見る。 M：「あー，雨降ってるね」 C：ページをどんどんめくる。

図 5-6 雨の場面
こどものくにひまわり版『いもむしくん』より 遠山繁年作（すずき出版 刊）

見開き7ページ目は，いもむしくんがかわいいさぼてんにキスをしたところ，口元に棘がたくさん刺さってしまい，泣いている場面である（図5-7）。明るいピンク色のいもむしくんは，絵本の左右のページにまたがって大きく描かれ，円らな目から涙をにじませている。次のページでは，棘が刺さったままのいもむしくんは，涙を散らしながらさぼてんを置いて走り去っていく（図5-8）。本児は，「好きな人や物にキス（チュー）をする」「棘が刺さる」

図5-7　棘が刺さった場面
こどものくにひまわり版『いもむしくん』より　遠山繁年作（すずき出版　刊）

図5-8　泣いて走り去る場面
こどものくにひまわり版『いもむしくん』より　遠山繁年作（すずき出版　刊）

「痛い」「泣く」という自己の経験を繋ぎ合わせて，自分なりの物語を母親に伝えたいのではないだろうか（TC g2-4）。

次に，本児が見た見開き10ページ目では，いもむしくんが風に吹かれて倒れたさぼてんくんに気付く場面である。この場面では，いもむしくんの口元に棘が刺さっていないが，いもむしくんは涙をこぼしている（図5-9）。本児は前後のページと見比べて，棘がなくなっている発見を母親に伝えようとしているようであるが，母親は気付いていないため，見開き9ページ目（図5-10）に戻して，いもむしくんが泣いている原因であるはずの棘が無い矛盾を訴えているように見える（TC g2-5）。

見開き9ページ目（図5-10）は，左側のページに木の繁みから大きな顔をのぞかせて，泣いているいもむしくんを描いているが，いもむしくんの口元は繁みに隠れて見えない。しかし，本児は「涙がこぼれているから棘が刺さったままで痛いはず」という本児なりの読みとりをしていた可能性がある。

TC g2-4

絵本のテキスト	撮影第1回目（M：母親，C：子ども）
p.7 さぼてんの　とげが　なんぼんも，くちに　ささりました。「い，いたいよ…さぼてんくん」	C：「はーい，だ！」 M：テキストを読む。 「どこに刺さっちゃった？」 C：絵に指を差して答える。 M：「わー，いっぱい刺さっちゃったね。いもむしくんは泣いてる？笑ってる？」 C：「ハエー」（いいえ） 手を振って「いいえ」のジェスチャーをする。
p.8 「きみは　ぼくのことが　きらいなんだね。ぼくが　こんなに　すきなのに。ひどいよ。ひどいよ。」いもむしくんは　なきながら　かけだしました。	M：テキストを読む。 棘が刺さっているいもむしくんの口のあたりを触わる。 M：「エーン，エーンエーンって。ね，泣いちゃったね」 C：ページをとばしてめくる。

第5章　調査研究①　家庭での絵本の読み聞かせ活動と子どもの社会性の発達との関連について

TC g2-5

絵本のテキスト	撮影第1回目（M：母親，C：子ども）
p.10 そのとき，つよい　かぜが　ふきました。さぼてんが　ころりと，たおれました。「あっ，さぼてんくん！」	C：「あ，エーンエーン」 Mの真似をして泣いているいもむしを表現 M：「あら，いもむしくん，いた？」 C：「ここ」 右側ページ下方に小さく描かれたいもむしくんを指差す。目に涙が描かれているが棘が刺さっていない。 M「あ，ここにいた？　風が吹いて〜，さぼてんくんが，倒れちゃった！　どこ？　さぼてんくん」 テキストを読まずに状況を説明する。 C：「ここ」 いもむしくんに指を差す。 M：「それ，さぼてんくん？　いもむしじゃないの？」 C：「ここー」 もう一度いもむしくんに指を差す。その後，ページをめくったり戻したりする。
p.9 いもむしくんは，とても　かなしい　きもちに　なりました。どのくらい　じかんが　たったでしょうか。ふと　みると…，ゆうひを　あびて，さぼてんが　かがやいていました。「さぼてん・くん…」	M：「あら，めくっちゃうの？」 C：9ページを開く C：「あー，おめめ」 左右の人差指で自分の左右それぞれの目を差す M：「お目目？」 C：「○○！」（「ない」と言っている？） 絵本の上に乗り出して，いもむしくんを指差して叫ぶ。 M：「泣いてない？　こう？」 C：「たいっ！　わーっ！」（「痛いっ！」の表現？） 手を絵本からサッと離すジェスチャーをする。 M：「笑ってる？」 C：「いない」 M：「泣いてる？」 C：頷く。（無言） M：「泣いてる？　ほんとに？」 C：「こっち」 さぼてんに指を差す。 M：「あ，こっちが？　ほんとー」 読み進めようとする。（意味がわかっていない？） C：「たい」（「痛い」？） ページを戻そうとする。

図 5-9　倒れたさぼてんくん
こどものくにひまわり版『いもむしくん』より　遠山繁年作（すずき出版 刊）

図 5-10　繁みから覗く場面
こどものくにひまわり版『いもむしくん』より　遠山繁年作（すずき出版 刊）

そのことは，本児が「痛い」と言ったと思われる発声や，涙や泣いていることを示すジェスチャーが見られたことから推測できる。母親が気付かずに読み進めようとした時，本児はページを戻そうとしており，一生懸命に伝えたいことを主張していたと考えられる。

　見開き13ページ目の絵は，右側のページに黄色の花を咲かせたさぼてんが大きく描かれ，左側のページに顔半分が描かれたいもむしくんと見つめあっている。画面右下には，大きな棘が伸びているさぼてんの葉も描かれており，

本児はこの部分を指差して,「棘が刺さると痛い」を繰り返していると思われる (TC g2-6)。

　母親は,本児の主張を受け入れているが,本児がさぼてんという植物を知っていることを伝えていると考えているようである。しかし,本児は現実世界にあるさぼてんを知っていたわけではなく,棘が刺さると痛いということを理解していたのであり,母親に伝えたかったことは絵本から読みとった自分の経験や発見だったのではないだろうか。

　母親とのインタビューでは,本児が絵本に関連する象徴的な自己表現を普段からしていることが報告され(「6.子どもの変化」,「11.子どもとの関わりで感じること」),母親は本児が絵本を使って自分の体験を伝えてくることに気付いている。母親は,この時のやりとりでは上手く気付いていなかったかもしれないが,本児は,『いもむしくん』の中に自分の経験を読みとり,主人公に共感していることを母親と分かちあいたかったのではないだろうか。

TC g2-6

絵本のテキスト	撮影第1回目 (M:母親,C:子ども)
p.13 そのとき,さぼてんに きれいな はなが さきました。「いつも たいせつに してくれて,ありがとう」 はなが やさしく いいました。 p.14 いもむしくんは しあわせでした	M:テキストを読む。 C:「ね,痛い」 さぼてんの棘に指を差す M:「あ,痛い? 棘? そうだね,この棘,痛いね。Sちゃん,知ってるの?」 C:無言で頷く。 M:「ほんとー,Sちゃん,さぼてん,知ってるの?」 C:ページをめくる。 M:テキストを読む。 C:「あ?」 笑顔で右側の作者の紹介ページに指を差す。 (作者紹介の写真の横にさぼてんの絵がある) M:「これ? このねー,お話を書いた人」 M:「おしまい」 C:「まい」 「おしまい」の最後の部分をMと一緒に言う。

2歳代の子どもは，読み聞かせ活動において「『言葉の対象化』と象徴遊びへの展開の時期」（田島他，2010，p.137）を迎える。本児の場合もことばへの関心や興味が生まれ，絵本を介して経験を伝える象徴的活動や自己表現活動が盛んになる時期となり，こうした活動を促す絵本を必要としていたと考えられる。

3節　調査研究①の総合考察

　親子の読み聞かせは，本調査においても90％近くの家庭で実施されていることがわかり，読み聞かせを始めた時期や時間的配分，読み聞かせに対する養育者の継続志向などが，子どもの社会的行動に影響を及ぼす可能性を示唆している。特に，読み聞かせの開始時期や継続の意思は，家庭内の読み聞かせ活動を維持していく要因として重要であり，こうした養育者側の積極的な枠組み作りによって行われるやりとりの積み重ねが，子どもの協調的な行動の促進や不注意な行動の抑制につながると考えられる。
　しかし，読み聞かせが，家庭内のコミュニケーション活動の一つとして定着したり継続したりされないケースが約15％（14件）存在し，調査時に読み聞かせを行っている家庭（82件）についても，今後の継続に困難や非積極的であった家庭（19件）が，20％を超えていたことを問う必要がある。
　2節では，今回の質問紙調査では捉えられなかった上記の問題も含めて，家庭での読み聞かせ活動がどのように始まって維持され，発展していくのかについて，ビデオ観察と母親へのインタビューから考察した。
　まず，読み聞かせ活動が，維持されるために重要と考えられた開始年齢では，0歳代後半，2歳代前半，4歳代後半で読み聞かせを導入した事例を示した。0歳児への導入では，母親が主体となって子どもに絵本の存在を知らせ，共同注視の体制を作るための演出などを行いながら，子どもの反応を引き出していた。母親は，読み聞かせをとおした子どもの反応や変化によって

意欲を高めているが，幼い子どもに対して過度の期待や要求をせずに，反応が見られない時やぐずった時も臨機応変に対応している。

また，2歳児への導入の例では，母親が子どもに合わせた読み聞かせ時間の設定や，成長にともなう変化に適した絵本を選ぶことにより，子どもとのコミュニケーションに充実感を得て，母親としての自分自身の変化や成長も感じている。0歳，2歳の両事例は，いずれも養育者が読み聞かせという親子の活動の枠組み作りを積極的に行い，絵本を介した子どもとの心身の触れあいが，子どもにも養育者にも楽しい活動として展開していく可能性を示していた。

しかし，4歳女児への導入では，読み聞かせが継続され，発展していく可能性が示されなかった。4歳代の子どもは，身辺自立や主体的活動を行う時期にあり，読み聞かせの導入も子どもの主体性に任されたところが多かった。そのため，読み聞かせが，楽しいコミュニケーションの場となるための適切な絵本や時間配分などの枠組み作りが行われず，養育者にも子どもにもストレスとなる結果を招いていた。

他方，同じ4歳代であるが男児の事例は，養育者の積極的な読み聞かせへの関与によって，1歳の時から読み聞かせを継続している例であった。男児の場合も，養育者は子どもの主体性を尊重しているが，絵本への興味を広げるための読書環境作りや，絵本での経験と生活経験をつなぐ配慮などが養育者によって積極的に行われていた。

また，女児の例とは異なって，読み聞かせは親子密着型で行われ，スキンシップも含めた読み聞かせは，子どもの情動を喚起すると同時に，養育者と楽しさを伝えあうコミュニケーションとなっていた。こうした養育者による枠組み作りは，子どもの年齢を問わず，楽しい読み聞かせを維持するために必要な要素と考えられる。

読み聞かせ活動の継続が困難なケースは，2歳女児の例でも見られた。母親は，生後3ヶ月から読み聞かせを継続してきた中で，子どもが自分の経験

と絵本で見たり聞いたりしたことを繋ぎ合わせ，自己表現をするようになっていることに気付いていた。読み聞かせ場面の観察で見られたように，本児はこれまで家庭で楽しんでいたような絵本の登場者を真似て生活習慣などを覚えていくことだけではなく，自分の経験を絵本の中に読みとって積極的に養育者に伝えようとする楽しみを見出していた。

　しかし，母親が多忙なために読み聞かせの時間を思うように取れないことや，本児の好みに合う絵本を十分に用意できないことなどが，母親自身の葛藤ともなって継続が困難になっていた。母親は，保育所で絵本を借りられることを希望しており，仕事と家庭を両立しなくてはならない母親にとっては，こうした身近に利用できる場からの読書環境作りへの支援も必要と考えられる。

　この点について，調査者が，調査協力者の子どもが通う保育所に伝えたところ，園長は保育所利用者が時間に制限のある親であることを理解しており，次年度認可保育所への移行にともなって，園図書館を実現したいと話していた。楽しい読み聞かせが定着し維持されるためには，読み聞かせの導入期の違いによる養育者の関わりが影響する一方で，読み聞かせに意欲を持ち続けるための養育者への支援も必要ではないだろうか。

　本調査では，3歳代の事例は男児，女児ともに1歳頃から安定した読み聞かせを継続してきたケースであり，今後も養育者の意欲によって，読み聞かせが親子のコミュニケーション活動として展開する可能性を示唆した。二つの事例の共通点は，幼児期の依存性と発達的変化にともなう主体性のバランスを考慮した読み聞かせが行われている点にあると考えられる。

　まず，依存性では，読み聞かせの重要な手段である絵本は，幼い子どもたちが自分で買ったり借りたりすることは不可能であるため，養育者が子どもの好みばかりではなく，成長や発達に合わせて興味や関心を広げていけるものを用意する必要がある。3歳代の事例の養育者は，どちらも身体性や感覚的な刺激をともなうタイプから物語絵本へと，子どもがお話をきちんと聞け

るようになったり，長いお話がわかるようになったりした発達的変化に合わせて絵本を取り入れ，養育者が実際に手にとって選んだ絵本を子どもに手渡していた。

　また，男児の場合では，養育者が予め選んだ絵本の中からその時に読む絵本を子どもに選ばせ，女児の場合では，キャラクター絵本を欲しがっても母親は購入を避けたり，ゲームブックは買わないと決めたりしていた。このように，養育者が独自の選択基準を持って，ある程度の制限や「良い」と判断した絵本を与えることは，子どもにとって安心して読み聞かせを楽しむための足場作りの一つであり，子どもが自ら絵本に関わろうとする主体性を促進すると考えられる。

　主体性では，観察場面を見ると，0歳児や2歳児の例では，子どもは気持ちや伝えたいことを主に動作や表情で表していたが，3歳女児は絵に描いてあることの矛盾を見つけたり，二つの場面の出来事を関連づけたりしてことばで表現している。内田（1989）によると，こうした「だって……から」とか「さっき……だもん」の言語形式は，出来事の結果を見て，その原因にさかのぼって推測できる認知操作の獲得を前提としている。因果認識の基底となる認知操作の獲得は，子どもが長い物語の理解や複雑なストーリーへの関心が高まることと関連すると考えられ，養育者が子どもの発達に敏感に気付き，子どもが積極的に絵本を読みとろうとする主体性を尊重する関わりが大切といえる。

　次に，読み聞かせ活動に影響する養育者の継続意志は，撮影終了後に行った母親とのインタビューの中で，読み聞かせをとおして感じられる「こどもの変化」「親自身の変化」「読み聞かせへの期待」「子どもとの関わりで感じること」などでさまざまに語られている。調査期間はそれぞれ約1ヶ月から3ヶ月であったが，読み聞かせをとおして子どもと向きあうわずかな時間の中に，養育者は子どもの成長や発達を見出したり，これまでの読み聞かせの過程を振り返って，子どもの変化に気付いたりしている。

0歳男児の母親は，子どもの反応や絵本への興味が示されたことによって，絵本を介したやりとりをとおして母子のコミュニケーションが促進することに期待をしている。2歳男児の母親は，義務感や習慣としてではなく，子どもと向きあうことのできる読み聞かせの時間が母親自身の変化をもたらし，育児に合理性ばかりを求めずに，自分も楽しい読み聞かせを続けていきたいと話している。3歳男児の母親もまた，自分が読んで面白いと感じる絵本を選べるようになったり，絵本への関心が高まったりしたことを親自身の変化として感じ，読み聞かせをとおして子どもの聞く力や集中力，文字への関心が高まることに期待をしている。

 3歳女児の母親は，子どもが絵本を好きになり，読み聞かせを楽しみにしているだけではなく，母親も本を好きなことを理解するようになり，読みあう絵本の内容だけではなく，読書自体の楽しさを共有できるようになったという。こうした読書活動の展開は，子どもが小さい頃から読み聞かせを続けてきたことにより得られた実感であり，母親の読み聞かせへの意欲を一層促進している。

 4歳男児の母親は，読み聞かせを諦めかけた時期もあるが，子どもと絵本の出会いを結ぶ努力を続けた結果，子ども自身が絵本を親とのやりとりの道具になることを理解し，絵本で覚えたことを他者とのコミュニケーションに生かすようになったと語っている。子どもは，幼児期後期になって一人でできることが増えても，養育者との心身の触れあいを求め，親が子どもと一緒に絵本を楽しめるのならば，絵本が親子をつなぐ機能を果たすことを知るのだろう。

 2歳女児の母親は，読み聞かせを子どもの要求に合わせて思うように出来ないことに葛藤を感じていたが，読んで欲しい子どもの望みと親の対応が一致すれば，育児は楽になった気がすると語っている。読み聞かせは，育児やストレスとの関連があることも示唆され，子どもが楽しむだけではなく，親自身が楽しめることが重要であると考えられる。

また，絵本の読み方には特徴が見られた。養育者たちは，新規な絵本や内容が難しいと感じられる絵本ではテキストに添った説明を挿入するが，繰り返し読まれた絵本では，テキストをアレンジしたり遊び的な要素を加えたりして，養育者自身も余裕をもって楽しんでいる様子が観察されている。絵本の内容が変わることはないが，子どもの反応は毎回異なり，反応に合わせて養育者も応じるという相互作用により，読み聞かせ活動は1回性の特性を持つといえる。こうして，同じ絵本が何度も読まれながら，親子で絵本を読みとったり楽しさを伝えあったりする経験を重ねる過程を経て，親子の絆が深まっていくのではないだろうか。

第6章　調査研究②　幼児の保護者の絵本観と養育ストレスとの関連について

はじめに

　ノンフィクション作家として，さまざまな社会問題に取り組んできたことで知られる柳田邦男は，1990年代の終わり頃から「絵本は人生に三度」「大人こそ絵本を」「ケータイより絵本を」「絵本は心育てのバイブル」などの標語を掲げて，大人が絵本を楽しむための講演や執筆活動を行っている。柳田によれば，人は幼い頃，子育て中，そして人生の後半に絵本を楽しめるが，「大抵の大人は子育て中でもない限り，絵本を読もうとしない」（2006, p. 217）といわれる。しかし，絵本は育児期の大人にでさえ，十分に楽しんで読まれているとはいえないかもしれない。子育て中の親にとって，絵本を読むことは「子どものため」の育児や家庭教育の一つであり，親自身も子どもと一緒に心から楽しむ余裕がない場合もあると考えられる。

　しかし，親たちは，読み聞かせに全く充実感を得ていないわけではない。第5章で述べたように，親は読んで聞かせる絵本が複雑なものに変わっていくことや，子どもの反応の変化などに喜びや楽しさを感じている。極端に言えば，絵本を介して感じられる子どもの成長・発達が，親の絵本の楽しみ方ともいえるだろう。

　柳田も子育て期に絵本の読み聞かせを行っていたが，絵本に深い感銘を受けたのは，25歳の息子を失った後，彼の標語でいえば三度目にあたる「人生の後半」であった。しかし，筆者は人生で二度目に絵本に触れる子育て期にこそ，大人が絵本から気付きを得たり，楽しんだりしながら，親子にとって一層充実した時間を持って欲しいと考えている。そのためには，絵本を研究

する一人としてどうしたらよいだろうか。

　母親たちが，子育て期に行う読み聞かせに期待するように，読み聞かせは子どもの情動に働きかけ，ことばや社会性の発達を促すことが，田島他(2010)を初めとする発達心理学の研究などから明らかにされてきた（e.g. 岩崎他, 2010, 2011；板橋他, 2012, 板橋・田島, 2013)。

　また，親が絵本を介して期待する子どもの発達の一つに，「思いやり」という感情がある。児童精神科医の佐々木（1997）は，思いやりという感情について聖書を引いて「喜ぶ人といっしょに喜びなさい。悲しむ人といっしょに悲しみなさい」(p. 193)と述べている。このことばは，思いやりとは人の気持ちに共感する高次の感情であることを伝えている。そして，このような感情は，親や親代わりの人が与えることによって子どもの中に芽生え，本当の友だち関係で磨かれ，育ちあうように育まれると佐々木は述べている (p. 194)。つまり，社会適応が良好な思いやりのある子どもに育つことを願うならば，そのためには日常的な親との共感体験が必要であるということである。

　読み聞かせが子どもと大人の双方にとって喜びの経験を共有する場となり，第5章で提示した母親の例に見るように，親としての成長も促す機会となれば，我が子と絵本を広げる時間は一層豊かさを増すに違いない。そのために，絵本の創作や研究に携わる者たちは，人生で最初に絵本に出会う子どもと，人生で二度目に絵本を読む親が喜びを分かちあい，共感的な体験を重ねていくための方法を考えなくてはならないだろう。

　現代の子どもや親は，進歩した文化的環境の中で，多くのデジタル化した生活用品に囲まれて，便利で快適に暮らすことも可能になったが，一方で合理的でスピードを求める傾向は，人を忙しくさせ，気持ちの余裕を失わせているともいえる。本章ではそうした現代社会において，養育者が家庭という文脈の中で，子どもに絵本を読む意義について，育児ストレスと併せて検討する。

1節　目的と方法

(1) 目　的

　坂本・増田・大川・金沢・宮下（2011）による幼児の生活と親の子育て意識の調査では，女性の社会進出やIT技術の目覚ましい発展などを背景とする社会的環境の変化が，子どもの生活や親の養育観に影響していることを示唆している。特に，子育てに対して嫌悪感やとまどいなどが指摘されたことは，社会問題となっている虐待などにつながる養育ストレスが，顕在することを示しているといえよう[128]。

　また，藤井（2010）が読み聞かせに対する親のストレスや不安への懸念を示唆したことや，齋藤・内田（2013）が親の養育態度が読み聞かせに影響することを示唆したように，読み聞かせを育児行為の一つとして，これまであまり論じられていない負の面も踏まえて検討する必要があると考えられる。そこで，本研究では，幼児のいる家庭の保護者に対し，家庭での読み聞かせ状況を問うことにより養育者の絵本観を考察し，加えて育児ストレスを調査することによって，読み聞かせ，および養育者の絵本観と，育児ストレスとの関連を検証することを目的とする。

(2) 方　法

1．調査協力者

　神奈川県Y市内の幼稚園2園の在園児の保護者223名（A園175名，B園48名）とした。なお，回収率はA園65.4%（在園児289名，回収237件），B園78.7%（在園児61名，回収48件）であり，合わせて67.7%となった。欠損値を除いた有効回答率は63.7%であった。

2. 調査内容

以下の内容の質問紙調査票を作成した。

①フェイスシート（記入者，居住地，父親・母親の年齢と職業，子どもの年齢・出生順位と幼稚園の所属組）

②絵本の読み聞かせ実施状況（読み聞かせの有無，開始年齢，頻度，親の読み聞かせに対する楽しさ，読み聞かせをする理由，読み聞かせをとおしての気付き，読み聞かせの中止年齢，読み聞かせを止めた理由）

③養育ストレス感について（田中（1996）による「母親のストレス尺度」10項目，藤本・大坊（2007）による「コミュニケーションスキル尺度ENDCOREs」を参考にした18項目，花田・小西（2003）による「母親の養育態度における潜在的虐待に関連するしつけと育児行為質問53項目」を参考にした51項目の質問に，子どもの性格や友だちに対する関心を問う4項目を加えた合計83項目）回答は「非常によくあてはまる」～「全くあてはまらない」までの5件法を採用した。

3. 実施期間

A園は2013年5月29日～2013年6月7日，B園は2013年7月3日～2013年7月13日とした。

4. 手続き

無記名の個別記入方式の質問紙調査票を園経由にて配布，および回収した。

2節　結果1：調査家庭のプロフィールについて

本調査は，母親による記入が222名（99.6％），父親による記入が1名（0.4％）であり，ほとんどが母親による回答だった。

調査対象家庭の保護者の年齢は，父親の平均年齢が37.3歳（$SD=4.9$），最

小年齢が26歳，最高年齢が51歳であった。母親の平均年齢は35.4歳（$SD=4.4$），最小年齢が24歳，最高年齢が46歳であった（Figure 6-1）。これらの保護者の職業は，父親が会社員191名（87.2%），教員4名（1.8%），公務員9名（4.1%），自営業13名（5.9%），その他2名（0.9%）であり，母親はフルタイム勤務が6名（2.7%），パートタイム35名（15.7%），専業主婦174名（78.0%），自営業4名（1.8%），その他4名（1.8%）であった（Figure 6-2, 6-3）。

次に，調査家庭の子どもの平均年齢は4.2歳（$SD=.89$），最小年齢は3歳0ヶ月，最高年齢は6歳1ヶ月であり，性別は男児116名，女児107名であった（Figure 6-4）。出生順位は，第一子が130名，第二子が82名，第三子が8名，第四子が3名であり，幼稚園の所属組は年少組80名，年中組73名，年長組70名であった（Figure 6-5, 6-6）。

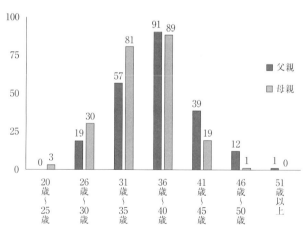

Figure 6-1　父親と母親の年齢

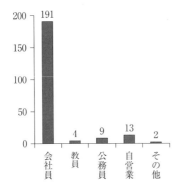

Figure 6-2　父親職業

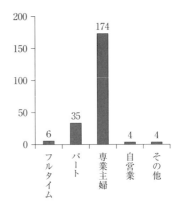

Figure 6-3　母親職業

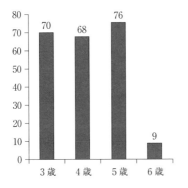

Figure 6-4　対象児年齢

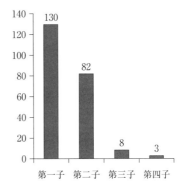

Figure 6-5　対象児出生順位

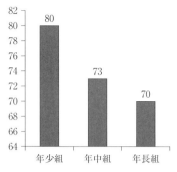

Figure 6-6　対象児所属クラス

3節　結果2：読み聞かせと絵本観について

　読み聞かせを行っているかどうかについては，現在行っている家庭が172件（77.1％），以前は行っていたが今は中止している家庭が30件（13.5％），ほとんど行ったことが無い家庭が21件（9.4％）であった。現在も読み聞かせを行っている家庭が，読み聞かせを開始した年齢は0－1歳未満が114件（66.3％），1－2歳未満が46件（26.7％），2－3歳未満が10件（5.8％），3歳以上が2件（1.2％）であった。

　読み聞かせの週あたりの頻度については，毎日が30件（17.4％），4～5回が51件（29.7％），2～3回が57件（33.1％），1回またはそれ以下が34件（19.8％）であった。また，養育者が読み聞かせを楽しく行っているかどうかについては，とても楽しい31件（18.0％），まあまあ楽しい116件（67.5％），それほど楽しくない20件（11.6％），無理して行っている5件（2.9％）であった。

　養育者が読み聞かせをする最も大きな理由は，教育のため26件（15.1％），子どもの楽しみのため90件（52.3％），子どもとのコミュニケーションのため51件（29.7％），子どもがリラックスするため5件（2.9％），自分自身の楽しみのためは0件であった。また，複数回答による理由は，教育73件（42.4％），

子どもの楽しみ159件（92.4%），コミュニケーション120件（69.8%），リラックス51件（29.7%），自分自身の楽しみ22件（12.8%）となった（Figure 6-7）。

　読み聞かせをとおした最も大きな気付きは，子どもの成長96件（55.8%），子どもの気持ち71件（41.3%），親としての気持ち2件（1.2%），育児の知恵やアイディア3件（1.7%），親としての成長は0件であった。また，複数回答による気付きは，子どもの成長141件（82.0%），子どもの気持ち113件（65.7%），育児の知恵やアイディア34件（19.8%），親としての気持ち27件（15.7%）親としての成長6件（3.5%）となった（Figure 6-8）。

　現在，読み聞かせを行っていない家庭は30件であった。それらの家庭が読み聞かせを止めた時期は，0－1歳頃3件（10%），1－2歳頃6件（20%），2－3歳頃15件（50%），3－4歳頃3件（10%），5歳以上3件（10%）であった（Figure 6-9）。また，読み聞かせを止めた理由では，子どもが一人で読むようになった12件（40%），子どもが絵本に興味を失った9件（30%），養育者が読み聞かせをする時間がない9件（30%）であった（Figure 6-10）。

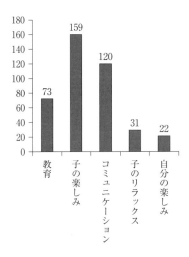

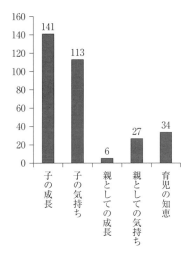

Figure 6-7　読み聞かせをする理由　　Figure 6-8　読み聞かせでの気付き
　　　　　　　　　　（複数回答）　　　　　　　　　　　　　　（複数回答）

第6章 調査研究② 幼児の保護者の絵本観と養育ストレスとの関連について 297

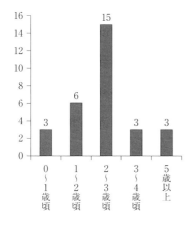

Figure 6-9 読み聞かせを止めた時期

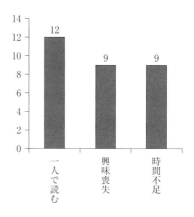

Figure 6-10 読み聞かせを止めた理由

4節 結果3：養育ストレス感について

　養育ストレス感83項目の回答を「非常によくあてはまる」を1点，「よくあてはまる」を2点，「あてはまる」を3点，「あまりあてはまらない」を4点，「全くあてはまらない」を5点として項目平均得点を算出し，天上効果とフロア効果の見られた27項目を以降の分析から除外した。次に残りの56項目に対して主因子法による因子分析を行った。固有値の減衰状況と因子解釈の可能性から5因子構造が妥当であると考え，主因子法・Promax回転による因子分析を行った。その結果，十分な因子負荷量を示さなかった8項目を分析から除外し，残りの48項目に対して再度主因子法・Promax回転による因子分析を行ったところ，5因子が抽出された。Promax回転後の最終的な因子パターンと因子間相関を Table 6-1 に示した。なお，回転前の5因子で48項目の全分散を説明する割合は47.3％であった。

　養育ストレス感尺度の5つの下位尺度に相当する項目の平均値を算出し，各下位尺度得点とした。第1因子は，子どもの気持ちや考えに配慮しながら，

Table 6-1 養育ストレス感因子構造（Promax 回転後の因子パターン）

	項　　目	F1	F2	F3	F4	F5
f24	子どもの意見や立場を尊重する	.93	-.18	-.05	-.05	-.10
f23	子どもの意見をできる限り受け入れる	.83	-.13	-.12	.00	.03
f25	子どもとの関係を第一に考えて行動する	.70	-.03	-.05	.00	-.13
f22	いつでも受容的な態度で子どもに接する	.68	.00	-.21	-.02	-.08
f54	小さいことでも誉めるようにしている	.67	-.10	.10	-.12	.09
f53	子どもの話をよく聞くようにしている	.67	.06	.07	-.20	.12
f21	子どもの意見や立場に共感する	.65	-.15	.03	.23	-.06
f26	子どもとの関係を良好な状態に維持するよう心がける	.58	-.01	-.09	.10	-.08
f17	子どもとの会話の主導権は自分が持つ*	.56	-.15	-.08	-.28	.00
f27	子どもを叱ったあと適切に対処する	.55	.15	.02	.17	-.17
f55	一生懸命にやろうとしている時は励ます	.54	-.03	.35	-.10	-.01
f56	一人でできそうな時は見守る	.51	.00	.42	-.09	.03
f63	子どもを叱り過ぎた後は抱きしめたり謝ったりする	.37	-.13	.15	.00	.19
f28	子どもとの意見の違いに適切に対処する	.36	.16	.10	.29	-.11
f72	子どもと一緒に遊ぶことが多い	.35	.10	-.17	-.12	.28
f52	感情的に叱ることはない	.31	.04	.08	.09	-.01
f29	遊びや生活体験を多くさせている	.28	.13	.11	-.05	.16
f60	細かく指図することはない	.25	.04	.25	-.14	.19
f46	子どもの友だちの名前を全員知っている	-.01	.95	-.10	-.13	-.15
f47	子どもの友だちの性格を知っている	-.20	.83	-.02	.00	-.02
f45	子どもの友だちを知っている	-.18	.81	.11	-.10	-.02
f49	子どもが友だちを好きな理由を知っている	-.13	.75	.07	-.14	-.02
f48	自分の子どもの性格を理解している	.17	.59	-.07	.02	.02
f71	子どもによく運動をさせる	.04	.34	.02	-.14	.27
f43	テレビやゲームは時間を決めて見せる	-.17	.33	.27	.11	.10
f57	ぐずっても子どもの言いなりにならない	-.08	-.12	.09	.25	-.12
f58	かんしゃくを起こしても言いなりにならない	-.05	-.02	.83	.12	-.16
f59	欲しがるものをすぐに与えることはない	-.13	.09	.74	-.01	.00
f61	他の人に叱られるからやめなさいと言うことはない	-.08	.03	.33	.04	.33
f44	子どもの存在をうとましく思うことはない	.12	.23	.29	-.03	.06
f51	良い悪いは一貫した態度でしつけている	.17	.28	.29	.09	.02
f30	基本的なルールやマナーは教えている	.23	.13	.27	.22	.01
f13	自分の気持ちを表情で子どもに伝える	.06	-.15	.04	.61	.03
f12	自分の気持ちをしぐさでうまく表現して子どもに伝える	.02	-.02	.11	.57	-.05
f11	自分の考えを言葉でうまく表現して子どもに伝える	.09	.03	.07	.55	.09
f20	自分の主張を論理的に筋道立てて話す	-.15	-.18	.16	.53	.09
f15	子どもの気持ちをしぐさから正しく読みとる	.34	.17	-.21	.49	.08
f18	子どもとは関係なく自分の意見や立場を明らかにする	-.39	-.05	.15	.45	.09
f16	子どもの気持ちを表情から正しく読みとる	.39	.11	-.17	.41	.11
f14	子どもの考えを発言から正しく読みとる	.29	.25	-.14	.37	.06

f19	納得させるために子どもに柔軟な対応をして話しを進める	.34	−.03	.02	**.36**	.07
f75	叱る時にお尻を叩かない	−.17	−.18	−.10	.13	**.80**
f74	叱る時に手を叩いたりつねったりしない	−.14	−.03	−.07	.12	**.76**
f73	叱る時に頭は叩かない	−.04	−.09	−.13	.15	**.69**
f67	子どもを脅すことはない	.02	.07	.13	.04	**.48**
f64	他の子どもと比較するようなことは言わない	.19	.06	.18	−.12	**.41**
f65	親が遊んで欲しくないと思う子どもと遊ぶことを禁止することはない	.16	.17	.01	−.19	**.35**
f36	子どもの栄養に配慮して食事やおやつを用意している	.06	.01	.19	.06	**.24**
	負荷量の平方和	12.15	2.80	1.90	1.66	1.51
	因子間相関　1	—	.55	.45	.52	.52
	2		—	.53	.45	.41
	3			—	.26	.40
	4				—	.27
	5					—

注) F1：子どもペースストレス，F2：子ども理解ストレス，F3：自信不安定ストレス，F4：コミュニケーションストレス，F5：気遣いストレス，*逆転項目

　子どものペースに合わせて受容的・共感的に関わろうとする項目などに高い負荷量を示したので，「子どもペースストレス」($M=2.64, SD=.49$)と命名した。なお，この得点が高いほど，子どものペースに合わせることが苦手な傾向を示唆している。

　第2因子は，自分の子どもの性格や嗜好を把握すると同時に，子どもの友だちにも関心を持ち，子どもの特性を理解している項目に高い負荷量を示したので，「子ども理解ストレス」($M=2.55, SD=.69$)と命名した。この得点が高い場合は，子どものことをあまり理解していないと感じがちなことを示唆している。

　第3因子は親としての自信や責任のある態度で一貫した育児を行う項目に高い負荷量を示したので，「自信不安定ストレス」($M=2.40, SD=.69$)と命名した。この得点が高い場合は，育児に対する判断基準を持てず，躾などに自信の無さや不安感を持っている傾向を示唆している。

　第4因子は，言語的，非言語的コミュニケーションを有効に活かした育児態度に高い負荷量を示したので，「コミュニケーションストレス」($M=3.02,$

$SD = .49$)と命名した。この得点が高いほど，子どもとの意思疎通がうまくいっていないと感じている傾向を示唆している。

　第5因子は，子どもに対して身体的，精神的，物質的に十分配慮した育児態度に高い負荷量を示したので，「気遣いストレス」（$M = 2.50$, $SD = .72$）と命名した。この得点が高いほど，子どもに対する配慮に欠け，虐待につながるリスクがあることを示唆している。

　なお，各因子の信頼性係数は，「子どもペースストレス」が $α = .89$,「子ども理解ストレス」が $α = .82$,「自信不安定ストレス」が $α = .82$,「コミュニケーションストレス」が $α = .82$,「気遣いストレス」が $α = .76$ であり，いずれも十分な値が得られた。

5節　結果4：読み聞かせと育児ストレス

　抽出した養育ストレス感5因子と，読み聞かせ状況（①読み聞かせの有無，②開始年齢，③読み聞かせの楽しさ）との関連を検討するために，5因子の下位尺度得点による差の分析を行った。

　現在の読み聞かせの有無と，各養育ストレス感得点の相違を検討するために，現在読み聞かせをしている群と，読み聞かせを止めた回答およびほとんどしたことがない回答を合わせた読み聞かせ非実施群の2群に分けて t 検定を行った。その結果，「子どもペースストレス」（$t(221) = 2.69$, $p < .01$）において有意な差が認められ，現在読み聞かせをしていない非実施群が高い得点を示した（Table 6-2）。

　次に，読み聞かせの有無と開始年齢による養育ストレス感について，分散分析による差の検定を行った。その結果，「子どもペースストレス」（$F(4, 218), = 4.06$, $p < .01$）「子ども理解ストレス」（$F(4, 218), = 3.22$, $p < .05$）で有意な差が認められた。Tukey法による多重比較を行ったところ，「子どもペースストレス」では，読み聞かせを現在行っていない群が，0～1歳未満

で読み聞かせを開始して現在も続けている群よりも1％水準で有意に高い得点を示した。「子ども理解ストレス」では，0～1歳未満で開始した群よりも1歳～2歳未満で開始した群が，5％水準で有意に高い得点を示した。Table 6-3に各下位尺度得点と標準偏差を示す。

Table 6-2 読み聞かせ実施群と非実施群の養育ストレス感 t 検定結果

	読み聞かせ実施	読み聞かせ非実施	t 値
子どもペースストレス	2.59	2.80	2.69**
	(.49)	(.44)	
子ども理解ストレス	2.54	2.61	.28
	(.67)	(.73)	
自信不安定ストレス	2.38	2.50	.93
	(.69)	(.68)	
コミュニケーションストレス	2.99	3.15	1.83
	(.51)	(.38)	
気遣いストレス	2.46	2.62	1.41
	(.74)	(.66)	

上段：平均値，下段：標準偏差，**$p<.01$
注）読み聞かせ実施群 n = 172，読み聞かせ非実施群 n = 51

Table 6-3 読み聞かせの有無と開始年齢による養育ストレス感の平均得点と標準偏差

	読み聞かせなし	0－1歳未満	1歳－2歳未満	2歳－3歳未満	3歳以上
子どもペースストレス	2.80	2.52	2.74	2.57	3.11
	(.44)	(.51)	(.42)	(.51)	(.00)
子ども理解ストレス	2.58	2.42	2.77	2.94	3.14
	(.74)	(.64)	(.62)	(.94)	(.81)
自信不安定ストレス	2.49	2.32	2.46	2.41	3.21
	(.68)	(.68)	(.71)	(.63)	(1.11)
コミュニケーションストレス	3.13	2.91	3.13	3.17	3.50
	(.39)	(.55)	(.36)	(.47)	(.24)
気遣いストレス	2.62	2.42	2.59	2.24	2.92
	(.66)	(.76)	(.72)	(.49)	(.30)

上段：平均値，下段：標準偏差
注）読み聞かせなし n = 51，0－1歳未満 n = 114，1歳－2歳未満 n = 46，2歳－3歳未満 n = 10，3歳以上 n = 2

Table 6-4 読み聞かせの有無と楽しさによる養育ストレス感の平均得点と標準偏差

	読み聞かせなし	とても楽しい	まあまあ楽しい	それほど楽しくない	無理をしている
子どもペースストレス	2.80	2.45	2.61	2.76	2.62
	(.44)	(.68)	(.44)	(.36)	(.73)
子ども理解ストレス	2.58	2.47	2.53	2.74	2.54
	(.74)	(.75)	(.65)	(.73)	(.18)
自信不安定ストレス	2.49	2.20	2.43	2.46	1.94
	(.68)	(.76)	(.67)	(.64)	(.84)
コミュニケーションストレス	3.13	2.90	3.01	3.07	2.69
	(.39)	(.59)	(.48)	(.41)	(.84)
気遣いストレス	2.62	2.29	2.45	2.56	3.29
	(.66)	(.70)	(.76)	(.59)	(.71)

上段:平均値,下段:標準偏差
注)読み聞かせなし n=51,とても楽しい n=31,まあまあ楽しい n=116,それほど楽しくない n=20,無理をしている n=5

　次に読み聞かせを楽しんでいるかどうかと養育ストレス感得点について分散分析による差の検定を行った。その結果,「気遣いストレス」($F(4, 218)$,=2.70, $p<.05$)で有意な差が認められた。Tukey法による多重比較を行ったところ,「気遣いストレス」では読み聞かせを無理して行っている群が読み聞かせをとても楽しんでいる群よりも5％水準で有意に高い得点を示した(Table 6-4)。

6節　調査研究②の考察

(1)考察1：幼児の家庭の読み聞かせ状況と親の絵本に対する認識

　今回の調査対象者は223名であった。母親の職業では専業主婦率78％,自営業も含めた有職率は20.2％であり,父親の職業では85％以上が会社員という幼稚園在園児の家庭としては,平均的な家庭であると考えられる。第5章1節で述べた2010年度調査対象家庭のうち,幼稚園在園児の家庭の母親の有職率は23.3％であり,今回とほぼ同じであった[129]。このことから,女性の社

会進出が推奨される中でも，幼稚園在園児の家庭では仕事を持つ母親の割合はそれほど変化が見られず，多くの母親は育児を中心とした生活をしていると考えられる。したがって，本調査の回答者は母親が99.6％を占めており，園からの配布物への対応も母親が担うことが多く，母親が回答しなければ，このようなアンケート調査の提出も行われない可能性があるといえるだろう。

また，少子化が大きな社会問題として取りあげられるようになって久しいが，調査対象となった家庭の子どもは第二子以上のケースが93件あり，第一子130名の中にも年少の兄弟姉妹がいることを考慮すると，約半数は複数の子どもがいる家庭であることが示された。したがって，今回の調査対象となった家庭では，比較的育児経験がある一方で，複数の子どもの世話の負担を抱える母親が多かったと考えられる。

保護者の年齢を見ると，父親の平均年齢は37.3歳，母親の平均年齢は35.4歳であったが，父親，母親とも最少年齢と最高年齢では親子ほどの差が見られた。したがって，たくさんの絵本やゲームなどが家庭に普及していた若い世代と，40歳代以上の保護者の幼児期の文化的経験には世代による差があり，絵本や読み聞かせに対する認識に影響している可能性があると考えられた。また，子どもの平均年齢が4.2歳であることを考慮すると，平均的な母親は30代で子どもを産み，現在専業主婦である母親の多くは，出産前に数年の勤務経験を積んでいる可能性が高く，育児とは異なる仕事への価値観を持っている可能性もあるといえるだろう。

絵本の読み聞かせを行っているかどうかでは，読み聞かせを行っている家庭（77.1％）が前述の2010年に行った調査の幼稚園在園児の家庭（89.3％）に比べ[130]，10％以上の減少が見られた。このことは，幼児期の親子の家庭内の余暇の過ごし方に少しずつ変化が生じている可能性を示唆し，テレビやインターネットをはじめとしたさまざまな情報メディアの発達による生活環境の変化を受けて，幼児期からの読書離れが懸念される結果であると考えられる[131]。

一方で，現在読み聞かせを行っている家庭の読み聞かせ開始時期は，約66％が1歳までに始め，90％以上が2歳までに始めていた。したがって，読み聞かせは多くの家庭で文字やことばを習得する前の乳児期から積極的に始められていることが示されたが，幼児期に中断されるケースが増えている可能性もある。しかし，調査対象の幼稚園所在地では，各地で行政によるブックスタートのプログラムが推進するなかで[132]，未だ導入されていないにも関わらず，絵本が発達早期の子どもにとって良いものであるという認識は，浸透していると考えられる。

　読み聞かせの頻度は，毎日行う家庭と週4〜5回のほぼ毎日行う家庭を合わせると約半数近くになり（47.1％），読み聞かせを続けている家庭の多くは，絵本をとおした親子のふれあいが，毎日の生活習慣の一つになっている様子がうかがえる。一方，読み聞かせを行っているが週1回以下の家庭も20％近くあり，読み聞かせが子どもにとって良いと認識しつつも，何らかの理由で日常的に行えない可能性も示唆された。

　次に，保護者が日々の読み聞かせを楽しんでいるかどうかを見ると，「まあまあ楽しい」という回答が70％弱で一番多く，「とても楽しい」と答えた18％と合わせると，9割近い保護者は子どもと絵本を読みあう時間を楽しんでいることが示唆された。しかし，それほど楽しくないと感じている保護者が10％以上，子どものために無理して行っている保護者も3％弱いることから，保護者にとって絵本や読み聞かせは必ずしも楽しいものではなく，ストレスとなるケースもあると考えられる。

　第5章で述べた事例では，協力者の2歳男児の母親が，幼稚園年長組の長女には健康や生活習慣のために毎晩読み聞かせを行っていたが，「寝る前の儀式」となっていて楽しめなかったと述べた。また，読み聞かせが中断されてしまった2歳女児の母親は，子どもの要求に応じようとするあまり，時間的な余裕の無い生活の中で，読み聞かせに葛藤やストレスを感じていた。

　これらの事例のように，母親たちは良い母親であろうとして読み聞かせを

義務的に行っていることもあり，「子どものために」という視点に縛られて，読み聞かせが忙しい育児の中で負担になっていることもあると考えられる。絵本がさまざまな視点から分析されて，「子どもだけのもの」とはいえなくなったが，その楽しさが読み聞かせという日常行為に活かされない場合もあることは残念である。

　一方，母親たちが多忙な育児の中で，時にストレスともなり得る読み聞かせを，子どものために努力して行おうとするのは，やりとりの道具となる絵本には親の意欲を促す何らかの力や手応えがあるためと考えられる。それでは，母親たちは読み聞かせに何を期待し，どのような気付きを得ながら読み聞かせを行うのだろうか。

　読み聞かせを行う理由は，「教育」「子どもの楽しみ」「子どもとのコミュニケーション」「子どものリラックス」「自分自身の楽しみや癒し」から複数回答と，最も大きな理由をあげてもらった。複数回答による理由では，9割以上の保護者が「子どもの楽しみ」をあげ，続いて「子どもとのコミュニケーション」，「教育」，「子どものリラックス」，「自分自身の楽しみや癒し」の順となった。最も大きな理由に「自分自身の楽しみや癒し」をあげる保護者は0人であり，絵本は子どもの楽しみや親子のコミュニケーションなど，子どもを中心とした楽しさやふれあいを優先して利用されていることが示された。

　読み聞かせをとおした気付きは，複数回答では「子どもの成長」をあげる保護者が半数を超え，「子どもの気持ち」も4割以上の保護者が回答した。しかし，保護者は読み聞かせの中で，絵本に対する子どもの反応を見ながら子どもの成長や気持ちに気付くことが多い一方で，親としての気持ちや成長といった自分自身への振り返りは少ない傾向が示された。

　以上のように，親たちの多くは，読み聞かせが子どもの楽しみや親子の触れあいの時間となり，子どもの情緒や認知的発達を促すことを期待し，子どものためという視点で絵本を読む傾向があると考えられる。しかし，こうし

た読み聞かせが，養育者にとって本当に楽しい活動となっているだろうか。読み聞かせが「楽しい」と回答した保護者と「まあまあ楽しい」と回答した保護者は，全体の85％以上を占めたにも関わらず，読み聞かせを行う理由（複数回答）に養育者自身の楽しみや癒しをあげた回答は12％程度にとどまっている。

　この矛盾がなぜ生じているのかを考えると，読み聞かせをとおした気付きについても，親自身の気持ちや成長，育児のアイディアなどをあげる養育者は少ないことから，養育者自身が積極的に絵本を楽しみ，学びを得る意識は低いと考えられる。つまり，絵本は「子どものためのもの」という認識が，本調査の養育者にとっては一般的な見方といえるだろう。

　このことは，読み聞かせを止めた30件の中止理由と時期の回答からもある程度裏付けられるだろう。今回の調査では読み聞かせを早期から行う傾向が示されたが，1歳頃までに止めてしまった家庭が3件，2歳頃までに止めた家庭は6件であり，早期に止めてしまうケースも存在する。9名の止めた理由を調べてみると，「子どもが一人で読むようになった」が4件，「時間がない」が3件，「子どもの絵本に対する興味喪失」が1件，「その他」が1件である。2歳頃までの子どもが絵本を「一人で読む」というのは，「一人で見る」に等しく，絵本の内容や表現を楽しむというより，触ったりめくったりするおもちゃとして楽しんでいると考えられる。このような場合，親は絵本を一人でも遊べる子どもの玩具の一つと捉えている可能性もあり，子どもが飽きて興味を失えば捨て置かれることになる。絵本は子どもの楽しみや発達のためだけのものという親の認識が，子ども自身の興味関心の喪失によって読み聞かせをする親のモチベーションを低下させ，一人で絵本をめくるようになれば子どもに任せておこうという状況を生み出すのではないだろうか。

　しかし，松居（2001）が述べているように，絵本は幼い時期の子どもにとって「子どもに読ませる本ではなく，おとなが子どもに読んであげる本」（p.68）であり，絵本の意味と価値は，大人が関わって子どもに与えられる

といえるだろう。したがって，絵本は何よりもまず，与え手である親自身が楽しみ，価値を見出して，読み聞かせという親子のやりとりの中で，その楽しさを子どもに手渡していってこそ，意味のあるメディアといえる。このことは，第5章で提示したインタビューの中で，4歳男児の母親が「絵本は手にとって読んでみないと何も始まらない」と実感を語ったことからも明らかである。

また，竹迫（2010）は絵本について「この『子どものもの』という認識に，少々，引っ掛かりを感じなくもない。…子どもにとって重要な文化財のひとつともいえる絵本は，『子供騙し』であってはならず，大人の心を動かし得るし，大人を唸らせる絵本だからこそ，子どもを満足させることができるのだ」(p.11)と述べている。竹迫が示唆するように，人生で二度目の絵本を読む機会にこそ，大人は大人自身の心に響き，子どもと感動や喜びを分かちあえる絵本の価値に気付き，その楽しみを子どもに伝える必要があるといえるだろう。

(2)考察2：絵本の読み聞かせと養育ストレス感

幼児のいる家庭での読み聞かせは，以上のような絵本に対する認識をもって行われている状況が確認された。このような状況と普段の子どもとの生活で感じるストレスに違いがあるかどうかを分析した結果，養育ストレス感因子下位尺度得点の「子どもペースストレス」では，読み聞かせの有無と開始年齢による差が認められ，発達早期から読み聞かせを開始し，継続している場合に，子どものペースに合わせた対応がスムーズである可能性が示唆された。また，「子ども理解ストレス」では開始年齢，「気遣いストレス」では読み聞かせの楽しさで有意な差が示され，読み聞かせは早い時期から始めることによって，子どもに対する関心や理解を高め，養育者が楽しく感じて行うことによって，落ち着いた対応が出来る可能性が示唆された。

養育ストレス感は，質問紙調査票記入者が1名を除いて残り全員が母親で

あったため，本調査の場合では，日常的な育児における母親のストレス感を表していると考えてよいだろう。幼い子どもと接している母親は，子どものペースに合わせて「待つ」ことを要求されることが多い。合理性や効率性を重視して企業の一員として働きながら積んだ社会的な経験は，子ども相手には通用せず，非合理的な子どもの行動に合わせることは，ストレスとなっても不思議はない。

　しかし，子どもが1歳になるまでに読み聞かせを始めて継続している母親は，読み聞かせをしていない母親よりも「子どもペースストレス」感が低いことが示された。このことは，ゆったりと読み聞かせを行う時間が，合理的な社会的活動とは異なる価値観をもたらしている可能性を示唆していると考えられる。子どもの立場に立ち，子どものペースに合わせながら，子どもとの関係性を大切にすることが，読み聞かせをとおした親子のコミュニケーションの中で自然に体得され，日常的な関わりにも反映することで育児ストレスが軽減されるのではないだろうか。また，読み聞かせをしていない群には，中止したケースとほとんど行った経験の無いケースが含まれているが，中止や行えない理由は子どもと親の双方にあるといえる。例えば，子ども側には絵本に対する興味や関心の度合いや，落ち着きの無さなどの行動傾向，文字の習得などがあげられる。一方，親側には，子どもの読み聞かせに応じる時間の不足も含めて，子どもの気持や考えを察しながら，子どものペースに合わせる親的な力量などが影響すると考えられる。

　乳児期からの読み聞かせは，非言語的なコミュニケーションの段階から絵本を介することになる。乳児期で用いられる絵本は「赤ちゃん絵本」や「ファーストブック」と呼ばれ，ほとんど文字がなくシンプルな絵のものが多い（石井 2013）。文字はなくとも絵は必ずあるという絵本の特性は，文字を知らない乳児の認知状態に合致したものであり，文字が少ないゆえに，読み手が子どもに合わせてことばを添えたり，自由に話しかけたりすることを可能にしている。こうした対話的なコミュニケーションを重ねて，母親は子

どもの反応やペースに合わせ，共感的に接する術を磨いていくと考えられる。そして，このような子どもの視点に立った関わりが，母親の子どもに対する理解力を高めていくといえるだろう。このことは，「子ども理解ストレス」において，読み聞かせを早期から始めた方が，子どものことがわからないというストレス感が低い結果から裏付けられている。今回の調査をみると，「子ども理解ストレス」は，0歳から1歳までに読みきかせを始めた母親の方が，1歳から2歳で読み聞かせを始めた母親より低かった。つまり，読み聞かせは，ことばを発し始める前の対話的なコミュニケーションの段階から行っている方が，子どもという独自の存在に対する理解や気付きを得やすいと考えられる。絵本を介した子どもとのコミュニケーションは，子どもの行動特性や考え方などの認知的特徴を心得た親として成長することを助ける可能性があるといえるのではないだろうか。

「親の成長」は，脳科学的な研究からも裏付けられている。泰羅は読み聞かせをする母親の画像診断から，読み聞かせ中の母親の脳は前頭連合野が活性化していることを明らかにしている（泰羅，2009）。泰羅のイメージング研究によると，前頭前野は規則性が高く平明なかな文字を読む場合は，同じように規則性の高いアルファベットを読む場合に比べてそれほど活動しないことが確認されている（ウルフ，2008 小松訳 2008, p.99）。しかし，母親の脳は，ほとんどひらがなで書かれた絵本を子どものために読むと，前頭連合野が音読をするだけの時よりも明らかに活性し，中でも人とコミュニケーションをとる時や，相手の気持ちになって考える時に使われる部分が活動する（泰羅，2009, pp.43-45）。

泰羅によれば，前頭連合野の働きは思考，創造，意図，情操を司り，「人間を人間たらしめる」(p.21) 脳の指令塔といわれる。それ故，読み聞かせ中の母親は，子どもの気持ちを考えたり，子どもを楽しませるために工夫して読んだりすることによって，前頭前野が活性化すると考えられる。したがって，子どもが幼い頃から読み聞かせを続けることは，読み手の脳を生き

生きと保ち，親の子どもに対する理解を深めて「親を親たらしめる」のではないだろうか。そして，佐々木（1997）が述べているように，楽しさを分かちあう親子の共感体験が子どもの成長を促し，親と子どもは相互に育ちあっていくといえよう。

さらに，母親が読み聞かせを「楽しい」と感じることが重要であることが示唆された。今回の調査では，読み聞かせは子どもの楽しみやコミュニケーション，リラックスのために行われることが多く，母親は読み聞かせをとおして子どもの成長や気持ちに気付きを得ることが多いという結果であった。そのような読み聞かせをとても楽しいと感じている母親は，「子どもペースストレス」が読み聞かせを行っていない母親よりも有意に低く，子どものゆっくりした行動や考え方に合わせることにあまりストレスを感じない傾向が示唆された。また，読み聞かせをとても楽しく感じている母親は，叱り方や子どもの食事など身辺の配慮をする「気遣いストレス」が，無理をしながら行っている母親よりも低い結果となった。このことは，無理をしてでも読み聞かせを行っている母親は，子どものために良いことは全てやらなくてはならないという強迫的なストレスを感じがちなことを示唆していると考えられる。そのため，頑張り過ぎる親は，子どもの不適切な行動に対して思わず厳しい叱責をしたり，お尻や手を叩くなどの体罰を与えたりしてしまうこともあるのではないだろうか。体罰は深刻な虐待につながりかねず，虐待の増加が大きな社会問題となっている昨今，読み聞かせも含めて育児に対する「楽しさ」が何よりも重要と考えられる。

以上のように，絵本はもはや「子どものもの」に限定しないという研究者や創作側の動向とは異なり，絵本の最多読者ともいえる幼児の養育者にとっての絵本は，未だ「子どもだけの本」と認識されている可能性が高いといえよう。育児に多忙な日々の中で，自分のための時間が持てず，ストレスを抱えがちであるからこそ，人生で二度目に子どもと一緒に読みあう絵本が，親自身のものとしても楽しみとなり，親としての資質を育んでいけることが理

想である。そのためには，無理をしてストレスを感じながら，子どものために読み聞かせを行わないで済むように，絵本の面白さを幼い子どもの親やこれから親となる世代に伝えていくことが必要である。

第7章　調査研究③　幼児の保護者の養育ストレスと読み聞かせとの因果関係について

は じ め に

　第6章の調査研究②では，絵本の読み聞かせが，幼児期の親にとって子どもへの理解や親らしさの発達を促す可能性を検証し，読み聞かせと養育ストレス感の関連を明らかにした。調査研究③では，親が育児の中でストレスとなり得る子どもの行為をどのように捉えるかについて，読み聞かせ状況との関連を分析するために，調査研究②の対象者から下記の質問に回答した217名について，養育ストレス感と合わせて検討する。

1節　方　　法

1. 調査協力者
　第6章で述べた調査協力者のうち，質問紙調査票のⅢ「子どもの行動認知」に関する質問に回答のあった217名（A園169名，B園48名）を対象とした。217件の内訳は，年少児78名，年中児70名，年長児69名であった。

2. 調査内容
　第6章で使用したフェイスシート，絵本の読み聞かせ実施状況，養育ストレス感と，中谷（2006）による「子どもの行為に対する認知尺度」23項目を使用し，自分の子どもと同じ状況における他人の子どもの場合の両方に回答を求めた。本尺度は，日常的に見られる子どもの行動場面を設定し，子どもの行為をどのように感じるかを問うことにより，子どもに対する認知スタイ

ルを測るものである。

　内容は「作った食事を子どもがなかなか食べようとしません。好き嫌いがはげしく，ちゃんと食べるように言っても言うことを聞かず，口応えをします。このような状況で，あなたはどのように感じますか」という場面に対して，自分の子どもと他人の子どもの両方の場合について，23項目の質問に答える形式となっている。回答は「全くあてはまらない」を1点，「あまりあてはまらない」を2点，「どちらともいえない」を3点，「だいたいあてはまる」を4点，「非常によくあてはまる」を5点として各項目の合計得点を算出した。

3. 実施期間と手続き

　第6章と同じく，A園は2013年5月29日～2013年6月7日，B園は2013年7月3日～2013年7月13日に実施し，無記名の個別記入方式の質問紙調査票を園経由にて配布，および回収した。

2節　結果1：子どもの行為に対する認知尺度

　まず，自分の子どもに対する場合の項目平均点を確認し，23項目に対して主因子法よる因子分析を行った。固有値の減衰状況と因子解釈の可能性から，2因子構造が妥当であると考えられた。因子負荷量の低い2項目を分析から除外し，再度2因子を仮定して主因子法・Promax回転による因子分析を行ったところ，明確な2因子が得られた。また，因子間の相関は.05とほぼ直交していた。2因子が直交していたので，21項目に対して主因子法Varimax回転による因子分析を行った。Varimax回転後の最終的な因子パターンをTable 7-1に示す。因子分析結果において，各因子に高い負荷量を示した項目の合計得点を，各下位尺度得点として算出し，各因子は次のように解釈された。

第7章 調査研究③ 幼児の保護者の養育ストレスと読み聞かせとの因果関係について 315

Table 7-1 子ども認知スタイル（自分の子ども）の因子構造
（Varimax 回転後の因子パターン）

項目	因子 F1	因子 F2	共通性
f16 自分のことをダメな親（大人）だと評価されているように感じる	.77	−.63	.61
f19 自分を否定されているように感じる	.76	.05	.59
f06 自分の育児が下手なことを，子どもに責められているように感じる	.70	−.09	.51
f12 子どもにどう関わればよいのか悩む	.70	.04	.50
f20 戸惑いを感じる	.69	.01	.48
f08 子どもに無視されているように感じる	.69	−.06	.48
f22 子どもにバカにされたような気がする	.68	.10	.48
f13 育て方に問題があるのではないかと思う	.68	.06	.46
f10 子どもが自分に心を閉ざしているように感じる	.67	.07	.45
f18 子どもの胸の内がわからず，不安に感じる	.66	−.04	.44
f04 子どもに裏切られたように感じる	.66	.11	.44
f07 つらく感じる	.65	.07	.42
f14 子どもがわざと自分を困らせているように感じる	.59	−.08	.36
f02 子どもの悪意を感じる	.57	.07	.33
f01 どうしてよいのかわからず困ってしまう	.52	.01	.27
f15 成長の過程で当たり前の行動だと思う	.12	.77	.61
f21 子どもの成長にとって避けられない行動だと思う	−.04	.74	.54
f09 だんだん大人になっていくのだと感じる	.01	.67	.45
f05 子どもが成長している証拠だと受け止める	−.01	.67	.45
f03 子どもにとって必要な行動だと思う	−.02	.60	.36
f17 子どもらしいと思う	.04	.58	.34
因子寄与	6.75	2.80	9.55
因子寄与率	32.13	13.37	45.51

注）F1：責められ感，F2：見守り感

　第1因子は，「自分のことをダメな親（大人）だと評価されているように感じる」「自分を否定されているように感じる」「自分の育児が下手なことを，子どもに責められているような気がする」など，子どもの行動に非難がこめられているように感じるなどの15項目から構成された。そこで，第1因子は「責められ感」（$M=30.65$, $SD=10.50$）と命名した。

　第2因子は，「成長の過程での当たり前の行動だと思う」「子どもの成長にとって避けられない行動だと思う」「だんだん大人になっていくのだと感じる」など，成長を見守る態度を表す6項目で構成されていることから，「見

Table 7-2 子ども認知スタイル（自分の子ども）の因子構造 (Varimax 回転後の因子パターン)

項目	因子 F1	因子 F2	共通性
f08 子どもに無視されたように感じる	.82	-.07	.67
f16 自分のことをダメな親（大人）だと評価されているように感じる	.81	-.10	.67
f22 子どもにバカにされたような気がする	.77	.10	.60
f19 自分を否定されているように感じる	.74	-.03	.55
f06 自分の育児が下手なことを，子どもに責められているように感じる	.74	-.10	.55
f10 子どもが自分に心を閉ざしているように感じる	.72	.03	.52
f14 子どもがわざと自分を困らせているように感じる	.71	-.18	.52
f02 子どもの悪意を感じる	.64	.19	.45
f18 子どもの胸の内がわからず，不安に感じる	.64	-.16	.43
f07 つらく感じる	.63	-.04	.39
f04 子どもに裏切られたように感じる	.61	-.02	.38
f13 育て方に問題があるのではないかと思う	.61	.01	.37
f12 子どもにどう関わればよいのか悩む	.52	-.09	.27
f23 子どもの意図的な行為だと感じる	.51	-.02	.26
f15 成長の過程で当たり前の行動だと思う	.09	.75	.58
f09 だんだん大人になっていくのだと感じる	-.07	.70	.50
f21 子どもの成長にとって避けられない行動だと思う	.05	.68	.47
f05 子どもが成長している証拠だと受け止める	-.04	.63	.40
f03 子どもにとって必要な行動だと思う	-.12	.63	.40
f17 子どもらしいと思う	-.07	.61	.38
因子寄与	6.54	2.84	9.38
因子寄与率	32.71	14.17	46.88

注）F1：被害感，F2：成長客観

守り感」（$M = 16.06$, $SD = 4.55$）と命名した。

各因子の信頼性係数は，「責められ感」が $\alpha = .92$,「見守り感」が $\alpha = .83$ であり，十分な値が得られた。

続いて他人の子どもに対する項目平均点を確認し，23項目に対して主因子法 Promax 回転による因子分析を行った。固有値の変化と因子解釈の可能性から２因子構造を仮定して，再度 Promax 回転による因子分析を行った。十分な因子負荷量を示さなかった３項目を分析から除外し，残りの20項目より２因子を抽出した。なお，２因子の相関が－.08とほぼ無相関だったので，

主因子法 Varimax 回転による因子分析を行った。回転後の最終的な因子分析結果を Table 7-2 に示す。なお，回転前の累積寄与率は46.88％だった。因子分析結果において，高い負荷量を示した項目の合計得点を，各下位尺度得点として算出し，各因子は次のように解釈された。

第1因子は，「子どもに無視されたように感じる」「自分のことをダメな親（大人）だと評価されているように感じる」「子どもにバカにされたような気がする」など，他人の子どもの行動を被害的に捉える14項目に高い負荷量を示した。そこで「被害感」（$M = 29.01$, $SD = 9.59$）と命名した。

第2因子は，自分の子どもの場合と同じように「成長の過程で当たり前の行動だと思う」などの他人の子どもの成長を寛容的，客観的に捉える6項目で構成された。そこで，「成長客観」（$M = 16.58$, $SD = 4.49$）と命名した。

各因子の信頼性係数は「被害感」が $α = .92$，「成長客観」が $α = .83$であり，十分な値が得られた。

3節　結果2：調査家庭のプロフィール

調査対象家庭217件の保護者の年齢は，父親の平均年齢が37.3歳（$SD = 4.9$），最小年齢が26歳，最高年齢が51歳であった。母親の平均年齢は35.3（$SD = 4.3$），最小年齢が24歳，最高年齢が46歳であった。子どもの年齢は3歳代69名（男児27名，女児42名），4歳代67名（男児41名，女児26名），5歳代73名（男児41名，女児32名），6歳代8名（男児4名，女児4名）であり，平均年齢は4.2歳（$SD = .75$），最小年齢は3歳0ヶ月，最高年齢は6歳1ヶ月であった。また，性別は男児113名，女児104名であった。これらの子どもの幼稚園の所属組は，年少組78名，年中組70名，年長組69名であった。

4節　結果3：調査家庭の読み聞かせ状況と子どもの行動認知の検討

次に，読み聞かせの状況（①読み聞かせの有無，②開始年齢，③頻度，④読み聞かせの楽しさ，⑤読み聞かせをする最も大きな理由，⑥読み聞かせをとおした最も大きな気付き）と，子どもの行動認知尺度から得られた4因子の各下位尺度得点を比較した。

その結果，①〜④，および⑥の読み聞かせ状況と「責められ感」，「見守り感」，「被害感」，および「成長客観」の下位尺度得点にはいずれも有意な差は見られなかった。⑤の読み聞かせをする最も大きな理由では，「見守り感」が分散分析にて主効果のみ有意な差を示した（$F = (4, 212) = 2.62, p < .05$）。各下位尺度得点と標準偏差を Table 7-3 に示す。なお，読み聞かせをする最も大きな理由に「自分自身の楽しみ・癒し」を選んだ養育者はいなかった。

Table 7-3　読み聞かせの有無と読み聞かせをする最も大きな理由による子どもの行動認知下位尺度得点と標準偏差

	読み聞かせなし	子どもの教育	子どもの楽しみ	コミュニケーション	子どものリラックス
自分の子ども					
責められ感	28.38	29.10	28.94	27.12	26.16
	(8.87)	(11.94)	(10.13)	(9.71)	(7.63)
見守り感	13.73	16.15	13.83	13.84	11.30
	(3.70)	(4.70)	(4.07)	(3.42)	(4.94)
他人の子ども					
被害感	28.69	23.48	27.31	25.10	25.31
	(8.34)	(7.86)	(9.45)	(8.46)	(7.89)
成長客観	14.11	15.93	14.43	25.31	10.63
	(3.76)	(5.22)	(3.87)	(7.89)	(4.30)

上段：合計得点，下段：標準偏差
注）読み聞かせなし n = 48，子どもの教育 n = 26，子どもの楽しみ n = 88，子どもとのコミュニケーション n = 50，子どものリラックス n = 5

5節　結果4：読み聞かせと養育ストレス感

　第6章1節で述べた調査対象者のうち，本章1節の「子どもの行為に対する認知尺度」に回答した217名の養育ストレス感について，第6章で用いた養育ストレス感尺度を使用して再度因子分析を行った。

　まず，養育ストレス感尺度83項目の平均値，標準偏差を算出し，天上効果，およびフロア効果のある27項目を削除した。残りの項目に主因子法よる因子分析を行い，固有値の減衰状況と因子解釈の妥当性から4因子構造を仮定した。次に，4因子を仮定して主因子法 Promax 回転による因子分析を行い，十分な因子負荷量を示さなかった37項目を以降の分析から削除した。残りの19項目に対して再度主因子法 Promax 回転による因子分析を行った。Promax 回転後の最終的な因子パターンを Table 7-4 に示す。なお，回転前の4因子で19項目の全分散を説明する割合は57.23％であった。因子分析の結果において，各因子に高い負荷量を示した項目の合計得点を，各下位尺度得点として算出し，各因子は以下のように解釈された。

　第1因子は7項目で構成されており，「子どもの友だちを知っている」「子どもの友だちの名前を全員知っている」「子どもが友だちを好きな理由を知っている」など，子どもの交友関係まで含めて自分の子どもを理解し，関心を持つ項目に高い負荷量を示した。そこで，第1因子は「関心ストレス」（$M=17.66$, $SD=4.78$）と命名した。

　第2因子は「子どもの意見や立場を尊重する」「子どもとの関係を第一に考えて行動する」「いつでも受容的な態度で子どもに接する」など子どもを尊重する態度を表す6項目に高い負荷量を示した。そこで，第2因子は「尊重ストレス」（$M=15.97$, $SD=3.48$）と命名した。

　第3因子は「叱る時に手を叩いたりつねったりしない」「叱る時に頭は叩かない」など虐待傾向に関する3項目に高い負荷量を示した。そこで，「虐

Table 7-4 養育ストレス感（217名分）因子構造
（Promax 回転後の因子パターン）

	項　　目	因子			
		F1	F2	F3	F4
f45	子どもの友だちを知っている	.79	-.06	.01	.02
f46	子どもの友だちの名前を全員知っている	.79	.05	-.02	-.10
f49	子どもが友だちを好きな理由を知っている	.76	-.05	.02	-.05
f47	子どもの友だちの性格を知っている	.75	-.15	.01	.08
f48	自分の子どもの性格を理解している	.50	.26	.01	.04
f59	欲しがるものをすぐに与えることはない	.44	.04	.06	-.02
f58	かんしゃくを起こしても言いなりにならない	.40	.09	-.01	.05
f24	子どもの意見や立場を尊重する	-.11	.78	-.05	.01
f25	子どもとの関係を第一に考えて行動する	-.02	.72	-.05	-.07
f26	子どもとの関係を良好な状態に維持するよう心がける	-.04	.64	.00	-.01
f22	いつでも受容的な態度で子どもに接する	.04	.59	-.02	.06
f53	子どもの話をよく聞くようにしている	.13	.56	.07	-.03
f54	小さいことでも誉めるようにしている	.05	.54	.09	.06
f74	叱る時に手を叩いたりつねったりしない	.09	-.01	.84	-.04
f75	叱る時にお尻を叩かない	-.06	-.03	.76	-.04
f73	叱る時に頭は叩かない	-.04	.04	.65	.07
f12	自分の気持ちをしぐさでうまく表現して子どもに伝える	.02	-.09	-.06	.83
f11	自分の考えを言葉でうまく表現して子どもに伝える	.06	.08	.05	.66
f13	自分の気持ちを表情で子どもに伝える	-.07	.04	.02	.61
	負荷量の平方和	3.60	3.42	2.14	2.51
	因子間相関　1	—	.35	.15	.35
	2		—	.29	.42
	3			—	.26
	4				—

注）F1：関心ストレス，F2：尊重ストレス，F3：虐待傾向ストレス，F4：意思伝達ストレス

待傾向ストレス」（$M=7.48$, $SD=3.09$）と命名した。

　第4因子は「自分の気持ちをしぐさでうまく表現して子どもに伝える」「自分の考えを言葉でうまく表現して子どもに伝える」など意思伝達に関する3項目に高い負荷量を示した。そこで，「意思伝達ストレス」（$M=9.03$, $SD=1.96$）と命名した。各因子の信頼係数は，「関心ストレス」が $α=.83$，「尊重ストレス」が $α=.80$，「虐待傾向ストレス」が $α=.79$，「意思伝達ストレス」が $α=.74$であり，いずれも十分な値を示した。

なお，これらの下位尺度得点は「非常によくあてはまる」＝1点から全くあてはまらない＝5点とする5段階評定で回答を得たため，得点が高いほどストレス度が高い可能性を示唆している。

次に，読み聞かせ状況（①読み聞かせの有無，②開始年齢，③頻度，④読み聞かせの楽しさ，⑤読み聞かせをする最も大きな理由，⑥読み聞かせをとおした最も大きな気付き）と，抽出した4因子の下位尺度得点の差を検討するために，t検定，および分散分析を行った。

その結果，「虐待傾向ストレス」が，「読み聞かせの楽しさ」（$F(4, 212) = 3.47, p < .01$），および「尊重ストレス」が，「読み聞かせをする最も大きな理由」（$F(4, 212) = 2.85, p < .05$）で有意な差が見られた。そこで，Tukey（HSD）による多重比較を行った結果，虐待傾向ストレスでは読みきかせを「子どものために無理してやっている」群が，読み聞かせを行っていない群と「とても楽しい」「まあまあ楽しい」「それほど楽しくない」のいずれの群よりも有意に高い結果となった（Table 7-5）。

「尊重ストレス」では，読み聞かせをしていない群が「子どもをリラックスさせるため」に読み聞かせをしている群に比べて，有意に高い結果であった（Table 7-6）。なお，「自分自身の楽しみ・癒し」を読み聞かせをする最も

Table 7-5 読み聞かせの有無と楽しさの養育ストレス感下位尺度得点と標準偏差

	読み聞かせなし	とても楽しい	まあまあ楽しい	それほど楽しくない	無理をしている
関心ストレス	15.55	15.28	15.63	16.64	14.43
	(4.81)	(4.76)	(4.05)	(4.25)	(3.37)
尊重ストレス	14.74	13.20	14.07	14.86	12.97
	(2.99)	(4.17)	(2.57)	(1.95)	(5.07)
虐待傾向ストレス	6.18	5.69	5.54	5.37	9.40
	(2.34)	(2.49)	(2.39)	(2.37)	(2.91)
意思伝達ストレス	7.28	6.75	7.20	7.67	5.87
	(1.36)	(1.86)	(1.57)	(1.07)	(2.00)

上段：合計得点，下段：標準偏差
注）読み聞かせなし：n=48，とても楽しい：n=31，まあまあ楽しい：n=113，それほど楽しくない：n=20，無理をしている：n=5

Table 7-6 読み聞かせの有無と読み聞かせをする最も大きな理由の養育ストレス感下位尺度得点と標準偏差

	読み聞かせなし	子どもの教育	子どもの楽しみ	コミュニケーション	子どものリラックス
関心ストレス	15.55	16.21	16.07	14.73	14.51
	(4.82)	(4.18)	(4.29)	(3.86)	(5.06)
尊重ストレス	14.74	13.28	14.23	14.16	10.67
	(2.99)	(3.27)	(2.96)	(2.60)	(3.21)
虐待傾向ストレス	6.18	5.80	5.60	5.56	7.00
	(2.34)	(2.29)	(2.62)	(2.47)	(3.40)
意思伝達ストレス	7.23	7.09	7.31	6.81	7.60
	(1.36)	(1.79)	(1.61)	(1.57)	(1.01)

上段：合計得点，下段：標準偏差
注）読み聞かせなしn=48，子どもの教育n=26，子どもの楽しみn=88，子どもとのコミュニケーションn=50，子どものリラックスn=5

大きな理由にあげる回答は無かった。

6節　結果5：養育ストレス感と子どもの行動認知の関連性

217名分の養育ストレス感の4因子，および子どもの行動認知の自分の子ども2因子，他人の子ども2因子の下位尺度得点の相互相関をTable 7-7に示す。養育ストレス感の「関心ストレス」因子下位尺度得点（$r=.25$, $p<$

Table 7-7　養育ストレス感と子どもの行動認知下位尺度間相互相関

	関心	尊重	虐待傾向	意思伝達	責められ感	見守り感	被害感	成長客観
関心	—	.31**	.12	.30**	.25**	.07	.13	.04
尊重		—	.21**	.33**	.08	.12	.03	.10
虐待傾向			—	.18**	−.11	.13	−.08	.09
意思伝達				—	.27**	.04	.07	.02
責められ感					—	.06	.66**	.00
見守り感						—	−.08	.87**
被害感							—	−.09
成長客観								—

**$p<.01$

.01）と「意思伝達」因子下位尺度得点（$r = .27$, $p < .01$）が，子どもの行動認知の自分の子ども「責められ感」との間に，それぞれ1％水準で有意な正の相関を示した。

7節　結果6：読み聞かせ状況と養育ストレス感の因果関係の推定

「読み聞かせの楽しさ」で有意差が認められた虐待傾向因子下位尺度得点は，子どもの行動認知因子下位尺度得点のいずれとも相関を示さなかった。この結果をもとに，読み聞かせ状況と養育ストレス感の因果関係を示すモデルを作り，Amos による共分散構造分析を行った。

まず，家庭での読み聞かせ活動は，読み聞かせの意欲として読み聞かせ状況の①から⑥に影響し，読み聞かせの意欲は虐待傾向ストレスに影響を及ぼすと仮定して分析を行った。その結果，③読み聞かせの頻度，⑤読み聞かせをする最も大きな理由，⑥読み聞かせをとおした最も大きな気付きのパス係数が有意ではなかった。そこで，有意ではないパスを削除し，再度分析を行ったところ，GFI = .992, AGFI = .978, RMSEA = .000, AIC = 31.443となり，十分に高い適合度が示された（Figure 7-1）。その結果，読み聞かせの意欲から虐待傾向ストレスへのパスが，5％水準で有意な負の影響が見られることから，読み聞かせの意欲は，継続や早期開始，楽しさに影響し，また虐待傾向ストレスを減じることが示唆された。

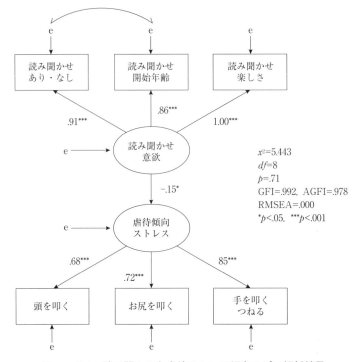

Figure 7-1 読み聞かせと虐待ストレス傾向のパス解析結果

8節　調査研究③の考察

　本章では，第6章の展開として，絵本の読み聞かせ状況によって子どもの行動に対する認識の仕方に違いが見られるか，および絵本の読み聞かせ状況と養育ストレス感，子どもの行動認知の因果関係を検討した。

　本調査で設定した「子どもが親（大人）の作った食事をなかなか食べずに，ちゃんと食べるように言っても口ごたえをする」という子どもの行動は，子育て中の親ならば日常的に経験する出来事であると思われる。子どものこうした行動は，自我の発達や味覚の発達による好みの主張であり，自分の意見

をことばで伝える能力の発達であるという肯定的側面と，食事の好き嫌いは，健康な成長の上で望ましくない行為であり，親の言うことを聞こうとしない好ましくない行為としての否定的側面がある。

　子どもの行動認知尺度の因子分析結果は，子どもに接する親が，どちらの側面を感じるかにより，自分の子どもの場合では親として不十分だと感じたり，成長を見守る捉え方になったりし，他人の子どもの場合では，子どもの反抗的な態度が被害的に感じられたり，客観的に寛容に捉えられたりすることを示唆した。

　読み聞かせをする大きな理由が，このような認識に影響しているかどうかでは，「見守り感」下位尺度得点に主効果のみの有意差が示され，自分の子どもの行動を受容的に受け止める傾向が示唆された。このことは，第6章で述べたように，読み聞かせをしている親は，子どもの行動に合わせたり，子どもの行動や考え方に関心を持って理解しようとしたりすることに，あまりストレスを感じずに接する傾向があることを裏付ける結果と考えられる。

　また，本調査が対象とした217名の養育ストレス感尺度から得られた4因子との相関において「責められ感」が「関心ストレス」と「意思伝達」との間にそれぞれ有意な正の相関を示した。このことから，子どもに関心を持ちつつ，子どもの行為や意思などを理解して接しようとするストレスの高さと，自分の子どもの成長を否定的に捉えがちな傾向とがある程度関連するといえるだろう。

　しかし，養育ストレス感尺度で有意差を示した「虐待傾向ストレス」は，子どもの行動認知尺度から得た4因子との相関は見られず，これらの4因子は読み聞かせ，および「虐待傾向ストレス」との間に強い影響関係があるとは考えにくい。そこで，「虐待傾向ストレス」と読み聞かせ状況との因果関係に焦点を絞り，共分散構造分析にて検討した結果，Figure 7-1のようなモデルを推定することができた。

　このモデルは，家庭での読み聞かせに対する意欲は，読み聞かせの開始年

齢や，親が感じる読み聞かせを行う楽しさなどの読み聞かせ状況に影響し，さらに，子どもに対して過度に厳しく接してしまう虐待傾向のストレスにも影響することを示唆している。そして，読み聞かせへの意欲は，「虐待傾向ストレス」と負の関係にあることから，意欲が高いほど「虐待傾向ストレス」を減じる可能性を示唆している。

また，「虐待傾向ストレス」は，読み聞かせ状況との関連において「読み聞かせの楽しさ」で有意な差を示し，無理をしながら読み聞かせを行っている群は，虐待につながりかねないストレスを抱えがちであることが示唆された。この結果は，親が読み聞かせを楽しみながら行うことの重要性を意味し，親自身が子どもとリラックスした読み聞かせを楽しめることが，育児のストレス緩和につながる可能性を示唆していると考えられる。

このような結果は，第6章で述べた「気遣いストレス」が読み聞かせの楽しさと関連することを支持するものと考えられる。「気遣いストレス」は「虐待傾向ストレス」と同様に，得点が高い場合は子どもの世話に対して体罰につながりかねないストレスを抱えがちな傾向を示唆している。読み聞かせを十分に楽しんでいる親は，ストレスをあまり感じることなく，子どもに対して適切な世話や関わりをすることができる可能性があり，家庭での読み聞かせは子どもに限らず「楽しさ」が何よりも優先されるといえよう。

また，養育者の読み聞かせの「楽しさ」は，第6章で述べたように，読み聞かせをとおして子どもの成長や気持ちに気付くことが多くを占めていると考えられる。親が子どもに絵本を読む日常のわずかな時間の中で，子どもの変化を感じることは，喜びや楽しさばかりではなく，子どもに対する理解などにも影響し，子どもの気持ちを尊重する態度を促す可能性を本調査で示唆することができた。しかし，松居（2001）が指摘するように，「絵本のどこがおもしろいのかよくわからない」(p.59)という大人がいるのも事実であり，親自身が絵本を楽しんでいるとはいえないことも示唆された。松居は，大人が自分自身で絵本を楽しむ大切さについて，次のように述べている。

「絵本を読んで，ひとりのおとなとして楽しみ，喜びや共感を感じた場合，私たちはその喜びや楽しさを，もっともいとおしいと思うわが子にしらせてやろうとするでしょう。読み手がこのような暖かい気持ちで読めば，その読み手の気持ちは，当然聞き手の子どもに伝わります。そして，子どもの気持ちもまた，絵本の世界へと強くはいり込んでゆきます。読み手の特に好きな絵本を子どもが好きになる傾向が強いのは，こうした感情の伝わり方が大きな力になっているためでしょう」(p.59)。

　読み聞かせが子どもの情緒，社会性，ことばなどの発達を促し，社会的相互活動として，大人と子どもの共感体験を形成するコミュニケーションであることは，これまでの発達心理学的研究などで検証されてきた。本調査では，虐待につながりかねない養育者の育児ストレスと読み聞かせ活動との因果関係を明らかにし，松居が主張するように，大人自身が絵本を楽しむ重要性を論証したといえよう。

第Ⅲ部　本研究の展開と結論

第8章　大人が絵本を楽しむための実践活動

はじめに

　第Ⅱ部では，読み聞かせは田島他（2010）による「絵本を介した記号媒介的相互行為で，養育者の『語りかけ』活動の1種である」(p.132) という定義に基づき，背景となる理論，および先行研究について考察し，家庭における読み聞かせの状況と，子どもの社会性の発達や養育者の絵本観，育児ストレスとの関連を論じた。絵本を介した親子のやりとりは，これまでの先行研究を支持する結果として，子どもと養育者の相互作用による発達的効果をもたらす可能性を示唆した。また，読み聞かせが中断されたり，養育者にストレスを与えたりする負の側面を振り返ることにより，読み聞かせは子どもの楽しみばかりではなく，養育者にとっても楽しい活動となることの重要性を示唆した。

　第5章で論じたように，読み聞かせが発達早期から発展的に継続されている場合，養育者は絵本に関心を持ち，子どもとのやりとりや一緒に読みあう時間をとおして，子どもの反応や発達的変化を見出すことにより，読み聞かせへの意欲を高めているといえる。そして，乳幼児期は，こうした養育者の意欲的な足場作りにより，子どもを読み聞かせ活動に参加させることを可能にし，絵本を介した心身の触れあいが，楽しさを伝えあう社会相互行為になるといえよう。

　しかし，養育者は絵本を「子どものための本」と見なし，大人としての視点から，絵本の持つ審美的要素や表現に含まれる作者の意図などを深く読み取ろうとしないことが少なくないと考えられる。子どもが，絵本に初めて出

会う時，生活経験を読みとることから始まり，繰り返し養育者と読みあいながら楽しむように，養育者も自己の育児経験や審美的要素などを読みとることにより，絵本を味わう楽しさを深めていけるのではないだろうか。

1節　目的と方法

(1) 目　的

本章では，絵本の歴史や表現技法，心理描写の読みとりなどをはじめ，養育者が大人の視点から絵本を学ぶという試みが，養育者自身の絵本に対する認識を深め，絵本を「子どものため」に読むだけではなく，自らの楽しみや学びとなり得るかについて，仮説を得るために探索的に行った実践活動を検討する。

(2) 方　法

調査者が主催する全7回の絵本勉強会を，都内小学校（調査者勤務校）に通う児童の養育者を対象として行った。参加者には，各回参加した後に記入するアンケート，初回参加時に記入する事前アンケート，最終回終了後のアンケートを配布し，調査者が直接回収を行った。なお，最終回終了後のアンケートは，学校経由で配布して回収した。

1. 毎回のアンケートについて
    参加時に毎回記入するアンケートは，以下の項目で構成した。
    ①勉強会の内容の適切さ
    ②勉強会の内容のわかりやすさ
    ③絵本に対する認識

④絵本の楽しさ
⑤絵本は役立つ
⑥その他・感想

2. 事前アンケートについて

　事前アンケートは，参加者の職業，家族構成などを問うフェイスシートと，以下に示した家庭での絵本との関わりを問う13問で構成した。
①現在の読み聞かせの有無
②開始年齢
③読み聞かせの頻度
④読み聞かせの楽しさ
⑤複数回答による読み聞かせをする理由と一番優先している理由
⑥複数回答による読み聞かせをとおした気付きと一番大きな気付き
⑦中止年齢（現在読み聞かせを中断している場合のみ）
⑧中止理由（該当者のみ）
⑨読み聞かせをほとんどしたことが無い理由（該当者のみ）
⑩絵本勉強会への参加理由（自由記述）
⑪子どもの好きな絵本と参加者の好きな絵本
⑫参加者が⑪で回答した絵本を好きな理由
⑬絵本の選択方法

3. 最終回終了後のアンケートについて

　全7回勉強会終了後のアンケートは，以下の内容の項目で構成した。
①絵本の起源や歴史を知ることによる絵本の楽しみ方や関心の変化
②絵本作家の情報を知ることによる絵本の楽しみ方や関心の変化
③絵本の構造や表現技法を知ることによる絵本の楽しみ方や関心の変化
④絵本に描かれた心理描写を読みとることによる絵本の楽しみ方や関心の

変化
⑤絵本に描かれた子どもの成長や発達のあり方を読みとることによる絵本の楽しみ方や関心の変化
⑥絵本創作を経験することによる絵本の楽しみ方や関心の変化
⑦①〜⑥の中で，一番興味深かった内容
⑧絵本は，子どもの読み物であると同時に，大人も十分に楽しめる
⑨絵本は育児に役立つ
⑩勉強会をとおして，読み聞かせをする意欲が高まった
⑪子どもが選ぶ絵本ばかりではなく，自分の楽しみとしての絵本も読んでみたい

4．勉強会の内容について

　絵本勉強会の主な内容は，絵本の歴史，表現技法や構造などの基礎的知識，代表的な表現技法を用いた絵本と作家の紹介，絵本から学べる子どもの心理や発達のあり方などを含む1回約90分の講習，絵本作り体験と創作発表会，ビデオ観賞会などで構成した。ハンドアウトは，『絵本の事典』（中川他編，2011），『絵本はいかに描かれるか：表現の秘密』（藤本，1999），『絵本のしくみを考える』（藤本，2007）などを主として，筆者が2010年に聴講した灰島かり講師による白百合女子大学授業資料，および「子どもの心の情景―精神分析的考察：モーリス・センダックの『三部作』より」（木部，2007）を参考にして作成した。なお，勉強会の参加費は，資料代も含めて無料とし，各回の勉強会用資料（ハンドアウト）は，全回不参加となった2名を除き，7名の参加者には欠席時の分も配布した。

5．実施期間

　勉強会は2014年7月から2014年12月までの期間に7回行った。

2節　結果と考察1：参加者の構成と参加状況

参加希望者9名のうち7名が，それぞれ複数回の参加をした。Table 8-1に絵本勉強会の各回の内容と参加人数を示した。参加者の構成は，1年生の母親が3名，2年生の母親が2名，3年生と4年生の母親が各1名であり，内2名が0歳代，1歳代の子どもの母親であった。母親の職業は，専業主婦3名，フルタイム勤務者1名，パートタイム勤務者3名であり，専業主婦の母親2名は，調査者が勤務する小学校で読み聞かせボランティア活動を行っていた。これらの参加者は，それぞれ2回から7回参加し，延べ参加者数は28名，1回あたりの平均参加人数は4名であった。

また，勉強会は，調査者の勤務時間終了後の17時から18時30分に勤務先小

Table 8-1　絵本勉強会　内容と参加人数

開催日	内容	使用した絵本	参加者
第1回(2014.7.3)	①事前アンケート，②絵本って何だろう：起源，③表現技法，④育児と絵本，⑤質問・アンケート記入	あおくんときいろちゃん	4
第2回(2014.7.17)	①絵本って何だろう：定義，②表現技法，③育児と絵本，④質問・アンケート記入	なみにきをつけて，シャーリー	5
第3回(2014.7.24)	①絵本って何だろう：古典的作品，②表現技法，③育児と絵本，④質問・アンケート記入	マイヤー夫人のしんぱいのたねは？	5
第4回(2014.9.11)	黒丸絵本作り		5
第5回(2014.10.9)	①黒丸絵本作品発表会，②絵本って何だろう：現代・創作絵本	The Tale of Peter Rabbit	3
第6回(2014.11.13)	①子ども観と絵本，②絵本って何だろう：センダック3部作，③育児と絵本，④質問・アンケート記入	かいじゅうたちのいるところ，まよなかのだいどころ，まどのそとのそのまたむこう	4
第7回(2014.12.18)	①クリスマス特集：モーリス・センダック舞台美術担当バレエNutcruckerビデオ鑑賞，②クリスマス絵本の紹介，③質問・アンケート記入	急行「北極号」，クリスマスものがたり，さむがりやのサンタ，It's Christmas, David!	2

学校の会議室を利用して行ったため，各回とも子どもが同席し，子どもたちは会議室の後方に集まって遊んでいた。調査者が，勉強会の最中に資料の絵本を読み始めると，子どもたちがテーブルに寄り集まって，一緒に聞く和やかな雰囲気の勉強会となった。このように，親子が気軽に集って学ぶ場作りも必要であると考えられた。

3節　結果と考察2：事前アンケート調査

事前アンケートの参加者プロフィールと，家庭での読み聞かせ状況をTable 8-2に示した。

家庭での現在の読み聞かせ状況は，4名が継続中，3名が既に中止していた。継続中の4名は，1年生の母親3名と3年生の母親1名であった。3年生の母親（ID6）は専業主婦であり，現在16歳の第一子が小学2年生だった頃から，週1回の校内読み聞かせボランティアを継続している。この母親は，

Table 8-2　事前アンケート：参加者プロフィールと読み聞かせ状況

ID	母年齢	父年齢	参加者職業	第一子年齢	第二子年齢	第三子年齢	学年	読み聞かせ有無	開始年齢	頻度	楽しさ	優先理由	大きな気付き
1	37	37	専業主婦	6			1	有	0-1歳	週2-3	とても楽しい	コミュニケーション	子ども気持ち
2	41	50	パートタイム	6			1	有	0-1歳	ほとんど	とても楽しい	子の楽しみ	子ども成長
3	45	45	専業主婦	15	7		2	無	0-1歳	無	無	無	無
4	46	54	パートタイム	15	7		2	無	0-1歳	無	無	無	無
5	33	35	フルタイム	6	1		1	有	0-1歳	週1以下	まあまあ楽しい	コミュニケーション	子ども成長
6	42	42	専業主婦	16	14	8	3	有	0-1歳	毎日	とても楽しい	子の楽しみ	子ども成長
7	未記入	未記入	パートタイム	10	0		4	無	0-1歳	無	無	無	無

熱心な読み聞かせ活動家であると同時に，家庭でもボランティア活動の練習を兼ねて，子どもへの読み聞かせを毎日行っている。

1年生の母親3名は，うち専業主婦の1名（ID1）が校内読み聞かせボランティアを子どもの入学後に始めており，家庭では週2～3回程度で読み聞かせを継続している。ほか2名のうち1名（ID5）は，第二子出産後の産児休暇から復職し，フルタイムで働きながら読み聞かせを週1回程度で続けている。残りの1名（ID2）は，母親自身が外国の出身のため日本語の勉強中であるが，一人っ子の長男との日常会話は日本語で話し，日本語での読み書きもほぼ差し障りなく行うことができる。この母親は非常に教育熱心で，パートタイムで働きながら，読み聞かせをほぼ毎日行っている。これらの母親たちは，フルタイム勤務のID5を除き，読み聞かせを「とても楽しい」と感じている。

参加者の中に，読み聞かせ経験が無い，あるいはほとんど無いという母親はいなかったが，2年生の母親2名（ID3, ID4）と4年生の母親1名（ID7）は既に読み聞かせを中止していた。なお，4年生の母親は，第一子（4年生）には読み聞かせを中止していたが，0歳代の次子への読み聞かせを始める予定とのことだった。

中止した時期は，いずれの参加者も5歳以上であり，中止の理由は専業主婦の2年生の母親1名と4年生の母親1名が「子どもが一人で読むようになった」と回答し，2年生のパートタイムの母親は「読み聞かせをしたいが時間がない」ことをあげた。この母親（ID4）は，自分で絵本を作ることもあると述べ，読み聞かせは行っていないが，絵本への関心は深い様子であった。

参加者が，読み聞かせを楽しんで行っているかどうかでは，4名のうち3名が「とても楽しい」，1名が「まあまあ楽しい」と回答している。「まあまあ楽しい」と答えたフルタイム勤務の母親（ID5）は，1歳代の第二子を保育園に預けて働いている。この母親は，ほかの3名に比べて週当たりの読み

聞かせの頻度も低く，時間的な問題など十分に読み聞かせを行ったり楽しんだりする余裕が無い可能性もあると考えられる。

　読み聞かせを行う理由は，最も優先する理由として「子どもとのコミュニケーション」と「子どもの楽しみ」のためがそれぞれ2名ずつとなり，複数回答では4名全員が「子どもの楽しみ」をあげている。一方で，複数回答の「自分の楽しみ」は2名にとどまり，絵本に高い関心を持っている養育者であっても，読み聞かせや絵本は「子どものためのもの」という視点にとどまっている傾向があると考えられた（Figre 8-1）。

　さらに，読み聞かせをとおした気付きでは，複数回答において4名全員が「子どもの成長」「子どもの気持ち」をあげている。一方で，複数回答の「親としての成長」は2名，「育児の知恵やアイディア」が1名，「親としての気持ち」は0人となった。また，読み聞かせをとおした最も大きな気付きは，「子どもの成長」が3名，「子どもの気持ち」が1名となり，親としての成長や気付き，育児の知恵やアイディアなどへの回答は0だった（Figre 8-2）。

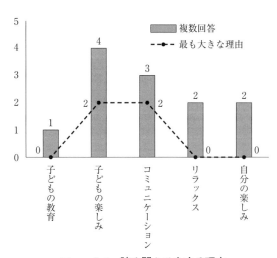

Figure 8-1　読み聞かせをする理由

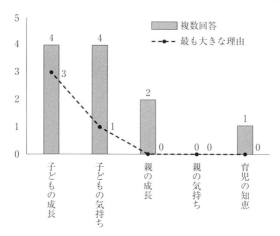

Figure 8-2　読み聞かせを通した気づき

　これらの結果は，第6章の調査とほぼ同じ傾向を示し，多くの養育者は子どものために絵本を読むと考えているが，そうした認識の下で行われる読み聞かせは，我が子の成長やさまざまな感情に気付く機会になっているともいえるだろう。

　次に，勉強会への参加理由は，Table 8-3 に示したように，「絵本の読み方，与える絵本の選び方を知りたい」「絵本ともっと親しみたい」「（勉強会で）どんなことをするのか興味があった」「自分も絵本が好き」「下の子が生まれたのでまた読み聞かせを始めた」「自分が知らない絵本や選ばないような新しい絵本を知ることへの期待」などがあげられた。今回の参加者は，もともと絵本が好きであろうが，絵本の選択については特に関心が寄せられ，3名（ID1, ID4, ID6）が参加理由にあげている。しかし，選択の基準は，「読んであげるための絵本」であることもうかがわれ，子どものために良い（面白い）絵本を選び，読み聞かせを充実させたいという思いが感じられる。

　一方，既に読み聞かせを行っていない参加者（ID3）は，「読んであげる」基準とは異なる視点から絵本に関心を示しており，止めていた読み聞かせを

Table 8-3　事前アンケート　参加理由と好きな絵本・好きな理由

ID	参加理由	子どもが好きな絵本	あなたが好きな絵本	好きな理由
ID1	絵本の読み方，選び方を知りたい。	ともだちや，こんとあき，もったいないばあさん	ずっとずっといっしょだよ，百万回生きたねこ，三びきのやぎのがらがらどん，あらしのよるに	内容が好き
ID2	絵本ともっと親しみたい。	いのちいただく，だれもしらないヒーロー，ドラえもんシリーズ	なみにきをつけて，シャーリー（注1）	子どもが繰り返し読む
ID3	どんなことをするのか興味があった。	おまえうまそうだな，からすのパンやさん	おつきさまこんばんは，ぐりとぐら，ぴょーん	お話が楽しいのと美味しそうだったから
ID4	子どもが本を読むことが好きなので，どのような本を与えたらよいか学びたい。自分も絵本が好きだから。	そらまめくんのベッド，ぐりとぐら	ぐりとぐら，くれよんのくろくん，おとうさんはウルトラマン，不思議の国のアリス	内容が好き
ID5	下の子が生まれたのでまた読み聞かせを始めたから。	ぴょーん，がたんごとん，だるまちゃんとてんぐちゃん	たべたのだあれ，ぴょーん，ぐるんぱのようちえん	子どもとの思い出があるから
ID6	自分が知らない，選ばないような新しい絵本を知ることができるかも，と思ったから。	（注2）	ごめんねともだち，きみはほんとうにステキだね，メリークリスマスおおかみさん	絵も内容もとても好き。読み聞かせの練習で泣いてしまったほど。
D7	絵本が好きなので。	きょうりゅうめいろ	うさこちゃんとうみ，自殺うさぎの本	子どもの時の思い出があるから

注1）自分の好きな絵本が思いあたらず，この母親が初回参加した第2回目で使用した絵本を気に入ったとして回答している。
注2）母親が同席していた子どもに確認したところ，子どもが「たくさんありすぎて言えない」と答えたため，未記入となっている。

次子のために再開予定の参加者（ID7）は，シンプルに「絵本が好き」という理由をあげている。このことから，読み聞かせを現在継続中の参加者は，たとえ絵本が好きであっても「子どもに読んであげる」絵本への関心に集中する傾向があり，子どもに読んで聞かせる役割を離れてからの方が，自分の

好きな絵本を楽しむ余裕が出てくる可能性もあると考えられる。

　参加者の子どもと参加者自身が好きな絵本では，ID4で『ぐりとぐら』（なかがわりえこ　文，おおむらゆりこ　絵，福音館書店，1967），ID5の『ぴょーん』（まつおかたつひで，ポプラ社，2000）が母子で一致しているほかは，一致が見られない。しかし，回答は3冊ずつ記入をする様式となっていたため，両者の好きな絵本を全てあげた場合には，かなりの一致がみられることが予想される。ID6の場合は，母親が好きな絵本を子どもも好んでいるが，同席していた子どもが，ほかにも好きな絵本がたくさんあり，ベスト3を選べないと述べたため，母親の回答は未記入となっている。また，ID7は『自殺うさぎの本』[133]など明らかに大人向けの絵本もあげている。好きな理由は，『うさこちゃんとうみ』では「両親が最初に買ってくれた絵本だったので，思い出がある」と述べるなど，子どもという視点から離れた絵本の楽しみを持っていたと考えられる。

　参加者が選んだ絵本を好きな理由では，内容や絵，子どもとの思い出，自分の思い出などに関連していることがあげられた。参加者は，ID2を除いて，読み聞かせ用の絵本とは別に，自分の好きな絵本を理由とともにあげることができたが，「絵」を理由に加えているのはID6のみであった。つまり，大人の絵本の楽しみ方は，絵本の最大の特徴ともいえる絵を読むことよりも，内容や話しのすじなどストーリーの影響を受けやすい傾向があるといえるのではないだろうか。

　絵本を購入したり借りたりする場合の主な選択方法は，5名が「子どもの好み」，2名が「親の好み」と回答し，貰い物などで済ませている参加者はいなかったが，子どもが喜ぶ絵や内容の絵本を選ぶ傾向があった。「親の好み」で絵本を選ぶと回答したのは，読み聞かせボランティアを長年続けている参加者（ID6）と，参加理由に「絵本が好きだから」と回答し，自分の好きな絵本に『自殺うさぎの本』をあげた参加者（ID7）だった。この2名は，自らの絵本への関心が高く，「子どもが絵本を好きだから読む」というより

も，自分が絵本を好きだから，子どもと一緒に読もうとする積極的な楽しみ方をしているタイプであると考えられる。

　しかし，4年生の母親である ID7 は，絵本が好きでも読み聞かせは子どもが6歳頃に止めたと述べていた。読み聞かせを止めているほかの参加者（ID3，ID4）も5歳か6歳で止めたと述べており，母親が絵本を好きな場合でも，読み聞かせは就学前に止める傾向があることが示唆された。したがって，育児中の大人は絵本が好きだから読み聞かせを続けられるとは限らず，母親の絵本好きと読み聞かせの継続には相関が見られない可能性もある。親子で絵本を長く楽しむためには，さまざまな育児支援は勿論のこと，母親たちが絵本を読むことに，子どもの成長や気持ちへの気付き以外の新たな発見をしたり，意味を見出したりすることが，読み聞かせの継続につながるのではないだろうかと考えられた。

　以上のように，勉強会は少人数ではあるが，絵本に対する意識の高い養育者が参加した。このような「絵本が好きな」養育者が「絵本には，絵本でなければ味わうことのできぬ楽しみや美しさ」（松居，2001，p.60）を知るためには，絵本に関する知識，絵本をアカデミックな視点を加えて読み解くことが一つの手段となるのではないだろうか。また，そうした知識が，育児や子どもへの理解など，日常生活に活かせることによって，絵本の楽しさを増し，絵本の認識を深めることにつながると考えられる。勉強会は，このような仮説の下に内容を吟味し，参加者が楽しく学べるように配慮した（Table 8-1）。次に，毎回のアンケート結果を検討する。

4節　結果と考察3：毎回のアンケート調査

　各回の参加者には，勉強会終了後に「内容」「わかりやすさ」「絵本に対する認識」「絵本の楽しさ」「絵本は役立つ」について，それぞれ4件法で回答してもらった。なお，参加者には，それぞれが自由に感じたり学んだりして

もらうために，勉強会が「大人の絵本に対する認識を変える試み」である主旨は伝えていない。結果を Table 8-4 に示した。

「内容」は，「とてもよい」が27件，「よい」が1件であり，ほぼ参加者が興味を持てる内容であったと考えられる。「わかりやすさ」では，「とてもわかりやすい」が25件，「わかりやすい」が3件であった。これらの結果は，育児世代の女性にとっても，児童文学を学ぶ大学生と同程度の内容が難しいものではなく，興味の対象と成り得ることを示唆していると考えられる。

「絵本に対する認識」は，「変わらない」は0件だった。「とても変化した」が18件，「変化した」が7件，「あまり変わらない」が2件，「変化した」と「あまり変わらない」の間に丸を記した回答が1件だった。この回答は第3回目に見られ，回答者は8年以上の読み聞かせボランティアを継続している参加者（ID6）であった。この参加者は，第1回目，2回目とも「あまり変わらない」と回答し，3回目では回答の理由として「何となく見ていた絵本で感じとってはいたつもりだが，ちゃんと意味があっての色合いだったり方向だったりするんだな，と思った」と述べている。実践の中で得てきた実感が，知識としての絵本の表現技法と一致していることを理解したことにより，少しずつ認識が変わっていったのではないだろうか。この参加者の「絵本に対する認識」は，以降の参加では「とても変化した」，または「変化した」と回答されている。このことから，子どものために多くの絵本を読み，豊富な読み聞かせ経験がある大人にとっても，多様な視点から大人として絵本を学ぶことにより，絵本観を変える可能性があると考えられる。

Table 8-4 参加者による各回評価（延べ回答数）

内容		わかりやすさ		絵本に対する認識		絵本の楽しさ		絵本は役立つ	
とてもよい	27	とてもわかりやすい	25	とても変化した	18	とても楽しい	25	非常にそう思う	26
よい	1	わかりやすい	3	変化した	7	楽しい	3	そう思う	2
あまりよくない	0	少し難しい	0	あまり変わらない	2	あまり楽しくない	0	あまりそう思わない	0
よくない	0	難しい	0	変化した・あまり変わらない	1	楽しくない	0	思わない	0
合計	28	合計	28	合計	28	合計	28	合計	28

「絵本の楽しさ」では，「とても楽しい」が25件，「楽しい」が3件となった。勉強会では，参加者たちに比較的馴染みの無い絵本か，もしくは知っていてもそれほど関心を引かない海外の絵本を中心に取りあげている（Table 8-1）。参加者たちが好きな絵本（Table 8-3）は，ほとんどが日本人作家による創作絵本であり，海外の絵本は少ない傾向があった。

参加理由には，「知らない絵本や新しい絵本が知りたい」という期待が寄せられていたが，子育て歴（第一子16歳1名，15歳2名）や読み聞かせボランティア歴が長い参加者の知らない絵本を提供することは難しいと思われた。しかし，研究的な視点が加わることにより，既知の絵本の知らない部分を発見することは可能であると考えられ，『あおくんときいろちゃん』（レオ・レオーニ，1951 藤田圭雄訳 1981）など，よく知られた絵本も取り入れている。絵本の楽しさは，参加者にとって，普段とは異なる絵本を用いたり，知っている絵本の中から表現技法や子どもの心や発達のあり方などを読みとったりすることにより，新規性として引き出すことができたのではないだろうか。

「絵本は役立つ」では，26件が「非常にそう思う」，2件が「そう思う」と回答した。これらは，「色々な人の気持ちがわかるので，絵本はとても役立つと思う」「子育ての悩みが少し解決したように思う」「友情の大切さとか，自分の気持ちとか，何でもふと気付かされることが面白いと思う。絵本は自己啓発のマニュアル本よりいい効果があるかも，と思った」などを回答の理由としている。絵本は，絵やことばで表現された世界を，さまざまな視点から読むことにより，育児期の大人にとってたくさんの気付きを与えることを可能にするメディアであると考えられる。

5節　結果と考察4：最終回終了後のアンケート調査

全7回終了後のアンケートでは，絵本に対する楽しみ方や関心の広がりについて，勉強会の内容に即した6項目の質問と，絵本観を問う4項目の質問

への回答（4件法）を得た（Figure 8-3, Table 8-5）。なお，いずれの項目も「全くそう思わない」の回答は0だった。

内容については，「絵本の起源や歴史を知って，絵本に対する楽しみ方や関心が広がった」には，7名全員が「とてもそう思う」と回答した。「作家情報」，「絵本の構造や表現技法」では6名が「とてもそう思う」，1名が「そう思う」と回答し，「心理描写」と「子どもの発達描写」では5名が「とてもそう思う」，2名が「そう思う」と回答した。

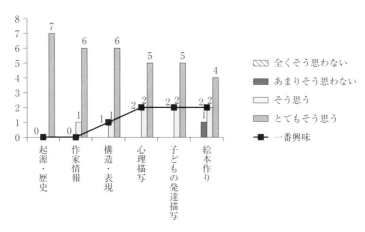

Figure 8-3　事後アンケート：内容に対する楽しみ方・関心の広がり

Table 8-5　事後アンケート　絵本観について

	1. 全くそう思わない	2. あまりそう思わない	3. そう思う	4. とてもそう思う
絵本は、子どもの読み物であると同時に、大人も十分に楽しめる。	0	0	0	7
絵本は育児に役立つ。	0	0	1	6
絵本の勉強会を通して、読み聞かせをする意欲が高まった。	0	0	0	7
子どもが選ぶ絵本ばかりではなく、自分の楽しみとしての絵本も読んでみたい。	0	0	0	7

「絵本作り」は，第5回目の内容であり，2学期に入って最初の勉強会だった。この回は，参加者の子どもや参加者の子ども以外の5年生児童が飛び入り参加となり，大勢で「黒丸絵本」作りを行った。「黒丸絵本」は，大小自由な黒い丸型とテキストのみで構成する8枚仕立ての絵本であるが，黒丸は紙面からはみ出して欠けてもよく，半円なども利用できる。ただし，8枚の用紙のうち1枚が白紙，3枚は中央に3センチ程度の黒丸を一つだけ描く，4枚は自由に黒丸を描き，自由に描いた1枚をほかの参加者と交換するという簡単なルールがある。揃った8枚は，組み合わせを考えてストーリーを付けると仕上がりとなる。絵が描けない子どもでも簡単に作れる絵本であるが，黒丸を何に見立てるかという想像力が要求され，ストーリーを考えることは意外と難しく，参加者には創作絵本作家になったつもりで取り組んでもらった。

　このプログラムの意図は，学んだ表現技法やページターナーを利用したプロットの動かし方などを取り入れることであり，参加者がこうした創作によって，一見単純に見える絵本に含まれる高度な技を実感してもらうことだった。創作活動が，参加者の絵本の楽しみ方や関心を深めたかどうかでは，「とてもそう思う」が4名，「そう思う」が2名，「あまりそう思わない」が1名となり，参加者によってはストーリーを作る難しさを感じている様子だった。

　参加者が，絵本の楽しみ方や関心が一番深まったと感じた内容では，「絵本の起源や歴史」と「作家情報」が0人，「絵本の構造や表現技法」が1名，「心理描写」と「子どもの発達表現」，「絵本作り」がそれぞれ2名となった。「絵本の起源や歴史」「作家情報」は，知識として絵本への関心が広がる内容ではあるが，一番興味を引く内容とはならない傾向が見られ，また，参加者が一番興味を感じる内容は，個別性があることが示唆された。

　絵本観については，「絵本は，子どもの読み物であると同時に，大人も十分に楽しめる」「絵本の勉強会をとおして，読み聞かせをする意欲が高まっ

た」「子どもが選ぶ絵本ばかりではなく，自分の楽しみとしての絵本も読んでみたい」の3項目に，7名全員が「とてもそう思う」と回答した。また，「絵本は育児に役立つ」では6名が「とてもそう思う」，1名が「そう思う」と回答し，参加者のそれぞれが，ただ絵本が好きというだけではなく，自分なりに絵本への関心を深め，自らの学びの視点を持って，子どもと絵本を読みあう意欲を高めたことが示唆された。

6節　結果と考察5：参加者の感想と自由記述

　参加者が，毎回記入をするアンケートの自由記述欄に寄せた感想をTable 8-6に示した。
　第1回目は，『あおくんときいろちゃん』を用いて表現技法や心理描写を解説した。この絵本は，参加者のほとんどが知っている子どもの本の定番ともいえるが，参加者の反応は「見たことあるね」程度の「知っている」であった。本書は，レオーニのデビュー作として有名であるが，参加者は作者の名前も知らない様子だった。レオーニの絵本は，『スイミー──ちいさなかしこいさかなのはなし』(1968 谷川俊太郎訳1969)などが国語の教科書にも採用されており，レオーニに対する参加者の反応は筆者にとって驚きであった。こうした事実は，絵本を研究する立場と一般的な読者の絵本に対する認識には，隔たりがあることを示唆するものと考えられる。
　しかし，この『あおくんときいろちゃん』には，複雑な表現技法や心理描写が含まれており（赤羽，2012），作家情報として取りあげたレオーニの創作経緯にも面白い秘話がある。参加者たちは，このようなことを学ぶことにより，改めて『あおくんときいろちゃん』の絵を読み，自分の創作に役立てたり，心理学的な見方に関心を深めたりしていた。
　第2回目は，『なみにきをつけて，シャーリー』（ジョン・バーニンガム，1973 へんみまさなお訳1978)を用いて，見開きページ左右に表現された大人

Table 8-6　各回の感想・自由記述

第1回目 (2014.7.3)	ID4：とても楽しかった。たまに子どもに絵本を作っているが，色々なことを盛り込んで，もっと楽しい絵本を作ってあげたい。『あおくんときいろちゃん』は大変勉強になった。 ID5：絵の中にあるストーリー（文章で表現できないもの）があることに気付かず読んでいたので，絵本への認識が変わったと思う。子どもがその時に気に入っている絵本で，子どもの気持ちがわかりそう。ピーターラビットの絵本を昔よく読んでいたことを思い出し，シリーズも含めてまた読んでみたくなった。心理学的な見方も面白いと思った。 ID6：普段の読み聞かせでも難しいことは考えずに年齢に関係なく楽しめる絵本を選んでしまうが，それで間違っていないと少し自信が持てた。
第2回目 (2014.7.17)	ID1：色々な人の気持ちがわかるので，絵本は役立つと思う。 ID2：絵本の表現技法にすごく驚いた。絵と文章の表現や，作者の言いたいことなどを考えるようになった。絵本は子どもの想像力を伸ばすともう一度感じた。 ID4：想像力を働かせるともっと絵本を楽しめる。子どもは本を読むのが好きなので，文章力を養うために必要だと思っていたが，精神面を養うことが重要だと感じた。とても楽しかった。絵本の作り方なども是非学びたい。 ID6：文字の無い絵本も読んでいたし，色々な捉え方があり，子どもの思い，親の思いで違った感想が出てくることは知っていた。聞く子どものために選んでいる絵本だが，読み手の親もとても楽しい気持ちになって絵本は役立つ。一石二鳥だと思う。
第3回目 (2014.7.24)	ID4：絵は話の内容に合わせて描かれているだけだと思っていたが，感情表現や読み進めるための工夫など色々なことが考えられていてスゴイな！と思った。言葉で伝えられないことや教えられないことを絵本を通じて，子どもに伝えられると思う。とても楽しかった。 ID1：子育ての悩みが少し解消したように思う。大人も癒される。 ID5：心理描写を理解できるとストーリーがとても深くなると感じた。友情の大切さとか，自分の気持ちとか，何でもふと気付かされることが面白いと思う。絵本は自己啓発のマニュアル本よりいい効果があるかも，と思った。 ID6：何となく見ていた絵本で感じとってはいたが，ちゃんと意味があっての色合いだったり方向だったりするんだな，と思った。単純に話の面白さだけで選んでいたが，改めて深すぎて知らないことが多すぎると感じた。 ID7：子どもと一緒に楽しむ時間が幸せ。絵本は親子のコミュニケーションのきっかけになる。
第4回目 (2014.9.11)	ID3：初めて参加したが，楽しくもあり大変でもあった。次回も是非，色々考えながら話を聞きたい。 ID7：絵本作りは興味深かった。絵本は人生を豊かにしてくれるかもと思った。 ID6：絵も文章も単純な絵本は何冊か知っていたが，まさか自分がそんな絵本を作れるなんて思ってもみなかった。絵本を読むのも楽しいが，作るのもとても楽しいと思った。最初は無理だと思っていたが，楽しんで作ることができて，ドキドキとワクワクの時間が過ごせた。

第5回目 (2014.10.9)	ID3：絵本の歴史がそんなに最近だったとは驚いた。勉強会は，楽しく色々なことを学べたり違う自分になれたりすると感じる。 ID4：毎回，楽しく勉強になっている。読む人は，その時の感情で色々なことが読み取れて役に立つと思う。子どもの心理描写には興味がある（次回への期待） ID6：一人の作家が作る創作絵本が出来てまだ100年くらいの歴史という新しさにびっくりした。読むことも作ることもやはり楽しいと感じる
第6回目 (2014.11.13)	ID2：絵本の深い意味にすごく驚いた。絵本の楽しさをもう一度感じることができた。もっと聞きたいと思う。 ID5：絵本の構図にも子どもの心理の秘密があることを知って認識が変わった。絵本の楽しさをもう一度感じることができた。子どもを怯えさせてはいけないは「間違い」で，そのことを大人に教えてほしい。難しいことだけど絵本を通して学びたい。 ID6：絵本の余白の大きさ，絵が描かれている部分の大きさまで主人公の気持ちが投影されているなんて，今まで気付かずに読んでいた。大人では読み解けない深い部分でも，子どもの方がきちんと理解したり発見したりしているのではないかと思えてきた。 ID2の友人：子どもの話，描いてある絵，もっとちゃんと聞いてみて何を考えているのか知りたくなった。持っている絵本をもう一度読み直したくなった。
第7回目 (2014.12.18)	ID2：もっと色々と聞きたい。 ID6：バレエの劇として聞く『くるみ割り人形』を初めて観た。劇中曲は知っている曲が何曲もあった。セリフが無いので"動く絵本"を見ているように感じた。

と子どもの異なる世界およびテキストに表現された大人の現実，ことばが語らない現代の親子像などを読みとった。参加者ID2が述べたように，こうした表現技法を知ることにより，参加者の絵本の読み方に変化が見られ，松居（2001）が期待する「読み」に近づく可能性が示唆された。

　第3回目は，「断ち落とし」などの手法を説明し[134]，この技法がわかりやすく表現されている『マイヤーふじんのしんぱいのたねは？』（ヴォルフ・エァルブルッフ，1995 うえのようこ訳 1998）を取り上げた。この絵本は，育児に悩む母親像が描写されており，中年と思われる女性が得体の知れないヒナを拾って育てる物語となっている。ヒナは，ピープーちゃんと名付けられ，やがて成長してクロウタドリであることがわかる。マイヤー夫人が，ピープーちゃんに飛ぶことを教えるために奮闘する姿は，日々，育児に励む母親たちの共感を呼びやすかったのではないだろうか。

　ID1の参加者は，「子育ての悩みが少し解決したように思う」と述べ，自

らの振り返りとして絵本を読むことができ，ID5 の参加者は，絵本を読むことによって「自己啓発のマニュアル本よりいい効果があるかも」と期待を述べている。

　これらの感想は，参加者たちが絵本を読みとっていく中で，育児や生き方に対するさまざまな学びを得ている可能性を示唆していると考えられる。

　第 4 回目は，参加者は子どもと一緒に黒丸絵本作りを体験し，親子で 1 枚の絵を交換して作る絵本の創作過程を楽しんだ様子だった。ID6 の参加者は，参加 1 回目，2 回目では絵本への認識が変わることが無かったが，この回では「とても変化した」と回答し，「ドキドキとワクワクの時間が過ごせた」と述べている。絵本は，読むばかりではなく，学んだ表現技法などを実践してみることにより，理解も深まるのではないだろうか。また，こうした想像的な体験は，ID7 の参加者が述べているように，「人生を豊かにしてくれるかも」という楽しさにつながる可能性があると考えられる。しかし，第 4 回目は夏休み前にやっておけばよかったという反省が生じた。長い夏期休暇中，親子で絵本を作る「ドキドキとワクワク」体験をゆっくり楽しめたかもしれないため，今後のプログラム作りには考慮したい課題といえる。

　第 5 回目は，参加者が作った絵本の発表会を子どもたちも交えて行った。自作絵本を参加者の前で読んだ ID6 の参加者は，「読むことも作ることもやはり楽しいと感じる」と述べ，読み聞かせのベテラン参加者も創作によって絵本への関心をさらに高めたと考えられる。

　第 6 回目は，子ども観を踏まえた絵本の歴史を概観し，20 世紀の最も偉大な絵本作家として「文章とイラストレーションを結びつける彼のセンスが，近代の絵本を作った」（ブリッグズ・バッツ，1995 さくま他訳 2001，p.206）と評価されるモーリス・センダックの三部作を読み解いた[135]。この作品群は，子どもの深層心理に焦点を当てた分析がなされることもあるように，子どもは喜ぶが，大人は直截性やシンボリズムに眉をひそめることもあり，物議をかもしたことでも知られている（ホリンデイル・サザランド，1995 さくま他訳

2001，p.354）。

　しかし，三部作の一冊『かいじゅうたちのいるところ』（冨山房，1975）は，戦後の児童書ベストセラーランキング57位を誇るロングセラー絵本であり（今村，2006，p.19），センダックの子どもに対する見方や創作姿勢がはっきりと読みとれる面白さがある。参加者たちは，この絵本に対しても『あおくんときいろちゃん』の場合と同じように，知ってはいるがあまり読まないタイプの絵本という反応を見せ，ほかの二冊（『まよなかのだいどころ』『まどのそとのそのまたむこう』）も同様であった。ID2の参加者が，「（今まで）どこが面白いのかよくわからなかった。とくに『まどのそとのそのまたむこう』は，今日やっと意味がわかった」と勉強会終了直後に語った時，ほかの参加者も頷いていた。ID5の参加者は，センダックの創作姿勢に感銘を受け，大人が子どもに伝えなくてはならないことを，絵本を通じて学びたいという感想を述べ，これまではあまり注目していなかった一冊の絵本から，多くを学び取った様子だった。

　第7回目は，クリスマスシーズンの開催となり，前回との関連も含めてセンダックの『くるみわりにんぎょう』（E.T.Aホフマン作・モーリス・センダック 絵，1984 渡辺茂男訳 1985）と，参加者の希望によってクリスマス絵本を数冊紹介した。また，センダックがPacific Northwest Balletのために舞台美術を担当したバレエ *Nutcrucker*（The Mortion Picture, 1986）のビデオ鑑賞を行った。この作品には，舞台装置に『かいじゅうたちがいるところ』との関連部分があり，絵本とほかのメディアとの関連を知ることも参加者の関心を引き出すと思われた。しかし，インフルエンザの流行や子どもの体調不良のため欠席者が多く，参加者が2名となってしまったのは残念だった。

　この日，ID2の参加者は，勉強会のプログラムが終了したことに対して，「もっと色々と聞きたい」と述べている。この参加者は，仕事と育児の両立で，読み聞かせは「まあまあ楽しい」程度で行っていたが，勉強会終了後には，「絵本の勉強会と聞いていたが，歴史や作家のことまで勉強できるとは

思わなかった。絵本に対する見方がとても変わった」と調査者に直接伝えに来た。

　また，ID7 の参加者は，後日アンケートを提出し，「途中より参加出来ず申し訳ありませんでした。子どもの通塾が始まり，心身ともに baby（0歳11ヶ月）を連れて参加する余裕がなかった。次回，また参加出来たらいいなと思う」と記述している。今回は，ハンドアウトなどを全て渡していたが，学びたい気持ちに寄り添う配慮は必要であり，参加者に無理のない開催時間帯や時間配分，会場などを検討することが今後の課題といえる。

　全7回のプログラムは駆け足で進んだ面もあるが，参加者たちがそれぞれに「思わぬ絵本の楽しさ」を発見し，単なる絵本好きにとどまらず，絵本に対する認識を変えることができたのではないだろうか。このように，養育者の「絵本が好き」な気持ちが，さらに「絵本の楽しさ」を学ぶことにより深まって，子どもとの読み聞かせを一層楽しいやりとりの時間に発展させることを可能にすると考えられる。したがって，養育者への読み聞かせの支援は，子ども中心の絵本の紹介ばかりではなく，絵本に対する養育者の視野を広げるための支援が有効な方法の一つとなるのではないだろうか。

7節　「大人が絵本を楽しむための実践活動」の総合考察

　ヴィゴツキーが論じた精神発達理論の主要なポイントといわれる三項関係（田島，1996，p.77），およびブルーナー（1983）による指示物を介した「労働の分割」（寺田・本郷訳 1988，p.70）におけるフォーマットや足場かけ作り，コール（1996 天野訳 2002）のリテラシー獲得に至る精神間の媒介システムをモデル化した理論（pp.381-383）などは，文字やことばを十分に習得している大人と，習得過程にある子どもという認知的に非対称な共同行為者によるやりとりの過程を表し，読み聞かせ活動を説明する図式と考えられている。このような視点から，親子の読み聞かせは，多くの人生経験や読書体験を持

つ養育者と，生活経験も読書体験も限定される子どもとのやりとりであり，「読み手の心の豊かさが絵本の言葉と一つになって，聞き手の心に伝わる」（松居，2001，p.69）楽しさの伝えあい活動といえるだろう。

したがって，大人は絵本を子どもの本とは思わずに，心の栄養となる絵本の世界を読みとったり，味わったりする必要があると考えられる。しかし，松居の指摘にあるように，大人は意外と絵本のことばの世界や絵の世界を十分に楽しまないまま読み聞かせを行っている場合もあり，残念なことと思われている（2001，p.60）。

読み聞かせをしている養育者の多くが，読み聞かせは「楽しい」と感じる傾向が第6章で示唆されたが，その楽しさは，松居（2001）が期待する絵本というメディアを読み解くまでには至っていないことが多いと考えられる。このことは，絵本の勉強会に集まった絵本に対する関心が深い養育者の感想にも表れ，「何となく見ていた絵本で感じとってはいた」が，絵本に表現された深い意味を吟味して，十分に楽しむまでには至っていなかったことがわかる。

また，事前アンケートでは，参加者のうち4名が現在も小学生の子どもに読み聞かせを続け，子どもの楽しみや子どもとのコミュニケーションのために絵本を読み，子どもの成長や気持ちに気付きながら親子で絵本を囲む時間を楽しんでいた。しかし，4名全員が，複数回答による読み聞かせを行う理由に「子どもの楽しみ」をあげる一方で，「自分の楽しみ」をあげた参加者は2名にとどまり，読み手自身の絵本の楽しみ方が十分とはいえない可能性が示唆された。さらに，参加者の絵本の選択や読み聞かせの中止時期では，絵本は主に子どもの好みを優先して選ばれ，3名の参加者が既に読み聞かせを中止していたように，リテラシーが未熟な子どもに読んであげる本として捉えられている可能性もあるといえるだろう。

絵本の勉強会に参加した養育者は，絵本や読み聞かせに関心を持っているにも関わらず，なぜ子どもが5，6歳頃になると絵本を読んであげなくなっ

たのだろうか。事前アンケートでは，第6章の場合と同じように「子どもが一人で読むようになった」「読み聞かせをしたいが時間がない」という理由があげられている。一般的に，子どもの就学にともなって仕事を持つ母親は多いと考えられ，第5章，および第6章の幼児期の子どもがいる調査協力家庭では，専業主婦率が7割以上であったことに比べ，絵本勉強会参加者は7名の中で半数以上にあたる4名が就業していた。育児と仕事の両立は，母親の忙しさを増長し，子どもと一緒に絵本を読んだり楽しんだりする余裕がなくなる可能性もあるだろう。

　また，子どもたちは学齢期に入ると文字を学び，自分で本を読めるようになることが求められ，小学校低学年の国語の宿題では，教科書の「音読」を課せられることが多い。したがって，子どもたちは読んでもらう聞き手から読み手になって，宿題を養育者に毎日みてもらう必要が生じるため，養育者の役割は，聞き手となって宿題をチェックすることに変わる。家庭内の読み聞かせは，就学を境に絵本から国語の教科書を介した活動へと変わり，役割交代が生じることも養育者が絵本を読まなくなる一因と考えられる。

　しかし，子どもたちが，文字を読めるようになっても本を読んでもらうことを喜ぶことは，勤務校の朝読書の時間に訪れる読み聞かせボランティアの保護者が読む絵本を，目を輝かせて聞いている様子から了解可能といえる。松岡（2015）が指摘しているように，文字が読めるようになっても耳で聞いてことばを理解する能力と，目から活字を読みとって理解する能力の差は大きく，子どもが心にことばを刻み，想像力を発揮して絵本を楽しむためには，「聞く」経験が重要と考えられる。

　また，読み聞かせは，子どもと大人の相互活動であり，養育者の読み聞かせに対する「楽しさ」が，読み聞かせ活動の重要な構成要素の一つであることが示唆されている（田島，2010，p. 153）。つまり，養育者が，絵本を子どものためだけの読みものと捉えずに，養育者自身が絵本を味わう「楽しさ」を増すための支援が必要と考えられる。子どものための選書や，読み聞かせの

方法などは養育者にとって関心の深いことであり，そのような関心に応える参考図書は数多くみられるが，読み手が「ひとりのおとなとして楽しみ，喜びや共感を感じ」(松居，2001，p.59) る方法を学ぶ場は意外と少ない。

　本調査による絵本の勉強会では，参加者たちが絵本を研究者や作者の視点から学ぶ機会を得て，絵本の表現技法や心理描写，子どもの成長や発達の過程などを読みとることにより，「子どものための読み物」から離れた気付きを得たことが示唆された。最終回終了後のアンケートでは，全員が読み聞かせへの意欲を高めると同時に，絵本は大人も十分に楽しめると感じ，「子どもが選ぶ絵本ばかりではなく，自分の楽しみとしての絵本も読んでみたい」と回答している。そのような自分のための楽しみ方が，育児に役立つことに気付いたり，自己啓発本よりも効果的と感じたり，さらには「子育ての悩みが少し解消した」(ID1, Table 8-6) と思う機会となり，子どもと絵本を読みあう時間を豊かにするのではないだろうか。

　また，事前アンケートでは，参加者のほとんどが「子どものため」に絵本を学ぶ姿勢であることが示され，第1回目，第2回目の勉強会では「子どもがその時に気に入っている絵本で，子どもの気持ちがわかりそう」(ID5)，「絵本は子どもの想像力を伸ばすともう一度感じた」(ID2) など，子どもと絵本を関連させた感想が目立った。しかし，参加者の各回の感想・自由記述に見られるように，参加者たちは次第に子どものための絵本学習から，自らの学びを楽しめるようになったことがうかがえる。ID5 は「自分の気持ちとか，何でもふと気付かされることが面白い」「絵本は自己啓発のマニュアル本よりいい効果があるかも」(第3回目)，絵本に描かれた厳しい現実を「大人に教えてほしい」(第6回目) というように，子ども視点だけではなく自分自身と絵本を関連づけるようになった。ID2 は，「絵本の楽しさをもう一度感じることができた」(第6回目，・は筆者) と述べ，子どものために読む絵本も楽しいが，絵本に描写された深い意味を読みとることによって，自分自身の楽しみを増していた。さらに，第4回目に初めて参加した ID3 は，最初

は勉強会の内容に「楽しくもあり大変」と感じていたが，第5回目では「楽しく色々なことを学べたり違う自分になれたりする」（・は筆者）と述べた。このように，大人の視点から絵本を学ぶことは，日々育児を中心としている母親にとって，新たな気付きによる自分自身の変化や成長の機会になり得るという仮説は，ほぼ妥当であると考えてよいだろう。

　また，ID7の参加者が「子どもと一緒に楽しむ時間が幸せ」（Table 8-6，第3回目の感想）と述べたように，読み聞かせは子どもばかりではなく，読み手自身が絵本を楽しむことによって，満ち足りた親子のコミュニケーションになると考えられる。子どもが絵本を繰り返し読んでもらいながら想像を膨らませたり，絵の中にたくさんの発見をしたりするように，大人も絵やことばをじっくりと味わい，絵本を介して自己の学びとなる要素をたくさん見出しながら，育児を楽しむ時間が持てるのではないだろうか。

　母親が育児に楽しさを感じることは，増え続ける児童虐待や育児不安の対策として重要であり，まずは母親への支援の充実が目下の課題となっている。厚生労働省の調査によれば，重症事例の虐待に母親が関与したケースは約半数を占め，虐待の動機は「保護怠慢」によるものが最も多く，子どもを育てる意欲に乏しいことが暴力や育児放棄（ネグレクト）につながっている。また，育児意欲の乏しさは，望まない妊娠や10歳代の妊娠，経済的困窮などによる影響が大きいが，子どもとの関わりに悩んで子育てに疲れてしまうケースもあり，妊娠期から産後の継続的支援が課題とされている[136]。

　飯長（2015）は，絵本作家（いわむらかずお）との対談で，子どもとどう遊んだらいいのかわからないと悩む養育者がいるが，「自分自身の子ども心みたいなのをどこかで湧き立たせることができれば，どんどん遊びが出てくる」（p.2）と述べている。読み聞かせは，養育者と子どもとの間に絵本を介することにより，養育者が絵本や子どもの反応に助けられながら，自らの心のうちにある「子ども心」を喚起して，子どもと共同して遊ぶ中で，関わり方を学ぶ相互活動の場になると考えられる。

しかし，先に述べたように，読み聞かせが楽しめないまま無理をして行われたり，義務的に行われたりしている場合もあり，養育者のストレスとの関連が示唆された。本章では，こうした負の側面は養育者の絵本観に一因があると考え，これまでの調査の展開として，絵本を大人として学ぶ勉強会の試みを検討した。その結果，養育者の絵本に対する認識を深めることが，読み聞かせへの意欲を高めたり，自己への気付きをもたらしたりする可能性を示唆した。養育者が絵本に楽しみを見出すための支援は，健康な親子関係の形成のために，子どもに絵本を選んだり，子どもとのやりとりを楽しんだりする方法を伝える支援と同様に，いっそう充実させる必要があると考えられる。

結　論

第 9 章　本研究の概要

1 節　本研究を始めた経緯

　本研究の概要をまとめるにあたって，研究を始めた経緯について述べておきたい。今日の子どもたちは，携帯型ゲームやビデオ，オンライン配信による動画など，幼い頃から種々の電子メディアと身近に接して成長する中で，絵本を読んでもらう経験をどのように感じているのだろうか。絵本とは一体どういうメディアであり，子どもに絵本を読むという行為の意味は何だろうか。こうした疑問が生じたきっかけは，ある一人の子ども（Ａちゃん）を膝にのせ，絵本を繰り返し読んだ後に見られたＡちゃんの言動であった。

　母親によると，Ａちゃんは他者との関わりが難しい子どもであり，「扱いが面倒な時には，テレビを見せておけばおとなしくしている」とのことだった。家庭では読み聞かせをほとんどしていなかったが，自分だけのために絵本を読んで貰うことは，Ａちゃんにとって楽しい経験だったと思われ，第5章2歳女児の事例（2節結果と考察6）で取りあげた『いもむしくん』の絵本をせがまれて何度も読み，主人公のやさしさを話題にした。

　『いもむしくん』の主人公は，大好きなさぼてんくんが雨に濡れないように傘をさし，風に打たれて倒れた時にはすぐに助けにいく心優しいいもむしくんである。明るいピンク色のいもむしくんは，Ａちゃんに気に入ってもらえたらしいが，Ａちゃんは，周囲の出来事や人に対して無関心な傾向があり，普段は感情をあまり表現せず，ことばも少ない子どもだった。しかし，ある日，いもむしくんの場面のように，風に飛ばされそうになりながらＡちゃんが濡れないように傘をさして歩いた時，やさしさと守られることを感

じ取っていると思われる発言をした。この時，Aちゃんの心の中には，おそらく絵本のイメージと重なるものが浮かんでいたにちがいなく，読み手との共感体験が，生活の場で再現されたのだろう。

この出来事が，子どもの心に働きかける絵本の力を不思議に感じた最初であり，絵本で経験したことが生活と結びつきながら読みとられていく中で，子どもの想像力や人と関わる力が育まれる可能性を筆者に実感させた。こうした実感は，日々，子どもに関わる養育者や保育士，幼稚園教諭などが，何度も経験していることだろうが，その理論的・科学的な根拠を追及すると同時に，読み聞かせをとおした親子のふれあいをもっと広めたいと考えたことが，心理学的な読み聞かせ研究へとつながった。

後に，Aちゃんの家庭には，研究の予備調査として親子の読み聞かせ観察の協力を依頼し，26場面のビデオ撮影データを提供してもらった。その頃には，家庭で絵本を読む習慣もでき，主に就寝前に行われる親子の絵本タイムでは，母親の腕に寄り添って聞くAちゃんが観察され，読み聞かせは「関わりが難しい子ども」と母親の良いコミュニケーション活動となっていた。こうした親子の読み聞かせが，卒園を控えたAちゃんの心に残したものは多かったに違いない。現在中学生のAちゃんは，音楽をはじめ書道や華道などが好きな子どもに育ち，芸術的な感性に恵まれたことに自信を持てるようになっている。

1970年代以降，比較的多くの先行研究が，絵本の読み聞かせの効果を検証し，発達心理学的な立場では，絵本は大人と子どもの間に記号媒介的なことばを介したやりとりを促す道具の一つと考えられてきた。しかし，絵本そのものへの研究視点が薄い傾向があり，読み聞かせの実践者である養育者や教育関係者などが，特に関心を寄せる「どんな絵本が良いのか」に対応できないこともある。こうしたジレンマが，絵本とは何かを探究するきっかけとなり，心理学的視点から児童文学の視点に立つ絵本研究へと導いた。

本研究では，二つの研究領域の視点から，絵本と読み聞かせの本質を「楽

しさ」と考え，「絵本」と「養育者と子どものやりとり」について，絵本を介した読み聞かせ活動が，養育者と子どもの双方に与える発達的影響を考察すると同時に，子どもに絵本を読むという行為に生じるストレスを踏まえ，読み手の絵本観に新たな視点を広げる支援の必要を論じた。

2節　本研究の背景と目的

(1)背　　景

　絵本や読み聞かせに関する研究は，広い範囲の研究分野から行われるようになったが，各分野が共同する視点を持った研究は少ないといえる。特に，鳥越（1993）や佐々木他（1989）が指摘するように，児童文学と児童心理学は，近接領域にありながら互いが有効に交流することなく，心理学分野では「測定」を主体とした形式の問題に焦点化してきたという批判的な意見もあった。

　一方，海外の文学研究領域では，Bruner（1990）が読者反応理論から認知批評へ橋渡しをしたといわれ，リテラシーが子どもの認知能力，言語能力，社会的能力などを含み，これらは全て読書によって促進し得ると考えられるようになった（Nikolajeva, 2014, p. 11）。しかし，Nikolajeva（2014）は，子どもの作品への認知的関与や，作品が幼い読者に与える影響については，単一領域のリサーチプロジェクトを越えたものは驚くほど少ないことを指摘するとともに，文学作品の認知批評という立場が，急速に広まりつつあることを評価している。Nikolajevaによれば，認知批評は創作分野に対して認知科学を源流とするアプローチを行い，Bruner（1990）による "cognitive turn" は，Turner（1991）の文学理論のほか，Hogan（2003），およびZunshine（2006）などの認知科学や，進化心理学を援用したフィクションを論じる試みなどに関連している（pp. 3-5）。

また，文学的な認知批評の立場は，共感や心の理論などを扱う感情心理学と，Keen（2010）などを例に見る最新の脳科学研究なども踏まえて，人が文学作品から何を学び，文学が若い読者の精神発達や社会性の発達になぜ重要なのかを論じている（Nikolajeva, 2014, pp. 4-5）。さらに Hogan（2003）は，このような読者反応論の発展について，心理学研究者たちが人文科学研究から恩恵を受けられる可能性をも示唆している。

　一方，心理学分野では，絵本をはじめ，子どもの文学体験における個々のテキストの作用，および読み聞かせなどの伝達手段との関連が吟味されることは少ない傾向にある。子どもの反応や母子相互作用などは，実験や調査にあたって具体的材料となる絵本の価値を考慮せずに，実験心理学的な反応を捉えることばかりに関心が払われがちであることが指摘されてきた（佐々木他，1989, p. 21）。

　また，発達心理学と同様に，子どもの発達的側面に着目する教育や保育研究では，読み聞かせに関する研究が比較的多くあり，実践論的な視点にとどまりがちなことが指摘されているが，絵本による反応の違いに着目した研究もされてきた。一例では，佐藤・西山（2007）や横山・水野（2008）が，集団での読み聞かせ活動中の子どもの発話などを読者反応として分析し，絵本の選択が子どもの反応や場の一体感を引き出すことに重要な要素であることを述べている。佐藤・西山は科学的手法を取り入れて，絵本の内容と構造にまで着目しているが，反応の違いを引き起こす絵本の特徴の分析には物足りなさを残している。

　このように，読み聞かせに関する研究は，道具となる絵本について，その違いや重要性に気付きながらも，文学的な視点への関心が低いことが問われるといえるだろう。また，田島他（2010）が述べているように，発達心理学や教育学関連の研究は，乳幼児期の発達促進に読み聞かせの高い効果を認めつつも，その理論的背景や科学的データからの裏付けが十分ではないとの指摘もあった（p. 132）。この点について，田島他（2010）は，KUMONとの共

同研究により，読み聞かせを「発達初期の子どもと養育者間の記号媒介的相互行為」(p.132) と定義し，養育者による語りかけ活動としての読み聞かせが，認知的発達に及ぼす影響を，理論と実証の両面から明らかにし，モデル化を試みている。田島他の共同研究は，母子相互交渉と言語発達（岩崎他，2010；2011），母子関係の発達への影響（板橋他，2012），母親の育児意識や育児行動に及ぼす影響（板橋・田島，2013）などに発展し，ヴィゴツキー（1934 柴田訳 1987），ブルーナー（1983 寺田・本郷訳 1988），コール（1996 天野訳 2002）などの理論を基盤とする読み聞かせの発達効果を科学的に実証してきた。しかし，田島他（2010）が検証した「読み聞かせ活動の構造と機能の『2段階・5ステップ』発達モデル」(p.137) は，実際の読み聞かせ場面でどのように展開されるのかという質的・具体的な部分が，まだ十分に明らかにされていない。

また，板橋・田島（2013）は，KUMON の歌い聞かせと読み聞かせの育児支援プログラムが，利用者の育児行動に及ぼす影響を明らかにしたが，育児ストレスなど負の面は精査されていない。藤井（2010）が懸念を示したように，読み聞かせがストレスとなる場合もあり，読み聞かせに限らず「子どもとどうやって遊んでいいのかわからない」（飯長，2015，p.2）と悩む養育者がいることも明らかになっている。これまで，読み聞かせは，育児態度との関連などでも論じられているが（e.g. 齋藤・内田，2013），プラスの側面への研究が進む一方で，育児ストレスなどマイナス面との関連はほとんど論じられていない。以上のことから，本研究では次の三つの目的を設定した。

(2)目的1：文学的視点からの絵本研究

絵本は，幼い子どもの文学と見なされがちであるが，その起源を辿ると対象は必ずしも幼い子どもではなく，中川（2011）が述べているように，視覚的コミュニケーションともいえる営みの中に，その発端を見ることができる。洞窟壁画や古代の巻物には，記号的役割を持つ絵や象形文字，ヒエラティッ

ク（神官文字）などが描かれ，時空を超えて人々をつなぐ役割を果たしていた。こうした視覚的コミュニケーションは，文化や時代の違いを補って，文字を知らない人との情報の受け渡しをも可能にするものであり，認知的な差のある人同士のやりとりの手段となっていたと考えられる。このことは，文字を習得している大人と，未習得の子どもが絵本を読みあう場合にも適用が可能であり，絵本の歴史を振り返りながら，なぜ絵本がやりとりの道具として機能するのかを考察する重要な視点となる。

また，絵本は，手指で扱うことから「掌のメディア」（中川，2011，p.12）といわれ，作者が完成したものを読者に与えるだけではなく，読者の主体的な参加を促す対話型，参加型の芸術形態を備えたメディアであると考えられている。1970年代以降は，このような捉え方を裏付ける傾向として，読者のより積極的な参加を想定するポストモダン絵本なども作られるようになり，従来の表現技法や慣習を越えたさまざまなタイプの絵本が市場を賑わせている。

絵本のこうした多様化が進む中で，「絵本とは何か」を問い直す必要も生じている。三宅（1997）は，絵本を「絵と文字を有機的に組み合わせて作った本」（p.50）として定義しているが，視覚的コミュニケーションを基盤として発展してきた機能面を考慮して，改めて定義について再考する必要がある。さらに，絵本は教育的目的や審美性などを備えることによって，子どもに楽しみを与え，成長発達を促す子どものための読み物として発展してきたことは明らかであり，子ども観との関連を考える必要がある。そこで，子ども観の変遷から現代の子ども像を検討し，今を生きる子どもたちが，何を必要としているのかを，また絵本が果たす役割や読み聞かせの意義を考えるための足掛かりを得ることを第1の目的とする。

(3) 目的2：親子の発達的読み聞かせ活動の維持・発展と負の側面

　読み聞かせは，子どもの認知発達や母子相互作用，また集団においては一体感や共感，保育者との信頼関係などの観点から多くの研究がなされるようになった。また，幅広い学問分野が，絵本や読み聞かせを研究対象とするようになっている。発達心理学研究では，田島他（2010）が示したように，読み聞かせの機能や構造を理論とともに実証することにより，読み聞かせ活動の発達過程のモデル化が検証された。この読み聞かせの発達段階が，実際には子どもと養育者とのやりとりによって，どのように変化をしていくのか，また読み聞かせ活動の維持と発展のために必要な養育者の意欲や対応を検討する。

　さらに，これまで取りあげられることが少なかった読み聞かせの負の面に着目し，養育者の育児ストレスと絵本観の関連を調査し，読み聞かせは子どもが楽しいだけではなく，養育者自身が絵本を楽しめることの重要性を検証する。以上，親子の楽しみとなる良好な読み聞かせ活動の形成と，養育者の負担となり得る読み聞かせとの両面を検討することを第2の目的とする。

(4) 目的3：養育者の絵本の楽しみ方を深めるための絵本勉強会の可能性

　板橋他（2012），および板橋・田島（2013）は，KUMON 主催の子育て支援プログラムの実践研究から，読み聞かせ活動における養育者の「楽しさ」の重要性を述べている。「こそだて　ちえぶくろ」や「Baby Kumon」は，養育者の読み聞かせ実践を支援するプログラムとして，養育者が楽しく子どもと関わる機会を提供することが示唆された。これらは，読み聞かせという行為に対する支援であり，養育者の「楽しさ」のためには，読み聞かせの方法だけではなく，絵本の内容を学び，養育者自身が絵本を楽しむための支援も必要と考えられる。親子の読み聞かせ活動が，子どもと養育者のやりとりをと

おした「楽しさの分かちあい」として継続するためには，養育者自身の「絵本は子どもの本」という絵本観に，変化を生じさせる必要もあるのではないだろうか。

そこで，現在，育児期間中の養育者が，絵本に対する認識を変えたり，養育者自身の学びを得る視点に気付いたりする可能性について，予備調査的な勉強会の試みを検討することにより，新たな研究課題を見出すことを第3の目的とする。

3節　本研究の結果と示唆

(1)目的1：文学的視点からの絵本研究について

絵本は，古くから視覚的コミュニケーション機能を基盤として発展してきた。絵本の絵とことばの組み合わせによる語りは，人の関心を呼び，読者とメディアの関わりや読者同士のやりとりを促し，このようなインタラクティブ性が絵本の特徴の一つとなっている。三宅（1997）は，この絵と文の有機的な組み合わせによる絵本は，「教育的な機能」「物語を伝える伝承的機能」「独自のアート機能」(p.3) があると述べている。絵本は，これらの機能を持つことによって，多くの子どもや大人に楽しみを与え，今日に至っても発展可能なメディアとして存続しているといえるだろう。

絵本の発展は，子ども観の問題との関わりが深く，加藤（2010）によると，絵本はその多くが児童観から作られてきたと考えられているように，子どもをはっきりと意識した印刷物は，子どもの存在に注意が向けられるようになった17世紀以降に見られる。現代の形式を持つ最初の絵本は，コメニウスの『世界図絵』（1658）といわれ（中川，2011），日本では児童を読者対象とした絵入り冊子本の誕生が，ほぼ同じ時期の慶安（1648-51）や寛文（1661-72）頃に見られ，その教育上の効果が評価されていた（永田，2013，p.12）。

『世界図絵』は，明確に子どもに知識を授けるための教科書として考案され，コメニウスは序文の中で，学びから苦痛を取り除き，楽しさをもたらすために絵入りの本であることが望ましいと述べている。中川（2011）は，子どもの学びに「絵とイメージの力がいかに大切か」（p.6）ということに気付き，そうした絵の力を子どもたちのために最初に用いたのがコメニウスだったと述べている。

この学びに対する「楽しさ」の重要性は，子どもが幼い時期から絵を喜び，楽しもうとする特性に合わせて考慮され，絵本の「教育的な機能」には，始まりから「楽しさ」が付加されていたことは注目すべき点と考えられる。子どものための絵本は，18世紀のイギリスで子どもの本を集大成したといわれるニューベリーによって，教育よりは楽しさが重視されるようになり，その後の印刷技術の発展を決定的条件として，ルソーをはじめとする新しい教育観の影響を受けた子ども観と関連しながら発展した（三宅，1995）。

児童文学という領域は，「16世紀のチャップブックから20世紀のコンピュータをベースにしたインタラクティブなものまですべてを指している」（ハント，1995 さくま他訳 2001, p.6）といわれ，初期には必ずしも子ども用ではなかった絵本も児童書に位置付けられて，19世紀の toy book の流行，20世紀の黄金時代を経て，イギリスがその発展を先導してきたといえる。なかでも，エヴァンズ工房が，ヴィクトリア時代に生んだイラストレーターの一人であるコールデコットは，人や動物の動きを生き生きと捉えた絵と文章を結び付け，ポターからセンダックにいたるまで，後世のほとんどすべてのイラストレーターに影響を及ぼしたといわれる（ブリッグズ・バッツ，1995，さくま他訳 2001, p.206）。

このように，絵本はイギリスで培われた伝統を礎に，20世紀になってオフセット印刷機の発明などによる印刷文化に支えられ，先に述べた子ども観を大きな要因とする出版活動の活性化を受けて，英米をはじめとする先進国で発展して来た。日本では，明治維新後の欧米文化の導入による近代化ととも

に，子どものための出版物は，教育制度の普及による子ども観の影響を強く受けたといわれる中で，巖谷小波の活躍や大正期の絵雑誌などを経て，昭和期に絵本の市民権が一気に大衆化した（鳥越，1973）。

子ども観の変遷とともに発展してきた絵本であるが，21世紀を迎えた現在は，絵本は子どもだけのものではないという見方が強まり，明らかに大人を対象とした絵本なども作られるようになった（中川，2011，p.6；柴村，2011，p.324）。このような絵本の多様化には，「心を育て，心を支え，心を伝え合う，そんな絵本の魅力を愛し，興味を抱く方が増え」（中川，2011，序ⅰ）た一方で，新しい技術を駆使した視覚メディアの目覚ましい発展の中で，絵本化した育児書やマニュアル本などは，大人の文字文化の衰退を暗示している可能性もあるのではないだろうか。

また，中川（2011）によれば，絵本の多様化や読者層の広がりは，絵本に関する用語の整理や共通理解を促す必要を生じさせ，学問として研究する場が求められるようになったことから，日本では絵本学会が1997年に設立された。こうして，絵本は明確に学問の対象として，広い学問分野からの関心を集めるようになっている。絵本学会会員らが編んだ世界で初めての『絵本の事典』（2011）は，絵本の定義を考える上で，子どもを一つの重要な観点としながらも「『子どものもの』に限定はしていない」（中川，p.6）という立場を明確にし，メディアとしての絵本を多方面から捉えている。しかし一方で，このような多様性が，決定的な絵本の定義付けを困難にしているとも考えられ，幅広く絵本の特徴を論じることを可能にしたが，絵本にとって本質となる要素を曖昧にする可能性もあるといえる。

絵本の定義は，大人の絵本観を反映して，児童文学に関わる研究者たちがそれぞれに定義付けを試みている。先に述べた三宅（1997）による「絵と文を有機的に組み合わせて作った本」（p.50）のほか，一般的によく引用されるBader（1976）の定義は，1970年代までのアメリカ絵本の実情を基に考えられたといわれる（永田，2013）。Bader（1976）によれば，絵本は第一に子ど

もに知識となる経験を与えるものであり，テキストとイラストレーションがトータルにデザインされた一種の生産品であると同時に，社会的，文化的，歴史的なドキュメントである。

Bader が絵本を社会的産物と見なしているように，今日の絵本市場の発展には，絵本が社会的な要望を受けながら，常にその商品的価値を問われてきた影響があるといえる。そうした絵本の商品としての価値は，Bader の定義によると，1970年代以前は「子ども」を主な対象として考えられていたことがわかり，子どもが大人とは異なる要求を持つ消費者としての地位を確立していたともいえよう。

正置（2013）は，子どもに限定された視点で捉えた Bader の定義に異議を唱え，絵本が大人から与えられること，大人から読んで貰うことを考慮し，「絵本は，子どもにとってひとつの体験であり，かつ年長者と共にする体験である」（p.84）と付加的な説明を加えている。こうして，絵本が大人と子どもをつなぎ，体験を共有するやりとりの道具である視点が加えられ，ヴィゴツキー（1934 柴田訳 1987）の三項関係による精神発達理論に通じる定義がなされたと考えられる。

また，中川（2011）は絵本を「視覚表現メディア」と捉え，「絵本とは自分の手指で関わり合う視覚表現体である」（p.14）とのみ定義し，「掌のメディア」（p.12）である絵本の視覚表現，芸術面と読者とのインタラクティブな関係に注目している。このインタラクティブ性は，「絵本が読者の表現をも予定していることを前提としている」（p.6）といわれるように，絵本はページをめくることから始まって，読者の主体的な関わりや反応を引き出すことを想定して作られたメディアであり，幼い子どもにとっても絵による反応や理解の促進効果を持つことが，Arizpe & Styles（2003），Pantaleo（2008）などの研究から示唆されている（Nikolajeva, 2014, p.96）。さらに，こうした幼い読者の感情反応は，脳の非常に速い低回路（"low pass"）を通り，絵本の絵が「高回路」（"high pass"）を通る言語刺激よりも一瞬早く処理され

ることが LeDoux（1996），Evans（2001）などによって示唆され，子どもが絵を読んで反応することの裏付けとなっている。このように，マルチメディアとしての絵本は，絵と文でトータルに表現するというやり方で，子どもの感情を喚起するインタラクティブなメディアであり，子どもの反応が大人，あるいはともに絵本を読む他者とのやりとりを促進する「コミュニケーション・メディア」（中川，2011，p.18）であるといえるだろう。

以上のような定義から，絵本は読者対象を子どもに限定することなく，大人をも含めて意味のあるメディアであるが，一方で「絵本を考える上で，子どもは一つの重要な観点であることにかわりはない」（p.6）ことも明らかである。子どもは，かつて「未成熟で欠けた存在であると思われることもあった」（p.6）が，小さな大人とは異なる子どもという独自の存在が認められるようになり，子どもに必要な教育や文化が発展する中で，絵本も子ども観の影響を受けて変わってきたと考えられる。

アリエス（1975）によれば，子どもは17世紀頃から大人と区別されるようになり，実態としての子どもが，大人の理念の中に位置付けられたといわれる（杉山（光）・杉山（恵）訳 1980，p.47）。北本（1993）は，この「子どもの発見」という概念は，大人の理性や合理主義に基づく教育の対象としての子どもと，母性愛を基本概念とする感情に基づく子どもらしさの対象としての子どもの二つを意味すると述べている。これらの子ども観に立って，教育と保護の必要が大人と子どもの区分として認識されるようになり，社会的には学校を始めとする教育文化の発展と，成長発達を保障するための法や制度によって，保護の面が強化されてきたといえる。

21世紀を迎え，子どもの教育は今も多くの大人にとって関心の高い事柄の一つであり，教育的効果を期待する英語教材系の絵本や図鑑類，科学絵本なども豊富に作られるようになった。一方で，楽しさや喜びが優先される後者の子ども観に基づく絵本は，さまざまな仕掛けを持ったり，高度に芸術的な仕様が施されたりと，絵本市場は百花繚乱の様子である。

しかし，第2章で論じたように，絵本に限らず視覚的なメディアの発展や氾濫は，大人による子どもの保護機能を危うくさせ，また，教育の対象としての子どもは，教育の"the endless labor"「永遠の労働者」(Jones, 2010, p. 317) と化し，ストレスに苛まれる"disappearance of childhood"「子ども期の消滅」(Postman, 1982, p. 120, 小柴訳 2001, p. 177) 現象が生じている。絵本が，このような現在の子どもたちに対して果たす役割の一つは，大人から与えられ，読んでもらうことによって，安心して子どもとして過ごす時間を保障することであるといえるだろう。また，絵本は大人に対して，子どものためにその一冊を選んだり，読んであげたりする機会を与えることにより，大人の義務として子どもを現代の過剰な刺激から守り，成長を見守る時間を保障するメディアであると考えられる。

親子関係の希薄化や育児困難などにより，親らしい資質が育ちにくい現代社会であるが，絵本は子どもと大人をつなぎ，両者が育ちあい，学びあう喜びを，楽しさとともに与える希望を有している。

(2) 目的2：親子の発達的読み聞かせ活動の維持・発展と負の側面について

第5章では，家庭での読み聞かせの実態と子どもの社会的行動との関連を分析し，読み聞かせ活動の維持・発展と子どもの社会性の発達との関連を推定する因果モデル (Figure 5-7) を提示した。この因果モデルでは，家庭での読み聞かせ活動が安定して行われている場合，子どもの不適切な行動を減じたり，他者との協調的な行動を促したりする可能性と，読み聞かせ活動の維持や発展のためには，読み聞かせの早期開始と継続の意思が影響する可能性が示唆された。また，これらの量的な分析は，家庭での読み聞かせ場面の観察と養育者との半構造化面接による質的な分析よって補われ，具体的な読み聞かせ活動の変化の過程から支持されたと考えられる。

まず，幼児期の子どもを持つ家庭の多くは，開始時期や頻度，時間などは

さまざまであるが，読み聞かせを育児行為の一つとして取り入れていることがわかった。この時期の読み聞かせの行われ方と，子どもの社会的行動との関連では，開始年齢，時間配分，養育者の継続意志の違いが，子どもの協調的行動の促進や不注意な行動の抑制につながる可能性が示唆された。特に読み聞かせの開始時期や継続意思は，因果モデルから説明されるように，養育者の意欲に基づく読み聞かせ活動の枠組み作りとして重要であり，養育者のこうした働きかけが，幼い子どもを読み聞かせ活動に参加させるための足場作りになるといえる。

質問紙調査では，読み聞かせが2歳以上で始められた群よりも0歳から1歳未満で開始された群の子どもの「注意不足行動」が低い結果となった。このことから，親子の読み聞かせは「聞き手」と「読み手」による共同行為であり，発達早期から「聞く」習慣を楽しく経験することにより，他者の話や指示をきちんと聞こうとする力を育む可能性があると考えられる。

また，読み聞かせの時間配分では，5分未満の群は15分以上30分未満，5分以上15分未満のいずれの群よりも「協調安定行動」が低い結果となった。読み聞かせは，就寝前にリラックスを目的として行われることが多いが，適切な時間配分の読み聞かせは子どもの情緒の安定を促し，その結果，集団場面での気持ちのコントロールや，協調的な行動に反映する可能性が示唆された。

読み聞かせは，泰羅（2009）の脳科学研究でも明らかになっているように，情動を司る「心の脳」（p.46）に働きかけ，強い意欲をともなう行動を促すことが指摘されている。子どもが，「読んでもらって楽しかった，嬉しかった」と満足する読み聞かせは，子どもの人と関わっていこうとする協調的な行動を促す基盤を作る可能性があると考えられる。

養育者の継続意志は，積極的な継続を希望する群の子どもの「注意不足行動」が，継続に関しては子ども次第，あるいは継続に否定的な群よりも低い結果となった。家庭での読み聞かせは，養育者と子どもが相互に協調しあっ

て成り立つ活動であるため，養育者の意欲は，子ども側の関心の低さなどの影響を受けることも考えられる。しかし，幼児期では，絵本も読み聞かせも，子どもの発達的変化に合わせて，養育者によって積極的に与えられることにより，子どもの聞く態度を促し，注意散漫な行動を減じるといえよう。

　このような養育者の意欲の重要性は，調査協力者との半構造化面接でも明らかになっている。読み聞かせが安定して継続されるためには，成長や発達にそって変化する子どもの絵本への興味に敏感に対応し，家庭内に良好な読書環境を整備する必要があることが示唆された。子どもに与える絵本の選択は，養育者による重要な読み聞かせ活動の足場作りの一つであり，家庭での読書環境作りには，ブックスタート活動や「こそだて　ちえぶくろ」のような育児支援活動，絵本の頒布システムなどの充実が有効であると考えられる。

　また，読み聞かせ場面の観察では，開始年齢に注目して0歳代，2歳代前半，4歳代後半で初めて個別的な読み聞かせを始めた事例を各1例ずつ分析した。その結果，0歳代，2歳代では養育者の適切な読み聞かせ活動への足場作りが行われ，田島他（2010）が示した「読み聞かせ活動の構造と機能の『2段階・5ステップ』発達モデル」（p.137）に準じた子どもの言動や養育者の働きかけが確認された。

　しかし，4歳代で開始した事例では，身辺自立期にある子どもの成長に合わせて，養育者の積極的な関与が見られず，絵本の選択，読み聞かせの時間なども子どもに一任されていた。その結果，読み聞かせ経験のない子ども主体の読み聞かせは，同じく読み聞かせ経験のない母親との間にストレスを生じさせ，母子の楽しいコミュニケーションに発展しなかった。このことから，読み聞かせは，一人でできることが増えた子どもにとっても，身体的な触れあいや共感的体験となるための養育者の足場作りが必要であることが示唆された。

　さらに2歳男児の事例，および安定的な読み聞かせを継続している3歳代の男女児各1名，4歳代男児1名の例では，養育者が自分自身の変化や子ど

もの変化に意欲を感じ，読み聞かせへの継続を肯定的に捉えていた。また，養育者が捉える子どもの発達的変化は，田島他（2010）の示したモデルに合致するものであり，養育者は親子の相互作用や子どもの思考活動を促進させる読み方の工夫などを心掛けていた。こうした働きかけは，岩崎他（2011）が指摘しているように，どの年齢段階の子どもにも必要とされる養育者による子どもの主体性を尊重する関わり方といえるだろう。

このように，読み聞かせ活動が維持され，発展するためには，養育者が主体となって行う早期開始，適切な時間配分，継続の意志などの意欲的態度による枠組み作りと，子どもの反応を尊重し，主体性を損なわない共同行為者としての対応が必要と考えられる。

例えば，読み聞かせが安定して行われている家庭の特徴は，佐々木（1992）とその娘アヤさんの例のように，いずれも親子の共同作業によって絵本を「読みとる」過程を楽しみ，子どもの主体的な反応を大切にしていた。養育者は，ブルーナー（1983）が提示した絵本読みのフォーマット（寺田・本郷他訳 1988）を活用したり，ともに生活経験を読みとったりしながら，子どもの認知的発達に合わせて関わり，次第に作者の伝えようとする世界に誘導している。つまり，親子の読み聞かせ活動は，田島他（2010）の示した発達段階的な過程があると同時に，道具となる絵本の世界を親子で読みとっていく「絵本と，それを読み聞かせる大人と，子どもの想像力によって成立する」（佐々木，1992, p.134）個別性に基づいた発展がみられると考えられる。

読み聞かせが，多くの家庭で行われている一方で，4歳女児の1例が示したように，読み聞かせを行っていない家庭や，始めて間もない頃に中止してしまう家庭が存在している。また，2歳女児の事例は，0歳代から読み聞かせを続けてきたが，子どもの絵本への興味喪失，養育者のストレスや葛藤などが要因となって，読み聞かせ活動が暗礁に乗り上げていた。

読み聞かせは，子どもの成長や発達に良いという認識が広まっているが，読み手が「子どものために」という視点に縛られたり，「読んで聞かせなく

てはならない」と感じたりするならば，ストレスを引き起こす場合もある。また，そのようなストレスの一因には，養育者が絵本を充分に楽しんでいない可能性があると考えられた。

　以上の点から，第6章と第7章では，養育者の絵本観と育児ストレスとの関連を検討した。その結果，調査対象となった幼児期の子どもがいる223件の家庭では，20%以上の家庭が幼児期の段階で読み聞かせを中止した，あるいはほとんど行ったことがないことが示され，第5章とほぼ同様の早期開始早期中止の家庭が存在することが明らかになった。中止理由は，「子どもが一人で読めるようになった」が40%，「子どもが絵本への興味を失った」と「読み聞かせをする時間がない」がそれぞれ30%であった。この結果は，幼児の段階で読書を子どもに任せてしまう傾向や，子どもの興味を失わない読書環境作りが積極的に行われない傾向があることを示唆し，その一因として養育者が絵本を子どもの本とみなしたり，絵本を楽しめていなかったりする可能性があると考えられた。

　また，読み聞かせをする理由は，複数回答の場合でも，子どもの楽しみや親子のコミュニケーション，教育などを目的とする回答が多く，親自身の楽しみをあげた養育者は約13%程度と少なかった。養育者の楽しみが，読み聞かせを行う理由にほとんどあげられないことは，「読み聞かせの楽しさ」を問う質問に「とても楽しい」，あるいは「まあまあ楽しい」という回答が85%以上であったことに対し，矛盾する結果ともいえる。さらに，読み聞かせをとおした気付きでは，親自身の気持ちの変化や成長への気付き，育児の知恵などの気付きをあげた回答はいずれも20%未満であった。これらの結果から，幼児期の子どもを持つ養育者の多くが，「子どものため」という視点で読み聞かせを行い，絵本を自らの楽しみとしたり，自己の振り返りや育児を学んだりする視点はあまり持たれていない傾向があることが示唆された。つまり，絵本は「子どものための本」としてのみ読まれている可能性があるのではないかと考えられた。

しかし，絵本は一義的には子どものためにあり，読み聞かせを子どもの健やかな成長や発達を願って行うことは，当然の意識といえる。子どもの成長や気持ちなどへの気付きは，養育者にとって読み聞かせを行う意欲につながるとも考えられるが，養育者が読み聞かせや絵本を十分に楽しむことは，育児のストレスの面からも重要といえる。

養育ストレス感は，「子どもペースストレス」「子ども理解ストレス」「自信不安定ストレス」「コミュニケーションストレス」「気遣いストレス」の5つのストレス因子が抽出された。これらのストレスと読み聞かせとの関連では，読み聞かせを行っていない養育者の「子どもペースストレス」が高く，子どもに合わせた行動にストレスを感じる傾向が示唆された。「子ども理解ストレス」では，読み聞かせを早期から開始した方が，子どもの性格や行動を理解しようとすることへのストレス感が低い結果となった。以上の結果から，発達初期から継続する読み聞かせは，養育者の子どもに対する関心や気付きの視点を高め，親としての成長を促す可能性があると考えられる。

さらに，虐待傾向との関与が懸念される「気遣いストレス」は，読み聞かせの楽しさとの関連が示唆され，読み聞かせをとても楽しく行っている養育者は，無理をしながら行っている母親よりも有意に低い結果となった。この結果は，読み手が絵本や読み聞かせを楽しめないまま，良い母親であろうと頑張り過ぎることにより，子どもに対して厳しい叱責をしたり，体罰を与えたりしてしまう可能性を示唆するものと考えられる。体罰は虐待につながる可能性もあり，虐待の増加が社会問題となっている昨今，読み聞かせも含めて育児に対する「楽しさ」を増すことは，何よりも優先される育児支援の課題であるといえる。

次に，子どもに対する認知の違いと読み聞かせとの関連について，回答が得られた217名について検討した結果，自分の子どもに対する認知スタイルは「見守り感」「責められ感」の2因子，他人の子どもに対する認知スタイルは「被害感」「成長客観」の2因子が抽出された。読み聞かせをしている

場合は，子どもに対する良好な認知がなされると仮定したが，これらについては顕著な差が見られず，読み聞かせをするもっとも大きな理由において「見守り感」のみ主効果が有意であった。

また，この217名について，再度養育ストレス感と読み聞かせの関連を検討した結果，「関心ストレス」「尊重ストレス」「虐待傾向ストレス」「意志伝達ストレス」の4因子が抽出された。これらの4因子と読み聞かせとの関連では，「虐待傾向ストレス」が「読み聞かせの楽しさ」で有意差を生じ，223名の場合と同様に，読み聞かせを無理して行っている群は，ほかの全ての群よりも「虐待傾向ストレス」が高いことが示唆された。この結果もまた，読み聞かせ活動では，養育者の楽しさが重要であることを示唆するものと考えられる。

読み聞かせを行う理由と養育ストレス感の関連では，「尊重ストレス」において読み聞かせをしていない群が，「子どものリラックス」と回答した群よりもストレス度が高い結果となった。このことから，読み聞かせを行っていない養育者は，子どもにリラックスした時間を持たせることを第一目的として読み聞かせを行っている養育者よりも，子どもの視点に立って接したり，話を聞いたりすることにストレスを抱えがちな可能性があると考えられる。

これらの結果を踏まえて，養育者の読み聞かせへの意欲と「虐待傾向ストレス」との因果モデルを検討した結果，読み聞かせ活動を形成する意欲は，読み聞かせの継続や開始年齢，楽しさに影響し，また読み聞かせへの意欲は，「虐待ストレス」を減じることが示唆された（Figure 7-1）。

以上，第5章から第7章にわたる三つの調査研究によって，親子の読み聞かせは，「発達初期の子どもと養育者間の『絵本』を介した記号媒介的相互行為」（田島他，2010）として，幼児期の子どもの社会的行動や養育者の育児ストレスと関連することが示唆された。また，読み聞かせは子どもの楽しみとなるだけではなく，養育者も絵本を楽しみながら，子どもと一緒に絵本を読みとるやりとりを継続することによって形成される社会的相互活動であり，

楽しさを伝えあう活動といえるだろう。そのために、大人の楽しさは軽視されてはならず、大人が積極的に絵本や読み聞かせに関わるための支援が必要であると考えられた。

(3) 目的3：養育者の絵本の楽しみ方を深めるための絵本勉強会の可能性について

　絵本の定義は、「子どものもの」に限定しないという考え方が容認されるようになり、ストレス社会を反映した癒し系の絵本や、作家の思想を反映した結果として、大人向けとなる絵本などが見られるようになっている。また、「大人こそ絵本を読もう」（柳田，2006，p.14）という啓蒙活動や、「人生に大切なことはすべて絵本から教わった」（末盛，2010）などは、大人が絵本を読む意味や絵本から得られるさまざまな学びの視点を提示している。

　しかし、人生で二度目の育児期に絵本を手にとる大人は、絵本を「子どものための本」と捉えている傾向があることが示唆され、そうした傾向が「子どもにどんな絵本を読んであげたらいいか」という質問の多さにつながるともいえるだろう。この質問に対して、子どもの読書活動を長年支えてきた松岡や、編集、出版という立場から多くの児童書を手掛けてきた松居は、いずれも読み手が楽しめる絵本である必要を述べている（松岡，2015，p.155；松居，2001，p.31）。

　そして、松居（2001）が「絵本は子どものものと割り切ってしまわないで、もっともっとお母さんが絵本のことばの世界や絵の世界を楽しんでくださるとよいのに」（p.60）と述べているように、養育者自身がもっと絵本を楽しめるために、絵本とはどのようなメディアであるかを学ぶ必要があると考えられる。しかし、養育者が絵本についてどのようなことを知れば、絵本への関心を高め、「ひとりのおとなとして楽しみ、喜びや共感を感じ」（p.59）ることができるのだろうか。その答えは、松居がすすめているように、まず「お母さん自身が自分のために絵本を読んでごらんになる」（p.57）ことが、

大人として絵本を楽しむための初めの一歩である。そして，絵本が語る多くのことに気付き，絵本でなければ味わえない表現を発見するために，文字を追うだけではなく絵を読むことが，次の一歩といえる。

　子どもが，繰り返し同じ絵本を楽しめる理由は，読んでくれる養育者との触れあいや，絵をよく読んで多くのことを発見しながら，耳から聞くことばと絵を比べたり，一致させたりして"わかる"喜びを重ねるためであると考えられる。対する大人が，何度も同じ本を読もうとしない理由は，文字を読んで理解するためであり，一度でわかったつもりになるからであろう。文字によることばの少ない絵本は，養育者にとって何度も読む必要を感じない本であり，子どもに繰り返し読まされることは，退屈であったり，ストレスともなったりする可能性がある。

　したがって，養育者も子どものように絵をよく読んで，絵本に含まれる多くの表現から自分自身に役立つ情報を引き出したり，時に悩みの種となる子どもの言動を理解したりするヒントを見出すことが，ストレスを減じ，"わかる"楽しさをもたらすと考えられる。つまり，親子がともに絵本を隅々まで味わい，それぞれに学びあうことが，絵本を読む楽しさを増すといえよう。

　松居がいう「絵本のことばの世界や絵の世界」(p.60)を楽しむためには，作家が用いる表現技法をはじめ，中川(2011)が論じている「絵本のメディア・リテラシー」(pp.8-23)を知ることが一つの手段であると考えられる。また，佐々木(2011)が述べているように，絵本には読者である子どもと同年齢程度の主人公や，子どもに擬人化した動物などの行動や気持ちが描かれ，絵本は「乳幼児期の子どもの発達を理解するための優れた文学」(p.513)ともいえる。このような絵本の内容を読み解くことは，育児の知恵を得たり，また子どもの視点で考えたりする機会となり，養育者の絵本への認識に変化を生じさせることが可能であると考えられた。

　そこで，予備調査的な試みとして，文学的側面からメディアとしての絵本，心理学的な側面から子どもの発達や親子関係を読み解く見方などを主とした

結論

絵本勉強会を，少人数のグループで7回にわたって行った。勉強会の内容は，中川他（2011），藤本（1999；2007），木部（2007）のほか，大学教育水準の児童文学教材などを参考にして構成した。

参加した養育者は，筆者がスクールカウンセラーとして勤務する小学校に通う児童の母親7名であった。参加者の中には，8年以上にわたって読み聞かせボランティア活動を行っているメンバーも含まれ，皆がそれぞれに絵本に対する高い関心を持っていた。

事前アンケートの結果では，絵本の読み方や子どもに与える絵本の選び方を知るため，絵本ともっと親しむため，絵本が好き，勉強会そのものへの興味，知らない絵本や選ばないような絵本を知るため，などが参加理由としてあげられた。特に，絵本選びへの関心は高かったが，「子どもに読んであげるための絵本」や「子どもが好きな絵本」を選択の基準としている回答が多くを占めた。また，現在読み聞かせを継続中の母親4名は，読み聞かせを「とても楽しい」，あるいは「まあまあ楽しい」と回答し，全員が読み聞かせを行う理由（複数回答）として「子どもの楽しみ」をあげたが，「自分の楽しみ」をあげた母親は2名にとどまった。これらの回答は，第6章の調査とほぼ同じ結果であり，絵本や読み聞かせに積極的な関心を持つ母親であっても，大人として十分に絵本を楽しんでいない可能性が示唆された。

勉強会では，毎回のアンケートとして「内容」「わかりやすさ」「絵本に対する認識」「絵本の楽しさ」「絵本は役立つ」について，それぞれ4件法で記入してもらった。これらの結果は，アンケート項目毎に各回参加者の回答を全回分集計し，延べ参加数として評価した。「内容」では，「とてもよい」という回答が28回答中27件，「よい」が1件であり，「わかりやすさ」では，28回答中「とてもわかりやすい」が25件，「わかりやすい」が3件であった。以上の結果から，児童文学を学ぶ大学生と同程度の内容が，育児中の養育者にとっても難しいものではなく，興味の対象となり得ることが示唆された。

「絵本に対する認識」は，「とても変化した」が28件中18件，「変化した」

が7件,「あまり変わらない」が2件,「変化した」と「あまり変わらない」の中間に丸をつけた回答が1件であった。この回答は,第3回目の勉強会で見られ,回答したのは8年以上読み聞かせボランティアをしている参加者であった。この参加者は,第1回目,第2回目とも「あまり変わらない」と回答し,既に絵本の絵を読むことを普段から何気なくしていたが,第3回目の参加では,実践から得た実感と,知識としての絵本の表現技法に一致が見られたことにより,絵本への認識を変えることができたと考えられる。毎回のアンケートの自由記述欄には,大人として絵本を読む楽しさを見出した感想が,他の参加者からも回を追う毎に寄せられるようになり,事前アンケートに示された「子どものため」に絵本を学ぶ姿勢からの変化がみられた。

「絵本の楽しさ」では,「とても楽しい」が28回答中25件,「楽しい」が3件であった。勉強会に用いた絵本は,参加者たちがあまり子どもに読まない海外の作品であったが,普段は手にとらない絵本であっても,表現技法や子どもの発達や心情の読みとりなどを学ぶことにより,絵本の楽しさを深める可能性が示唆された。

「絵本は役立つ」では,28回答中26件が「非常にそう思う」と回答し,2件が「そう思う」という回答となった。これらの回答は,「色々な人の気持ちがわかるので,絵本はとても役立つと思う」「子育ての悩みが少し解決したように思う」「友情の大切さとか,自分の気持ちとか,何でもふと気付かされることが面白いと思う。絵本は自己啓発のマニュアル本よりいい効果があるかも,と思った」などの感想に裏付けられたと考えられる。

また,最終回のアンケートでは,絵本に対する楽しみ方や関心の広がりについて,勉強会の内容に即した6項目の質問と,絵本観を問う4項目の質問への回答(4件法)を得た。その結果,絵本に対する楽しみ方や関心の広がりについては,「絵本の起源や歴史を知って,絵本の楽しみ方や関心が広がった」には7名全員が「とてもそう思う」と回答した。「作家情報」,「絵本の構造や表現技法」では6名が「とてもそう思う」,1名が「そう思う」

となり,「心理描写」,「子どもの発達」では5名が「とてもそう思う」,2名が「そう思う」と回答した。参加者自身の「絵本作り」では,4名が「とてもそう思う」,2名が「そう思う」,1名が「あまりそう思わない」と回答した。絵本創作は,学んだ表現技法などを取り入れながら創作することを意図していた。創作活動は,参加者によっては苦手な様子であったが,全員が絵本のわずかなページ数と限られたスペースの中で,物語を表現することの楽しさや難しさを感じる機会となり,絵とことばを組み合わせることの複雑さを理解したと考えられる。

　絵本観については,「絵本は子どもの読み物であると同時に,大人も十分楽しめる」,「絵本の勉強会をとおして,読み聞かせをする意欲が高まった」,「子どもが選ぶ絵本ばかりではなく,自分の楽しみとしての絵本も読んでみたい」の3項目に,7名全員が「とてもそう思う」と回答した。また,「絵本は育児に役立つ」では,6名が「とてもそう思う」,1名が「そう思う」と回答した。これらの結果は,「与える絵本の選び方を知りたい」という子どものための学びから,養育者自身が絵本を楽しみ,子どもと一緒に絵本を読みあいながら互いに学ぶ視点を得て,読み聞かせへの意欲が高まったことを示唆していると考えられる。

　以上のように,参加者は7回の勉強会をとおして,単に絵本を好きというだけではなく,それぞれが絵本を自分のものとして読み,楽しみを深めたことが示唆された。このような学びの機会は,幼い子どもの養育者にとっても効果がある可能性があり,松居(2001)の「もっともっとお母さんが絵本のことばの世界や絵の世界を楽しんでくださるとよいのに」(p.60)という願いを叶える一つの手段として,試みる価値があると考えられ,今後は大人が絵本の楽しみ方を広げるための支援作りとその評価も課題といえる。

第10章　本研究の結論と意義

1節　本研究の結論

　絵本は，幼児期の子どものいる多くの家庭に存在する身近なメディアであり，読み聞かせは，育児や家庭教育，親子のコミュニケーション活動として，広く行われている。絵本が，養育者と子どものやりとりを促す手段となる所以は，視覚表現メディアという特徴を持つことが一つの理由である。視覚表現メディアとしての絵本は，絵と文の有機的な組み合わせから成るマルチメディアであり，絵によるイメージが幼い子どもの反応を促進し，読み手と共同して世界を読みとる場を提供する。この共同行為の場が，ヴィゴツキー理論の主要なポイントとなる「人間の高次精神機能（認知機能）は，人間の活動が機器などの技術的道具や言語・記号によって媒介されることによって成立する」(田島, 1996, p.77) 三項関係を形成する。

　三項関係は，「主体─媒体(道具)─対象」(p.77) で捉えられ，したがって，絵本は言語や記号（象徴）を有する心理的道具と見なされる。そして，本研究では，大人が意欲を持って子どもに与え，読んであげる読み聞かせ活動をとおして，絵本は大人と子どものやりとりの道具となり，子どもの社会的行動や養育者の親的な資質などの相互発達を促す役割を果たすことが示唆された。

　しかし，絵本の本質は，発達の促進や教育的な機能ばかりではなく，学びの場に「楽しさ」を加えることであり，「楽しさ」の重要性は，本論で述べたとおり，絵本の始まりからコメニウスによって意図されている。その後，絵本はニューベリーによって子どもの楽しみとなる工夫が施されたり，子ど

もの本に芸術性を加えたイラストレーターたちの活躍や，印刷技術の発達にあやかったりしながら，イギリスの伝統を土台に欧米をはじめとした先進諸国に広がり，発展を遂げてきた。このような歴史的過程には，社会を反映する子ども観の影響があり，絵本もまた大人の子ども観の影響を受けて，社会的産物，商品の一つとして子どもの心に楽しみや喜びを与え続けてきたといえる。

さらに，絵本の「楽しさ」は，子どもにとって重要なばかりではなく，幼い子どもと絵本を読む養育者にとっても重要であることが示唆された。現代は，絵本は「『子どものもの』に限定はしていない」（中川，2011，p.6）と考えられるようになり，大人向けと思われる絵本が出版され，輸入絵本の増加現象などからも絵本を楽しむ大人が増えていることが指摘されている[137]。

しかし，幼児期の子どもの養育者の絵本観は，絵本を「子どもの本」としてのみ捉えている傾向が示唆され，読み聞かせの楽しさを半減している可能性や，多忙な育児の中で絵本を読むことは，ストレスともなり得ることが明らかになった。多くの養育者は，子どもとの読み聞かせを楽しんでいると答えたが，その楽しさは子どもの反応や成長への気付きに依拠しており，子どもが文字を読めるようになると，読書を子どもに一任してしまう場合や，無理をして読み続けている場合もあった。無理をして読み聞かせを行う養育者は，良い母親であろうと努力をしたり，子どもの認知的発達や心の成長を願ったりして絵本を読むと考えられるが，「子どものために」という視点に縛られることは，子どもへの厳しい叱責や体罰につながりかねないストレスを抱える可能性が示唆された。このような結果は，増え続ける子どもの虐待が社会的に大きな問題となっている昨今，養育者が育児や読み聞かせを楽しめるための支援の必要を一層強調していると考えられる。

また，子どもが幼児のうちに読み聞かせが中止されたり，養育者が絵本を読むことに無理を感じたりする要因の一つには，絵本を「子どものためだけの読み物」と考え，柳田（2006）や末盛（2010）のように，大人も絵本から

多くを学べることに気付いていないことがあると考えられる。本稿第Ⅱ部で論じたこれまでの先行研究，および筆者の調査研究では，読み聞かせは子どもの認知的発達や社会的行動を促し，養育者の親らしい資質を育む可能性のある相互発達的共同行為であることが示唆されている。つまり，絵本は視覚的コミュニケーション機能を持つことによって，認知的に差のある親子が，やりとりや絵本の内容をとおして，それぞれにことばや子どもへの関わり方などを学びあうことを助けるといえる。そして，この学びあいの楽しさは，絵本に描かれた学びの要素を発見したり，描かれていることを理解したりする"わかる"楽しさといえるだろう。しかし，文字に頼って絵本を読みがちな養育者は，わずかな文字に比べて豊富な情報を持つ絵を読まず，絵本が表現している学びの要素に気付かないこともあり，子どものように読み取る過程を楽しめないことが少なくない。

　一方で，ブルーナー（1983 寺田・本郷訳 1988）が述べているように，幼児期の読書活動には，子どもを共同行為に参加させるためのフォーマット形成をはじめとした養育者側の先導的な働きかけが必要である。学びあいの読み聞かせが，親子の発達を促し，養育者と子どもにとって「楽しい」やりとりとして展開していくためには，幼児期では早期開始や積極的な継続意志，適切な時間配分などによる養育者の意欲的な足場作りが，子どもにとって必要であることが示唆された。そして，養育者にとっては，松居（2001）が述べているように，まずは養育者自身が絵本の絵やことばによる表現の楽しさを味わい，絵本に対する認識を変える支援が必要と考えられる。そこで，予備調査的な試みとして，養育者が研究者や創作者のような視点から絵本を学ぶ勉強会を行った結果，養育者の絵本観を変える可能性があるという仮説を得ることができた。

　養育者は，子どもとは異なる認識力を持ち，文字を読んで考えたり理解したりすることができるが，子どもと同じように絵を読んで，その豊かな表現の中から興味の対象を発見したり，経験に基づく意味を見い出したりするこ

とが，絵本の楽しみを深める秘訣の一つであり，新規な学びにつながると考えられる。このような視点に立って，絵本が用いている技法や心理描写などを読み解く場を提供することは，養育者が大人として絵本を読んだり，楽しんだりするための一つの方法となり得ることが示唆された。

　以上の結果から，本研究は次のようにまとめられる。絵本は，人と人，また人とメディアとのコミュニケーションを促す機能を有し，読み聞かせ活動の心理的道具として，養育者と子どものやりとりを促す役割を担っている。このやりとりの中で，養育者は，子どもとともに絵本の世界を読みとりながら，我が子への理解を深める親としての資質を育み，子どもは，養育者の足場作りによって社会的相互活動の場に参加し，社会的存在となることを学んでいく。この学びあいの場には，何よりも「楽しさ」が重要であり，子どもだけではなく，養育者自身も絵本や読み聞かせを十分に楽しむことが，育児のストレスを減じ，健康な親子関係を形成するために大切であり，養育者が絵本を読む楽しみを広げるための育児支援も考慮されるべき点である。

　また，絵本は「大人が子どもに読んであげる本」（松居，2001，p.68，146）であることが繰り返し主張され，幼児期では，養育者と子どもと絵本で形成される並びあいの関係を必要とするメディアであるといえる。昨今は，視覚メディアの影響が大人と子どもの壁を崩し，両者の区分を危うくすることが懸念されているが，絵本は大人が子どものために選んだり，読んであげたりすることによって，子どもの健康な成長や発達を守る大人と，大人によって保護される子どもの立場を分けることを可能にするメディアといえるだろう。そして，読み聞かせは養育者の足場作りによって，子どもが積極的に養育者や絵本に関わりながら，自らの成長発達を求める権利の主体となる経験となり，大人にとっては，養育者として子どもに安心と保護を与える経験となる相互発達促進的な活動であるとも考えられた。

2節　本研究の意義

　以上，本稿の論考について，これまでの諸研究との関連を踏まえて，本研究の意義について述べる。

　読み聞かせは，発達研究の対象として，心理学や教育学，保育学などの子どもに関わる研究分野で，過去30年ほどの間に関心が高まってきたテーマといえる。それらには，Ninio & Bruner（1978）を初めとした子どもの言語発達への影響，秋田他（2003）によるブックスタートの効果検証，黒川（2009）の母子相互作用と語りの特徴，菅井他（2010）の共同注意に着目した研究などのほか，集団場面では横山（2003；2006），横山・水野（2008）による幼児と絵本の関わりなどがあり，さまざまな研究が積み重なってきた。

　また，田島他（2010）を中心としたKUMONと白百合女子大学生涯発達研究教育センターとの共同研究は，理論的根拠に基づいて「読み聞かせ活動と機能の『2段階・5ステップ』発達モデル」を検証し，経験的な実践研究に偏りがちであった読み聞かせ研究を科学的論証へと前進させたといえる。本研究では，実際の読み聞かせ場面を観察し，養育者が子どもを尊重した読み聞かせ活動の枠組みを意欲的に作ることにより，子どもと共同して絵本を読みとっていく発展的な過程を具体的に提示し，田島他（2010）のモデルを質的面から支持することができたと考えられる。

　そして，養育者の楽しさは，全年齢段階をとおして読み聞かせ活動の構成要素の一つであるといわれてきたが（田島他，2010，p.153），本研究では，育児ストレスを研究視点に加えることにより，無理をして行う読み聞かせの危険性を示唆し，養育者の楽しさが軽視されてはならない重要な要素であると結論づけた。読み聞かせにおける養育者の楽しさとは，心理学研究などが注目する共同行為から得られる楽しさと，文学研究などが注目する絵本のメディアとしての特徴から得られる楽しさがあると考えられる。これら二つの

側面は，絵本を道具とする親子の読み聞かせ活動に，どちらも必要不可欠な楽しさの要素といえるだろう。しかしながら，単一の研究領域を超えた視点を持つ文学研究や心理学研究などはまだ少ない上に（e.g. 鳥越, 1993；Nikolajeva, 2014），養育者の絵本に関する読者論が，主題として取り上げられることはほとんどない。

　本研究では，養育者の楽しさは，読み聞かせをとおして子どもの成長や気持ちに気付いたり，子どもの変化や反応を感じたりすることであることを明らかにし，幼い子どもの養育者は，絵本を自分のものとして楽しんだり，振り返ったりすることが少ない傾向を示唆した。したがって，文学研究による絵本は「『子どものもの』に限定はしていない」(中川, 2011, p.6) という見方をされ，絵本を楽しむ大人が増えている一方で，育児期の大人にとっての絵本は，「子どものためだけの本」と認識されている可能性があると考えられた。

　このように，読み聞かせ活動における養育者の楽しさが重視される中，本研究が親子のやりとりの媒体となる絵本観を問い，さらに楽しい反面，「読んであげなくてはならない本」がもたらすストレスの可能性を示唆したことは，今後の読み聞かせ研究，絵本研究を進めるための視座を提示できたと考えられる。改めて，親子の読み聞かせは，絵本を媒介するやりとりをとおして，楽しさを伝えあう活動でなくてはならず，そのための支援が読み聞かせ活動と絵本の楽しみ方を広げる活動の両面から必要といえるだろう。

　また，本研究では，絵本がなぜやりとりの道具となるのかについて，絵本の歴史やメディアの特性という面から考察し，絵本は本質的にコミュニケーションを促す視覚的表現メディアであると同時に，子どもと大人がそれぞれに学びあえる機能を有することを，これまでの先行研究を支持する結果として，改めて提示した。そして，絵本は社会文化的産物の一つとして，子ども観の変遷とともに変化し，多様化しているが，幼児期では大人が与え，読んであげることは変わらないことである。このことは，"The disappearing childhood"「子ども期の消滅」(Postman, 1982, p.120) といわれる時代に、絵本や読み聞かせが、子どもとして守られた安心できる時間を保障する役割を果たす可能性を有し、今後、益々必要な社会的相互行為となることを予見している。読み聞かせがもたらす効果は、これまでの先行研究において子どもと養育者の相互的発達変化として明らかにされてきたが、本研究では絵本や子ども観について考えることにより、読み聞かせの社会的意義への知見をも得ることができたと考えられる。

註

1 　平成27年版少子化社会対策白書
http://www8.cao.go.jp/shoushi/shoushika/whitepaper/measures/w-2015/27web gaiyoh/html/gb1_s1-1.html. Accessed 19 September 2016.
2 　藤永（2001）によれば，1972年，当時ほほ6歳と5歳の姉Fと弟Gが1年9ヶ月にわたって戸外の小屋に放置された結果，救出時の身体発達は1歳児水準，言語発達は姉が3語，弟はことばを話せなかった。
3 　「こそだて ちえぶくろ」は，KUMONによる2007年度より始まった未就園児（主に0～3歳児）の親子を対象とする子育て応援プログラムである。親子が「歌いかけ」や「読み聞かせ」を通して豊かなふれあいを持つことを主眼として，3回の教室参加と家庭用の絵本や童謡のCD，記録ツールなどが入ったセットが提供される（板橋他，2013）。
4 　「Baby Kumon」は，0～2歳児の親子を対象とした「歌いかけ・読み聞かせ・語りかけ」などの「ことばのやりとり」を主体としたプログラムである。このプログラムは，家庭でのことばのやりとりの実践や継続をサポートするための活動であり，月1回配布のBaby Kumonセット（家庭用の絵本やカード，うたの本やCDなどのパック）と，Baby Kumonタイム（月1回／20分）の教室参加で構成されている（板橋・田島，2013）。
5 　メディア（media）は，*Oxford English Dictionary*（CD-ROM Version 4.0）によれば，以下のように説明されている。"Newspapers, radio, television, etc., collectively, as vehicles of mass communication." したがって，本論では「表現媒体」という意味で用いる。
6 　中島他編（1999）によれば，「児童心理学」は狭義には6～12歳頃の小学生の時期，広義には乳幼児期から児童期にわたる子どもの心身の発達の様相を研究する学問分野であり，便宜的に発達心理学とほぼ同義に使用される（p. 356）。福沢（1991）は，児童心理学は18世紀後半から児童の精神状態と発達を究明する学問として興隆し，19世紀後半から児童を全体的に研究する実践的な科学として「児童研究」へと発展してきたと説明している（p. 16）。
7 　Webcat Plusによれば，高橋久子（1958-）は日本の児童文学作家，絵本作家として活躍している。また，梅光学院大学教授を務め，日本児童文学者協会，日本児童文学学会，絵本学会などの会員として研究活動を行っている。村中久子，村中李

衣は同一人物

http://webcatplus.nii.ac.jp/webcatplus/details/creator/145787.html

Accesed 4 January 2015.

8　ポストモダンの文学は，盛期モダニズム（high modernism）直後の20世紀西洋文化の時代に見る postmoderism の影響を受け，慣例（convention）からの決別，断片化（fragmentation），意味の決定不能性（undecidability），脱中心化（decentering）などを特徴としている（Childers & Hentzi, 1995　杉野・中村・丸山訳　1998，p. 321）。絵本もまた1960年代以降の資本主義社会の文化的状況を受けて，ポストモダニズムの影響下にある断片的で折衷的な作品が数多く見られるようになった（藤本，2011，p. 60）。

9　Nikolajeva（2014）は，文学的認知批評を以下のように説明している。"To approach this intimidating question, I have turned to relatively recent cross-disciplinary area that addresses the issue of reader's cognitive and affective engagement with fiction, also known as cognitive literary theory, cognitive poetics, cognitive narratology and literary cognitivism. There may be a slight shade of different in these labels, irrelevant for my purpose; there for I have chosen coginitive criticism as my term and use it consistently."（p. 3）

　（文学が読者を啓蒙したり，知識を与えたりする手段であるならば，それはどのように作用するのか，文学的な認知的有用性のメカニズムとは何であろうかという問題について）認知批評は学際的な領域から，フィクションに対する読者の認知的，情動的な関わりという論点に取り組む。認知批評は，別名認知文学論，認知詩学，認知物語論，文学的認知主義などともいわれるが，これらの名称にはわずかな違いがあり，論者の目的にそぐわないと思われるため，用語として「認知批評」を一貫して使用する。

10　"Jerome Bruner (1990), building a bridge from reader-response towards cognitive criticism, points out that literacy includes a child's cognitive competence, linguistic competence and social competence, and that all these can be enhanced through reading."（Nikolajeva, 2014, p. 11）

　読者反応理論から認知批評への橋渡しをした Jerome Bruner（1990）は，リテラシーは子どもの認知能力，言語能力，社会能力を含み，これらすべては読書によって強化され得ると指摘している。

11　例として，シュールな絵やブラックユーモアのある作品を描くエドワード・ゴーリー（Edward Gorey, 1925-2000）の *The Doubtful Guest*（『うろんな客』2000年），

The Hopless Child(『不幸な子ども』2001年),*The Loathsome Couple*(『おぞましい二人』2004年)や自殺をテーマとするアンディ・ライリー(Andy Riley, 1970-)の *The Book of Bunny Suicides*(『自殺うさぎの本』2005年)など。

12 エジプトの葬祭文書は,内容が多様であるにも関わらず,基本的な目的は同じであり,死者があの世に容易に入るための呪文を死者に教えるためのものであった。アメン神に仕えた詠唱者ナニのパピルスは,メリトアメン王妃の古代の墓におかれた葬儀用品の中から発見された。
http://www.metmuseum.org/collection/the-collection-online/search/548344?rpp =30&pg =1&ft = book + of + death + egypt&pos =8 Accessed 15 February 2016.

13 例えば,「信貴山縁起絵巻」は三巻とも縦は三一・七センチメートル,「伴大納言絵巻」各巻の縦の寸法は上巻が三一・五センチメートル,中巻と下巻が三一・六センチメートルである(佐野,2004,p. 68)。

14 "For it is apparent, that children (even from their infancy almost) are delighted with Pictures, and willingly please their eyes with their sight : And it will be very worth the pains to have once brought it to pass, that scare-crows may be taken away out of Wisdom's Gardens." (Comenius preface) (注) 引用文中の Pictures, Wisdom's Gardens の文字表記は原文に準じた。序文はページナンバーが記載されていない。

15 イギリスの絵本史の特徴として,ABC絵本,昔話絵本,伝承童謡絵本など同じ材料が繰り返し出版されることがあげられる。『ハバードばあさんといぬのゆかいな冒険』も出版以来途切れることなく出版される超ロングセラーとなっている(三宅,1995,p. 65)。

16 三宅(1995)は,19世紀後半になると視覚芸術としてのファイン・アートとイラストレーションが分離して別のものとみなされるようになり,イラストレーションは文と組み合わされて,子どもの絵本の世界で発展していくようになったと述べている(p. 52)。

17 三宅(1995)によれば,グリーナウェイの成功に「もう一つ花をそえたのが,著名な評論家ジョン・ラスキンの支持であった」(p. 113)といわれる。ラスキン(John Ruskin, 1819-1900)は,オックスフォード大学の「イギリスの美術」という講義(1883年5月)の中でグリーナウェイを取り上げ,装飾に精力を浪費し過ぎていると嘆きながらも,想像力を養う教育の必要性を主張し,典雅さをもって楽しむことの出来る芸術の例として評価している(p. 114)。

18 トイ・ブックス(toy books)とは,イギリスのヴィクトリア時代の中でも,特

に繁栄期であった1850年から1890年にかけて大量に出版された絵本群を指す。特徴としては，判型，体裁が価格（6ペンス，1シリング）ごとに統一され，絵は彩色されていた。また，内容は ABC，伝承の歌，昔話などであり，文章は重視されず，絵がセールスポイントとなっていた（正置，2011，pp. 42-43）。

19　"Peter never aspired to be high art－he was passable (except the covers which I had nothing to do with and always hated), but if not high art his moderate price has at least enabled him to reach many hundreds of thousands of children, and has given them pleasure without ugliness."（Potter & Taylor, 1992, p. 387）

20　"The publisher is a gentleman who prints books, and he wants a bigger book than he has got enough money to pay for! and Miss Potter has arguments with him…. She would rather make 2 or 3 little books costing 1/-each, than one big book costing 6/- because she thinks little rabbits cannot afford to spend 6 shillings on one book, and would never buy it."（Potter, 1992, p. 66）

21　このことは，ポターの絵本を出版した F. Warn 社の Norman Warn へ宛てた手紙からも明らかといえる。"I will try to bring one of the frames of Caldecotts to Bedford St in the autumn, I have been looking at them a good deal…. It may odd to talk about mine & Caldecott's at the same time; but I think I could at least try to do better than Peter Rabbit, and if you did not care to risk another book I could pay for it."（Potter & Taylor, 1992, p. 64）

22　"Beatrix Potter creates a world in miniature in her little picture books. It is a world scaled to the comprehension of little child's mind and imagination, which yet possesses fundamental truth. With their neat economy of phrase the stories are a joy to read aloud; and the accompanying pictures with their expressive characterization of small animals and their background of English lake district pictured in affectionate detail, perfectly interpret the stories. Beatrix Potter's stories and pictures of small animals have been imitated, but never have they been surpassed."（Smith, 1953, p. 123）

23　「児童中心主義」child-centered education は，19世紀末の欧米の新教育運動から生じ，子ども自身が教育の主体であるとして，子どもの自発的な学びを尊重する教育思想，及びその実践をいう（岩内・本吉・明石『教育学用語辞典』第四版　p. 112）。日本では大正自由教育運動に影響が見られ，鈴木三重吉の『赤い鳥』など芸術性を豊かにした文学を，おとぎばなしや唱歌と区別するための「童心主義」が唱えられ，大正期児童文学の特徴とみなされている（中村，2011，p. 170；鳥越，

1973, p. 87)。
24　国立国会図書館国際子ども図書館
http://www.kodomo.go.jp/event/exhibition/tenji2008-03/cha1.html
Accessed 26 August 2014.
25　「以上に擧げた各國の一流繪本がすべて，まともな本格的な繪をもってえがかれてゐることをいつておきたい。／子供の理解をおとなの頭で計測して，變に子供向に描かれた繪などといふものは，事實，ひとつもないのである」（三宅，1997, p. 8）。
26　斬新なアイディアを提示し続けている五味太郎は，読者が参加して初めて完成する絵本という『らくがき絵本　五味太郎50％』（1990）などを創作している。また，駒形克己は『FIRST LOOK（Little eyes）』（1990）によって絵本の概念を覆し，以後もコミュニケーション性や素材にこだわる新感覚の絵本作りを続けている（石井，2011, p. 180）。
27　日本著者販売センター
http://www.1book.co.jp/003720.html.　Accessed 29 December 2013.
28　東京税関調査部調査統計課
http://www.customs.go.jp/tokyo/etu/ftp/tokusyu/toku1903.pdf.
Accessed 29 December 2013.
29　若手作家の一人，ローレン・チャイルドはコンピューターを自由自在に使いこなした手法で，21世紀らしい家庭生活を描いているが，クエンティン・ブレイクやシャーリー・ヒューズを思わせる表現にイギリスの伝統が息づいている。また，21世紀になってからは，エミリー・グラヴェット，アレクシス・ディーコン，ミニ・グレイなどが大型新人として注目され，ベストセラーを出したり，ケイト・グリーナウェイ賞を受賞したりする中，才気溢れた斬新な着想と伝統を感じさせる創作を続けている（灰島，2011, pp. 65-66）。
30　中川（2011）は，ブック・アートについて「『ブック・アート』とは，本という存在形式やテーマを追求したり，本を素材として使ったりしているアートのことをいう。絵本も本という存在形式をとり，ブック・アートとして試みている作品も多い」(p. 14)と述べている。
31　三省堂『大辞林』第三版
http://kotobank.jp/word/%E5%AE%9A%E7%BE%A9　Accessed 28 August 2014.
32　"A picturebook is text, illustrations, total design; an item of manufacture and a commercial product; a social, cultural, historical document; and, foremost, an

experience for a child. As an art form it hinges on the interdependence of pictures and words, on the simultaneous display of two facing pages, and on the drama of the turning of the page. On its own terms its possibilities are limitless."（Bader, 1976, p. 2)

33　吉田（1999）は，ワンダ・ガアグが『一〇〇まんびきのねこ』が絵本の見開きページを初めてドラマチックに使ったことや，向かい合う二つのページを有効に使っているセンダックを例に上げ，Bader の指摘は極めて重要だと述べている（p. 226)。

34　"Vast empirical research confirms that even very young children understand and respond to the emotional dimension in picturebooks (see e.g. Arizpe & Styles 2003; Pantaleo 2008)."（Nikolajeva, 2014. p. 96)

35　"Pre-literate readers are likely to trust images more than words, since images are direct and immediate, while words need longer processing. Therefore, picturebooks can provide us with powerful tools for increasing novice reader's emotional intelligence."（Nikolajeva, 2014, p. 95)

36　『ミッケ！　ゴーストハウスこわいけどおもしろいかくれんぼ絵本』（1999）は，アメリカの写真家，アーティストであるウォルター・ウィック（Walter Wick, 1953-）と作家マルゾーロ（Jean Malzollo, 1942-）による *I Spy* シリーズの1冊である。日本では糸井重里の翻訳で小学館から出版され，「かくれんぼ絵本」として子どもたちに人気のシリーズとなっている。

37　この研究の前編は『臨床教育人間学』第9号（2008年）に掲載されている。

38　例えば，Anthony Browne の *Piggy Book*（1990）『おんぶはこりごり』（2005），Bénédicte Guettier の *The Father Who Had 10 Children*（1999）『パパと10人のこども』（2000）など。

39　Philippe Ariès（1914-84）はフランスの歴史学者として，主に家族や子ども，死などをテーマとする中世・近世の社会史を研究した。アリエスによると「中世において，また近世初頭には，下級階層のもとではさらに長期にわたって，子供たちは，母親ないしは乳母の介助が要らないと見なされるとただちに，すなわち遅い離乳の後何年もしないうちに，七歳位になるとすぐに大人たちと一緒にされていた。この時から，子供たちは一挙に成人の大共同体の中に入り，老若の友人たちと共に，日々の仕事や遊戯を共有していた」（Aris, 1960 杉山・杉山訳 1980, p. 384）といわれる。

40　"But in the Elizabethan drama, in the main body of Augustan verse, in the major eighteenth-century novel, the child is absent, or the occasion of a passing reference; at the most a subsidiary element in an adult world."（Coveney, 1967, p. 29）

41　"The various literary attitudes towards the child in the nineteenth and early twentieth centuries mingled in a very wide, and clearly popular acceptance; Romantic symbol of growth, the innocence, the pathos, the nostalgia, the regret, the withdrawal, the 'death' － the child-image contains not only the response of the artist to his condition, but the response of a whole society, to itself."（Coveney, 1967, p. 340）

42　大嶋（2005）によれば，オウエンは，イギリスの空想的社会主義者として知られ，木綿紡績工場主であったが，当時の労働者階級の悲惨な状況に心を痛め，その改善のために活動した一人といわれる。オウエンは，人間にとって必要なのは教育であると考え，1816年に自分の工場内に「性格形成学院」をつくり，幼児期から成長段階に応じた教育を与えた。

43　トーマス・ペインの *The Right of Infant*（1796）は，初めて子どもの権利が世に問われた書といわれる（村田，2011）。

44　ロックの知識論では，知識は外からの感覚経験と内からの内省に由来すると考える。心がこのような経験からの刻印を受けていない「白紙」の状態をタブラ・ラサ（ラテン語で「拭ってきれいにした石板」を意味する言葉）という（中島他編，1999, p. 565）。

45　ハンナ・モアは，「1795年から1797年までに tract〈廉価小冊子〉というシリーズを出版したが，これはほかに類を見ないものである」（エイヴリー他，1995 さくま他訳 2001, p. 69）と評価されている。

46　ハンフリー・カーペンターの説に従うと，Lewis Carroll（1832-98）の *Alice's Adventures in Wonderland*（1865）から Alan Alexander Milne（1882-1956）の *Winnie-the-Pooh*（1926）までがイギリス児童文学の黄金時代といわれる（Carpenter, 1985, "Preface" より）。

47　education はラテン語の educatio を語源とする。educare（cf. educere 'to educe'）「教育する」は，子どもの資質を引き出すこと〈ex－(外へ) + ducere（引き出す，水脈をつける）〉となる。educere は肉体的な養育に用いられ，educare は精神的な意味で使用された（『英語語源辞典』縮刷版 p. 415）。外山（2012）は，「〈教育するに〉に当たる英語のエデュケイト〈educate〉には "引き出す" という意味がある。教えるのは押しつけるのではなく，引き出すこと，というのである」（p. 4）と述べている。

48　エレン・ケイ（Ellen Karolina Sofia Key, 1849-1926）はスウェーデンの女流思想家であり，*Barnets arhundrade*（1900）小野寺信，小野寺百合子訳『児童の世紀』（冨山房，1979）などを著し，母性と児童の尊重，教育の重要性を説いている。

49　ホワイトハウス会議（White House Conference on Children and Youth）は，1909年に第1回が開催されて以来，児童福祉のための会議としてほぼ10年ごとに開催され，戦後へと引き継がれている（大嶋，2005，p. 6）。

50　文部科学省「教育基本法」
http://www.mext.go.jp/b_menu/kihon/about/a001.htm　Accessed 8 June 2015.

51　厚生労働省「児童福祉法」
http://www.mhlw.go.jp/bunya/kodomo/pdf/tuuchi-01.pdf.
Accessed 9 October 2015.

52　文部科学省「児童憲章」
http://www.mext.go.jp/b_menu/shingi/chukyo/chukyo3/004/siryo/attach/1298450.htm　Accessed 9 October 2015.

53　平山（2011）によれば，生殖補助医療の進歩により，1978年にイギリスで世界初の体外受精児が誕生し，「試験管ベビー」として話題になった（日本心理臨床学会（編）『心理臨床学事典』568）。また，柴原（2014）によれば，Assisted reproductive technology（生殖医助医療）による出産は，日本では1983年に導入されて以来，30万人以上の ART 児が誕生している。
http://jsog.umin.ac.jp/66/handout/8_1Dr.shibahara.pdf

54　出生時の体重が1000g 以下の新生児を極低出生体重児という。低出生児保健指導マニュアル 3 頁参照。
http://www.mhlw.go.jp/seisakunitsuite/bunya/kodomo/kodomo_kosodate/boshi-hoken/dl/kenkou-0314c.pdf　Accessed 17 August 2014.

55　児童書に続いて，アメリカの絵本の黄金期は1930年代後半から40年代といわれる（原，p. 115）。

56　スティーヴンス（Ann S. Stephens）の *MALAESKA The Indian Wife the White Hunter*『マラエスカ―白人漁師のインディアンの妻』を皮切りに Beadle 社から一冊10セントで売られたアメリカの大衆小説。「ビードルズ・ダイム・ノヴェル」シリーズは321点を数えるまでに伸び，たくさんの模倣作を生んだ（エイヴリー他，1995　さくま他訳 2001，p. 289）。

57　例えば，オールコット（Loisa May Alcott, 1832-88）の *The Little Women*（1867）『若草物語』やウェブスター（Jean Webster, 1876-1916）の *Daddy-Long-*

Legs（1912）『あしながおじさん』，トゥエイン（Mark Twain, 1835-1910）の The Adventures of Tom Sawyer（1876）『トム・ソーヤの冒険』など（前掲書 pp. 290-299）．

58　1867年1月創刊の『リヴァーサイド・マガジン』は黄金時代のさきがけとなった雑誌といわれ，1873年に創刊した『セントニコラス』は1940年まで生き残った（前掲書 p. 287）．

59　18世紀にイギリスで児童書出版を確立した John Newbery（1713-67）に因み，例年「アメリカで出版された作品の中からアメリカ文学に最も貢献した優秀作品」に贈られる児童文学賞（前掲書 p. 302）．

60　世界で初めての絵本賞であり，ニューベリー賞と同様に例年国内で出版された最も優れた子ども向け絵本（イラストレーション）に贈られる．両賞はイギリス児童文学への敬意を示した名称といわれる（前掲書 p. 302）．

61　IBBY
http://www.ibby.org/about.0.html Accessed 14 June 2015.
http://jbby.org/ibby/activities02.html Accessed 14 June 2015.

62　Benesse Corporation「乳幼児の親子のメディア活用調査」報告
http://berd.benesse.jp/up_images/textarea/research25_paper.pdf
Accessed 10 October 2016.

63　"At the beginning of the twentieth century in Japan, an eighth-century poem experienced a new life. Originally part of a tanka written by Yamanoue Okura（660?-733?）and read by Heian-era aristocrats as part of the poetry anthology known as the *Man'yōshū*... The poem read: What are they to me, / Silver, or gold, or jewels? / How could they ever / Equal the greater treasure / That is a child?"（Jones, 2010, p. 1）

64　稲井による邦訳（稲井，2012，p. 364）．

65　神林（2012）によれば，1970年の国民世論調査において，階層帰属意識，または生活程度を「中」と回答する人が9割に達したことを受けて，「中流意識」「一億総中流」といわれるようになった（p. 67）．

66　東京都教育庁の指示に基づいて行った5年生全員面接用資料として，筆者が文部科学省によるいじめ早期発見アンケート項目をもとに作成した「メンタルヘルス」「いじめに関すること」を問うアンケート調査．非公開資料．

67　平成26年度東京都スクールカウンセラー連絡会における講演「インターネット依存の実態，治療，予防」独立行政法人国立病院機構久里浜医療センター，樋口進医

師の作成資料による。尚,「ネット依存症」は,2013年改訂となったDSM-5(アメリカ精神医学会発行の精神疾患の分類と手引き)にて新規に「インターネットゲーム障害」として掲載されたが,現在はエビデンスの蓄積段階であり,正式に認められた疾患ではない。

68 松岡(1986)は,「子どもと読書のかけ橋として,大人が自分の声で子どもにお話をしてやるということが大切」(p.169)であることを主張している。また,松居(2001)は,絵本は子どもに読ませる本ではなく,子どもが自分で読み始めたとしても,今までどおり,親は自分の声で読んであげることが大切であると述べている(p.68)。

69 本書 p.106, Table 3-1 参照

70 Maryanne Wolf(メアリアン・ウルフ)は,米・マサチューセッツ州タフツ大学の小児発達学部教授,読字・言語研究センター所長として,認知神経科学,発達心理学,ディスレクシア研究を専門とし,アメリカ心理学会をはじめ数々の賞を受賞している(著者紹介より)。

71 Nikolajeva(2014)は,文字を習得する前の子どもは,ことばによる言語的な刺激よりも,絵による視覚的な刺激の取り込みが早く,直接的で理解しやすい絵を信じる傾向があることを指摘している(註35参照)。

72 村中(1998)は,読む場を読み手と聞き手の1対1の場に限定して「読み合い」という用語を用いている。著書の読者らの反響から,「読み合い」は「読み聞かせ」よりも読み手と聞き手の関係が対等である印象を持たれることを指摘している(pp.140-141)。また,筆者が行った絵本学会での口頭発表の際,元保育士であったという女性参加者が「読み聞かせ」という言葉に対する親のストレスを指摘し,「読み語り」という言葉に置き換えていると述べた(2014年5月31日第17回絵本学会大会研究発表「子育て期の絵本―大人にとっての絵本と役割」)。幼児のための通信教育サービスを行っているベネッセコーポレーションによる「こどもちゃれんじ」は,教材の絵本に「よみかたりえほん」と題している。「耳からの読書」という言葉は,蔵元・石滝・加嶋・中野・東川(2003)によって用いられている。

73 ビューラー(1958 原田訳 1986)によれば,Durfee(1934),Ribble(1943),Gesell and Armatruda(1947),Spitz(1953;1956)などの先行研究によって,初めに母親との間に愛情関係があることが決定的な発達要求であり,これをなくしては子どもはノーマルな発達をすることができないことが明らかになっている(p.65)。また,Spitz は,1945年から1949年にかけて孤児院や女因刑務所乳児院などで行ったホスピタリズムの研究で知られ,発達初期の子どもにとって母親との情緒

的交流が発達の基盤となることを示した（渡辺，1996, p. 182）。

74　シャルロッテ・ビューラーは新生児が生後数週のうちに他の乳幼児の泣き声に影響を受けることを証明し，現存効果，共感と名付けた。また，Escalonaは母親と乳幼児が出生直後から接触と圧迫から生じる気分や興奮，快・不快などの相互的作用を受けることを明らかにし，感応と名付けた（ビューラー，1958 原田訳 1986, p. 169）。

75　エリクソンの心理・社会的発達理論は，人の生涯の発達を8段階に分けた漸成図表としてまとめられている（エリクソン，1959 小此木訳 1986, p. 158；Erikson, 1968, p. 94）。

76　ヴィゴツキーの精神の「文化的―歴史的発達理論」が鮮明な形で最初に発表されたのは1927年『児童学』に掲載された論文「子どもの文化的発達の問題」であるとされるが，ヴィゴツキーはこの前後にも多数の論文や著書を執筆している。しかし，1934年に38歳で早世したため，彼の論文などは後継者のレオンチェフやマチュウシキンなどによってまとめられ，『ヴィゴツキー著作集』として刊行された（ヴィゴツキー，1928 柴田訳 2005, pp. 400-401）。

77　2歳を境界として媒介物が変化することは，筆者が田島信元教授より口頭で指導されたことである。この理論の背景には，言語獲得のための母親によるフォーマットが「2歳までに一貫した文法形式にコード化されている」（ブルーナー，1983 寺田・本郷訳 1988, p. 34）こと，および，「乳児の目標達成の主な『道具』は，自分とは別のなじみのある人なのである」（p. 14）こと，また「乳児はほんらい人間的な動作の世界に参加できるようになっているのである。（中略）誕生後1年半までの子どもの活動は，明らかに，その大部分が非常に社会的かつコミュニケーション的（social and communicative）である」（pp. 14-15）ことなどがあげられる。以上を検討すると，2歳前の乳幼児期では，言語獲得の道具は言語的関わりを促進する子どもにとって身近な「人」そのものが重要であること考えられる。

78　Table 3-1 参照

79　マルチメディア（multimedial）は，「複合媒体（的）」という意味として扱う。絵本について，Nikolajeva（2014）は，「絵本は，言語と視覚という二つのメディアの相乗効果で意味が創り上げられるマルチメディアの物語である」と述べている。A significant part of children's literature is constituted of picturebooks: multimedial narratives in which meaning is created through the synergy of two medeia, the verbal and the visual.（p. 94）

80　コンピテンスは，言語心理学や認知心理学の分野では，実際の行動や成績に対し

て，潜在能力を意味することが多い。また，発達心理学において使用される場合，人に備わっている潜在的能力と，環境に能動的に働きかけて自らの「有能さ」を追求しようとする動機づけを一体として捉える力動的な概念をさす（中島他編，1999, p. 284）。

81 言語獲得装置は LAD と略され，ノーム・チョムスキーによる人間に生得的に備わっている言語学習能力の素地となる独特な精神機能を言う（ブルーナー，1983 寺田・本郷訳 1988, p. 6）。人間には生まれつき言語を習得する能力が備わっていると考えられ，この能力を'普遍文法'とよぶ。LAD はこの普遍文法と，これを介して言語的経験から特定の個別語（日本語，英語など）を形成するためのある関数 (function) を含んでいる（同書 p. 230）。

82 フォーマットについて，ブルーナー（1983 寺田・本郷訳 1988）は次のように述べている。「フォーマットとは，日常的な反復される相互作用であり，それにのっとって大人と子どもとは，お互いに，あるいは物と，何かを"行う"。フォーマットは語彙―文法的発話の前に現れるため，それは，コミュニケーションから言語への過程における重要な媒体である。」(pp. 162-163)

83 ブルーナー（1983 寺田・本郷訳 1988）によると，ゲームは「子どもと大人との間で行われるどのゲームもそれだけで独立した『生活形式』(form of life) を取る。要するに，ゲームは理想化され厳密に制限されたフォーマットを成している」(p. 42) といわれ，人為的な構成要素としてルールや順序，行為者と経験者との交換可能なやりとりを含む「ちょっとした原会話（protoconversation）」(p. 43) であると考えられている。

84 佐藤・西山（2007）によれば，微視的発生過程とは，ヴィゴツキーが人間の発達本質を自然的発達と文化的発達の両方から弁証法的に論じた際に用いた用語であり，小さな時間の中で発生する活動とその変化のことを指す (p. 48)。

85 https://www.niace.org.uk/.../Booktrust_evaluation.pdf.
Accessed 3 January 2015.

86 http://www.bookstart.or.jp/about/index.html.　Accessed 3 January 2015.

87 「共一パスト」(pathos-avec 情念)。角田（2003）によれば，個々人の絶対的主観は，生の根底であるアフェクト（affect 情）の源泉から湧き上がってくる共生へと根付く主観であり，「このとき，主体のアフェクトは，共同体のアフェクトでもある生の『共一パトス』(pathos-avec 情念) という根底に連なっている」(p. 55) と考えられている。

88 近藤・辻本（2008）の対象児は，新版 K 式発達検査による全領域の発達年齢 6

歳8ヶ月～3歳3ヶ月，平均5歳半前後であった。
89 「広汎性発達障害」(PDD) は，WHOによるICD-10の疾病分類であるが，アメリカ精神医学会による診断基準を示すDSM-5の改定に基づき，現在は「自閉症スペクトラム障害」(ASD) を用いることが多い。
90 P-Fスタディ (Picture Frustration Study) は，24の欲求不満場面における反応語の内容から，攻撃が向けられる方向と型という二つの観点から分類・記号表示する投影法を用いた心理検査の一つである (村中，1984, p.10)。
91 註7参照
92 厚生労働省
http://www.mhlw.go.jp/stf/seisakunitsuite/bunya/hukushi_kaigo/kaigo_koureisha/ Accessed 4 January 2015.
93 カタルシスはギリシャ語で「浄化」の意味を差し，精神分析学から生まれた用語といわれる。抑圧された感情や葛藤が解放されて心の緊張がほぐれること，またその方法を言う。自律訓練法，遊戯療法，芸術療法などはカタルシス的効果が認められている (中島他編，1999, p.122)。
94 直示体系 (deixis) は「文脈に戻って指示する」(ブルーナー，1983 寺田・本郷訳 1988, p.71) と説明されている。この語は，「指し示す」(pointing)，あるいは「指すこと」(indicating) を意味するギリシア語であるが，言語学においては，文法理論上の術語として用いられる。すなわち，発話の時や場所と関連する「定位的」(orientational) な諸特徴を処理するために用いられ，人称のダイクシス (私，あなた，彼) や場所のダイクシス (こちら，あちら)，時間のダイクシス (今日，明日) などがあり，これらは話し手と聞き手との関係によって選択されることになる (同書，p.194)。
95 Hart, B., & Risley, H. (1995). *Meaningful differences in the everyday experience of young American children*. Baltimore: P. H. Brooks.
　Hart, B., & Risley, H. (2003). The Early Catastrophe. *American Educator, 27*(4), pp. 6-9. (Wolf, 2008, p.260)。
96 Moats, L. (2001). Overcoming the Language Gap. *American Educator, 25*(5), pp. 8-9. (Wolf, 2008, p.260)。
97 白百合女子大学生涯発達研究教育センターと日本公文教育研究会は，2006年度より「歌いかけ」と「読み聞かせ」両活動についての共同研究を行っている (板橋・田島，2013, p.126)。
98 註3参照

99　註4参照
100　調査開始時の協力者は116名，平均年齢は2歳5ヶ月であったが，1年後の追跡調査が可能だったのは59名であり，平均年齢3歳3ヶ月であった。経過1年半後は，同一の調査対象者であれば，平均年齢は3歳9ヶ月と予想される。
101　マトリョーシカは手足の無いロシアの木製人形で，外見は日本のこけしに似ている。しかし，マトリョーシカはこけしとは異なる構造を持ち，胴体の部分で上下に分割すると，中から一回り小さい同じ人形が出てくる入れ子式になっている。これが何回か繰り返され，最後は小指ほどの大きさの人形が出てくることが多い。
102　『こねこのねる』は，「子どもがはじめてであう絵本第二集」（福音館書店，1968）4冊組の1冊。他の3冊は『ぴーんちゃんとふいーんちゃん』『ようちえん』『じのないえほん』いずれもブルーナ，いしいももこ　訳（佐々木，1992，p.12）となっている。
103　佐々木によれば，「再認」は「以前に知覚した対象が，次に与えられた時，すでに知覚によって得られたものと照合されること」（pp.127-128）である。記憶痕跡に基づく考え方では，再生と再認は基本的に同一であるが，痕跡強度が強い時には再生と再認とも可能であるが，弱い時には再認のみ可能であるとする。また，検索の過程の問題と考える場合は，生成＝再認説（Anderson, J.R. & Bowere, G.H., 1972），符号化特定説（Thomson, D.M. & Tulving, E., 1970），二重経路説（Jones, G.V., 1978）などがある（中島他編，1999，p.290）。
104　『ちいさなうさこちゃん』は，「子どもがはじめてであう絵本第一集」（福音館書店，1964）4冊組の1冊。他の3冊は『うさこちゃんとうみ』『うさこちゃんとどうぶつえん』『ゆきのひのうさこちゃん』となっている（佐々木，1992，p.12）。
105　本書 p.106，Table 3-1 参照
106　佐々木（1992）の巻末附録I「アヤの絵本日記（一歳三か月～三歳）」参照。
107　例えば，中村（2010）による投影法心理検査の一つであるロールシャッハ・テストでは，反応決定因子の一つである色彩反応を感情要因として評価する（pp.131-149）。
108　アヤさんのこの発言は，『しろいうさぎとくろいうさぎ』について述べたものである。この絵本は「難しくて内容は，何もわからなかった」（佐々木，1992，p.105）が，アヤさんはうさぎが好きだったので，黒いうさぎがなぜ悲しい顔をするのかが気になり，読めばわかると思って繰り返し読んだという。アヤさんは，「主人公がいぬだったら，きっと読まなかったわね」（p.106）と述べている。
109　「中学生に絵本朗読」読売新聞2010年10月29日朝刊

110　註72参照
111　調査協力家庭96件のうち，読み聞かせを行っていない家庭は11件，行っている家庭が85件であったが，本尺度の検討は父親，または母親が不在の家庭3件を除いて行った。
112　佐々木（2011）によれば，赤ちゃん絵本は「子ども読書年」をきっかけに，2001年に導入されたブックスタート運動開始にともなって，関心が急速に広がった分野であるが，『いないいないばあ』（1967）を代表とする伝承遊びに水脈を持つ絵本や，図鑑的な絵本，ものの絵本などが伝統的な赤ちゃん絵本として存在している。また，新しいタイプの赤ちゃん絵本として「コミュニケーション誘発型絵本」があり，これらはオノマトペなどを利用した音韻やリズムを楽しんだり，やりとりや関わりを促したりする機能を持つ（pp. 510-511）。
113　オフィス遊
　　http://www.kimura-yuuichi.com/index.php　Accessed 23 March 2015.
114　中島他編（1999）によれば，「対象の永続性」という概念の獲得は生後8ヶ月頃とされる（p. 548）。「いないいないばあ」遊びは，目の前のものが隠されても世界から消えてなくなるなることはないという概念の成立によって楽しめるやりとりであり，乳児は繰り返し現れる養育者の顔を面白がったり，次第に顔を隠す手をどけようとしたりするようになる。
115　"For the most fundamental prerequisite of mental vitality, I have already nominated *a sense of basic trust*, which is a pervasive attitude toward oneself and the world derived from the experiences of the first year of life. By "trust" I mean as essential trustfulness of others as well as a fundamental sense of one's own trustworthiness."（Erikson, 1968, p. 96）
116　"It must be said, however, that the amount of trust derived from earliest infantile experience does not seem to depend on absolute quantities of food or demonstrations of love, but rather on the quality of the maternal relationship. Mothers create a sense of trust in their children by that kind of administration which in its quality combines sensitive care of the baby's individual needs and firm sense of personal trustworthiness."（Erikson, 1968, p. 103）
117　今村（2006）による資料「戦後の児童書出版ベストセラーランキング」（出版累計数による比較）では，『はらぺこあおむし』は5位（213万部），『はじめてのおつかい』は28位（142万部）となっている。
118　一例としては『だんまりこおろぎ』（1990，偕成社）など。

119 "There should be a bridge between-and that is what I've tried to create in the form of a book with holes in it, for example, a book that is partly also a toy. It is a toy you can read, and a book you can touch." (Marcus, 2002, p. 52)

120 撮影第2回目では、母親が「あたた…」とアレンジを加えた後、本児は膨らんだあおむしのお腹を指先でグルグル触りながらしかめ面をしている。撮影第3回目では自分のお腹をポンポン叩いて見せ、第5回目の撮影では「うん…食べ過ぎでお腹さん…お顔しているの」と言いながら顔をしかめた（トランスクリプト省略）。

121 "I would say that I camouflage my teaching. Yes, I camouflage mine." (Marcus, 2002, p. 56)

122 撮影第2回目と3回目のトランスクリプトは全体を通して本児からあおむしについて言及することは無かったが、撮影第5回目には「あおむしどこ？」という発言が生じている。

123 このシリーズには他に『ぽぽぽぽぽ』（1989）、『どどどどど』（1992）、『ん・ん・ん・ん・ん』（1995）などがある。

124 「こどものとも」（福音館書店）は松居直編集による1953年創刊の月刊絵本であり、2011年3月で660号を記録している（大橋, 2011, p. 177）。2014年4月には「700号記念コレクション」が出版され、2015年3月現在も刊行され続けている。「こどものとも傑作集」はバックナンバーの中からハードカバー装丁の絵本として刊行され、世代を超えてたくさんの子どもたちに親しまれている。
http://www.fukuinkan.co.jp/searchresult.php?ser_id =19&search_flg = ser Accessed 28 March 2015.

125 記録表が未提出だったため、読み聞かせ時間は撮影データに基づいた記録となっている。

126 貸与した絵本は調査者が提示した絵本の中から、調査協力者が全て選んでいる。*Alice's Adventures in Wonderland* は、ロバート・サブダによる仕掛けが楽しいポップアップ絵本である。

127 『こどもちゃれんじ』は25年間100万人の親子に利用されている。
http://www2.shimajiro.co.jp/feature/index.html　Accessed 29 March 2015.

128 厚生労働省が、児童虐待件数の統計を取り始めたのは1990年度からであり、この時1101件だった相談件数は年々増え続けている。2016年8月4日に公表された2015年度の件数（速報値）は、10万件を超えた過去最多数（103260件）を記録し、前年度より14329件の増加となった。また、こうした虐待は、養育者の育児ストレスとの因果関係が指摘されている。

http://www.mhlw.go.jp/file/04-Houdouhappyou-11901000-Koyoukintoujidoukatei
　　kyoku-Soumuka/0000132366.pdf　Accessed 18 October 2016.
129　2010年調査にて調査対象となった家庭のうち，幼稚園在園児の家庭のみ73件を対象とした母親の有職率（フルタイム2件，パートタイム15件）
130　第5章の質問紙調査にて欠損値の無い回答96家庭のうち，幼稚園在園児家庭は84件，うち読み聞かせを行っている家庭は75件であった。
131　幼児期からの読書習慣の未形成などが指摘され，文部科学省による「子の読書活動の推進に関する基本的な計画」が進められている。
　　http://www.mext.go.jp/a_menu/sports/dokusyo/hourei/cont_001/003.pdf
　　Accessed 19 October 2016
132　ブックスタートは1992年にイギリスで始まった乳児と親の触れ合い促進や読書環境整備を目的とするプログラムの一つである。日本では2001年から主に育児支援としてNPOブックスタートが情報提供などを行い，2015年2月末現在で全国1741の市区町村のうち901の自治体が導入している。2010年10月のデータは1750市区町村のうち751市区町村であり，着実に導入が進んでいる。
　　http://www.bookstart.or.jp/about/ichiran.php　Accessed 4 May 2015
133　註11参照
134　「断ち落とし」は，登場者の心理や状況，または大きさや動きを効果的に表現する技法であり，登場者などの身体の一部や事物の一部を切り取る手法のことを言う（藤本，2013，p.32）。
135　センダックの三部作は以下の三冊。*Where The Wild Thigs Are*（1963）『かいじゅうたちのいるところ』（じんぐうてるお訳，富山房，1975），*In The Night Kitchen*（1970）『まよなかのだいどころ』（じんぐうてるお訳，富山房，1982），*Outside Over There*（1981）『まどのそとのそのまたむこう』（じんぐうてるお訳，福音館書店，1983）
136　厚生労働省「子ども虐待による死亡事例等の検証結果等について（第11次報告）の概要
　　http://www.mhlw.go.jp/file/04-Houdouhappyou-11901000-Koyoukintoujidoukatei
　　kyoku-Soumuka/img-X07223452_2.pdf　Accessed 23 October 2016.
137　註27参照

引用・参考文献

第一次資料

Bruna, D.（1959）. *Poesje Nel*. Amsterdam: Mercis.（ブルーナ, D. 石井桃子（訳）（1968）. こねこのねる 福音館書店）

Bruna, D.（1962）. *Het ei*. Amsterdam: Mercis.（ブルーナ, D. 石井桃子（訳）（1964）. ふしぎなたまご 福音館書店）

Bruna, D.（1963）. *Nijntje* (2nd ed.). Amsterdam: Mercis. B.（ブルーナ, D. 石井桃子（訳）（1964）ちいさなうさこちゃん 福音館書店）

Bruna, D.（1963）. *Nijntje in de sneeuw*. Amsterdam: Mercis.（ブルーナ, D. 石井桃子（訳）（1964）. ゆきのひのうさこちゃん 福音館書店）

Burningham, John.（1973）. *Come away from the water, Shirley*. New York: Crowell.（バーニンガム, J. 辺見まさなお（訳）（1978）. なみにきをつけて シャーリー ほるぷ出版）

Carle, E.（1986）. *The very hungry caterpillar*. London: Hamish Hamilton.（カール, E. 森 比左志（訳）（1988）. はらぺこあおむし 偕成社）

Clark, E.（2004）. *Merry Christmas to you, Blue Kangaroo*. New York: Random House.（クラーク, E. まつかわまゆみ（訳）（2007）. クリスマスよ ブルーカンガルー！ 評論社）

Erlbruch, W.（1995）. *Frau Meier, die Amsel*. Wuppertal: Hammer.（エァルブルッフ, W. 上野陽子（訳）（1998）. マイヤー夫人のしんぱいのたねは？ BL出版）

五味太郎（1991）. るるるる 偕成社

初山　滋（1937）. たべるトンちゃん 金蘭社

平田昭吾（作）・高田由美子（絵）（1998）うらしまたろう ポプラ社

Hoffmann, E., Sendak, M., Manheim, R. & Eichenberg, F.（1984）. *Nutcracker*. New York: Crown Publishers. Inc.（ホフマン, E. センダック, M. 渡辺茂男（訳）（1985）. くるみわりにんぎょう ほるぷ出版）

君島久子（再話）・初山　滋（絵）（1963）. たなばた 福音館書店

木村裕一（作）・せべまさゆき（絵）（2002）. だーれだだれだ！ 小学館

Lionni, L.（1951）. *Little blue and little yellow: a story for Pippo and other children*. New York: Astor.（レオーニ, L. 藤田圭雄（訳）（1981）. あおくんときいろちゃん 至光社）

Lionne, L.（1968）*Swimmy*. New York: Pantheon.（レオニ, L. 谷川俊太郎（訳）（1969）．スイミー──ちいさなかしこいさかなのはなし── 好学社）
宮崎　駿（1990）．となりのトトロ　徳間書店
中江嘉男(作)・上野紀子(絵)（2003）．ねずみくんのクリスマス　ポプラ社
中川李枝子(作)・大村百合子(絵)（1963）．ぐりとぐら　福音館書店
Potter, B.（1902）．*The Tale of Peter Rabbit*. London: Frederic Warne.（ポター, B. 石井桃子（訳）（1971）．ピーターラビットのおはなし　福音館書店）
Riley, A.（2003）．*The book of bunny suicides*. London: Hodder & Stoughton.（ライリー, A（2005）．自殺うさぎの本　青山出版社）
Sabuda, R. & Carroll, L.（2003）．*Alice's adventures in Wonderland*. New York, NY: Little Simon.
Sendak, M.（1963）．*Where the wild things are*. New York: Harper & Row.（センダック, M. 神宮輝夫（訳）（1975）．かいじゅうたちのいるところ　冨山房）
Sendak, M.（1995）．*In the night kitchen*. New York c1970: Harper Collins Publishers.（センダック, M. 神宮輝夫（訳）（1982）（1970）．まよなかのだいどころ　冨山房）
Sendak, M.（1981）．*Outside over there*. New York: Harper & Row, Publishers.（センダック, M. ウォン, J. テーオン, A. 神宮輝夫（訳）（1983）．まどのそとのそのまたむこう　福音館書店）
遠山繁年（2007）．いもむしくん　こどものくに　ひまわり版10月号　鈴木出版

第二次資料

赤羽尚美（2011）．家庭における絵本の読み聞かせ──さまざまな場面から子どもの発達を考える── 白百合女子大学大学院文学研究科修士論文（未公刊）
赤羽尚美（2012）．絵本表現に見られる育ち合う親子──*little blue and little yellow* に読む子どもと大人の心── フェリスリサーチペーパー, *2*, 45-65.
秋田喜代美・増田時枝（2009）．絵本で子育て　岩崎書店
秋田喜代美・横山真貴子・森田祥子・菅井洋子（2003）．ブックスタート協力家庭の母子相互作用(1)──絵本への媒介者としての母親のガイダンス──, ブックスタート協力家庭の母子相互作用(2)──母親がことばで伝える絵本場面の特徴──, ブックスタート協力家庭の母子相互作用(3)──子どもの注意中断に対する母親の対応── 日本発達心理学会第14回大会発表論文集　241-243.
網野武博（2005）．児童福祉の理念と概念　新版『社会福祉学習双書』編集委員会（編）児童福祉論　新版・社会福祉学習双書2005, 4（pp. 18-27）社会福祉法人全国社会

福祉協議会

Arieès, P.（1975）. *L'enfant et la vie familiale sous l'Ancien Régime*. Paris: Editions du Seuil.（Original work published 1960, Paris: Editions du Seuil）アリエス，P. 杉山光信・杉山恵美子（訳）（1980）．子供の誕生──アンファン・レジーム期の子供と家庭生活── みすず書房）

Arizpe, E. & Styles, M.（2003）. *Children reading pictures: interpreting visual texts*. London New York: RoutledgeFalmer.

エイヴリー，G.（1995）．子どもの読書の始まり（〜1700頃）ハント，P.（編）さくまゆみこ・福本友美子・こだまともこ（訳）（2001）．子どもの本の歴史（pp. 13-41）柏書房

エイヴリー，G.・キネル，M.（1995）．教訓物語から楽しみの読書へ（1780〜1820）ハント，P.（編）さくまゆみこ・福本友美子・こだまともこ（訳）（2001）．子どもの本の歴史（pp. 67-102）柏書房

エイヴリー，G.・スミス，L.・サリヴァンⅢ，C.W.・サザランド，Z.（1995）．黄金期へ向かうアメリカ児童文学 ハント，P.（編）さくまゆみこ・福本友美子・こだまともこ（訳）（2001）．子どもの本の歴史（pp. 281-313）柏書房

Bader, B.（1976）. *American Picturebooks: from Noah's Ark to the Beast Within*. New York: Macmillan.

Bakhtin, M.M.（1986）. *Speech genres and other late essays*.（C. Emerson, Ed. & Trans.）. Minneapolis: University of Minnesota Press.（Original work published 1979）.（バフチン，M. 新谷敬三郎・佐々木 寛・伊東一郎（訳）（1988）．ミハイル・バフチン著作集8──ことば 対話 テキスト──（全8巻）新時代社）

Bowlby, J.（1969）. *Attachment and loss 2: Separation: anxiety and anger*. London: Hogarth Press.

ブリッグズ，J.（1995）．子ども観と表現の変化──イギリス（1890〜1914）── ハント，P.（編）さくまゆみこ・福本友美子・こだまともこ（訳）（2001）．子どもの本の歴史（pp. 209-240）柏書房

ブリッグズ，J.・バッツ，D.（1995）．児童文学の多様化──イギリス（1850〜1890）── ハント，P.（編）さくまゆみこ・福本友美子・こだまともこ（訳）（2001）．子どもの本の歴史（pp. 165-208）柏書房

Bruner, J.S.（1990）. *Act of meaning*. Cambridge, Mass: Harverd University Press.（ブルーナー，J.S. 岡本夏木・仲渡一美・吉村啓子（訳）（1999）．意味の復権──フォークサイコロジーに向けて── ミネルヴァ書房）

Bruner, J.S. (1983). *Child's talk: learning to use language*. Oxford: Oxford University Press.（ブルーナー, J. 寺田　晃・本郷一夫（訳）(1988). 乳幼児の話しことば——コミュニケーションの学習—— 新曜社）

Bühler, Karl.（1958）. *Abris der geistigen Entwicklung des Kleinkindes*. Heidelbeg: Quelle & Meyer.（ビューラー, K. 原田　茂（訳）(1986). 新版幼児の精神発達 協同出版）

Carpenter, H. (1985). *Secret gardens: a study of the golden age of children's literature*. Boston: Houghton Mifflin.

Childers, J. & Hentzi, G.（1995）. *The Columbia dictionary of modern literary and cultural criticism*. New York: Columbia University Press.（チルダーズ, J・ヘンツィ, G（編）. 杉山健太郎・中村裕英・丸山　修（訳）(1998). コロンビア大学現代文学・文化批評用語辞典 松柏社）

Clark, K. & Holquist, M. (1984). *Mikhail Bakhtin*. Cambridge, Mass: Belknap Press of Harvard University Press.（クラーク, K・ホルクイスト. 川端香男里（訳）(1990). ミハイール・バフチンの世界 せりか書房）

Cole, M. (1996). *Cultural psychology: a once and future discipline*. Cambridge, Mass: The Belknap Press of Harvard University Press.（コール, M. 天野　清（訳）(2002). 文化心理学——発達・認知・活動への文化・歴史的アプローチ—— 新曜社）

Cole, M. & Scribner, S.（1974）. *Culture and thought: a psychological introduction*. New York: Wiley.

Comenius, J.A. (1981). *Orbis Sensualium Pictus*. Facsimile edition reproduced from The Osborne Collection of Early Children's Book, Toronto Public Library. Tokyo: Holp Shuppan.

Coveney, P. (1967). *The Image of Childhood: With an Introduction by F.R. Leavis*. London: Penguin Books.（カブニー, P. 江河　徹（訳）(1979). 子どものイメージ——文学における無垢の変遷—— 紀伊國屋書店）

Daniels, Steven, V. (1990). The Velveteen Rabbit: A Kleinian Perspective. *Children's Literature, 18*, 17-30.

堂野恵子・光本容子・堂野佐俊（2008）. 絵本の読み聞かせが幼児の向社会性の発達に及ぼす効果 安田女子大学紀要, *36*, 81-91.

Doonan, J. (1993). *Looking at pictures in picture books*. Stroud, England: Thimble Press.（ドーナン, J. 正置友子・灰島かり・川端有子（訳）(2013). 絵本の絵を読

む 玉川大学出版部)

Erikson, E.H.(1959). *Psychological Issues: Identity and the life cycle.* Madison, Ct: International Universities Press, Inc. エリクソン, E.H. 小此木啓吾(訳)(1986). 自我同一性アイデンティティとライフ・サイクル 誠信書房)

Erikson, E.H.(1968). *Identy youth and crisis.* New York: W. W. Noeton.

Evans, D.(2001). *Emotions: a very short introduction.* Oxford New York: Oxford University Press.

Field, Norma.(1995). The child as a laborer and consumer: The disappearance of childhood in contemporary Japan. In S. Stephens(Ed.), *Children and the politics of culture*(pp. 51-78). Princeton, NJ: Princeton University Press.

藤井伊津子(2010). 子育て支援としてのブックスタートの有効性――T市における母親の意識―― 吉備国際大学短期大学部研究紀要, *39*, 1-12.

藤本 学・大坊郁夫(2007). コミュニケーション・ストレス尺度 ENDCOREs 堀 洋道(監修)(2011). 心理測定尺度集Ⅴ(pp. 272-277) サイエンス社

藤本朝巳(1999). 絵本はいかに描かれるか――表現の秘密―― 日本エディタースクール

藤本朝巳(2007). 絵本のしくみを考える 日本エディタースクール

藤本朝巳(2010). 絵本の構成と表現手法――終末の結び方と空間表現―― フェリス女学院大学文学部紀要, *45*, 175-191.

藤本朝巳(2015). 子どもと絵本――絵本のしくみと楽しみ方―― 人文書院

藤本朝巳(2011). 第二次黄金時代 中川素子・吉田新一・石井光恵・佐藤博一(編) 絵本の事典(pp. 56-61) 朝倉書店

藤本朝巳(2013). 画面展開と描写の手法 生田美明・石井光恵・藤本朝巳(編) ベーシック絵本入門(pp. 30-33) ミネルヴァ書房

藤永 保(2001). ことばはどこで育つか 大修館書店

藤岡真貴子・無藤 隆・秋田喜代美(1995). 絵本の読み聞かせスタイル――就寝前の読み聞かせ場面における母子の対話分析から―― 日本教育心理学会総会発表論文集, *37*, 392.

深谷昌志(2015). 子どもの中の幸福感と未来像 深谷和子・新井邦二郎・有村久春・沢崎達夫・諸富祥彦(編) 児童心理, *69*(4). No 1000(pp. 2-50) 金子書房

福沢周亮(編)(1991). 子どもと本の心理学 大日本図書

Gesell, A., & Armatruda, C.S.(1947) *Developmental diagnosis; normal and abnormal child development: clinical methods and practicl applications.* New York: P.B.

Hoeber. Inc.

灰島かり（2011）．現代（1980年以降）中川素子・吉田新一・石井光恵・佐藤博一（編）絵本の事典（pp. 62-66）朝倉書店

濱川今日子（2009）．子ども観の変容と児童権利条約　国立国会図書館調査及び立法考査局　青少年をめぐる諸問題総合調査報告書（pp. 66-76）

花田裕子・小西美智子（2003）．母親の養育態度における潜在的虐待リスクスクリーニング質問紙の信頼性と妥当性の検討　広島大学保健ジャーナル, 3, 55-61.

ハント, P.（1995）．編者まえがき　ハント, P.(編)　さくまゆみこ・福本友美子・こだまともこ（訳）（2001）．子どもの本の歴史（pp. 5-11）柏書房

原　昌（2011）．アメリカの絵本　中川素子・吉田新一・石井光恵・佐藤博一（編）絵本の事典（pp. 114-116）朝倉書店

長谷川摂子（2010）．絵本が目をさますとき　福音館書店

畠山桃子（2011）．昭和終戦まで　中川素子・吉田新一・石井光恵・佐藤博一（編）絵本の事典（pp. 171-173）朝倉書店

Hogan, P.（2003）. *Cognitive science, literature, and the arts: a guide for humanists*. New York London: Routledge.

ホリンデイル, P.・サザランド, Z.（1995）．国際化とファンタジーとリアリズム　ハント, ピーター(編)　さくまゆみこ・福本友美子・こだまともこ（訳）（2001）．子どもの本の歴史（pp. 314-355）柏書房

本多英明(編著)（2002）．英米児童文学の宇宙――子どもの本の道しるべ――　ミネルヴァ書房

堀尾輝久（1986）．子どもの権利とはなにか――人権思想の発展のために――（岩波ブックレットNo. 72）岩波書店

池田美桜（2007）．絵本における文学的表現と絵画的表現　国際学院大学埼玉短期大学研究紀要, 28, 39-44.

生田美明（2013）．現代の絵本(2)――表現の可能性――　生田美明・石井光恵・藤本朝巳　ベーシック絵本入門（pp. 22-25）ミネルヴァ書房

今井良朗(編著)（2014）．絵本とイラストレーション　見えることば,見えないことば　武蔵野美術大学出版部

今村正樹（2006）．偕成社と戦後の児童書出版　ず・ぽん――図書館とメディアの本―― No. 12, 12-31. ポット出版

飯長喜一郎・いわむらかずお（2015）．子どもの視点　心理臨床の広場 7, 1-8.

稲井智義（2012）．*Mark A. Jones, Children as Treasures: Childhood and the Middle*

Class in Early Twentieth Century Japan（宝物としての子ども——20世紀初頭の日本における子ども観と中間階級——）東京大学日本史学研究室紀要 *16*, 363-366.

石井光恵（2011）. 現代絵本に吹く新しい風——1980・1990年代の絵本—— 中川素子・吉田新一・石井光恵・佐藤博一（編）絵本の事典（pp. 179-182）朝倉書店

石川由美子・石川　隆（1995）. 発達援助としての絵本の利用——絵本の構造特性について—— 日本保育学会大会発表論文集 *48*, 768-769.

板橋利枝・田島信元・小栗一恵・佐々木丈夫・中島　文・岩崎衣里子（2012）.「歌いかけ・読み聞かせ」実践が母子関係の発達に及ぼす影響——KUMON「こそだてちえぶくろ」プログラムの意義と持続的効果—— 生涯発達心理学研究, *4*, 89-104.

板橋利枝・田島信元（2013）.「歌いかけ・読み聞かせ」による母子相互行為が母親の育児意識・育児行動に及ぼす影響——「Baby Kumon」プログラムの意義と効果—— 生涯発達心理学研究, *5*, 125-135.

岩崎衣里子（2013）. 絵本の読み聞かせによる母子相互行為が子どもの語い発達に及ぼす影響——子どもの社会情動的発達との関連から—— 白百合女子大学大学院文学研究科博士論文（未公刊）

岩崎衣里子・田島信元・佐々木丈夫（2010）. 絵本の読み聞かせによる母子行動の変化と言語発達 生涯発達心理学研究, *2*, 76-86.

岩崎衣里子・田島信元・佐々木丈夫（2011）. 絵本の読み聞かせ時の母子相互交渉と子どもの使用語彙の発達の個人差との関係 生涯発達心理学研究, *3*, 62-72.

岩田純一（1996）. ブルーナー 浜田寿美男（編）別冊発達 発達の理論——明日への系譜——（pp. 33-53）ミネルヴァ書房

岩田純一（2008）. 文化的認知論——ブルーナー一派のアプローチ—— 田島信元（編）文化心理学（pp. 114-130）朝倉書店

岩内亮一・本吉修二・明石要一（編）（2006）. 教育学用語辞典（第四版）学文社

Jones, M.A.（2010）. *Children as treasures: childhood and the middle class in early twentieth century Japan.* Cambridge, Mass: Harvard University Asia Center Distributed by Harvard University Press.

郭　莉莉（2011）. 日本の少子化と育児環境 北海道大学大学院文学研究科研究論集, *11*, 213-230.

亀谷純雄（2002）. 幼児期のシンボル形成 法政大学教養部紀要, *121*, 1-18.

上岡秀拓（2009）. デジタルメディアで表現される絵本についての考察 宝塚造形芸術

大学紀要, *23*, 1254-2.

神谷　友 (2011). 絵本の賞　中川素子・吉田新一・石井光恵・佐藤博一（編）絵本の事典 (pp. 596-604) 朝倉書店

加藤康子 (2010). 子ども絵本を考える――江戸期絵草子からの視点――　日本文学, *59*(1), 21-30.

神林博史 (2012).「総中流」と不平等をめぐる言説――戦後日本における階層帰属意識に関するノート(3)――　東北学院大学教養学部論集, *161*, 67-90.

川崎康之・原田伴彦・奈良本辰也・小西四朗(監修) (2010). 読める年表日本史　自由国民社

Keen, S. (2010). *Empathy and the novel*. Oxford New York: Oxford University Press.

木部則雄 (2007). 子どもの心の情景――精神分析的考察――モーリス・センダックの『三部作』より――　白百合女子大学発達臨床センター紀要, *10*, 3-12.

キネル, M. (1995). 子どものための出版 (1700〜1780) ハント, P.(編) さくまゆみこ・福本友美子・こだまともこ(訳) (2001) 子どもの本の歴史 (pp. 42-66) 柏書房

北本正章 (1993). こども観の社会史――近代イギリスの共同体・家族・子ども――　新曜社

北本正章 (2009). 子ども観の社会史研究における非連続と連続の問題　青山学院大学教育学会紀要　教育研究, *53*, 1-41.

蔵元和子・石滝芳子・加嶋知恵子・中野利枝・東川久美子 (2003). 読み聞かせ――読み聞かせは，耳からの読書です――　図書館流通センター

栗山容子・瀬戸淳子・蓮見元子・星　三和子・前川喜平 (1995). 絵本場面の1〜3歳の言語と母親の働きかけ――乳幼児の社会化にかかわる母親の方略――　日本教育心理学会総会発表論文集, *37*, 506

黒川容子 (2009). 絵本の読み聞かせ場面における子どもの"語り"の発達　生涯発達心理学研究, *1*, 109-118.

桑原武夫(編) (1969). ルソー　岩波書店

小林　登 (1993). こどもは未来である　岩波書店

近藤昭子・棚橋美代子 (1994).「岩波の子どもの本」の研究(1) 日本保育学会大会研究論文集, *47*, 316-317.

近藤文里・辻元千佳子 (2008). 絵本の読み聞かせに関する基礎研究とADHD児教育への応用(5)――発達障害児への継続的な読み聞かせ実践――　滋賀大学教育学部紀要　教育科学, *58*, 1-15.

香曽我部秀幸・鈴木穂波(編) (2012). 絵本をよむこと――「絵本学」入門―― 翰林書房
香曽我部秀幸 (2011). 明治時代 中川素子・吉田新一・石井光恵・佐藤博一(編) 絵本の事典 (pp. 162-166) 朝倉書店
Ledoux, J.E. (1996). *The emotional brain: the misterious underpinnings of emotional life.* New York NY: Touchstone.
前川貞子 (1997).「こどものとも」の分析 三宅興子・石川晴子・石澤小枝子・小野瑞江・前川貞子・山本道子(編著) 日本における子ども絵本成立史――「こどものとも」がはたした役割―― (pp. 320-331) ミネルァ書房
Marcus, L.S. (2002). *Ways of telling: conversations on the art of the picture book.* New York, N.Y: Dutton Children's Books.(マーカス, L.S. 安藤紀子・夏目道子・西村醇子・依田和子(訳) (2010) 英米絵本作家7人のインタビュー 長崎出版)
正置友子 (2013). 日本における子どもと絵本の歴史――千年にわたる日本の絵本の歴史 絵巻物から現代の絵本まで その1. 平安時代から江戸時代まで―― メタフュシカ, *44*, 81-98.
正置友子 (2011). 第一期黄金時代Ⅰ 中川素子・吉田新一・石井光恵・佐藤博一(編) 絵本の事典 (pp. 42-44) 朝倉書店
松居 直 (2001). わたしの絵本論 国土社
松村 明(編) (2006). 大辞林第三版 三省堂
松岡 享子 (1986). こども・こころ・ことば――子どもの本との二十年―― こぐま社
松岡享子 (1987). えほんのせかい こどものせかい 日本エディタースクール
松岡享子 (1985). 昔話絵本を考える 日本エディタースクール
松岡享子 (2015). 子どもと本 岩波書店
南 元子 (2010). 欧米と日本の絵本に見られる子ども観の違い 愛知教育大学幼児教育研究, *15*, 73-80.
三宅興子 (1995). イギリスの絵本の歴史 金洋社
三宅興子 (1997). なぜ絵本なのか, 日本の子ども絵本史――「こどものとも」成立の背景―― 三宅興子・石沢小枝子・前川貞子・石川晴子・小野瑞江・山本道子(編著) 日本における子ども絵本成立史「子どものとも」がはたした役割 (pp. 1-26) ミネルヴァ書房
三宅興子 (2011). イギリスの絵本 中川素子・吉田新一・石井光恵・佐藤博一(編) 絵本の事典 (pp. 36-66) 朝倉書店

三宅興子・多田昌美（1999）．児童文学12の扉をひらく　翰林書房
宮盛邦友（2013）．教育理念としての「子どもと発達」理解——「子ども期と子ども観」研究の序論的考察——　北海道大学大学院教育学研究紀要, 119, 177-195.
Moore, M., & Wade, B. (2003). Bookstart: a qualitative evalution. *Educational Review*, 55(1), 3-13.
元森絵里子（2011）．労働力から「児童」へ——工場法成立過程からとらえ直す教育的子ども観とトランジションの成立——　明治学院大学社会学・社会福祉学研究, 136, 27-67.
村中久子（1984）．自己表出契機としての絵本(1)——入院児への読み聞かせの試みから——　a（日本女子大学）2, 9-15.
村中李衣（1998）．読書療法から読みあいへ　教育出版
村田幸代（2011）．田村直臣の子どもの権利思想——その形成過程と子ども観を中心に——　龍谷大学国際文化研究論集, 8, 7-31.
永田桂子（2004）．変貌する現代絵本の世界　高文堂出版社
永田桂子（2013）．絵本という文化財に内在する機能——歴史・母子関係・現代社会からの総合的考察を通して——　風間書房
中台佐喜子・金山元春（2002）．幼児の社会的行動スキル尺度　堀　洋道（監修）心理測定尺度集Ⅳ（pp. 225-231）サイエンス社
中川素子・吉田新一・石井光恵・佐藤博一（編）（2011）．絵本の事典　朝倉書店
中川素子（2011）．序　中川素子・吉田新一・石井光恵・佐藤博一（編）絵本の事典（pp. ⅰ-ⅱ）朝倉書店
中川素子（2011）．絵本の起源　中川素子・吉田新一・石井　恵・佐藤博一（編）絵本の事典（pp. 2-7）朝倉書店
中川素子（2011）．絵本のメディア・リテラシー　中川素子・吉田新一・石井光恵・佐藤博一（編）絵本の事典（pp. 8-32）朝倉書店
中川素子（2011）．絵本と美術　中川素子・吉田新一・石井光恵・佐藤博一（編）絵本の事典（pp. 188-189）朝倉書店
中島義明・安藤清志・子安増生・坂野雄二・重枡算男・立花政夫・箱田裕司（編）（1999）．心理学辞典　有斐閣
中道圭人・中澤　潤（2003）．父親と母親の養育態度と幼児の攻撃行動との関連　千葉大学教育学部紀要, 51, 173-179.
中村鮎美・髙橋道子（2013）．母親の育児ストレスに関連する要因と精神的健康　東京学芸大学紀要総合教育科学系Ⅰ, 64, 259-266.

中村悦子（2011）．大正時代　中川素子・吉田新一・石井光恵・佐藤博一（編）絵本の事典（pp.167-169）朝倉書店

中村真弓（2011）．育児と女性のライフコース――幼稚園から就学過程における縦断的調査の結果から――　尚絅大学研究紀要 A 人文・社会科学編, *5*, 1-9.

中村紀子（2010）．ロールシャッハ・テスト講義Ⅰ基礎篇　金剛出版

中谷奈美子・中谷素之（2006）．子どもの行動に対する認知尺度　堀　洋道（監修）（2007）．心理測定尺度集Ⅵ（pp.225-233）サイエンス社

並木誠士（2004）．室町時代の絵巻　佐野みどり・並木誠士（編）中世日本の物語と絵画（pp.171-184）放送大学教育振興会

日本心理臨床学会(編)（2011）．心理臨床学事典　丸善出版

新村　出(編)（2008）．広辞苑第六版　岩波書店

Nikolajeva, M., & Scott, C. (2006). *How picturebooks work*. New York: Routledge.（ニコラエバ, M・スコット, C. 川端有子・南　隆太（訳）（2011）絵本の力学　玉川大学出版部）

Nikolajeva, M.（2014）. *Reading for learning: cognitive approaches to children's literature*. Amsterdam Philadelphia: John Benjamins Publishing Company.

Ninio, A., & Bruner, J.S.（1978）. The achievement and antecedents of labelling. *Journal of Child Language 5*, 1-15.

NPO ブックスタート(編)（2010）．赤ちゃんと絵本をひらいたら――ブックスタートはじまりの一〇年――　岩波書店

落合恵子（2011）．絵本と女性学・ジェンダー――ジェンダーセンシティブな絵本たち――　中川素子・吉田新一・石井光恵・佐藤博一（編）絵本の事典（pp.488-489）朝倉書店

小川香織（2008）．絵本の読み聞かせの心理療法的効果の検討――小児科の診療待ち時間における読書療法的アプローチ――　岩手大学大学院人文社会科学研究紀要, *17*, 37-52.

岡田達信（2011）．絵本はこころの処方箋――大人のための絵本セラピー――　瑞雲舎

岡本依子（2013）．親の視点からみた親子の関係発達――発達の場を整備する　子ども――　生涯発達心理学研究, *5*, 41-51.

岡本依子・菅野幸恵・東海林麗香・高橋千枝・八木下(川田)暁子・青木弥生・石川あゆち・亀井美弥子・川田　学・須田　治（2014）．親はどのように乳児とコミュニケートするか――前言語期の親子コミュニケーションにおける代弁の機能――　発達心理学研究, *25*(1), 23-37.

鬼塚雅子（2006）．色彩豊かなコラージュの世界——『はらぺこあおむし』 *The Very Hungry Caterpillar* (1969)—— 桂　侑子（編著）楽しく読める英米の絵本（pp.162-163）ミネルヴァ書房

大橋眞由美（2011）．事項『こどものとも』中川素子・吉田新一・石井光恵・佐藤博一（編）絵本の事典（p.177）朝倉書店

大嶋恭二（2005）．児童福祉の歴史　新版『社会福祉学習双書』編集委員会（編）児童福祉論　新版・社会福祉学習双書2005, *4*（pp.2-17）社会福祉法人全国社会福祉協議会

小塩真司（2005）．研究事例で学ぶSPSSとAmosによる心理・調査データ解析　東京図書

小塩真司（2010）．共分散構造分析はじめの一歩　アルテ

Pantaleo, S. (2008). *Exploring student responses to contemporary picturebooks*. Toronto: University of Toronto Press.

Postman, N. (1982). *The disappearance of childhood*. New York: Vintage Books.（ポストマン, N. 小柴　一（訳）（1995）子どもはもういない　新樹社）

Potter, B. (1992). *Letters to Children from Beatrix Potter*. London: Frederick Warne & Co.

Potter, B., & Taylor, J. (1992). *Beatrix Potter's Letters: a selection by Judy Taylor*. London: Frederick Warne & Co.

ルソー, J.（1762）．エミール（全3巻）今野一雄（訳）（1962-1964）岩波書店

齋藤　有・内田伸子（2013）．幼児期の絵本の読み聞かせに母親の養育態度が与える影響——「共有型」と「強制型」の横断的比較—— 発達心理学研究, *24*(2), 150-159.

佐二木順子・柳堀朗子・小林八重子（2010）．幼児絵本からの人口唾液中のビスフェノールA（BPA）の溶出実験　日本衛生学雑誌, *65*(3), 467-70.

酒井　厚（2005）．親子の信頼感に関する尺度　堀　洋道（監修）（2007）心理測定尺度集Ⅳ（pp.176-182）サイエンス社

坂本広美・増田おさみ・大川美佐子・金沢敬子・宮下孝広（2011）．幼児の生活実態と親の子育て意識　生涯発達心理学研究, *3*, 157-67.

坂本順子・永田桂子・丸尾美保（2012a）．座談会　絵本研究の動向——2010年—— 絵本学会（編）BOOK END 2011（pp.66-75）朔北社

坂本順子・永田桂子・丸尾美保（2012b）．座談会　絵本研究の動向——2011年〜2012年上半期—— 絵本学会（編）BOOK END 2012（pp.60-69）朔北社

坂本順子・永田桂子・丸尾美保 (2013). 座談会 絵本研究の動向——2012年下半期～13年上半期—— 絵本学会(編) BOOK END 2013 (pp. 62-71) 朔北社

櫻井美佐子 (2006).「絵本を介した前言語段階の母子相互関係」の研究方法 甲南女子大学大学院論集 人間科学研究編, 4, 39-46.

佐野みどり (2004). 物語と絵画 佐野みどり・並木誠士(編) 中世日本の物語と絵画 (pp. 11-30) 放送大学教育振興会

佐野みどり (2004). 絵巻の主題と形式 佐野みどり・並木誠士(編) 中世日本の物語と絵画 (pp. 31-54) 放送大学教育振興会

佐々木宏子 (1992). 絵本と想像性——三歳前の子どもにとって絵本とは何か——増補版 (初版1975) 高文堂出版社

佐々木宏子 (1993). 新版絵本と子どものこころ JULA 出版局

佐々木宏子・中村悦子・乾 孝・鳥越 信 (1989). 児童心理学と児童文学 教育心理学年報, 28, 18-21.

佐々木宏子 (2011). 子どもの発達と絵本 中川素子・吉田新一・石井光恵・佐藤博一(編) 絵本の事典 (pp. 510-519) 朝倉書店

佐々木由美子 (2011). 幼児は『そらいろのたね』をどのように読んでいるのか——物語の受容と子どもの育ちにおける物語の役割—— 東京未来大学研究紀要, 5, 31-40.

佐々木正美 (1997). こどもへのまなざし 福音館書店

佐々木美砂 (2009). R・コールデコットのトイブックスにおける出来事性——絵本に出来事を生起させるとはどういうことか (後編)—— 臨床教育人間学 (京都大学), 10, 33-49.

佐竹邦子 (2012). 絵本の挿絵の分析アプローチの一例 兵庫大学短期大学部研究集録, 46, 55-61.

佐藤鮎美・内山伊知郎 (2012). 乳児期の絵本共有が子どもに対する母親の働きかけに及ぼす効果——絵本共有時間を増加させる介入による縦断的研究から—— 発達心理学研究, 23(2), 170-179.

佐藤公代 (2004). 子どもの発達と絵本 愛媛大学教育学部紀要, 51(1), 29-34.

佐藤公治・西山 希 (2007). 絵本の読み聞かせにおける楽しさの共有過程の微視発生的分析 北海道大学大学院教育学研究紀要, 100, 29-49.

Scaife, M., & Bruner, J.S. (1975). The capacity for joint visual attention in the infant. Nature, 253, 265-266.

柴村紀代 (2011). 読書者対象別の絵本——年齢によって対象をしぼった絵本—— 中

川素子・吉田新一・石井光恵・佐藤博一(編) 絵本の事典 (pp.323-324) 朝倉書店
汐見稔幸・加用文男・加藤繁美 (2001). これがボクらの新・子どもの遊び論だ 童心社
Sipe, L. & Pantaleo, S. (2008). *Postmodern picturebooks: play, parody, and self-referentiality.* New York: Routledge.
Smith, L. (1953). *The Unreluctant Years.* Chicago: A.L.A.（スミス, L. 石井桃子・瀬田貞二・渡辺茂男(訳) (1964). 児童文学論 岩波書店)
園田菜摘 (2012). 母親の育児不安に関する研究──サポート，子どもの気質，養育行動との関連── 横浜国立大学教育人間科学部紀要, *1*(14), 41-47.
Spitz, R.A. (1945). Hospitalism: An Inquiry into the genesis of psychiatric conditions in early childhood. *Psychoanalystic Study of the Child*, *1*, 53-74.
末盛千枝子 (2010). 人生に大切なことはすべて絵本から教わった 現代企画室
菅井洋子・秋田喜代美・横山真貴子・野沢祥子 (2010). 乳児期の絵本場面における母子の共同注意の指さしをめぐる発達的変化──積木場面との比較による縦断研究── 発達心理学研究, *21*(1), 46-57.
鈴森玲子・岡 信恵・齋藤めぐみ・大西将隆・加藤亜湖・長 和彦・古川宇一 (2001). Aくんの社会生活スキルの獲得と情緒性の広がりを目指して──買い物学習・靴ひも結び・絵本の読み聞かせ── 情緒障害教育研究紀要(北海道大学), *20*, 193-200.
泰羅雅登 (2009). 読み聞かせは心の脳に届く くもん出版
谷本誠剛 (2001). 児童文学と批評理論──はじめに 日本イギリス児童文学会(編) 英米児童文学ガイド作品と理論 (pp.166-169) 研究社出版
田島信元 (1996). ヴィゴツキー 浜田寿美男(編) 別冊発達 発達の理論──明日への系譜── (pp.74-94) ミネルヴァ書房
田島信元 (2013a). 共同行為としての発達 生涯発達心理学研究, *5*, 1-5.
田島信元 (2013b). 文化心理学と比較文化心理学 日本発達心理学会(編) 発達心理学事典 (p.465) 丸善出版
田島信元・西野泰広・矢澤圭介(編著) (1985). 子どもの発達心理学 福村出版
田島信元・中島 文・岩崎衣里子・佐々木丈夫・板橋利枝・野村宏美 (2010). 乳幼児の発達に及ぼす「歌い聞かせ・読み聞かせ」活動の構造と機能の発達──理論・仮説と検証研究── 生涯発達心理学研究, *2*, 132-156.
高木和子 (1984). 児童文学──子どもの物語経験── 日本児童研究所(編) 児童心

理学の進歩 23（pp. 167-193）金子書房
高木和子・丸野俊一（1979）．幼児の物語理解に及ぼす先行情報の質的効果 教育心理学研究, *27*(4), 238-244.
高木正道（2014）．近代ヨーロッパの人口動態（1500～1800年） 静岡大学経済研究, *4*(2), 147-174.
高橋久子（1996）．読書療法の可能性――老人保健施設での試みから―― 日本文学研究（梅光学院大学）, *31*, 157-170.
高橋久子（1991）．親・子ども・子どもの本 福沢周亮（編）子どもと本の心理学（pp. 109-183）大日本図書
竹迫祐子（2010）．子どもと絵本――絵本と子育ち・親育ち―― 資生堂社会福祉事業団 世界の児童と母性, *68*, 11-15.
田中正博（1996）．母親のストレス尺度 堀 洋道（監修）（2007）．心理測定尺度集Ⅳ（pp. 386-390）サイエンス社
Taylor, J. (1986). *Beatrix Potter: artist, storyteller, and countrywoman*. Harmondsworth, Middlesex, England New York, N.Y., U.S.A: F. Warne.（テイラー，J. 吉田新一（訳）（2001）ビアトリクス・ポター――描き，語り，田園をいつくしんだ人―― 福音館書店）
寺澤芳雄（編）（1999）．*The Kenkyusha Dictionary of English Etymology* 英語語源辞典（縮刷版）研究社
峠田彩香（2011）．近代的「子ども」像と「女児」への一考察――雑誌「赤い鳥」の分析から―― 歴史文化社会論講座紀要, *8*, 63-79.
Tomasello, M. (1995). Joint Attention as social cognition. In Moore, C., & Dunham, P.J. (Eds.), *Joint attention: Its origins and role in development* (pp. 103-130). Hillsdale, Nj: Lawrence Erlbaum associates.（トマセロ，M. 社会的認知としての共同注意 大神英裕（監訳）（1999）．ジョイント・アテンション――心の起源とその発達を探る――（pp. 93-117）ナカニシヤ出版）
Tomasello, M. (1999). *The Cultural origins of human cognition*. Cambridge, Mass: Harvard Univercity.（トマセロ，M. 大堀壽夫・中澤恒子・西村義樹・本多 啓（訳）（2006）．心とことばの起源を探る――文化と認知―― 勁草書房）
鳥海 靖（2013）．もういちど読む山川日本近代史 山川出版社
鳥越 信（1973）．子どもと文化・子どもと文学 風涛社
鳥越 信（1993）．絵本の歴史をつくった20人 創元社
外山滋比古（2012）．幼児教育でいちばん大切なこと 聞く力を育てる 筑摩書房

Trevarthen, C.(1979). Communication and cooperation in early infancy: A description of primary intersubjectivity. In Bullowa, M.(Ed.)*Before Speech: The beginning of human communication.*（pp. 321-347）. London: Cambridge University Press.

角田　巖（2003）. 子どもと絵本における相互主観性の成り立ち　人間科学研究（文教大学）, *25*, 53-62.

Turner, M.(1991). *Reading minds: the study of English in the age of cognitive science.* Princeton, N.J: Princeton University Press.

内田伸子（1975）. 幼児における物語の記憶理解におよぼす外言化・内言化経験の効果　教育心理学研究, *23*(2), 87-96.

内田伸子（1989）. 幼児心理学への招待――子どもの世界づくり――　サイエンス社

ヴィゴツキー, L.S.（1927）柴田義松（訳）（1987）心理学における道具主義的方法――心理学の危機　歴史的意味と方法論の研究――　明治図書

ヴィゴツキー, L.S.（1928）柴田義松（訳）（2005）文化的―歴史的精神発達の理論　学文社

ヴィゴツキー, L.S.（1931）柴田義松（訳）（1970）精神発達の理論　明治図書

ヴィゴツキー, L.S.（1934）柴田義松（訳）（2001）思考と言語（新訳版）新読書社

ヴィゴツキー, L.S.（1934）. 柴田義松（訳）（1987）子どもの知的発達と教授　明治図書

和田啓子（2011）. 1910～1920年代（第一次世界大戦前後）中川素子・吉田新一・石井光恵・佐藤博一（編）絵本の事典（pp. 52-53）朝倉書店

渡辺久子（1996）. フロイト以降の乳幼児研究の系譜　浜田寿美男（編）別冊　発達　発達の理論――明日への系譜――（pp. 173-194）ミネルヴァ書房

渡邉茉奈美（2011）.「育児不安」の再検討――子ども虐待予防への示唆――　東京大学大学院教育学研究科紀要, *51*, 191-202.

Watson, V. & Styles, M.（1996）. *Talking pictures: pictorial texts and young readers.* London: Hodder & Stoughton.

Wertsch, J.（1991）. *Voices of the mind: a sociocultural approach to mediated action.* London: Harvester Wheatsheaf.（ワーチ, J.V. 田島信元・佐藤公治・茂呂雄二・上村佳世子（訳）（1995）. 心の声――媒介された行為への社会文化的アプローチ――　福村出版

Wolf, M.（2008）. *Proust and the squid: the story and science of the reading brain.* Thriplow: Icon.（ウルフ, M. 小松淳子（訳）（2008）. プルーストとイカ：読書は脳をどのように変えるか　合同出版）

薮中征代・吉田佐治子・村田光子（2008）．絵本をめぐる親子のやりとりの継時的変化(1)　日本教育心理学会総会発表論文集, *50*, 409.

薮中征代・吉田佐治子・村田光子（2009）．絵本をめぐる親子のやりとりの継時的変化(2)　日本教育心理学会総会発表論文集, *51*, 321.

矢島毅昌（2009）．絵本のジェンダー研究・再考――人と物との相互作用による性別カテゴリーの適用に注目して――　立教大学教育学科研究年報, *53*, 167-182.

山元隆春（2011）．ポストモダン絵本論からみた文学教育の可能性――マコーレイ「白黒」に関する議論を手がかりとして――　国語教育研究, *52*, 72-93.

柳田邦男（2006）．大人が絵本に涙する時　平凡社

横田順子（2001）．読者反応批評　日本イギリス児童文学会（編）英米児童文学ガイド　作品と理論（pp.179-187）研究社出版

横山真貴子（2003）．保育における集団に対するシリーズ絵本の読み聞かせ――5歳児クラスでの「ねずみくんの絵本」の読み聞かせの事例からの分析――　教育実践総合センター紀要（奈良教育大学）, *12*, 21-30.

横山真貴子（2006）．3歳児の幼稚園における絵本とのかかわりと家庭での絵本体験との関連――入園直後1学期間の絵本とのかかわりの分析から――　教育実践総合センター紀要（奈良教育大学）, *15*, 91-99.

横山真貴子・無藤　隆・秋田喜代美（1997）．同一絵本の繰り返し読み聞かせの分析(2)――繰り返し読まれている時期と絵本の特徴――　日本教育心理学会総会発表論文集, *39*, 136.

横山真貴子・水野千具沙（2008）．保育における集団に対する絵本の読み聞かせの意義――5歳児クラスの読み聞かせ場面から――　教育実践総合センター研究紀要（奈良教育大学）, *17*, 41-51.

吉田新一（1999）．絵本・物語るイラストレーション　日本エディタースクール

吉田新一（2011）．ビアトリクス・ポター, その絵本の特徴　中川素子・吉田新一・石井光恵・佐藤博一（編）絵本の事典（p.50）朝倉書店

吉田新一（2013）．BOOK REVIEW――絵本よよむこと「絵本学」入門――　絵本学会（編）BOOK END 2013（pp.72-73）朔北社

吉澤　昇・為本六花治・堀尾輝久（1978）．ルソー　エミール入門　有斐閣

Zunshine, L. (2006). *Why we read fiction: theory of mind and the novel*. Columbus: Ohio State University Press.

新聞記事

田島信元（2008）．読み聞かせを科学する――心理学からのアプローチ―― 教育新聞，4月～11月全9回

読売新聞（2010）．「学力考」変革の試み(3) 中学生に絵本朗読 10月29日朝刊，39．

Website

Benesse Corporation「こどもちゃれんじ」No date. n. pag. Online. Internet. 29 March 2015.
http://www2.shimajiro.co.jp/feature/index.html

Benesse Corporation「乳幼児の親子のメディア活用調査」報告 11 July 2013. n. pag. Online. Internet. 10 October 2016.
http://berd.benesse.jp/up_images/textarea/research25_paper.pdf

Book Trust. "Bookstart impact statistics." No date. n. pag. Online. Internet. 3 January 2015.
https://www.niace.org.uk/.../Booktrust_evaluation.pdf.

福音館書店「こどものとも傑作集」No date. n. pag. Online. Internet. 28 March 2015.
http://www.fukuinkan.co.jp/searchresult.php?ser_id=19&search_flg=ser

IBBY. "What is IBBY." No date. n. pag. Online. Internet. 14 June 2015.
http://www.ibby.org/about.0.html

一般社団法人日本国際児童図書評議会「IBBYってなに：国際アンデルセン賞」No date. n. pag. Online. Internet. 14 June 2015.
http://jbby.org/ibby/activities02.html

国立国会図書館「童画の世界：絵雑誌とその画家たち」March 2008. n. pag. Online. Internet. 26 August 2014.
http://www.kodomo.go.jp/event/exhibition/tenji2008-03/cha1.html

厚生労働省「児童福祉法」No date. pp. 1-2. Online. Internet. 9 October 2015.
http://www.mhlw.go.jp/bunya/kodomo/pdf/tuuchi-01.pdf

厚生労働省「介護・高齢者福祉」No date. n. pag. Online. Internet. 4 January 2015.
http://www.mhlw.go.jp/stf/seisakunitsuite/bunya/hukushi_kaigo/kaigo_koureisha/

厚生労働省「健やか親子21検討会報告：第2章4節 子どもの心の安らかな発達の促進と育児不安の軽減」No date. n. pag. Online. Internet. 3 May 2015.
http://www1.mhlw.go.jp/topics/sukoyaka/tp1117-1_c_18.html#2-4

厚生労働省「平成27年度児童相談所での児童虐待相談対応件数（速報値）」4 August 2016. p.1. Onine. Internet. 17 October 2016.
http://www.mhlw.go.jp/file/04-Houdouhappyou-11901000-Koyoukintoujidoukateikyoku-Soumuka/0000132366.pdf

厚生労働省「子ども虐待による死亡事例等の検証結果等について（第11次報告）の概要
8 October 2016. pp. 1-6. Online. Internet. 23 October 2016.
http://www.mhlw.go.jp/file/04-Houdouhappyou-11901000-Koyoukintoujidoukateikyoku-Soumuka/img-X07223452_2.pdf

文部科学省「教育基本法資料室へようこそ」No date. n. pag. Online. Internet. 8 June 2015.
http://www.mext.go.jp/b_menu/kihon/about/a001.html

文部科学省「児童憲章」No date. n. pag. Online. Internet. 9 October 2015.
http://www.mext.go.jp/b_menu/shingi/chukyo/chukyo3/004/siryo/attach/1298450.htm

文部科学省「子どもの読書活動の推進に関する基本的な計画」August 2002. pp. 1-23. Online. Internet. 19 October 2016.
http://www.mext.go.jp/a_menu/sports/dokusyo/hourei/cont_001/003.pdf

日本著者販売センター「出版業界の豆知識」October 2010. n. pag. Online. Internet. 29 December 2013.
http://www.1book.co.jp/003720.html

日本経済新聞（2013, 6 June. 6）「出生率が16年ぶり1.4超 12年，出生数は最少更新」
n.pag. Online. Internet. 4 April 2014.
http://www.nikkei.com/article/DGXNASFS0504T_V00C13A6MM8000/

NPO ブックスタート「実施自治体一覧」No date. n. pag. Online. Internet. 9 October 2015.
http://www.bookstart.or.jp/about/index.html.

オフィス遊「きむらゆういち公式ホームページ：あかちゃんのあそびえほん」No date. n. pag. Online. Internet. 23 March 2015.
http://www.kimura-yuuichi.com/user_data/asobi.php

三省堂『大辞林』第三版「定義」No date. n. pag. Online. Internet. 28 August 2014.
http://kotobank.jp/word/%E5%AE%9A%E7%BE%A9

佐藤拓世「低出生児保健指導マニュアル」December 2012. p. 3. Online. Internet. 17

August 2014.

http://www.mhlw.go.jp/seisakunitsuite/bunya/kodomo/kodomo_kosodate/boshi-hoken/dl/kenkou-0314c.pdf

柴原浩章「生殖補助医療」第66回日本産婦人科学会学術講演会専攻医療プログラム18 April 2014. n.pag. Online. Internet. 9 October 2015.

http://jsog.umin.ac.jp/66/handout/8_1Dr.shibahara.pdf

The Metropolitan Museum of Art. "The Singer of Amun Nany's Funerary Papyrus." On view in Galley 126 2000-2006. n. pag. Online. Internet. 15 February 2016.

東京税関調査部調査統計課「少子化でも増えています：絵本の輸入」March 2007. pp. 1-3. Online. Internet. 29 December 2013.

http://www.customs.go.jp/tokyo/etu/ftp/tokusyu/toku1903.pdf.

Webcat Plus「村中李衣」No date. n. pag. Online. Internet. 4 January 2015.

http://webcatplus.nii.ac.jp/webcatplus/details/creator/145787.html

あ と が き

　私は長く専業主婦として家庭にとどまっていましたが，子育て支援のボランティア活動への参加をとおして，現代の育児事情や子どもの発達，親子関係などに関心を持ったことがきっかけとなり，本書にまとめた研究をするに至りました。三十代半ばを過ぎて学びなおす決意をして以来，早くも五十歳を迎えましたが，未だに学問の入口をわずかに過ぎたばかりです。振り返ってみると，思い切って編入した日本女子大学では，児童の心理，教育，健康，文化，社会など児童学の広い分野にわたって，通信教育課程をとおしてさまざまな年代の女性と学びあい，百々佑利子先生には児童文学への扉を，福本俊先生には発達心理学への扉を開いて頂きました。

　ボランティア活動を続けるために選んだ通信教育でしたが，通学課程の受講が許された後は，横浜市内から目白まで通う電車の中も貴重な学習時間となり，十代後半から二十代に経験した学生時代とは異なる学ぶ楽しさを知りました。特に，『クシュラの奇跡』(*Cushura and Her Books*, Butler, 1979 百々訳 1984) は，幼い子どもの学びと成長する力を引き出す絵本の不思議を考える始まりになりました。この一冊が，絵本とは何か，子どもの学びや発達に必要なものは何かを問う私の絵本研究と発達心理学研究を結ぶ契機になったといってもよいでしょう。

　現在，絵本は広く家庭に普及し，一般的に幼い子どものための本として読まれていますが，クシュラの例を言うまでもなく，子どものことばや情緒などの発達に役立つことは古くから実践的に周知であったといえます。その発達効果が科学的視点から理論化され，実証が重ねられて半世紀近くを経て，読み聞かせは，絵本を介した読み手と聞き手の相互発達的コミュニケーション活動であることが明らかになっています。つまり，読み聞かせには，子ど

ものために絵本を読む大人にとっても，学びの要素があるということです。それは子どもと並びあって，語りかける行為をとおして育まれる親らしさであり，子どもの読みとりを助け，子どもの考えや思いを理解しながら，新しい意味を見出していく探求ともいえるのではないでしょうか。

しかし，最近は変化の激しい高度情報化社会を背景として，視覚メディアが急速に発達する中で，子どもの心をつかむ刺激的なゲームや学習教材的な絵本アプリなどが，携帯型の端末で簡単に利用できるようになり，大人が関わって子どもの学びを引き出す活動が衰退してきたように感じられます。そのような便利なツールが子どもの世話を任され，親子が会話もせずに，それぞれが手に持ったスマートフォンやタブレットなどを操作している姿が目立つようになった昨今は，親子のコミュニケーション不足が懸念されても不思議はありません。

また，絵本ブームが久しく続いていますが，大人の絵本読者が増加傾向にあることに対し，子育て期の大人が子どもと身体を寄せ合って，紙面をめくったり戻したりしながら同じページをじっくり見たり，子どもが母親や父親の声で読まれる物語を安心して聞く経験が，ごく幼い時期に終わってしまう傾向があることは残念でなりません。

本書で述べたように，読み聞かせは単に子どもや養育者の発達を促すだけではなく，子どもに守られた時間と学びの主体となる経験を養育者が与える行為となって，子どもが子どもらしく過ごす時間を養育者が守る経験ともいえます。大人は，子どもの学びを促し，保護する役割を果たすことをとおして，親として成長・発達する機会を得るといえるでしょう。

人の発達は子ども期に限定されるものではなく，老年期も含めて生涯にわたって変化・成長を続ける過程であるという考え方が主流になり，生涯発達心理学では，人の一生涯が研究対象になっています。Erikson（1959）が論じたように，人がそれぞれの発達段階で解決すべき課題を乗り越え，生涯をとおして学ぶ必要があることは，社会の中で生涯教育や生涯学習の理念とし

て扱われるようになりました。また，基本的人権の一つである学習権は，学校教育だけではなく，家庭も含めてあらゆる機会をとおして，人として発達・成長するための学びの場を社会が担い，保障するものと考えられていますが，幼児期の教育では家庭が一義的な責任を負います。

　家庭教育の低下や育児不安の増大が社会的な課題となっている今日，読み聞かせは全てを解決する手段となることはありませんが，家庭という安心した場で，親と子の双方が楽しみながら学びあい，健康に育ちあう経験となることを願って，本書が絵本や読み聞かせの意義を考える一灯となれば幸いです。

　最後に，本書を刊行するにあたり，刊行をお引き受けくださった風間書房の風間敬子様には数々のご助言を頂き，慣れない執筆の過程では，常に励ましを頂戴して脱稿に至ることが出来ました。このような機会を与えて頂きましたことに，心からお礼を申し上げます。また，風間書房をご紹介頂いた正置友子先生には，温かなご指導とご厚情を賜りました。ここに記して，深謝申し上げます。

　そして，家庭での役割をおろそかにしがちな妻に，耐え続けてくれる寛大な夫と，何かと至らない娘をいつも寛容に応援してくれる両親に，感謝を記して結びのことばと致します。

2017年11月吉日

赤羽尚美

＊　＊　＊　＊　＊　＊　＊　＊　＊　＊　＊　＊

　本研究における質問紙調査，および読み聞かせ場面ビデオ撮影の依頼については，調査協力者に十分な説明と配慮を行ったことを付け加えさせて頂きます。また，本文で使用した尺度の著者への使用許可は，目的が研究に限定されることを条件として，研究者倫理に配慮したことを記させて頂きます。

著者紹介

赤羽尚美（あかはね・なおみ）

1967年　長野県生まれ
2011年　白百合女子大学大学院文学研究科発達心理学専攻　修了（修士　心理学）
2012年から2017年まで都内メンタルクリニックに臨床心理士として
　心理カウンセリングに従事
2011年から2017年11月現在　白百合女子大学生涯発達研究教育センター研究員
2013年から2017年11月現在　都内公立小学校にスクールカウンセラーとして勤務
2016年　フェリス女学院大学人文科学研究科博士後期課程満期退学（博士　文学）

2017年11月現在　心理臨床活動に携わる傍ら，小田原短期大学保育学科通信教育
　課程講師として教育・研究活動に従事している。

学びあう絵本と育ちあう共同行為としての読み聞かせ
　　2017年12月20日　初版第1刷発行

　　　　　　　　著　者　　赤　羽　尚　美
　　　　　　　　発行者　　風　間　敬　子
　　発行所　　株式会社　風　間　書　房
　　　　　〒101-0051　東京都千代田区神田神保町1-34
　　　　　　　電話 03(3291)5729　FAX 03(3291)5757
　　　　　　　　　　振替 00110-5-1853

　　　　　　　印刷　藤原印刷　　製本　井上製本所

Ⓒ2017　Naomi Akahane　　　　　　　　　NDC 分類：143
　　　ISBN978-4-7599-2215-8　　Printed in Japan

JCOPY〈(社)出版者著作権管理機構　委託出版物〉
本書の無断複製は，著作権法上での例外を除き禁じられています。複製される場合はそのつど事前に(社)出版者著作権管理機構（電話 03-3513-6969，FAX 03-3513-6979，e-mail:info@jcopy.or.jp）の許諾を得てください。